Schwemmer · Kulturphilosophie

Oswald Schwemmer

Kulturphilosophie

Eine medientheoretische Grundlegung

Wilhelm Fink Verlag

Umschlagabbildung:
Cy Twombly, Zyxig, 1951,
Öl und Erde auf Leinwand, 41 x 51 cm
Cat. rais. Bastian Vol. I, #30
© Galerie Karsten Greve Köln

Bibliografische Information Der Deutschen Bibliothek

Die Deutsche Bibliothek verzeichnet diese Publikation in der

Deutschen Nationalbibliografie; detaillierte bibliografische Daten sind
im Internet über http://dnb.ddb.de abrufbar.

ISBN 3-7705-4181-2
© 2005 Wilhelm Fink Verlag, München
www.fink.de
Einbandgestaltung: Evelyn Ziegler, München
Herstellung: Ferdinand Schöningh GmbH, Paderborn

Für Ingelein
aus Andernach am Rhein

Inhaltsverzeichnis

Vorwort

Der Titel dieses Buches ist erklärungsbedürftig. Die Rede von einer Grundlegung scheint bescheiden und anspruchsvoll zugleich. Scheint eine Grundlegung doch noch nicht die Sache selbst zu sein, um die es gehen soll, und fordert sie andererseits für sich den entscheidenden Anteil ein, der diese Sache tragen kann. Tatsächlich ist die Situation viel einfacher. Sie zeigt sich in der nüchternen Feststellung, dass wir von einer etablierten Kulturphilosophie nicht oder auch noch nicht reden können. Wenn es wahr ist, dass Kulturen das Leben der Menschen bis in dessen innerste Bezirke prägen, ihnen eine öffentlich erkennbare Identität verleihen und selbst doch keine homogenen Gebilde sind, dann wird es auch das Nachdenken über Kultur und Kulturen schwer haben, sich durch ein disziplinär legitimiertes Curriculum mit einer gemeinsamen Begrifflichkeit und theoretischen Ausrichtung auszuweisen.

Als Inbegriff der in der Geschichte eines Volkes verfestigten Ausdrucksformen bieten Kulturen zwar ein gewöhnlich als Einheit empfundenes Repertoire kollektiv verfügbarer und vor aller reflektierend erst zu erwerbenden Distanz schlichtweg „gegebener" Ausdrucksmöglichkeiten. Gleichwohl haben aber in ihrer Geschichte, in der sie zu dem geworden sind, als das sie nun existieren, viele und zum Teil gegensätzliche Einflüsse in sie hineingewirkt und sind viele und zum Teil gegensätzliche Impulse aus ihnen hervorgegangen. Und nicht nur die eigenen Ideen, Gestaltungsimpulse und Formkräfte eines Volkes haben sich zu dessen Kultur zusammengefügt, sondern auch die pure Macht und Gewalt der Unterdrückung von außen, manchmal aber auch die eigene Bewunderung und Begeisterung für die andere Kultur anderer Völker haben sich in die Kulturen eingeschrieben. Kulturen sind gewachsen und nicht geplant, sie tragen nicht nur die Früchte inspirierter Gedanken und schöpferischer Taten, sondern auch die Narben vergangener Fesseln, des ohnmächtigen Verstummens und des verstümmelten Widerstandes. Kulturen sind vielstimmige Gebilde, und nicht jede Stimme besitzt einen reinen Klang.

Sieht man Kulturen in dieser ihrer historischen Kontingenz und Vielfalt, dann erscheint jeder Versuch, die Definitionshoheit über eine Kulturphilosophie, in die es einführen gilt, zu erringen, als eine Art Blickstarre, die ihren Gegenstand längst aus den Augen verloren hat. Es können immer nur Versuche unternommen werden, wenigstens einige und hoffentlich wesentliche Aspekte der Kultur zum Thema einer Kulturphilosophie zu machen und in methodischer Einseitigkeit das Projekt einer bestimmten, z. B. medientheoretischen, Kulturphilosophie vorzutragen.

Eben dies, eine medientheoretische Grundlegung der Kulturphilosophie, lege ich hier vor. Mir erscheint die medientheoretische Ausrichtung dieser Grundlegung einen Ansatz für kulturphilosophische Forschungen zu bieten, die auch über die geistigen Verhältnisse des Menschen in empirisch fundierten Untersuchungen Wissen zu bilden vermögen.

Die Darstellung greift – außer in den angeführten Beispielen – nicht in gegenwärtige Diskussionen ein. Und in den Beispielen tut sie es nur um zu zeigen, wie und wie weit man in diesen Diskussionen mit dem vorgetragenen Ansatz zur Problemklärung beitragen kann. Die Intention des Buches insgesamt ist es aber, eine Grundlegung zu liefern, und zwar auch für Leser, die sich in den oft verwirrenden Disputen der Philosophie noch nicht verfangen haben. Eine Orientierung auf dem gedanklichen Weg dieser Grundlegung soll die Begriffskette geben, mit der die einzelnen Kapitel über ihre Titel zusammengehalten werden. Die Titelbegriffe stehen dabei für die Themenfelder, mit denen sich die Überlegungen in den jeweiligen Kapiteln auseinandersetzen. Durch eine solche umrisshafte Orientierung wird daher kein schrittweiser Aufbau, sondern eher eine Fokussierung auf ein thematisches Gebiet zu erreichen versucht, die auch Exkurse und Um- oder Seitenwege zulässt. Dass der Text des Buches von allzu großen Umständlichkeiten befreit worden ist, verdanke ich dem wachsamen Blick, mit dem Barbara Bleckmann, Jens Heise, Annika Keysers, Norbert Meuter, Steffen Schmidt und Björn Weyand das Manuskript durchsahen. Neben ihnen haben Klaus Christian Köhnke, John Michael Krois, Elisabeth List, Reinhard Margreiter, Tobias Rausch, Sonja Rinofner-Kreidl, Arno Schubbach und Mirjana Vrhunc an den Diskussionen über die verschiedenen Kapitel des Buches teilgenommen und mich mit hilfreichen Nachfragen an vielen Stellen zu einer, wie ich hoffe, deutlicheren Darstellung gebracht.

Für den Buchumschlag habe ich Cy Twomblys Bild *Zyxig* von 1951[1] ausgewählt. Ich sehe in diesem Bild eine Sichtbarmachung elementarer Formen, die den Menschen in seinen paradoxen – und dadurch lebendigen – Grundverhältnissen zu seinen Umgebungen wie zu sich selbst zeigen. Die Gleichzeitigkeit von geometrisch-monumentaler Formgebung und verfließenden Formrändern, von menschlicher Körperform, menschlicher Behausung und kosmischen Bedeutungsfeldern, die sich aus diesem Ineinandersehen von Körper und Haus ergeben, von strengen Formen und Farbkontrasten auf der einen und ineinander übergehenden Form- und Farbnuancen auf der anderen Seite, von der Gewalt der radikalen Vereinfachung und der Komplexität einer malerischen Reflexion auf eben diese Vereinfachung – dies sind nur einige Momente, durch die die besondere Faszination, die dieses Bild ausübt, zu artikulieren versucht werden kann. Man muss wohl mit diesem Bild leben, um mehr, wenn auch nie Abschließendes, über dieses Bild sagen zu können. Jedenfalls aber scheint es mir gerade in der Gleichzeitigkeit paradoxer Ausdruckselemente eine gemalte Verkörperung der Spannungen zu sein, durch die Kulturprozesse in Gang gesetzt und gehalten werden.

---

1 Abgedruckt in: *Cy Twombly* (Ausstellungskatalog), Köln [Galerie Karsten Greve] 1997, S. 9.

Herrn Karsten Greve habe ich dafür zu danken, dass er mit großem Verständnis – ursprünglich für ein anderes Projekt – die Erlaubnis gab, Cy Twomblys Bild auf dem Umschlag des Buches zu reproduzieren.

Prerow, 15. Oktober 2004

KAPITEL 1: KULTUR UND ARTIKULATION

1 Schwierigkeiten mit dem Kulturbegriff

1.1 Die Unbestimmtheit der Rede von der Kultur

Wer Kulturphilosophie betreiben will, sieht sich der Frage ausgesetzt, was wir denn überhaupt unter Kultur zu verstehen haben. Die Frage ist leicht gestellt. Die Antwort scheint dagegen in das „weite Feld", das „zu weite Feld" zu führen, das schon Fontane zum Bild für unübersichtliche Verhältnisse erhob.

Begegnet uns doch die Rede von der Kultur in höchst verschiedenen Zusammenhängen und zugleich bei so vielen Gelegenheiten, dass sie nahezu allgegenwärtig unser Leben begleitet. Geradezu standardisierte Bezugnahmen stellen die Beschwörung einer europäischen oder christlich-abendländischen Kultur dar, der missbilligende oder auch stolze Hinweis auf eine Kultur, die man haben sollte oder zu besitzen beansprucht, die programmatische Einklage einer Kulturkritik und nicht zuletzt die Einrichtung und Besetzung von Kulturredaktionen für den Feuilletonteil aller möglichen Medien.

Nicht nur die Gegenstandsbereiche, die auf diese vielfältige Weise durch die Rede von der Kultur ausgeleuchtet werden, sondern auch die Formen der Gegenstandsbezüge schwanken und wechseln und bieten jedenfalls keine Abgrenzungen, auf die man sich berufen und stützen könnte. Von Verhaltenskodizes über Mentalitäten und Lebensformen[1] bis hin zu institutionellen Traditionen und Werkbeständen reicht der Zuschreibungsanspruch, der mit der Rede von Kultur verbunden ist. Was die Form der dabei beanspruchten Bezugnahme angeht, so mischen sich normative mit deskriptiven, expressive mit analytischen, interpretierende mit definitorischen Momenten. In beiden Fällen, sowohl bei den Gegenstandsbereichen als auch bei der Form der Gegenstandsbezüge, lassen sich die Listen weiterführen.

Kultur, so scheint es, lässt sich nicht auf bestimmte Gebiete des menschlichen Lebens eingrenzen und nicht durch bestimmte Kategorien definieren. Kultur, so scheint es, ist überall dort, wo überhaupt Menschen sind.[2]

---

1 Ein schönes Beispiel bietet hier John Cowper Powys, *Kultur als Lebenskunst*. Aus dem Englischen von Susan Nurmi-Schomers und Christian Schomers. Mit einer Einleitung von Elmar Schenkel. (Amerikanische Originalausgabe 1929: *The Meaning of Culture*) Hamburg [Junius-Verlag] 1989.

2 In diesem Sinne definiert Wilhelm E. Mühlmann die Kultur als alles, „was es an menschlich Erschaffenen auf der Erde gibt". (Wilhelm E. Mühlmann, Artikel *Kultur*. In: Wilhelm Bernsdorf (Hg.), *Wörterbuch der Soziologie*. Stuttgart [Klett] ²1969, S. 599)

1.2 Vom Menschen gemacht – dem Menschen gegeben

Gerade diese eher resignative Feststellung hat zu dem Versuch geführt, über die Unterscheidung zwischen Natur und Kultur am Ende doch noch einen Kulturbegriff definieren zu können. Dieser Versuch setzt meist bei der Unterscheidung an zwischen dem, was der Mensch gemacht hat, und dem, was all seinem Machen vorausliegt und ihm schlechthin gegeben ist.[3] Obwohl diese Definition eine klare Unterscheidung zu treffen und damit zumindest ihre Handhabbarkeit zu gewährleisten scheint, wirft sie erhebliche Probleme auf, sobald man sie tatsächlich im Sinne eines Unterscheidungskriteriums verwenden will.

Die erste Frage richtet sich auf die Gegenüberstellung von Gemachtem und Gegebenem. Soll z. B. alles, was sich überhaupt einer menschlichen Bewegung verdankt als etwas angesehen werden, dass vom Menschen gemacht ist? Oder soll unter einem Gemachten nur das verstanden werden, was sich aus einer eigens angestrengten Planung und deren Ausführung ergibt? Muss sich die Planung und ihre Ausführung auf das Gesamtergebnis, den hergestellten Gegenstand im Ganzen, beziehen, oder reicht auch ein Teilaspekt dieses Gegenstandes wie z. B. bei einem Arrangement bereits vorhandener Elemente?

Ersichtlich lassen sich diese Fragen über zusätzliche Unterscheidungen noch weiter verzweigen. Die anfängliche Klarheit jedenfalls verliert sich dabei schnell. Letztlich liegt dies daran, dass die Begriffe des menschlichen Handelns und Machens nicht über eine Reihe von einfachen Gegensatzpaaren erfasst werden können. Insbesondere die Gegensätze zwischen Tat und Widerfahrnis,[4] zwischen Selbstgestaltung und Fremdbestimmung, zwischen Erzeugtem und Vorgefundenem, zwischen Initiative und Reaktion usw. ziehen Grenzlinien, wo in Wahrheit vielfältige Vermischungen und Durchdringungen stattfinden. Genauere Betrachtungen zeigen, dass die tätigen, selbstgestaltenden initiativen Seiten unseres Handelns sich in einzelnen Momenten zusammenziehen, in denen uns zugleich auch etwas widerfährt, in denen wir fremdbestimmt sind und auf das, was uns in einer bestimmten Situation begegnet, reagieren.

Dieses Verhältnis einer wechselseitigen Durchdringung von Selbstgestaltung und Fremdeinwirkung, von Eigenleistung und Fremdnutzung – und dies im doppelten Sinne einer Nutzung des Fremdverursachten im eigenen Tun und des eigenen Tuns in dem durch Fremdes Verursachtes – begleitet die Rede von der Kultur seit ihrem Anbeginn.

---

3 Vgl. dazu Carl-Friedrich Geyer, *Einführung in die Philosophie der Kultur.* Darmstadt [Wissenschaftliche Buchgesellschaft] 1994, S. 2: „Der Begriff der Kultur [...] umfaßt wie kein anderer die ganze vom Menschen hervorgebrachte Welt, einschließlich des Menschen selber, der sich immer schon als ein ‚Kulturwesen' zu verstehen hat."

4 Zum Begriff des Widerfahrnisses vgl. Wilhelm Kamlah, *Philosophische Anthropologie. Sprachliche Grundlegung und Ethik.* Mannheim/Wien/Zürich [Bibliographisches Institut] 1973, S. 34 ff.

1.3 Kultur als cultura

Setzt doch schon die *cultura* im Sinne des Ackerbaus, der Pflege des Bodens, der Saat und der Pflanzen ein Welchselverhältnis zwischen dem pflegenden Tun und dem gepflegten Wachstum der Pflanzen voraus. Dieses Wechselverhältnis gewinnt eine zusätzliche Dimension, wenn man berücksichtigt, dass die angebauten Pflanzen Züchtungsergebnisse und in diesem Sinne bereits kultivierte Pflanzen sind und dass auch der Ackerboden nach besonderen Regeln vorbereitet und damit ebenfalls kultiviert worden ist.

Der Begriff der Pflege, wie er in dieser *cultura* am Anfang der Wortgeschichte in Anspruch genommen und exemplarisch vorgestellt wird,[5] kann so nur durch einen Bezug auf vielfache Wechselverhältnisse zwischen eigenem Tun und fremden Entwicklungen gedacht werden. Noch deutlicher wird dies, wenn man der Wortgeschichte noch weiter folgt und die Übertragung der cultura als *cultura animi*[6] auf die Seele oder als *georgica mentis*,[7] als „Georgik des Geistes", in den Blick nimmt. Mit dieser Übertragung wird die Bindung dessen, was unter einer *cultura* im Sinne der Pflege zu verstehen ist, an bestimmte eingebürgerte ackerbauliche Praktiken aufgelöst und für eigene neue Vorstellungen geöffnet. Kultur wandelt sich in diesem Verständnis zu einem programmatischen Konzept, das in einen normativen Entwurf der Philosophie – so bei Cicero – oder der Ethik – so bei Bacon – eingebettet ist.

Zugleich mit dieser Übertragung verallgemeinert sich die Rede von der Kultur: Kultur wird zu einem inneren Maßstab historischer Entwicklungen, sei es der Entwicklung der Menschheit überhaupt, die von einem Naturzustand in einen Kulturzustand überzugehen hat, sei es der Entwicklung eines Volkes, das seine historischen Möglichkeiten zu entfalten hat, sei es der Entwicklung eines einzelnen Menschen, der seine Begabungen zu pflegen und damit sich selbst zu vervoll-

---

5 Vgl. dazu Wilhelm Perpeet, Artikel *Kultur, Kulturphilosophie*. In: *Historisches Wörterbuch der Philosophie*. Hg. von Joachim Ritter und Karlfried Gründer. Band 4: I-K. Basel/Stuttgart [Schwabe & Co] 1976. Sp. 1309-1324.

6 Bei Cicero, der hier als Gewährsmann angeführt zu werden pflegt, geht es bei der *cultura animi* um die Bestimmung der Philosophie: „ut ager quamvis fertilis sine cultura fructuosus esse non potest, sic sine doctrina animus; ita est utraque res sine altera debilis. Cultura autem animi philosophia est; haec extrahit vitia radicitus et praeparat animos ad satus accipiendos eaque mandat iis et, ut ita dicam, serit, quae adulta fructus uberrimos ferant." („[W]ie ein Acker, auch wenn er fruchtbar ist, ohne Pflege keine Frucht tragen kann, so auch die Seele nicht ohne Belehrung. Jedes ist ohne das andere wirkungslos. Pflege der Seele ist aber die Philosophie: sie zieht die Laster mit der Wurzel aus, bereitet die Seelen dazu, die Saat zu empfangen, übergibt sie ihnen und säet – um so zu reden –, was dann, wenn es ausgewachsen ist, die reichste Frucht trägt." (Marcus Tullius Cicero, *Tusculanae Disputationes. Gespräche in Tusculum*. Mit ausführlichen Anmerkungen neu hg. von Olof Gigon. Düsseldorf/Zürich [Artemis & Winkler] [7]1998, Liber Secundus, S. 124 f.

7 Francis Bacon, *De dignitate et augmentis scientiarum*. Lib. VII, c. I. In: *The Works of Francis Bacon*. Coll. and ed. by James Spedding, Robert Leslie Ellis and Douglas Denon Heath. Vol. I. London [Longman & Co u.a.] 1858, S. 713. Vgl. dazu auch: Ian Box, *Bacon's moral philosophy*. In: *The Cambridge Companion to Bacon*. Ed. by Markku Peltonen. Cambridge/New York [Cambrigde University Press] 1996, S. 270-275.

kommnen hat, oder sei es auch der Entwicklung einzelner Teilbereiche des menschlichen Wirkens wie des Rechtssystems, der Moral, der Philosophie, der Kunst oder, ganz allgemein, der Sitten und Gebräuche, insbesondere der Umgangsformen in einer Gesellschaft.

Auf der einen Seite wird mit dieser Verallgemeinerung das ursprünglich enge Bedeutungsfeld für die Rede von der Kultur entgrenzt: zunächst von dem konkreten Bezug auf den Ackerbau, dann aber auch an dem deutlich unbestimmteren Bezug auf die Seele oder den Geist. Kultur wird dadurch zu einem Maßstab für das menschliche Leben überhaupt in seinen durchaus unterschiedlichen Formen und Bereichen. Durch diese Entgrenzung wird ein eigenständiger Kulturbegriff vorbereitet, der Kultur nicht nur als eine Qualität von etwas anderem erfasst, sondern Kultur als etwas Eigenständiges, in sich selbst Bestimmtes unterstellt. Erst wenn diese Unterstellung, die im deutschen Sprachraum etwa zwischen Kant und Herder allgemein zu werden beginnt, als allgemein begründet angesehen wird, kann sie zum integrierenden Gegenstand einer eigenen philosophischen und wissenschaftlichen Bemühung werden.

2 Die Suche nach einem Kulturbegriff

2.1 Auf dem Weg zu einem eigenständigen Kulturbegriff

Tatsächlich bedurfte es noch eines weiteren Jahrhunderts, bis es schließlich zur Ausbildung einer Kulturphilosophie, eigenständiger Kulturtheorien und der Kulturwissenschaften kam. Die Länge dieser Zeit lässt sich sicher auch dadurch erklären, dass die Selbständigkeit eines unterstellten Kulturbegriffs mit dessen Unbestimmtheit und nahezu unbeschränkter Verwendbarkeit verbunden war. Von Kultur in diesem Sinne kann man überall dort reden, wo überhaupt Menschen sind und Formen des Handelns und Lebens aufgebaut haben, die Erwartungen an das Handeln und Leben der Menschen begründen, denen man entsprechen oder von denen man abweichen, denen man sich unterwerfen, widersetzen oder auch einfach entziehen kann.

Mit solchen Erwartungen entstehen normative Ansprüche und Vorstellungen von Maßstäben, die sich der Rede von der Kultur immer tiefer einschreiben. Gerade diese normative Einfärbung wird zu einem prominenten Motiv, sich mit Kultur kritisch oder apologetisch auseinanderzusetzen. Diese Auseinandersetzungen, die sich unter dem Titel einer Kulturkritik in bestimmten Traditionslinien zusammenflechten, leuchten zumeist bestimmte Teilbereiche des gesellschaftlichen, politischen oder auch wissenschaftlichen Lebens aus, um diese dann – vielfach pars pro toto – als Verfall *einer* oder auch *der* Kultur bzw. als Gefahr für eine zu bewahrende Kultur namhaft zu machen.

Bei all diesen Bemühungen bildet sich aber kein Kulturbegriff heraus, der eine Unterscheidung zu den Bereichen dessen, was nicht Kultur ist, und zugleich eine umfassende Charakterisierung dessen, was in den unterschiedlichen Redeweisen von Kultur eben doch die Kernbedeutung von Kultur ausmacht, anbieten würde. Weil überall Kulturelles zu finden ist, scheint es so schwierig, es vom Nichtkulturellen zu unterscheiden. Und weil Kulturelles auf so verschiedene Weisen sich zeigt, scheint es so schwierig, einen kohärenten Kulturbegriff zu entwickeln. Weil andererseits aber von Kultur auf so vielfältige Weise und nahezu überall geredet werden kann, weil sie in so vielen Diskursen auftaucht und zu deren beharrlichem Kontext gehört, scheint wiederum die Unterstellung begründet, dass wir es mit einem eigenständigen Begriff oder Begriffsfeld zu tun haben, wenn wir von Kultur reden.

Dass diese Annahme durchaus ihrer Plausibilität besitzt, zeigt sich schon daran, dass die vielfältigen Bezüge auf die Kultur im allgemeinen zumindest so lange keine Verständnisschwierigkeiten erzeugen, wie wir uns in einem einheitlichen Diskurszusammenhang befinden – man könnte, gleichsam als Probe aufs Exempel, auch hinzufügen: so lange wir uns in einem einheitlichen kulturellen Zusammenhang bewegen. Man kann hier von einer Verständlichkeit in wechselnden Kontexten und trotz fehlender begrifflicher Klärungen sprechen. Dabei soll nicht geleugnet werden, dass es eine Vielfalt von Vorschlägen gibt, einen Kulturbegriff zu klären und definitorisch festzulegen. Es bieten sich für diese Versuche sogar Klassifikationen an.

2.2 Typen von Kulturbegriffen

So kann man eine erste Gruppe dadurch charakterisieren, dass Kultur durch den Rückbezug auf das menschliche *Handeln* zu definieren versucht. Darüber ist bereits gesprochen worden.

Eine zweite Gruppe unternimmt den Versuch, Kultur *gegenständlich* zu definieren, z. B. durch bestimmte Güter oder Werke. Diese Versuche lassen sicher deutlichere Grenzen ziehen als die handlungsbezogenen Definitionsversuche. Aber sie sind gezwungen, die Abgrenzung der kulturdefinierenden Güter und Werke nach Kriterien vorzunehmen, die bereits ein Verständnis von Kultur unterstellen. Insbesondere wird mit ihnen die Frage übersprungen, wie es denn zu dieser gegenständlichen Kultur gekommen ist und was die Besonderheit dieser Gegenstände als kultureller Gegenstände ausmacht. Eine gegenständliche Auffassung von Kultur blendet, anders gesagt, den Prozesscharakter der Kultur, die kulturellen Prozesse und deren Verankerung in der menschlichen Existenzform, aus.

Eine dritte Gruppe setzt an den *Formen* an, die das menschliche Handeln und Leben in bestimmten Gesellschaften gefunden und womöglich auch institutionalisiert hat. Dieser Versuch führt zu fruchtbaren Analysen über Formverhältnisse und Funktionsweisen menschlichen Handelns und Lebens, kommt aber in Schwierigkeiten, wenn die Entstehung dieser Formverhältnisse und Funktionsweisen, die Brüche und Kontinuitäten, also die historischen Entwicklungen begriffen werden sollen. Insbesondere bleibt im Dunkeln, ob eine solche Auffächerung unterschiedlicher Formverhältnisse und Funktionsweisen überhaupt mit einem einheitlichen Kulturbegriff verknüpft werden kann. Im allgemeinen führen diese Versuche denn auch dazu, dass bestimmte Aspekte und Momente einer Kultur hervorgehoben und untersucht werden, ein eigenständiger Begriff der Kultur aber, der über die Summierung dieser Aspekte und Momente hinausginge, nicht einmal zu bilden versucht wird.

3 Die anthropologische Begründung eines genetischen Kulturbegriffs

Soll dieser Versuch unternommen werden, scheint es erforderlich, nach einem gemeinsamen Charakteristikum all der Phänomene zu suchen, die man als kulturell anzusehen bereit ist. Es ist aber eben diese Suche, die zu den angeführten Schwierigkeiten führt. Es soll daher hier ein anderer Weg eingeschlagen werden: ein Weg in sozusagen umgekehrter Richtung. Es ist dies nicht der Weg von der Vielfalt der entwickelten Kulturphänomene her zur Einheit eines Begriffs. Es soll vielmehr nach den Entwicklungsmomenten gefragt werden, die in der menschlichen Existenzform zur Ausbildung kultureller Phänomene führen. Kultur nicht von den jeweiligen Enden ihrer historischen Entwicklung aus, sondern von den Anfängen ihrer Entwicklung her verstehen – dies ist die methodische Maxime, deren Befolgung zu einem genetischen Kulturbegriff führen soll, der durch eine anthropologische Betrachtung der menschlichen Existenzform zu begründen ist.

3.1 Die Vermögensdefinitionen des Menschen

3.1.1 Das Vernunftvermögen

Die Frage nach der Besonderheit der menschlichen Existenzform begleitet die Philosophie seit ihren Anfängen, auch wenn die naturphilosophischen Spekulationen in der vorsokratischen Epoche der griechischen Philosophie noch überwiegen. Die Antworten verdichten sich in Definitionen, die bei all ihrer Verschiedenheit fast ausnahmslos eine Gemeinsamkeit aufweisen, nämlich die, dass der Mensch seine besondere Stellung zwischen Tier und Gott durch ein spezifisches Vermögen inne hat. Zentral sind hier die Definitionen durch das Vermögen des Logos, der Ratio, der Vernunft oder auch der Herstellung und des Gebrauchs von Werkzeugen.

Diese Definitionen, die im großen und ganzen bis heute anerkannt sind, weisen einen entscheidenden Mangel auf. Indem sie sich nämlich lediglich auf ein Vermögen beziehen, bleiben sie gewissermaßen virtuell. Denn über ein Vermögen reden, heißt nicht auch schon, über dessen Verwirklichung reden. Andererseits hat man keine Anhaltspunkte, überhaupt ein bestimmtes Vermögen anzunehmen, wenn man nicht aus der Wirklichkeit des Verhaltens Gründe für diese Annahme gewinnen kann.

Bei einem Vermögen wie dem der Vernunft geht es nun aber um eine normativ charakterisierte Instanz, zu der sich die Menschen erheben sollen, auch wenn sie dies vielfach oder meistens nicht tun. Die Wirklichkeit des Verhaltens liefert in diesem Fall nur unzureichende Gründe für die Bestimmung eines Vernunftvermögens. Statt dessen müssen wir zunächst festlegen, was die Maßstäbe unseres Verhaltens sein sollen, bevor wir bestimmte Verhaltensweisen als vernünftig beurteilen können.

Damit ergibt sich folgender Zusammenhang: Wir stellen bestimmte Prinzipien, Maßstäbe oder Regeln auf, durch die vernünftiges Verhalten – Handeln und Reden, Wollen und Denken und unter Umständen auch Fühlen – definiert werden soll. Diese Aufstellung lässt sich im allgemeinen auf Gründe zurückführen, die sich aus den Erfordernissen der Begriffsbildung, des Aufbaus logischer und mathematischer Systeme, der empirischen Stützung und Überprüfung von Theorien und der Lösung praktischer Probleme ergeben. Obwohl diese Begründungen ein ständiger Gegenstand vor allem der philosophischen Kontroversen waren und geblieben sind, hat sich im Laufe der Geistes- und Wissenschaftsgeschichte ein gewisses Einvernehmen über ihre Anerkennung herausgebildet. Insofern kann sich denn auch die Rede von der Vernunft oder von dem, was als vernünftig anzusehen ist, zumindest dort, wo sie innerhalb dieser Geistes- und Wissenschaftsgeschichte geführt wird, auf weite Bereiche der Übereinstimmung stützen. Dies scheint die Rede von einem Vernunftvermögen, das den Menschen auszeichnet, auf eine geradezu triviale und daher unwidersprechliche Weise plausibel zu machen. Denn wenn es in der europäischen Geistes- und Wissenschaftsgeschichte zur Herausbildung eines grundlegenden, wenn auch nicht allumfassenden Einverständnisses über die Prinzipien, Maßstäbe und Regeln der Vernunft gekommen ist, dann müssen die Menschen, die an diesem Eiverständnis gearbeitet haben, ja auch das Vermögen dazu besitzen.

3.1.2 Die Virtualität des Vernunftvermögens

Wenn einer in dieser Weise trivialen Wahrheit eine so große Bedeutung zugewiesen wird wie im Falle des Vernunftvermögens, ist eine Nachfrage angebracht. Zunächst einmal ist festzustellen, dass die Vernunft nicht über die Untersuchung ihres Vermögens diskutiert und definiert wird, sondern alleine über die interne Struktur von Begriffssystemen, von logischen und mathematischen Kalkülen, über die Relationen zwischen empirischen Daten und theoretischen Generalisierungen und schließlich über den Erfolg oder Misserfolg von praktischen Problemlösungen.

All dies sind aber Strukturen und Verfahren, die in der Auseinandersetzung mit der Welt erst entwickelt werden müssen und die daher nicht aus einem bereits im voraus strukturierten Vermögen entspringen. Sie weisen sich vielmehr alleine aufgrund sachbezogener Problemlösungen und damit erst durch ihren

Erfolg aus. Dies gilt im übrigen auch für die formalen Strukturen der logischen und mathematischen Kalküle, die sich letztlich über ihre Verwendbarkeit als erfolgreich zu beweisen haben. Das Vermögen zum Umgang mit all diesen Strukturen und Verfahren, die wir als vernünftig anerkennen, muss daher erst *erworben* werden.

Die Bildungssysteme der Gesellschaften bestehen eben darin, dieses Vermögen – normalerweise in einer individuellen Spezialisierung – auszubilden. Das, was man angesichts dieser Ausbildungsnotwendigkeit der Menschheit noch allgemein zubilligen kann, ist das Vermögen, dieses Vermögen im Umgang mit vernünftigen Strukturen und Verfahren lernend auszubilden, oder kurz gesagt: die Lernfähigkeit. Die Lernfähigkeit ist aber als solche nicht inhaltlich festgelegt. Zwar stellen wir immer wieder fest, dass die Lernfähigkeit bei verschiedenen Menschen verschieden ausgebildet ist. Im ganzen wird man aber sagen müssen, dass sich die Lernfähigkeit auf alles mögliche richten kann und aus sich heraus nicht schon einen Weg zur Vernunft, in welchem Verständnis auch immer, vorzeichnet.

3.1.3 Die Entwicklung des Vernunftvermögens in der Geschichte

Was der Vermögensdefinition als Antwort auf die Frage nach der besonderen menschlichen Existenzformen mangelt, ist der Blick auf die Wirklichkeit des menschlichen Verhaltens, aus dessen Geschichte heraus sich überhaupt erst die Vorstellungen vom Vernünftigen entwickeln konnten. Ohne die Abarbeitung an seinen Weltverhältnissen kann der Mensch kein Vermögen des Logos, der Ratio, der Vernunft oder der Herstellung und des Gebrauchs von Werkzeugen ausbilden. Dies bedeutet, dass ein konkretes Vermögen, das der Mensch sich erworben hat, immer nur über die Weltverhältnisse, denen er ausgesetzt war und mit denen er sich auseinanderzusetzen hatte, definiert werden kann. Die Vernunft ist dann nicht länger ein Vermögen, das sich aus dem Inneren des Menschen, aus der Konstitution seines Menschseins ergibt. Sie ist vielmehr eine komplexe Relation zwischen seinen Weltverhältnissen und der Entwicklung seines Vermögens, sich in diesen Weltverhältnissen zurechtzufinden. Vernunft und mit ihr die menschliche Existenzform sind in diesem Sinne nur historisch zu begreifen, und zwar im Sinne einer historischen Entwicklung, die in einem Wechselverhältnis von externen Faktoren, nämlich den Einwirkungen aus den verschiedenen Umwelten des Menschen, und der internen Verarbeitung dieser Faktoren, die zur Entwicklung von Verhaltensformen führt, abläuft. Die Bewegung der Geschichte, kann man auch sagen, ergibt sich aus diesem Wechselverhältnis und nicht alleine aus den äußeren Weltverhältnissen oder dem inneren Bewusstseinsleben.

3.2 Die Definition des Menschen als eines Zwischenseins

Man kann die Existenzform des Menschen dadurch charakterisieren, dass man sie als ein *Zwischensein* darstellt, und zwar als ein Zwischensein in verschiedenen Umwelten. Dabei ist es übrigens bemerkenswert, dass das Verständnis des Menschen als eines Zwischenseins in anderen Kulturen, wie insbesondere in der konfuzianischen und buddhistischen Tradition, von Anfang an den Blick auf den Menschen prägt. So wird etwa im Japanischen das Wort *ningen* für Mensch durch zwei Schriftzeichen wiedergegeben, eines für *Mensch* und eines für *Zwischen*.[8] In unserer eigenen europäischen Tradition hingegen müssen wir bereits große Anstrengungen unternehmen, um diese grundlegende Sicht des Menschen als eines Zwischenseins überhaupt in eine sprachliche Form zu bringen.

3.2.1 Das organische Zwischensein des Menschen

Das Zwischensein des Menschen ist nicht nur interindividuell zu verstehen, also nicht nur als das Verhältnis zwischen einzelnen Menschen in ihrem wechselseitigen Verhalten zueinander. Und es ist auch nicht nur im Sinne der grundlegenden Definition verstehen, die Aristoteles am Anfang unserer kulturellen Tradition geprägt hat, dass nämlich der Mensch ein politisches Wesen bzw. Tier – ein ζῷον πολίτικον – sei, also ein Wesen, das ohne den Bezug zu einem umfassenden politischen Rahmen, innerhalb dessen seine Beziehungen zu anderen Menschen geregelt und gesichert werden, nicht leben kann. Vielmehr betrifft dieses Zwischensein bereits die *organische Existenz* des Menschen und ihre *physische Umwelt*.

Besonders prägnant stellt sich das Zwischensein des Menschen dar, wenn man ihn als ein Lebewesen mit Maschinen, insbesondere mit Rechnern und Robotern vergleicht. Während die Rechner als symbolische Maschinen eigene Systeme bilden und in einer eigenen symbolischen Welt miteinander vernetzt sind, stehen alle Lebewesen in einem wechselseitigen Bezug zu ihrer jeweiligen Umwelt.

Ein Lebewesen kann in seinem inneren organischen und äußeren motorischen Verhalten überhaupt nicht ohne diese wechselseitigen Bezüge zu seiner Umwelt beschrieben und verstanden werden. Leben, so kann man sagen, heißt in wechselseitigen Verhältnissen, Aktionen und Reaktionen zur Umwelt seine eigene Identität als Aktions- und Reaktionseinheit aufbauen. Leben in der Isolation auf sich selbst ist nicht möglich. Leben kann sich nicht in isolierten Systemen realisieren.

Ebensowenig wie andere Organismen können die Menschen ohne einen ständigen und äußerst vielfältigen stofflichen Austausch mit ihrer Umwelt nicht existieren. Dies ist zwar eine Trivialität, wird aber in den entsprechenden wissenschaftlichen Darstellungen häufig nicht beachtet. So ist unter dem Eintrag *Stoffwechsel* in Meyers Enzyklopädischem Lexikon[9] kein einziger Hinweis auf den Umweltbezug der inneren Stoffwechsel zu finden.

Damit ist Leben der Gegenbegriff zur Technik im Sinne der klassischen Mechanik und der auf sie aufbauenden Maschinen. Leben als Austauschgeschehen

---

8 Vgl. dazu Jens Heise, *Präsentative Symbole. Elemente einer Philosophie der Kulturen – Europa und Japan.* Sankt Augustin [Academia Verlag] 2003, S. 191.

9 *Meyers Enzyklopädisches Lexikon.* Band 22: Sn-Sud. Mannheim/Wien/Zürich [Bibliographisches Institut] 1978, S. 600-603.

mit der Umwelt, Technik als Funktionieren im isolierten System – mit diesem Gegensatz ist der Grundunterschied zwischen Organismus und Maschine benannt, aus dem sich eine Vielfalt weiterer Differenzen ergibt.

3.2.1 Das Zwischensein der Wahrnehmung

Das Zwischensein des Menschen lässt sich auch für das *Zwischensein im Leben unserer Sinne* verdeutlichen. Auch hier besteht bzw. bestand zumindest bis vor wenigen Jahren die Tendenz, die Erforschung und Darstellung der Sinnesorgane nahezu ausschließlich den internen Verarbeitungsprozessen, also etwa der Umwandlung bestimmter als Reize wirkender Energieformen in neuronale Erregung zu widmen. Mit einer solchen Konzentration alleine auf die internen Prozessstrukturen wird durch die bloße Nichtthematisierung und damit schon alleine aufgrund der Tatsache, dass sie nicht einmal bemerkt wird, die Frage nach dem Wirken äußerer Umweltfaktoren in den inneren Verarbeitungsprozessen der Sinnesorgane eliminiert und zugleich im Sinne einer grundlegenden Unterstellung de facto negiert.

Dabei wird jeder Sinnesphysiologe und noch schneller jeder Wahrnehmungspsychologe zugeben, dass wir in unseren Sinneswahrnehmungen bis hin zu den inneren Körpergefühlen in einer ständigen dynamischen Beziehung mit unserer Umwelt stehen. Wir arbeiten uns in unseren Wahrnehmungen an dieser Umwelt gleichsam ab, und durch diese Wahrnehmungsarbeit gewinnt sie für uns überhaupt eine sinnesspezifische Bedeutung. Wir können so unser Wahrnehmen als einen wechselnden Bezug der jeweiligen Umweltkonfigurationen – ich vermeide hier die Rede von Wahrnehmungs*gegenständen* – und den Konfigurationen darstellen, die sich in unserem Wahrnehmen aufbauen. Unser Denken hat sich aber statt dessen in einem gerade metaphysischen Individualismus einer reinen Immanenz-Perspektive verschrieben. Nachdem einmal die Konfigurationen unserer Umwelt rezipiert worden sind, kann es nur noch um eine interne Weiterverarbeitung dieser Rezeptionsergebnisse gehen.

Ich behaupte demgegenüber – und dies wiederum im Einklang nicht nur mit den Physiologen und Psychologen, sondern dieses Mal auch mit den Kultur- und Kunsthistorikern -, dass unser Wahrnehmen in all seinen Phasen ein Wechselspiel zwischen den *Konfigurationen unserer Umwelt* und den *Konfigurationen innerhalb der* vielfach verknüpften *organischen und neuronalen Prozesse* ist, die das „materielle Substrat" unseres Wahrnehmens darstellen. Die Wahrnehmung ist eine Leistung, besser: ein Geschehen, das aus einem komplexen Zusammenspiel des lebendigen Körpers und seiner Organe auf der einen und der Weltverhältnisse in der Wahrnehmungssituation auf der anderen Seite zustande kommt. Auch hier können wir diesen Sachverhalt wieder dadurch charakterisieren, dass wir sagen, in seinen Wahrnehmungen existiert das Lebewesen nicht nur als eine gegenüber seiner Umwelt abgegrenzte Einheit, sondern auch als ein „Zwischensein", als ein ineinander verwobenes Aufnehmen und Gestalten der Umweltreize, als ein zugleich rezeptives und kreatives Ausgerichtetsein auf seine Umwelt. Das Lebewesen existiert im Vollzug dieses Bezugs auf seine Umwelt hin und von ihr her und bildet in diesem Sinne eine dynamische Verbindung mit ihr.

Im Grunde geht es dabei um die Feststellung durchaus einfacher und allgemein bekannter Sachverhalte. Ich wähle, wie in der Philosophie üblich, ein außerordentlich elementares Beispiel: die beiden gleich langen Linien, an deren Enden jeweils die gleiche Winkelfigur symmetrisch angefügt wird, an die eine Linie an beiden Enden nach außen, an die andere Linie in beiden Fällen nach innen gewendet. Wir alle kennen die Wirkung: Wir sehen die Linie mit den nach außen gekehrten Winkelfiguren als die längere gegenüber der mit den nach innen gekehrten Winkelfiguren an, und dies, obgleich wir genau wissen, dass beide Linien gleich lang sind.

Mir scheint dies ein prägnanter Fall für die innere Dynamik von Formen und Formverhältnissen in unserer Wahrnehmung zu sein. So wird in dem einen Fall die Linie als Ausgangspunkt einer Formverkleinerung und in dem anderen Fall als

Ausgangspunkt einer Formvergrößerung gesehen. Jedenfalls wird die Linie *nicht für sich* identifiziert, sondern *in ihrer dynamischen Position*, die sie für den Aufbau eines Formverhältnisses einnimmt. In unserem elementaren Fall hat man es dabei mit einem so prägnanten Formverhältnis zu tun, dass es uns schwerfällt, die dadurch provozierte Sehweise nicht für eine allgemeine gesetzmäßige Tatsache zu halten. Tatsächlich wäre aber zu überprüfen, ob diese Gesetzmäßigkeit auch dort auftritt, wo eine perspektivische Darstellung nicht zu den Selbstverständlichkeiten bildlicher Präsentationen gehört. Wie dem auch sei, an diesem Beispiel können wir geradezu überdeutlich erkennen, dass unser Wahrnehmungsprozess von einer Dynamik der Formen und Formverhältnisse strukturiert wird, die ihrerseits erst im Austausch mit den Formen und Formverhältnissen unserer Umwelt zustande kommen.

Gehen wir nun dazu über, nicht nur *Elemente* einer bildlichen Wahrnehmung, sondern die *ganzen Bilder* unserer Wahrnehmung, aber auch unserer Vorstellung und auf der Leinwand, auf dem Papier oder in sonstigen Medien zu betrachten, so finden wir ein ähnliches, wenn auch deutlich differenzierteres Verhältnis zwischen unserem Wahrnehmen und der Umwelt, in der wir wahrnehmen. In eine grobe Formel gebracht, können wir sagen, dass wir alles, was wir sehen, durch die Bilder hindurch sehen, die wir gesehen haben. Und diese Formulierung können wir für alle unsere Sinne in der entsprechenden sinnesspezifischen Variation wiederholen.

Akzeptieren wir diesen Sachverhalt, dann können wir uns bei der Darstellung unserer Sinneswahrnehmungen nicht mehr alleine auf die innerorganischen und neuronalen Verarbeitungsprozesse konzentrieren, sondern wir müssen in der Tat eine eigene Dynamik der Formen und Formverhältnisse in Rechnung stellen und untersuchen.

Es liegt mir fern, und ich sehe es auch nicht als meine Aufgabe an, mich als Philosoph in die empirische Arbeit der Physiologen, Neurobiologen und Psychologen einzumischen. Worum es mir einzig geht, ist, eine Sichtweise deutlich zu machen, in der – wenn wir über die Sinnesarbeit des Menschen sprechen – unterschiedliche Formen dynamischer Verhältnisse und darin sich entwickelnder Prozesse zu berücksichtigen sind. Insbesondere ist es mir wichtig zu betonen, dass der Mensch auch in seinem Sinnesleben ein Zwischensein ist und dass das Verständnis dieses Zwischenseins die Berücksichtigung von Formen und Formverhältnissen als internen dynamischen Prinzipien erfordert, die im Aufbau der Sinneswahrnehmungen wirksam sind.

Im Unterschied zur Maschine wird mit den organischen Austauschverhältnissen eine Existenzform des Lebendigen aufgebaut, die man als eine Bezugnahme auf der einen und ein Einbezogensein auf der anderen Seite charakterisieren kann.

3.3 Vermögensdefinition versus Definition durch das Zwischensein des Menschen

Wir werden noch sehen, dass der Mensch nicht nur in seinen physischen Umwelten ein Zwischensein ist, sondern auch in seinen sozialen und symbolischen Welten. Vorerst mag uns aber nur die grundlegende Konzeption interessieren, die den Menschen als ein Zwischensein seinem Verständnis als ein mit einem bestimmten Vermögen ausgestattetes Wesen entgegenstellt. Der Unterschied zwischen diesen beiden Konzeptionen lässt sich zunächst durch zwei Punkte charakterisieren.

3.3.1 Vom Subjekt zum Partizipanten

Die Vermögensdefinition sieht den Menschen als ein kreatives Zentrum. Aus diesem Zentrum heraus werden alle menschlichen Leistungen hervorgebracht. Alles, was der Mensch tut, ist eine Leistung, die durch dieses Zentrum strukturiert wird. Und daher müssen sich letztlich auch alle Leistungen des Menschen aus einer Betrachtung dieses Zentrums erschließen und in ihrer Struktur begreifen lassen. Dieses Verhältnis eines kreativen und strukturierenden Zentrums zu den Leistungen des Menschen ist in der philosophischen Tradition unter dem Titel des Subjekts, als das der Mensch die besondere Form seiner Existenz gewinnt, thematisiert worden.

Versteht man den Menschen demgegenüber als Zwischensein, so rückt er aus der Position des Subjektzentrums in die eines Partizipanten. Seine Leistungen werden zu einem Geschehen, an dem er durchaus aktiv und kreativ teilnimmt. Aber sie ergeben sich nicht *alleine* aus der Struktur und der Aktualisierung seines Vermögens. Sie sind damit auch nicht die Entfaltung einer bereits in sich fixierten Vermögensstruktur, sondern das Ergebnis vielfältiger Faktoren und interaktiver Verhältnisse.

Mit dieser Sicht des Menschen als eines Partizipanten soll nicht die Kreativität, die Freiheit oder Verantwortlichkeit des Menschen in Frage gestellt werden. In Frage gestellt wird lediglich der begriffliche Rahmen, innerhalb dessen diese Kreativität, Freiheit und Verantwortlichkeit in der Perspektive der Vermögensdefinition gedacht werden. Frei und kreativ ist dann nicht mehr die Verwirklichung eines in sich bestimmten Vermögens, sondern das Verhalten zu und in Situationen, zu uns in verschiedenen Umwelten, zu und in der Welt, in der wir uns befinden. Dieser Wechsel des Begriffsfeldes, in dem Kreativität und Freiheit und damit auch Verantwortlichkeit gedacht werden, macht Kreativität, Freiheit und Verantwortlichkeit im übrigen auch zu graduell abstufbaren Begriffen. Als ein Verhalten, das nicht nur aus einem Subjektzentrum bestimmt wird, sondern aus einer Pluralität von Faktoren, können wir verschiedene Grade und Formen der Aktivität, Kreativität und Verantwortlichkeit unterscheiden und müssen nicht nur zwischen den alternativen Möglichkeiten eines freien Handelns oder determinierten Verhaltens wählen.

Die Pluralität der Faktoren und Dimensionen, in denen diese Faktoren wirksam werden, wird im Folgenden ein wichtiger Aspekt für das Verstehen des menschlichen Handelns werden.

3.3.2 Von der Verwirklichung strukturierter Möglichkeiten zur Entstehung emergenter Ordnungen des Äußerungsgeschehens

In Rahmen der Vermögensdefinition bleiben die prägenden Strukturen virtuell. Sie sollen zwar als Formen der Kraft wirken, zeigen sich aus sich selbst heraus aber nicht als eine unserer Erfahrung zugängliche Struktur. Vielmehr müssen sie über normative Postulate erschlossen werden. Als Beispiel mag hier das transzendentale Subjekt in der Kantischen Erkenntnistheorie dienen. Das „Ich denke", das „alle meine Vorstellungen begleiten können" muss,[10] ist keine in unserem

---

10 „Das: *Ich denke*, muß alle meine Vorstellungen begleiten *können*; denn sonst würde etwas in mir vorgestellt werden, was gar nicht gedacht werden könnte, welches eben so viel heißt, als die Vorstellung würde entweder unmöglich, oder wenigstens für mich nichts sein. Diejenige Vorstellung, die vor allem Denken gegeben sein kann, heißt *Anschauung*. Also hat alles Mannigfaltige der Anschauung eine notwendige Beziehung auf das: *Ich denke*, in demselben Subjekt, darin dieses Mannigfaltige angetroffen wird. Diese Vorstellung aber ist ein Actus der *Spontaneität*, d. i. sie kann nicht als zur Sinnlichkeit gehörig angesehen werden. Ich nenne sie die *reine Apperzeption*, um sie von der *empirischen* zu unterscheiden, oder auch die *ursprüngliche Apperzeption*, weil sie dasjenige Selbstbewußtsein ist, was, indem es die Vorstellung *Ich denke* hervorbringt, die alle anderen muß begleiten können, und in allem Bewußtsein ein und dieselbe ist, von keiner weiter begleitet werden kann. Ich nenne auch die Einheit derselben die *transzendentale* Einheit des Selbstbewußtseins, um die Möglichkeit der Erkenntnis a priori aus ihr zu bezeichnen." (Imma-

Bewusstsein aufweisbare Gegebenheit. Es wird vielmehr lediglich als eine Gegebenheit postuliert, die aufgrund der ebenfalls postulierten universellen Identität ihrer Struktur die Objektivität unserer Erkenntnis sichern soll.

Dass Kant es nicht einmal für nötig hält, die von ihm postulierte Gegebenheit zu begründen, lässt sich als eine Art grammatischer Fehlschluss deuten: Weil wir alle Erkenntnisvorgänge als Denkvorgänge darstellen können und diese Denkvorgänge von einer Person vollzogen werden müssen, ist die sprachliche Form „Ich denke" gleichsam die Klammer, in der dann alles Gedachte ausgeführt werden kann. Oder anders gesagt: Es gibt keinen Denkvorgang, den wir nicht einer denkenden Person zuschreiben können und der daher von dieser Person nicht in die Form eines Satzes gebracht werden kann: *Ich denke, dass* ... In dieser Darstellungsmöglichkeit zeigt sich aber nur die Form unserer Sprache und nicht auch schon die Form der Vorgänge, über die wir in dieser Sprache reden. Und keinesfalls kann aus der Gleichheit der Darstellungsform auf die Gleichheit des Dargestellten geschlossen werden. Beides, sowohl die Existenz als auch die Struktur des postulierten Vermögens bleiben so in einer konstruierten Welt, für die als Grund nur angeführt werden kann, dass man sie für den Beweis der Objektivität unserer Erkenntnis benötigt.

Gravierender aber als dieser Kritikpunkt ist in unserem Zusammenhang die Unterstellung, dass die Wirklichkeit – und insbesondere die Wirklichkeit des menschlichen Handelns und Denkens – überhaupt als eine Verwirklichung von Möglichkeiten im Sinne dynamischer Tendenzen verstanden werden soll. Denn mit dieser an die aristotelische Unterscheidung von Dynamis und Energeia anschließenden Denkfigur wird alles, was ist, zum Ergebnis vorausbestimmter Strukturen, auch wenn diese Strukturen selbst nur in ihrer Entwicklungsmöglichkeit, in ihrer Dynamik, bestimmt sind. Letztlich führt diese Figur zu einer teleologischen Wirklichkeitsauffassung, in der die Sphäre der Intentionen und Motive die Richtung dessen vorbestimmt, was überhaupt sein kann. Und diese Intentionen und Motive gehören zum Inneren der Agenten bzw. Subjekte. Die daraus entstehende Wirklichkeit ist, so kann man es auch sagen, die äußere Entfaltung einer inneren Dynamik.

Eben diese Denkfigur wird in der Sicht auf das Zwischensein des Menschen umgekehrt. Der Weg zur Entstehung der menschlichen Wirklichkeit – in der traditionellen Sprache der Philosophie können wir auch sagen: zur Wirklichkeit des Geistes – führt nicht mehr von einem Innen des Subjektes oder des Geistes zum Außen der Welt. Der Mensch findet vielmehr nur über seine Welterfahrungen, seine Begegnungen mit den Ereignissen der Welt und seine Versuche, sich in diesen Weltereignissen zurechtzufinden und zu bewähren, zu einem eigenen Sein. Dieses sein Eigen- oder Selbstsein kann der Mensch dann als sein Inneres der Welt als seinem Außen entgegensetzen. Ernst Cassirer formuliert diese Umkehrung der Richtung auf prägnante Weise durch seine „Grundregel, die alle Ent-

---

nuel Kant, *Kritik der reinen Vernunft*, B 132 f. Wenn nicht anders vermerkt, handelt es sich bei allen Hervorhebungen in den Zitaten um solche des zitierten Autors.)

wicklung des Geistes beherrscht: daß der Geist erst in seiner Äußerung zu seiner wahrhaften und vollkommenen Innerlichkeit gelangt."[11]

Man kann die Pointe dieser Grundregel auf eine doppelte Weise deuten. Die erste Weise würde die Bewegung der Hegelschen Philosophie aufnehmen und den Geist auf einem Umweg sehen, der erst durch die Welt zu ihm selbst zurückführt. Diese, im Grunde schon in der mittelalterlichen Philosophie z. B. bei Thomas von Aquin und seiner Rede von der reditio completa in se ipsum[12] angelegte Denkfigur lässt sich durchaus noch in dem Begriffsschema von Dynamis und Energeia, Potentia und Actus, Vermögen und Verwirklichung verstehen.

Mitgedacht in dieser „Reise um die Welt"[13] ist dabei die Bedürftigkeit des Menschen, der nicht aus sich alleine heraus zur Vollendung seiner Anlagen gelangen kann, sondern dazu die Ergänzung einer Weltwirklichkeit braucht, durch die er zu seiner Selbstverwirklichung herausgefordert wird. Entscheidend in diesem Gedanken ist, dass die Auseinandersetzung mit der Wirklichkeit der Welt als ein Prozess der Selbstverwirklichung gedacht wird, als Entfaltung der Möglichkeiten, die bereits in dem Menschen stecken und die letztlich auch die Richtung vorgeben, in der er sich verwirklichen kann. Diese Selbstverwirklichung ist daher tatsächlich eine „Rückkehr zu sich selbst", eine reditio in se ipsum.

Diese Lesart verpasst aber einen entscheidenden Punkt. Es geht nämlich nicht nur darum einzusehen, dass der Mensch der Weltwirklichkeit bedarf, um zu seinem Selbstsein zu finden, um überhaupt ein individuelles persönliches Eigensein auszubilden. Es geht vielmehr auch darum zu erkennen, dass diese Weltwirklichkeit, zu der auch die anderen Menschen gehören, nicht nur die förderliche oder hinderliche Umgebung des eigenen Handelns bildet, sondern in ihrem Eigensein, d. h. in ihren inneren Strukturen als ein Gestaltungsmoment das sich an ihr abarbeitende Handeln mitprägt. Erst in diesem kontingenten Wechselverhältnis intentionaler Momente der handelnden Menschen und strukturierender Faktoren der Weltwirklichkeit ergibt sich das, was das individuelle Eigensein, das Selbstsein, einer Person sein kann. Wiederum im Bilde gesprochen, entwickelt sich das Selbstsein in der Zone zwischen den intentionalen Momenten – klassisch würde man sagen: dem intentionalen Bewusstsein –, also dem Inneren des Menschen, und den Faktoren, die aus dem Außen der Weltwirklichkeit dem Handeln begegnen und in es eingehen.

---

11 Ernst Cassirer, *Philosophie der symbolischen Formen*. Zweiter Teil: *Das mythische Denken* (1925). In: Ders., *Gesammelte Werke. Hamburger Ausgabe*. Hg. von Birgit Recki. (Im folgenden zitiert als ECW) Band 12. Text und Anmerkungen bearbeitet von Claus Rosenkranz. Hamburg [Felix Meiner Verlag] 2002, S. 231.

12 Vgl. dazu Reto Luzius Fetz, *Ontologie der Innerlichkeit. Reditio completa und Processio interior bei Thomas von Aquin*. Freiburg, Schweiz [Universität Freiburg] 1975.

13 Ich nutze hier eine Formulierung Ernst Cassirers: „Das Paradies der Unmittelbarkeit ist dem Denken verschlossen: es muß – um es mit den Worten *Kleists* aus dem Aufsatz ‚Über das Marionettentheater' zu bezeichnen – die Reise um die Welt machen, und sehen, ob es vielleicht von hinten irgendwo wieder offen ist." (Ernst Cassirer, *Philosophie der symbolischen Formen*. Dritter Teil: *Phänomenologie der Erkenntnis* (1929). In: ECW Band 13. Text und Anmerkungen bearbeitet von Julia Clemens, Hamburg [Felix Meiner Verlag] 2002, S. 46 f.

In einer extremen Weise hat Niklas Luhmann dieses Wechselverhältnis als „Theorem der doppelten Kontingenz"[14] zu explizieren versucht. Als „Grundsituation der doppelten Kontingenz" stellt er dar: „Zwei black boxes bekommen es, aufgrund welcher Zufälle immer, miteinander zu tun." Füreinander „bleiben die black boxes [...] undurchsichtig. [...] Der Versuch, den anderen zu berechnen, würde zwangsläufig scheitern."[15] Die Interaktionen zwischen ihnen richten sich alleine am Außengeschehen dieser black boxes aus, an der Weltwirklichkeit der jeweiligen Aktionen und Reaktionen, die aus sich selbst heraus eine Ordnung der Interaktion entstehen lassen: „Auf diese Weise kann eine emergente Ordnung zustande kommen".[16]

Für Luhmann bleiben die Intentionen der Akteure einander nicht nur undurchsichtig, sondern auch unerheblich. Er sieht die Faktoren der Ordnung, die sich in den Interaktionen entwickeln, einzig in der Selbstorganisation der sich wechselseitig aufeinander beziehenden Aktionen und Reaktionen. Es gibt keine subjektiven Faktoren dieser Ordnung. Die Ordnung, wenn sie denn entsteht, ist ein Nebenprodukt der Tatsache, dass überhaupt Interaktionen zustande gekommen sind und sich sozusagen in ihrem Wechselverhältnis synchronisiert haben.

Der Ausschluss der subjektiven Faktoren erscheint extrem und wird uns noch beschäftigen. Gerade in seiner extremen Pointierung der Emergenz einer Ordnung aus äußeren Faktoren rückt Luhmann aber einen entscheidenden Punkt in den Blick: nämlich die Entstehung einer Handlungsordnung aus dem aufeinander bezogenen Ablaufmomenten des Handelns.

Man kann sich diesen Sachverhalt durch einige elementare Aspekte einer Situation des Miteinanderhandelns verdeutlichen. Zwei Personen, die, ohne sich zu kennen, aufeinander zugehen, einfach weil sie jeweils in ihre Richtung gehen, zunächst ohne den anderen zu beachten, werden im allgemeinen einander ausweichen. Dies muss in der Tat nicht mit einer eigenen Intention verbunden sein, sondern kann sich alleine aus den Bewegungsformen und -richtungen ergeben und aus dem Weltverhältnis, das in diesen Bewegungen gleichsam inkorporiert ist. Denn irgendwo hinzugehen oder von irgendwo wegzugehen, sind Weltverhältnisse der Annäherung oder Entfernung, die wir in vielen Fällen nicht auch noch zusätzlich durch Intentionen strukturieren müssen. Wie vor allem Maurice Merleau-Ponty immer wieder in eindringlichen Analysen gezeigt hat, sind wir bereits in unserer leiblichen Existenz zur Welt hin oder von ihr weg und sind wir in diesem Zur-Welt- oder Von-ihr-weg-Sein im Ablauf unseres Verhaltens geprägt.[17]

---

14 Niklas Luhmann, *Soziale Systeme. Grundriß einer allgemeinen Theorie*. Frankfurt am Main [Suhrkamp Verlag] 1984, S. 153.

15 Ebd., S. 156.

16 Ebd., S. 157.

17 „Die Wahrnehmung ist nicht eine Art beginnender Wissenschaft und keine Grundübung der Intelligenz; wir müssen einen Umgang mit der Welt und eine Gegenwärtigkeit zur Welt (*présence au monde*) wiederfinden, die älter ist als die Intelligenz." (Maurice Merleau-Ponty, *Das Kino und die neue Psychologie*. Übersetzt von Claudia Brede-Konersmann. In: Ders., *Das Auge und der Geist. Philosophische Essays*. Neu bearbeitet, kommentiert und mit einer Einleitung hg. von Christian Bermes. Hamburg [Felix Meiner Verlag] 2003, S. 35, und in: Ders., *Sinn und Nicht-Sinn*.

Man kann diese Situation leiblich gegründeter Weltverhältnisse an unzähligen Beispielen unseres alltäglichen Lebens illustrieren. Das „Zucken einer Oberlippe", „ein zweideutiges Spiel an der Manschette",[18] die gerunzelte Stirn oder auch der starre Blick, die plötzliche Bewegung auf uns zu oder von uns weg, die seitliche Annäherung oder die geradlinige Zuwendung – die sind nur einige wenige Momente, die zu den nahezu allgegenwärtigen Stimuli gehören, die uns zu Reaktionen auch im Ablauf einer Handlung nötigen und dadurch diesen Ablauf selbst mitbestimmen. In diesem Sinne gibt es tatsächlich vielfach eine sich selbst organisierende emergente Ordnung, die weitgehend unabhängig von der Individualität unserer Person sein kann und die wir selbst als etwas wahrnehmen, dass uns eher passiert als dass wir es selbst gestaltet hätten.

Diese zweite Lesart des Äußerungsaspektes, der sich aus dem Verständnis des Menschen als eines Zwischenseins ergibt, beharrt darauf, dass die menschlichen Äußerungen, die „Äußerungen des Geistes", ein eigenes Geschehen sind, das auch in seiner eigenen Dynamik zu beschreiben ist. Dieses Äußerungsgeschehen umfasst dabei jegliche Regung und Bewegung des Menschen, die überhaupt eine „Außenseite" hat, eine räumliche und also sinnlich wahrnehmbare Charakteristik, eine Existenzform, die als zeitliche Folge räumlicher Konfigurationen, als ein Konfigurationsprozess wahrgenommen und dargestellt werden kann. Dazu gehören mimische, gestische und sprachliche Äußerungen ebenso wie Handlungen, durch die wir etwas verrichten oder bewegen, und Bewegungen, mit denen wir uns selbst irgendwohin wenden und annähern oder irgendwovon abwenden und entfernen.

4 Die Bildung des Kulturbegriffs

Man kann nun bereits einen ersten Versuch unternehmen, aus den beiden Charakterisierungen der menschlichen Existenzform (1) als die eines partizipierenden Akteurs, der (2) seine Aktivität in einem auch intern sich organisierenden Äußerungsgeschehen in die Einheit einer Äußerung bringt, einen Kulturbegriff zu bilden. Die Einführung eines solchen Kulturbegriffs begründet sich aus der Struktur des Äußerungsgeschehens. Auf der einen Seite ist der Mensch in seinen Motiven und Intentionen, seinen Gedanken und Vorstellungen, seinen Wahrnehmungen

---

Aus dem Französischen von Hans-Dieter Gondek. München [Wilhelm Fink Verlag] 2000, S. 71) Und auf Personen angewendet, sagt er: „jede Person ist nichts anderes für uns als diese Struktur oder diese Weise des Zur-Welt-Seins." (Ebd., S. 37 und S. 73)

18 Die unnachahmliche Schilderung, die Kleist vom „‚Donnerkeil' des Mirabeau" gibt, nennt diese Beispiele: „Vielleicht, daß es auf diese Art zuletzt das Zucken einer Oberlippe war, oder ein zweideutiges Spiel an der Manschette, was in Frankreich den Umsturz der Ordnung der Dinge bewirkte." (Heinrich von Kleist, *Über die allmähliche Verfertigung der Gedanken beim Reden*. In: Ders., *Sämtliche Werke und Briefe*. Hg. von Helmut Sembdner. Zweiter Band. München [Carl Hanser Verlag] ⁶1977, S. 321)

und Gefühlen, kurz: in seinem Bewusstseinsleben, in diesem Äußerungsgeschehen aktiv. Auf der anderen Seite gibt es die Eigendynamik des Äußerungsgeschehens, sozusagen die Weltseite oder der Weltanteil des menschlichen Verhaltens.

4.1 Die Form der Äußerungen, die Form-Wirkverhältnisse und die Welt der Formen

Die Einheit einer Äußerung ist ihre Form. Sieht man, dass diese Form sich sowohl aus den Impulsen und Initiativen des Bewusstseinslebens als auch aus den Faktoren der Außenwelt bildet, dann müssen auch diese äußeren Formfaktoren berücksichtigt werden, wenn man die menschlichen Äußerungen verstehen will.

Die Rede von Formfaktoren soll dabei verdeutlichen, dass die Weltfaktoren bei der Bildung der Form unserer Äußerungen beteiligt sind. Diese Beteiligung kann auf unterschiedliche Weise stattfinden. So können die unterschiedlichsten Reize aus unserer Umwelt wie z. B. die wärmenden Sonnenstrahlen eines Sommertages oder das trübe Licht eines Regentages unsere Äußerungen mitprägen und dadurch zu Formfaktoren werden. Völlig anders geartet ist dagegen die Prägung, die durch eine Ausrichtung an Formen von Äußerungen entsteht, die bereits ausgebildet worden sind. Diese bereits geformten Äußerungsformen bieten dann ein Muster für die Herausbildung einer neuen Äußerungsform. Sie sind Formfaktoren, die bereits selbst Formen von Äußerungen sind.

Während die Umweltreize im Sinne physischer und physiologischer Kausalverhältnisse in ihren Wirkungen erfasst werden können, haben wir es bei den Äußerungsformen, wenn sie denn als Formfaktoren für weitere Äußerungen auftreten, mit einem Formverhältnis zu tun, in dem *Formen auf Formen wirken*. Genauer handelt es sich um die *Wirkung einer Form durch ihre Form auf eine andere Form*.

Die Entdeckung dieses besonderen Form-Wirkverhältnisses steht am Anfang der Philosophie und hat zur Ausbildung einer Logik im weiteren Sinne, nämlich im Sinne einer systematischen Ordnung von Formverhältnissen geführt. Die Begründung dieser Logik in der Platonischen Philosophie wird noch in einem eigenen Kapitel darzustellen sein. Dass Form auf Form wirken kann, dass die bereits geformte Form von Äußerungen zur formenden Kraft für unsere eigenen Äußerungen werden kann, dieses Verhältnis hat die Philosophen seit jeher fasziniert. Die Versuche, dieses Verhältnis zu begreifen, führten zu Unterscheidungen wie der zwischen Idee und Realität, Urbild und Abbild, wahrem Sein und bloßem Schein und vielem anderen mehr.

Aber nicht nur die Besonderheit dieses Wirkverhältnisses, sondern auch die Besonderheit einer *Welt der Formen* selbst begründet deren Hervorhebung. Denn im Unterschied zu den Umweltreizen und Faktoren, die nicht durch ihre Form, sondern durch ihre physische Veränderung im Ablauf organischer Prozesse wirken, sind Äußerungsformen das Produkt historischer Prozesse, in denen um die Herausbildung, Bewahrung und Erneuerung dieser Formen gerungen worden ist.

Die Welt der Formen ist das Produkt einer historischen Anstrengung und wird zugleich zum Ausgangspunkt neuer historischer Formentwicklungen. Diese doppelte Historizität der Äußerungsformen und die damit gegebene Besonderheit der Form-Wirkverhältnisse verlangt eine besondere Form der Untersuchung dieser Formen und Formverhältnisse im Leben unserer Äußerungen.

Dieser Besonderheit wird ein *Kulturbegriff* gerecht, der in der Kultur die *Welt der bereits geformten Äußerungsformen* sieht und die kulturellen Verhältnisse als Wirkverhältnisse von Äußerungsformen auf Äußerungen, und zwar durch ihre Form, identifiziert.

4.2 Die Artikulationsformen des Ausdruckshandelns und die Organisationsformen des technischen Handelns

Tatsächlich haben wir damit einen Kulturbegriff erreicht, der viele Intentionen der skizzierten Kulturbegriffe, so wie sie in der Diskussion über eine Kulturphilosophie angeführt worden sind, in sich aufnimmt. Als bloße Definition bleibt der hier vorbereitete Kulturbegriff karg. Nur im Zusammenhang des Weges, auf dem wir zu ihm geführt worden sind, entwickelt er seinen Sinn. Dieser Weg liefert uns aber auch einen weiteren Grund, den bis jetzt erreichten Kulturbegriff noch weiter einzuengen.

Nehmen wir alle Äußerungsformen in den Kulturbegriff auf, so finden wir unter ihnen sowohl die Äußerungen, mit denen wir etwas zum *Ausdruck* bringen, als auch solche Äußerungen, mit denen wir auf *physische Weltveränderungen* abzielen. In den Ausdruckshandlungen geht es um die *Artikulation* von etwas, sei es einer Überzeugung, einer Stimmung, eines Wunsches, einer Darstellung oder irgend einer sonstigen Mitteilung.

Die Artikulation findet ihr Ende, wenn sie in eine Form gebracht ist, die der sich Äußernde als Form seines Ausdrucks akzeptiert. Sie hat daher einen Zweck in sich selbst. Dies schließt nicht aus, dass mit ihr auch weitere Zwecke verbunden werden. Gewöhnlich wollen wir durch eine gelungene Artikulation tatsächlich etwas erreichen, z. B. jemanden überzeugen, abschrecken, beeindrucken usw. Wir müssen allerdings dann der Kraft vertrauen, die von der Form unserer Artikulation ausgeht. Ob jemand von ihr in den Bann gezogen oder überhaupt beeindruckt wird, hängt letztlich nur von ihm selbst ab, von seiner Bereitschaft und Fähigkeit, sich auf das, was wir zum Ausdruck und in eine Form gebracht haben, einlässt. In diesem Sinne reicht unsere Möglichkeit, durch Artikulation etwas zu erreichen, nur bis zum Ende dieser Artikulation selbst, bis zu der Form, die wir ihr geben. Und in diesem Sinne kann man tatsächlich von ihr als einem Selbstzweck reden.

Dies ist bei den Äußerungen, die direkt auf die Erreichung eines bestimmten Weltzustandes abzielen, anders. Mit diesen Äußerungen wollen wir unmittelbar einen bestimmten Weltzustand oder -verlauf herbeiführen oder verhindern. Wir greifen damit physisch in die Welt ein. Diese Äußerungen sind ein Handeln, das nicht seine eigene Artikulation oder Form zum Ziel hat, sondern das allein dazu dient, etwas anderes zu erreichen. Wir sprechen im allgemeinen von einem technischen Handeln, wenn wir uns auf solche Handlungsformen beziehen wollen.

4.3 Das Reich der Formen als Reich der Freiheit – der Bereich des technischen Handelns als Reich der Notwendigkeit

Damit sind wir bei einer grundlegenden Unterscheidung angekommen, die das Feld für eine zentrale Kontroverse in der Bestimmung des Kulturbegriffs markiert. Sollen wir nur die Artikulationsformen unseres Ausdruckshandelns zur Kultur rechnen oder auch die Organisationsformen unseres technischen Handelns? Sollen wir Technik und Kultur einander gegenüberstellen oder gehört die Technik zur Kultur?

Das Problem, das sich in dieser Diskussion entwickelt hat, wurzelt vor allem in den Wertungen, die sich an den Kulturbegriff geheftet haben. Ging es doch tatsächlich vielfach darum, die geistige Welt der Kultur von der handwerklich begründeten Welt der Technik freizuhalten und insbesondere das Reich der „Hochkultur", wie man sie in den kanonischen Kunstwerken und vielfach auch in der Religion zu erkennen glaubte, als das wahre Reich des Geistes von der Alltagswelt der Technik und ihren berechnenden Denkmustern fernzuhalten. Befreit man sich von solchen Bewertungen, dann wird auch der Blick frei für einen Unterschied, der sich wieder über Formverhältnisse ergibt und im übrigen keinerlei Werthierarchie zwischen den verschiedenen Formverhältnissen des Ausdruckshandelns und des technischen Handelns begründet.

Dieser Unterschied zeigt sich, wenn wir noch einmal die Rolle der Form betrachten, und zwar einmal im Zusammenhang des Ausdruckshandelns und zum anderen im Zusammenhang des technischen Handelns. Wir sahen bereits, dass die Form der Artikulation einen Eigenwert darstellt, der dann als solcher auch erkannt und geschätzt werden und auf andere Menschen wirken kann. Diese Wirkung muss aber nicht eintreten, sie bleibt ein Akt der Freiheit auf der Seite derer, an die sich der jeweilige Ausdruck richtet oder von denen der Ausdruck überhaupt wahrgenommen wird. Gerade weil die auf die Form gerichtete Arbeit und Anstrengung im Werden der Form selbst ihr Ziel findet – wie z. B. in der Klarheit einer Artikulation, in ihrer Genauigkeit, in ihrer inneren Bewegtheit und Spannung, in ihrer Ausgewogenheit oder in ihren anderen Formcharakteristika –, entsteht ein eigenes Reich der Formen, in dem sich Form auf Form bezieht. Dass dieser Bezug letztlich die Freiheit einfordert, etwas zum Ausdruck zu bringen und sich zu einem Ausdruck wieder in einer artikulierten Weise zu verhalten, macht die Eigentümlichkeit dieses Formenreiches aus und begründet den Strukturunterschied zur Welt des technischen Handelns.

Im technischen Handeln geht es gerade nicht um die Freiheit von Formverhältnissen, sondern darum, mit einem Handeln ein bestimmtes Ergebnis – möglichst effektiv und sicher – zu erreichen. Die Form des technischen Handelns, seine innere Organisation und sein Bezug auf Werkzeuge, Geräte, Maschinen und Industrieanlagen, können nicht als Selbstzweck angesehen werden – auch wenn wir durchaus von einer Ästhetik technischer Verhältnisse reden können. Letztlich geht es hier darum, mit einem möglichst geringen Aufwand – und d. h. vor allem: mit einem möglichst geringen Verbrauch von Ressourcen welcher Art auch immer – eine möglichst große Wirkung zu erzielen und dieses Verhältnis von Aufwand und Wirkung möglichst stabil zu halten und zu kontrollieren.

Die angestrebte Effektivität, Stabilität und Kontrollierbarkeit lassen sich nur für physische Verhältnisse erreichen und konstituieren in diesem Sinne kein Reich der Formen, das die Bezüge zwischen den Formen in einem Reich der Freiheit entstehen lässt. Damit ergibt sich für die Welt des technischen Handelns eine andere Struktur als für die Welt unseres Ausdruckshandelns.

Wohlgemerkt, damit ist keine Wertung verbunden. Das technische Handeln liefert uns nicht nur die Grundlagen unserer Lebenssicherung, sondern weist auch eine Komplexität der inneren Strukturierung auf, die vielfach nur noch durch eine hohe Expertenkompetenz zu bewältigen ist. Würde man das technische Handeln der Formkultur des Ausdruckshandelns unterordnen, dann müsste man auch die Wissenschaften, auf die sich das technische Handeln im allgemeinen stützt, als einen geistig weniger wertvollen Bereich gegenüber etwa der Kunst ansehen, die man ihrerseits als eine Hochform unseres Ausdruckshandelns ansehen könnte. Worum es hier allein geht, ist die Verdeutlichung einer grundlegenden Strukturdifferenz zwischen dem Reich der Ausdrucksformen und dem Reich der Formen des technischen Handelns, die auch eine unterschiedliche Zugangsweise in der philosophischen Betrachtung begründet.

Nimmt man die Bedeutung der Form und der Form-Wirkverhältnisse als konstitutiven Bestimmungsgrund für einen Kulturbegriff, dann kann man aus dieser strukturellen Differenz ableiten, dass wir von Kultur im engeren Sinne tatsächlich nur dann reden können, wenn wir uns auf das Reich der Ausdrucksformen beziehen und auf alle die Form-Wirkverhältnisse, in denen sich Formen des Ausdrucks direkt auf andere Formen des Ausdrucks beziehen und in denen die Formen der Artikulation einen Selbstzweck darstellen.

Mit einer solchen Eingrenzung des Kulturbegriffs wird mit der Kultur zugleich das Thema der Freiheit, auf die die Wirkverhältnisse in einem Reich der Formen ja angewiesen bleiben, thematisiert. In einem gewissen Sinne nehmen wir damit die Unterscheidung zwischen einem Reich der Freiheit und einem Reich der Notwendigkeit wieder auf, die für die philosophische Tradition insbesondere seit Kant eine so große Rolle gespielt hat. Wir werden aber noch sehen, dass diese Unterscheidung nicht idealistisch interpretiert werden muss, sondern durchaus naturalistische oder auch materialistische Implikationen zulässt.

Auch hier mag, wenn man die bisherigen Überlegungen in einer Definition zusammenzufassen versucht, das Ergebnis karg erscheinen. Lässt sich doch der vorgeschlagene Kulturbegriff im engeren Sinne dadurch definieren, dass man unter *Kultur alle in einer Gesellschaft etablierten Ausdrucksformen* versteht, *die als Muster auf das Ausdruckshandeln in dieser Gesellschaft wirken*. Einer solchen Kultur im engeren Sinne wäre die Technik gegenüberzustellen, zu der alle Formen des technischen Handelns gehören, die in einer eigenen philosophischen Reflexion auf die Technik, in einer Technikphilosophie zu thematisieren sind.

Letztlich ist es die Unterschiedlichkeit der philosophischen Zugangsmöglichkeiten auf unterschiedlich strukturierte Gegenstandsbereiche, die diese Unterscheidung zwischen einer Kultur- und einer Technikphilosophie begründet. In einer anderen Sichtweise, etwa der des Sozialhistorikers, gibt es gute Gründe dafür, den Kulturbegriff im weiteren Sinne zu verstehen und die Technik als einen Teil dieser Kultur aufzufassen. Denn die wechselseitigen Einflüsse, die zwischen den unterschiedlichen Formen des Ausdruckshandelns und des technischen Handelns bestehen, sind ein zentrales Thema für jede Darstellung sozialer Entwicklungen. Insbesondere die Einführung neuer Ausdrucksmedien wie z. B. der Schrift, des Buchdrucks, der elektronischen Datenverarbeitung und ihrer weltweiten Organisation im Internet bieten hier prominente Beispiele, die diesen Zusammenhang eindrücklich deutlich werden lassen. Wenn also hier ein engerer Kulturbegriff vorgeschlagen und für die Konzeption einer Kulturphilosophie benutzt wird, dann hat dies vor allem disziplintheoretische Gründe. Was hier vorgeschlagen wird, ist das Konzept einer Kulturphilosophie neben einer Technikphilosophie, die aber gerade dadurch die eigenständige Etablierung einer Technikphilosophie einzufordern hat. Dass dann kultur- und techniktheoretische Überlegungen in beide philosophischen Disziplinen einzugehen haben, wird für die Kulturphilosophie noch zu zeigen sein und ist für die bisherige Entwicklung der Technikphilosophie bereits eine Selbstverständlichkeit geworden.

4.4 Kultur und Zivilisation

Lediglich im Rahmen einer Anmerkung sei noch auf eine weitere Unterscheidung hingewiesen, die vor allem im deutschen Sprachraum – und im wesentlichen auch nur in ihm – eine prominente Rolle spielt. Es ist dies die Unterscheidung zwischen Kultur und Zivilisation. Auch diese Unterscheidung ist gewöhnlich mit einer Bewertung verbunden, in der die äußere Zivilisation der inneren Kultur untergeordnet wird.

Paradigmatisch ist hier Kants Gegenüberstellung von „Zivilisierung" und „Kultivierung". Zwar gehört für Kant die Zivilisierung zu einer Kultivierung im weiteren Sinne. Denn die Kultivierung umfasst die Entwicklung aller Anlagen des Menschen. Sie ist „die Verschaffung der Geschicklichkeit. Diese ist der Besitz eines Vermögens, welches zu allen beliebigen Zwecken zureichend ist. [...] Wegen der Menge der Zwecke wird die Geschicklichkeit gewissermaßen unendlich."[19] Daher gibt es denn für Kant auch eine physische Kultur des Körpers. Es gibt eine „Kultur der Gemütskräfte"[20] und eine „Kultur des moralischen Gefühls".[21] Die

19 Immanuel Kant, *Über Pädagogik*. Einleitung, A 22.
20 Immanuel Kant, *Kritik der Urteilskraft* § 60, B 262.

Zivilisierung umfasst für Kant „eine gewisse Art von Kultur", zu der „Manieren, Artigkeit und eine gewisse Klugheit erforderlich" sind. „Sie richtet sich nach dem wandelbaren Geschmack jedes Zeitalters."[22] „Die Zivilisierung gibt ihm [sc. dem Menschen] etwas Gesittetes und also Geschmack".[23] Die Zivilisierung, so kann man sagen, umfasst bestimmte Entwicklungsschritte der Kultivierung, deren Ziel letztlich die „Moralisierung" des Menschen ist:

> „Der Mensch ist durch seine Vernunft bestimmt, in einer Gesellschaft mit Menschen zu sein, und in ihr sich durch Kunst und Wissenschaften zu kultivieren, zu zivilisieren und zu moralisieren; wie groß auch sein tierischer Hang sein mag, sich den Anreizen der Gemächlichkeit und des Wohllebens, die er Glückseligkeit nennt, passiv zu überlassen, [so ist doch nicht dies seine Bestimmung,] sondern vielmehr tätig, im Kampf mit den Hindernissen, die ihm von der Rohigkeit seiner Natur anhängen, sich der Menschheit würdig zu machen."[24]
> „Wir sind im hohen Grade durch Kunst und Wissenschaft kultiviert. Wir sind zivilisiert, bis zum Überlästigen, zu allerlei gesellschaftlicher Artigkeit und Anständigkeit. Aber, uns für schon moralisiert zu halten, daran fehlt noch sehr viel. Denn die Idee der Moralität gehört noch zur Kultur; der Gebrauch dieser Idee aber, welcher nur auf das Sittenähnliche in der Ehrliebe und der äußeren Anständigkeit hinausläuft, macht bloß die Zivilisierung aus."[25]

Diese Werthierarchie zwischen Kultur und Zivilisation bleibt für die deutsche Tradition, in der das Begriffspaar „Kultur" und „Zivilisation" gebraucht wird, prägend.

Vielfach verbindet sich mit der höheren Bewertung der Kultur im Deutschen auch eine nationale Eingrenzung des Kulturbegriffs. Stolz auf die eigene Kultur stellt man sie der internationalen Zivilisation gegenüber, die nur noch die äußeren Aspekte der inneren Kultur bewahren kann. Die Naivität und Selbsttäuschung, die einer solchen Bewertung zugrunde liegt, spiegelt sich auf beeindruckende Weise in den entsprechenden Äußerungen Thomas Manns. In der Zeit des ersten Weltkrieges stellt Thomas Mann in emphatischer Weise Kultur und Zivilisation einander entgegen.

> „Zivilisation und Kultur sind nicht nur nicht ein und dasselbe, sondern sie sind Gegensätze, sie bilden eine der vielfältigsten Erscheinungsformen des ewigen Weltgegensatzes und Widerspieles von Geist und Natur. Niemand wird leugnen, daß etwa Mexiko zur Zeit seiner Entdeckung Kultur besaß, aber niemand wird behaupten, daß es damals zivilisiert war. Kultur ist offenbar nicht das Gegenteil von Barbarei; sie ist vielmehr oft genug nur eine stilvolle Wildheit, und zivilisiert waren von allen Völkern des Altertums vielleicht nur die Chinesen. Kultur ist Geschlossenheit, Stil, Form, Haltung, Geschmack, ist irgendeine gewisse geistige Organisation der Welt, und sei das alles auch noch so abenteuerlich, skurril, wild, blutig und furchtbar. Kultur kann Orakel, Magie, Päderastie, Vitzliputzli, Menschenopfer, orgiastische

21 Immanuel Kant, *Kritik der Urteilskraft* § 60, B 264.
22 Immanuel Kant, *Über Pädagogik*. Einleitung, A 23.
23 Kant's handschriftlicher Nachlaß. Bd. II, Nr. 1460.
24 Immanuel Kant, *Anthropologie in pragmatischer Hinsicht*, A 321, B 318 f.
25 Immanuel Kant, *Idee zu einer allgemeinen Geschichte in weltbürgerlicher Absicht*, A 402 f.

Kultformen, Inquisition, Autodafés, Veitstanz, Hexenprozesse, Blüte des Giftmordes und die buntesten Greuel umfassen. Zivilisation aber ist Vernunft, Aufklärung, Sänftigung, Sittigung, Skeptisierung, Auflösung, - Geist. Ja, Geist ist zivil, ist bürgerlich: er ist der geschworene Feind der Triebe, der Leidenschaften, er ist antidämonisch, antiheroisch, und es ist nur ein scheinbarer Widersinn, wenn man sagt, daß er auch antigenial ist.‟[26]

Dass diese Entgegensetzung auch ihre politische Dimension hat, zeigen seine weiteren Äußerungen im gleichen Artikel:

„Denn die Politik ist eine Sache der Vernunft, der Demokratie und der Zivilisation; Moral aber eine solche der Kultur und der Seele.‟[27]

„Eines ist wahr: Die Deutschen sind bei weitem nicht so verliebt in das Wort ‚Zivilisation‘ wie die westlichen Nachbarnationen; sie pflegen weder französisch-renommistisch damit herumzufuchteln, noch sich seiner auf englisch-bigotte Art zu bedienen. Sie haben ‚Kultur‘ als Wort und Begriff immer vorgezogen – warum doch? Weil dieses Wort rein menschlichen Inhaltes ist, während wir beim anderen einen politischen Einschlag und Anklang spüren, der uns ernüchtert, der es und zwar als wichtig und ehrenwert, aber nun einmal nicht als ersten Ranges erscheinen läßt; weil dieses innerlichste Volk, dies Volk der Metaphysik, der Pädagogik und der Musik ein nicht politisch, sondern *moralisch* orientiertes Volk ist. [...] Mit unserem Moralismus aber hängt unser Soldatentum seelisch zusammen, ja, während andere Kulturen bis ins Feinste, bis in die Kunst hinein die Tendenz zeigen, völlig die Gestalt der zivilen Gesittung anzunehmen, ist der deutsche Militarismus in Wahrheit Form und Erscheinung der deutschen Moralität.‟[28]

„Die deutsche Seele ist zu tief, als daß Zivilisation ihr ein Hochbegriff oder etwa der höchste gar sein könnte.‟[29]

Thomas Mann braucht dann nach dem Ende des ersten Weltkrieges allerdings nicht lange um zu erkennen, dass seine Überzeugung, „der deutsche Militarismus [sei] in Wahrheit Form und Erscheinung der deutschen Moralität", die Zeichen der Zeit nicht lesen konnte. Es ist die politische Situation – vor allem die völkisch-nationalistische Bewegung, die er in München sozusagen hautnah erlebte –, die ihn zu einer Revision seines früheren Standpunkts bringen und zu einem frühen und konsequenten Mahner gegenüber allen faschistischen und nationalsozialistischen Umtrieben werden lassen. Mehr und mehr wendet er sich zunächst dem Gedanken der Republik, der „deutschen Republik", und dann den allgemeineren Ideen der internationalen Demokratie und der Humanität zu. Im Grunde ab 1922, in deutlichen Formulierungen aber jedenfalls ab 1926 gehören Kultur und Zivilisation für Thomas Mann zusammen:

„Das Weltgesetz der Differenzierung, für das man auch den Namen der Kultur setzen kann, ist so unverbrüchlich u[nd] ehrwürdig wie das der Universalisierung, für

---

26 Thomas Mann, *Gedanken im Kriege* (Erstdruck: Die Neue Rundschau 25, November 1914). In: Ders., *Große kommentierte Frankfurter Ausgabe. Werke – Briefe – Tagebücher*. Band 15.1: *Essays II* 1914-1926. Frankfurt am Main [S. Fischer Verlag] 2002, S. 27.

27 Ebd., S. 31.

28 Ebd., S. 37 f.

29 Ebd., S. 38.

die man auch den Begriff der Civilisation einsetzen kann; das nationale – unter Franzosen ist es unnötig, das auszusprechen – mit der Tiefenidee der Kultur verbunden, der Souveränität und Gottesunmittelbarkeit des Ich, hat so viel Recht wie die hellere, geistigere, menschheitliche Sphäre der Vernunft-Emanzipation, der Universalität und Gesellschaftlichkeit, die mit dem Namen ‚Civilisation' gemeint ist. Und indem wir diese beiden Worte aussprechen, Kultur u[nd] Civilisation, lassen wir erinnerungsweise einen etwas scholastischen Begriffsgegensatz wieder erstehen, der in der Ideologie des zurückliegenden Krieges eine Rolle spielte: denn eine solche Ideologie war ja vorhanden; der Krieg war nicht nur gemein oder er wollte nicht nur gemein sein; er wollte auch im Geistigen spielen und tat es bis zu einem gewissen Grade; es wurde auch um Ideen gekämpft, auf beiden Seiten, u[nd] diese Ideen ließen sich, ein wenig primitiver u[nd] populärer Weise auf diese Gegensatzformel ‚Kultur u[nd] Civilisation' zurückführen."[30]

Und in Bezug auf den ursprünglich als moralisch gefeierten deutschen Militarismus, der jetzt als „Kriegsideologie" firmiert, stellt er trocken fest:

> „Deutschlands Auffassung, seine Kriegsideologie, war in zweifacher Beziehung fehlerhaft: in Hinsicht auf die westeuropäischen Gegner und in Hinsicht auf sich selbst."[31]

Philosophisch bedeutet die Einheit von Kultur und Zivilisation für Thomas Mann die Einheit von historischer Individualität und normativer Universalität: Die Individuation im durchlebten Leben, das sich zugleich in der historischen Ideenarbeit seines Volkes verwurzelt und herausgefordert weiß, also dieses kulturelle Moment der menschlichen Existenz, reicht alleine nicht aus, um ein humanes Welt- und Selbstverständnis zu entwickeln und – vor allem – zu sichern. Auf der anderen Seite verbleiben die universellen Forderungen in einem letztlich unverbindlichen Intellektualismus, wenn sie sich nur auf logische und begriffliche Ableitungen stützen, auf das Raisonnement der „Vernunft", wie Thomas Mann sagen könnte. Erst die Verbindung beider Momente, der individuellen Verwurzelung der lebenstragenden und -führenden Überzeugungen in der eigenen – individuellen und kollektiven – Geschichte und der universellen Ausrichtung auf ein menschheitliches Miteinander in wechselseitiger Anerkennung, definieren für Thomas Mann die demokratische Form einer weltumspannenden Humanität und das wahre Verständnis von Kultur und Zivilisation.

Ernst Cassirer fasst diese Verbindung von Universalität und Individualität 1939 in eine prägnante Formel, wobei er allerdings diese Verbindung als ein inneres – und treibendes – Moment der Kultur sieht, ohne sie der Zivilisation entgegenzustellen.

> „Das Allgemeine, das sich uns im Bereich der Kultur, in der Sprache, in der Kunst, in der Religion, in der Philosophie enthüllt, ist daher stets zugleich individuell und universell. Denn in dieser Sphäre läßt sich das Universelle nicht anders als in der

---

30 Thomas Mann, *Die geistigen Tendenzen des heutigen Deutschlands*. Ansprache in Paris am 20. Januar 1926 in der Dotation Carnegie. In: Ders., *Große kommentierte Frankfurter Ausgabe. Werke – Briefe – Tagebücher*. Band 15.1. A.a.O., S. 1079.
31 Ebd., S. 1080.

Tat der Individuen anschauen, weil es nur in ihr seine Aktualisierung, seine eigentliche Verwirklichung finden kann."[32]

Die endgültige Überwindung des Gegensatzes zwischen einem Kultur- und einem Zivilisationsbegriff scheint durch Norbert Elias geleistet zu sein. In seinem großen Werk *Über den Prozeß der Zivilisation* entwickelt er den Begriff der Zivilisation als den Oberbegriff, der auch den Kulturbegriff einschließt. Dabei stellt er den Prozess der Zivilisation „als eine spezifische [nämlich soziogenetisch entstandene] Veränderung des menschlichen Verhaltens" dar, die alle Bereiche der menschlichen Existenz umfasst und sich im Miteinanderleben der Menschen herausgebildet und stabilisiert hat. Gerade die nationalsprachlichen Differenzen im Gebrauch eines Kultur- oder eines Zivilisationsbegriffes, denen Norbert Elias nachgeht, zeigen dabei, dass eine philosophische Reflexion auf die menschliche Kultur oder Zivilisation den historisch-kontigenten Gegensatz zwischen diesen beiden Begriffen zunächst unberücksichtigt lassen sollte.[33]

---

32 Ernst Cassirer, *Naturalistische und humanistische Begründung der Kulturphilosophie* (1939). In: Ders., *Erkenntnis, Begriff, Kultur.* Hg. und eingeleitet sowie mit Anmerkungen und Registern versehen von Rainer A. Bast. Hamburg [Felix Meiner Verlag] 1993, S. 249 f.
33 Norbert Elias, *Über den Prozeß der Zivilisation. Soziogentische und psychognetische Untersuchungen.* Erster Band: *Wandlungen des Verhaltens in den weltlichen Oberschichten des Abendlandes.* Zweiter Band: *Wandlungen der Gesellschaft. Entwurf zu einer Theorie der Zivilisation.* Frankfurt am Main [Suhrkamp Verlag] 1976.

KAPITEL 2: ARTIKULATION UND MEDIUM

1 Die kulturtheoretische Perspektive

1.1 Die Notwendigkeit einer kulturtheoretischen Perspektivierung

Wie schon die Begriffsgeschichte zeigt, gibt es verschiedene Wege zum Kulturbegriff. Der Weg, den wir im ersten Kapitel gegangen sind, hat das historische Moment der Kultur in den Vordergrund gerückt und eine anthropologische Begründung des Kulturbegriffs versucht. Betont worden sind dabei der Formcharakter der Kulturerscheinungen, und diese selbst sind insgesamt als Äußerungsformen der Menschen verstanden worden. Diese Perspektive erlaubte es uns auch, zwischen Kultur im engeren Sinne und Technik eine Unterscheidung zu treffen, die in der Unterscheidung zwischen Kultur- und Technikphilosophie aufgenommen werden könnte. Kritisch könnte man zu diesem Vorgehen anmerken, dass damit eine letztlich unbegründete Verengung des Kulturbegriffs vorgenommen worden sei. Denn die Rede von der Kultur umfasse deutlich mehr Phänomene und Phänomenbereiche als nach dieser terminologischen Festlegung noch betrachtet werden können.

Tatsächlich ist dieser Einwand ernst zu nehmen und einer eigenen Überlegung zum methodischen Vorgehen bei der Einführung des Kulturbegriffs wert. Eine solche methodische Überlegung hat zunächst einzuräumen, dass es einer Einschränkung gegenüber den alltäglichen Verständnissen bedarf, um überhaupt eine theoretische Reflexion auf Kultur in Gang bringen zu können. Die Vielgestaltigkeit der Reden über Kultur, die eingangs schon zu bemerken war, macht jede Präzisierung einer Fragestellung unmöglich. Immer könnte man noch auf etwas hinweisen, dass unberücksichtigt geblieben ist und so die methodische Präzisierung wieder aufheben.

Aus dieser Überlegung folgt, dass die Möglichkeit eines theoretischen Zugriffs auf Phänomene sich einer *Perspektivierung* verdankt, die ein Problematisierungsinteresse und damit eine Fragerichtung zum Ausdruck bringt. Eine solche Perspektivierung – auch das ist einzuräumen – verdankt sich ihrerseits einer bereits geleisteten Arbeit am Begriff, die die theoretische Relevanz der jeweiligen Perspektive begründet. Das, was eine solche Perspektivierung begründet, sind daher auch bestimmte Konzeptionen und Positionen, die sich einem z. T. außerordentlich traditionsreichen theoretischen Diskurs verdanken.

1.2 Die Perspektivierung durch Einschränkungen
des Gegenstandsbereichs

Die Perspektivierung auf die Medialität unserer Äußerungen, die der Thematisierung des Verhältnisses von Form und Medium zugrunde liegt, soll daher in den einzelnen Schritten ihrer Entwicklung dargestellt werden.

1.2.1 Vom Ereignis zur Form

Der erste Schritt, der im vorangegangenen Kapitel bereits vollzogen wurde, ist der Übergang vom Ereignis zur Form. Damit ist eine Entscheidung dafür formuliert, nicht schon bei einzelnen auftretenden und wieder verschwindenden Ereignissen von Kulturphänomenen zu reden. Das Interesse für diese erste und grundlegende Einschränkung begründet sich daraus, *dass nur dann, wenn man von verfestigten Formen handelt, eine theoretisch erfassbare Wirkung auf das Handeln der Menschen ersichtlich ist: und zwar, weil es sich um eine Form handelt, um eine Wirkung auf eine gewisse Dauer, und weil es sich um eine symbolische Form handelt, um eine Wirkung im öffentlichen Raum.*

Dieser zweiter Punkt bedarf noch einer Erläuterung. Denn wenn auch das schon erwähnte Verständnis von Kultur als einer Charakter- und Verhaltenstugend seine Verbreitung gefunden hat, wird man doch einräumen müssen, dass dieses Kulturverständnis nicht dazu geeignet ist, eine kulturwissenschaftliche oder auch kulturphilosophische Perspektive zu entwickeln. Zwar mag man in den Wissenschaften und der Philosophie durchaus vom Charakter, von den Tugenden und vom Verhalten auch einzelner Personen reden. Aber diese Reden können sich nur am Ende grundlegender Überlegungen als wissenschaftlich oder philosophisch ausweisen und nicht schon am Anfang der perspektivischen Konzeption einer wissenschaftlichen oder philosophischen Analyse als grundbegriffliche Entscheidungen genutzt werden.

1.2.2 Von Bewusstseinsverhältnissen zu Ausdrucksverhältnissen

Und auch eine zweite Unterscheidung ist mit der Rede von der Kultur schon von Anfang an getroffen, nämlich die Unterscheidung von Bewusstseinsverhältnissen und Ausdrucksverhältnissen. Hinter dem Ausschluss, Kultur als ein Bewusstseinsphänomen zu denken, steht die Überzeugung, dass Bewusstseinsereignisse selbst dann, wenn sie sich in eine prinzipiell wiederholbare Form verfestigen – wie sie das bei höheren Säugetieren offensichtlich zu tun scheinen –, sie dies nur im Bewusstseinsleben einer Person tun und zudem in dem biographischen Fluss dieses Bewusstseinslebens einem ständigen und vielfältigen Wandel unterliegen. Sie nehmen, wie Henri Bergson dies eindrucksvoll beschrieben hat, in einer „intimen Solidarität", in einer „wechselseitigen Durchdringung"[1] mit allen anderen

---

1 „Die Sukzession läßt sich also ohne die Wohlunterschiedenheit und wie eine gegenseitige Durchdringung, eine Solidarität, eine intime Organisation von Elementen begreifen, deren jedes das

Bewusstseinsereignissen eine gleichsam fließende Gestalt an, die ihre Identität nur in dieser wechselseitigen Durchdringung und also im Lebenszusammenhang einer Person annimmt. Als solche persönlichen „Fließgestalten" eignen sich die reinen Bewusstseinsformen aber nicht zur Grundlegung einer theoretischen Analyse, die ohne Verallgemeinerung nicht auskommen kann.

1.2.3 Vom Lernen zur Traditionsbildung

Noch eine dritte Einschränkung ist vorzunehmen, die den Gedanken der dauerhaften und kollektiven Aneignung einer Formbildung noch einmal und stärker betont. Sie gründet in dem Gedanken der *Traditionsbildung.* Die besondere Hervorhebung dieses Gedankens wird vor allem dadurch nahe gelegt, dass im Bereich der evolutionsbiologischen Ethologie[2] ein Kulturbegriff favorisiert wird, der ohne jeden Bezug auf Traditionsbildung auszukommen versucht. So wird jedes nichtgenetisch geprägte Lernen bereits als eine Kulturleistung gesehen. Beispiele dafür liefern z. B. Affen, die mit Steinen Nüsse zu knacken lernen. Das, was diese Lernleistungen aber nicht erzeugen, ist eine Tradition, d. h. eine Etablierung der gelernten Fähigkeiten als einem ein für allemal erworbenen kollektiven Besitz über das Leben der Individuen hinaus. Es muss vielmehr jedes Individuum die selben Fähigkeiten neu lernen. Es gibt so keinen Fortschritt, kein neues Lernen, das auf dem bereits erreichten Niveau als einem festen Bestand von gelernten Fähigkeiten aufbaut. Anders gesagt: Es gibt keinen sozial wirksamen Mechanismus der Bewahrung einmal erlernter Fähigkeiten über die immer wieder aktualisierten Lernsituationen hinaus. Es wird kein Wissen tradiert.

Auch dieser Traditionsbezug lenkt den Blick auf die Symbolisierung von Handlungs- und allgemein von Orientierungszusammenhängen. Denn die Symbolisierung ermöglicht die Bildung von Traditionen – und damit auch eine theoretische Analyse der symbolisch verfestigten Orientierungszusammenhänge.

Nimmt man diese drei Punkte – der Form gegenüber dem Ereignis, der Ausdrucks- gegenüber den Bewusstseinsverhältnissen, der Traditionsbildung gegenüber einem Lernen ohne Traditionsbildung – zusammen, so lässt sich ein Kulturbegriff eingrenzen, der in der *Kultur die symbolisch verfestigten Orientierungsformen – die Äußerungs- und Handlungsformen – sieht, die über eine Traditionsbildung das Handeln und Verhalten in einer Gesellschaft – also überindividuell – prägen.*

Die drei Einschränkungen, die hier vorgenommen worden sind, führen uns vor einen Kulturbegriff, der darauf zielt, die anthropologische Differenz – also die Differenz zwischen tierischer und menschlicher Existenzform – als eine kulturelle

---

Ganze vertritt und von diesem nur durch ein abstraktionsfähiges Denken zu unterscheiden und zu isolieren ist." (Henri Bergson, *Zeit und Freiheit.* Text als Nachdruck der 1920 in Jena [Eugen Diederichs Verlag] erschienenen 2. Auflage der Übersetzung von Paul Fohr (1911). Frankfurt am Main [Athenäum] 1989, S. 78.

2 Frans de Waal, *Der Affe und der Sushimeister. Das kulturelle Leben der Tiere.* München [Hanser] 2002.

Differenz auszuweisen. Damit soll nicht ausgeschlossen werden, dass wir tatsächlich Grenzerscheinungen finden, in denen wir auch ein tierisches Verhalten oder bestimmte Aspekte dieses Verhaltens als kulturell auszeichnen müssen. Im allgemeinen wird man aber wohl die kulturelle Dimension des Verhaltens der menschlichen Existenzform vorbehalten.

1.3 Die Perspektivierung durch ein theoretisches Interesse

Die Frage an den Kulturbegriff, die für eine kulturtheoretische – eine kulturwissenschaftliche und kulturphilosophische – Untersuchung zu stellen ist, muss sich noch auf eine besondere Perspektivierung richten, in der dann auch eine bestimmte Konzeption zur Untersuchung kultureller Phänomene entwickelt werden kann. Auch hier gilt wieder, dass es von der Entwicklung des theoretischen Rahmens, also vom jeweiligen Stand der Forschung und den darin sich bildenden theoretischen Interessen, abhängt, welche Perspektivierung man wählen wird. So kann etwa ein besonderes Interesse daran bestehen, durch eine kulturtheoretische Perspektive der Diskussion über das Verhältnis von Geist und Gehirn oder von Geist und Maschine eine begriffliche Grundlage zu bieten. Ein anderes Interesse kann sich im Rahmen einer bestimmten philosophischen Programmatik z. B. für oder gegen einen Naturalismus, einen Reduktionismus oder einen Idealismus ergeben. Nicht zuletzt können auch allgemeinere Orientierungen z. B. an einem bestimmten Verständnis von Humanität[3] oder menschlicher Solidarität das Interesse begründen, in dem eine Begriffsbildung stattfindet.

Das Interesse, in dem ich selbst die kulturphilosophische Begriffsbildung und damit auch die Bildung des Kulturbegriffs betreiben möchte, kann man ein „selbstreferentielles" nennen. Es ist das bereits erwähnte Interesse daran, über den Kulturbegriff die „conditio humana" besonders prägnant herauszustellen und dadurch eine Differenz namhaft machen zu können, die die menschliche und die tierische Existenzform in einer deutlichen Polarität einander gegenüber zu stellen erlaubt. Mit anderen Worten: Kultur soll als ein Phänomenbereich deutlich gemacht werden, der die besondere menschliche Existenzform zumindest von einer Seite her in möglichst unterscheidungskräftiger Weise zu charakterisieren erlaubt. Dementsprechend soll dann eine kulturphilosophische Perspektive diese Charakteristika in den Blick rücken und zu Forschungsgegenständen machen.

1.4 Die Perspektivierung auf die dingliche und öffentliche
Seite der Artikulation

Fragt man also, was die dinglich verfestigten und kollektiv prägenden Handlungs- und Äußerungsformen in einer Gesellschaft so charakterisiert, dass durch diese Charakteristik Ansätze für eine Forschungsperspektive geboten werden,

---

3 So z. B. Ernst Cassirer in seinem Aufsatz *Naturalistische und humanistische Begründung der Kulturphilosophie*. A.a.O., S. 231-261.

dann müssen wir die dingliche und historische, also die empirisch zugängliche Seite der Kultur in Augenschein nehmen. Denn diese Seite ist das erste was sich dem forschenden Blick als – wie es scheint – am wenigsten problematischer Untersuchungsgegenstand zeigt. Auf der anderen Seite – nicht der Seite, auf der der Ausgangspunkt für die Kulturforschung liegt, sondern der Seite, auf der sich das Ziel der Forschungen findet – soll mit einer solchen Perspektivierung nicht auch schon ein methodischer Reduktionismus auf die materiell-historische Seite der Kultur verbunden werden. Es wird auf jeden Fall auch und letztlich darum gehen müssen, dass die prägenden und orientierenden Leistungen der Kultur gesehen und bedacht werden: dass Kultur in ihrer geistigen und sozialen Dimension erkennbar und verständlich wird.

Bevor wir auf diesen Aspekt zu sprechen kommen, sei zunächst die Perspektive erläutert, in der eine kulturtheoretische Reflexion fundiert werden kann. Diese kulturtheoretische Perspektive richtet unseren Blick auf die vielfältigen Weise, in der Kulturphänomene eine materielle und damit historische Seite besitzen. Dabei ist zu sehen, dass ein bloßer, ein unvorbereiteter Blick auf diese materielle Seite noch keine Perspektivierung für eine theoretische Reflexion mit sich bringt. Es ist vielmehr ein strukturierendes – und also strukturiertes – Interesse auszumachen und zu explizieren, das diese Strukturierung erzeugt.

2 Artikulation als Formbildung

Um hier weiter zu kommen, haben wir auf die Seite der Strukturierung zu sehen, die den Kulturphänomenen selbst zuzeigen ist. Oder anders gesagt: Wir haben die Kulturphänomene als Strukturierungs-, als Formbildungsleistungen zu sehen. Dies ist die entscheidende Blickveränderung, die uns die Entwicklung einer kulturtheoretischen Perspektive ermöglicht. Es ist eine Wendung des Blickes von der „Außenseite" oder der „Oberfläche" der Kulturphänomene zu deren immanenter Gliederung, zu deren Selbststrukturierung.

2.1 Die Strukturierung einer Äußerung

Die Strukturierung einer Äußerung nennen wir ihre Artikulation. Auch wenn dieser Begriff üblicherweise für sprachliche Äußerungen reserviert und an diesen exemplifiziert wird, möchte ich ihn auch allgemein für andere Äußerungsformen wie etwa der bildlichen oder motorischen Äußerung und darüber hinaus überhaupt für unser Handeln verwenden.

Beides, die Perspektive auf die Artikulationsleistungen in unseren Äußerungen und die Übertragung des Artikulationsaspekts auf unser Handeln insgesamt, schuldet sich einer theoretischen Einstellung, die es zu erläutern gilt. Denn sie ist allgemeinerer Art als die Perspektivierung selbst und kann als eine philosophische Grundeinstellung verstanden werden, die auch das Vorgehen in anderen thematischen Bereichen der Philosophie und der entsprechenden Wissenschaften prägt.

Ich möchte diese Einstellung eine artikulationstheoretische nennen und sie einer referenztheoretischen gegenüberstellen. Am ehesten erschließt sich diese Unterscheidung, wenn man sie an einem – in seiner Reichweite durchaus begrenzten – Beispiel erläutert.

2.2 Referenztheoretische Definitionen

Wenn wir über die Bedeutung eines sprachlichen Ausdrucks sprechen, versuchen wir gewöhnlich, eine Art von Bedeutungsfundament in den Wörtern zu finden, die wir über ihren Bezug auf Gegenstände – und auch hier meist: auf Gegenstände unserer realen Weltumgebung – erklären können. Für Eigennamen ist es der Bezug auf genau einen Gegenstand, der dessen Bedeutung in dieser Sicht bestimmt. Für Allgemeinbegriffe ist es eine (meist als nicht leer betrachtete) Klasse von Gegenständen, die deren Bedeutung bestimmt. Hier interessieren nicht die Finessen weiterer Unterscheidungen und Einschränkungen für die Festlegung solch grundlegender Bedeutung. Hier interessiert nur, dass diese Wörter durch ihren Gegenstandsbezug, d. h. durch ihre Referenz, in ihrer Bedeutung definiert werden sollen.

Ähnliches gilt für die Definition von Handlungen. Vielfach werden Handlungen dadurch teleologisch definiert, dass sie auf einen Zweck gerichtet sind, der mit ihnen erreicht werden soll, oder intentional dadurch, dass sie die Absicht des Handelnden erfüllen sollen. So verschieden eine teleologische und eine intentionale Handlungsdefinition im übrigen auch sein mögen: Auf jeden Fall sind es in beiden Fällen Wege zu einer Handlungsdefinition, die den Handlungsablauf übersehen lassen und nur auf das Ergebnis den Blick richten, das mit der Handlung erreicht werden soll – auf etwas also, was der Fall sein soll, wenn die Handlung ausgeführt und vorbei ist, oder auf etwas, was vor der Handlung, nämlich als Absicht des Handelnden, der Fall gewesen ist. Es sind dies Definitionen, die das Phänomen des jeweiligen Handelns nicht zur Kenntnis nehmen, sondern die Handlung nur von ihrer Wirkung oder der Absicht des Handelnden her charakterisieren. Durch diese Definitionen werden die Handlungen also durch etwas definiert, was sie in ihrer phänomenalen Gegebenheit nicht sind.

Ganz allgemein gilt dies auch von allen funktionalen Erklärungen, worauf immer sich diese beziehen mögen. Wenn Dinge lediglich in ihrer Funktion betrachtet werden, heißt das, dass sie in ihrem Bezug auf etwas definiert werden, was sie selbst – als Phänomene bzw. in ihrem Ablauf betrachtet – nicht sind.

Versteht man die Rede von einer Referenz in ihrem allgemeinen Wortsinn und nicht nur in ihrer Einschränkung auf die Bedeutungstheorie sprachlicher Ausdrücke, also im Sinne einer Bezugnahme auf anderes, dann sind alle solche intentionalen, teleologischen Definitionen und funktionalen Erklärungen referenztheoretisch.

Allgemein lässt sich sagen, dass wir in unserem alltäglichen Verständnis gewöhnlich referenztheoretisch denken. Wir folgen damit in unserem, auch unserem begrifflichen, Denken der Richtung, die wir in unseren Äußerungen und Handlungen einschlagen: von uns weg und hin zur Welt, die uns umgibt. Wenn wir handeln oder uns äußern und auch dann, wenn wir etwas wahrnehmen, sind wir gewöhnlich auf die Welt ausgerichtet, auf andere Personen, mit denen wir reden oder an die wir uns wenden, auf Dinge und Situationen, mit denen wir uns auseinandersetzen, die wir benutzen oder bearbeiten usw. Wir sind in unserer lebensweltlichen Alltagsumgebung gewöhnlich bei den Dingen, bei den Personen, in den Situationen usw., auf die sich unser Wahrnehmen, Handeln und Äußern richtet. Die innere Gliederung, die Artikulation dieses Wahrnehmens, Handelns und sich Äußerns ist für uns dadurch gewöhnlich auch schon etwas, dass wir „hinter uns" haben, dem wir keine eigene Aufmerksamkeit mehr widmen.

2.3 Die artikulationstheoretische Rückwendung

Die Rückwendung auf diese Ausrichtung zur Welt selbst, auf die Vielgestaltigkeit dieses Von-sich-weg- und Auf-die-Welt-hin-sich-Richtens, diese Rückwendung bedarf einer eigenen Anstrengung, einer Blickwendung, die sich zurückbiegt auf unser Tun und Verhalten, die sich insbesondere aber gegen die natürliche Richtung dieses Tuns und Verhaltens richtet. Man kann die Schwierigkeit, die diese Rückwendung bietet, an der Geschichte des Denkens, nicht zuletzt auch an der akademisch dokumentierten Philosophiegeschichte ablesen.

Es dauerte seine Zeit, bis der Reflexionscharakter des Denkens als eine eigene philosophische Möglichkeit erkannt wurde. Am Anfang war es – und ist es immer wieder – die Welt um oder vor uns, vor unseren Augen und um uns herum, auch über uns als Kosmos der Gestirne, die alle Aufmerksamkeit des Denkens auf sich zieht. Das Denken begleitete zunächst unsere in die Welt gerichtete Existenz. Die klassische Epoche der Philosophie beginnt mit der Rückkehr des Denkens aus dem Kosmos zum Menschen. Cicero beschreibt diese Rückkehr mit den Worten:

> „Sokrates hat als erster die Philosophie vom Himmel heruntergerufen, sie in den Städten angesiedelt, sie sogar in die Häuser hineingeführt und sie gezwungen, nach dem Leben, den Sitten und dem Guten und Schlechten zu forschen."[4]

Vor Sokrates könnte man zwar Protagoras mit seinem berühmten *homo-mensura*-Satz schon diese Wende zurück zur Erde und zum Menschen zuschreiben:

> „Aller seienden Dinge Maß ist der Mensch, der seienden, daß sie sind, und der nicht-seienden, daß sie nicht sind."[5]

---

4 Cicero, op. cit., V. S. 325. 10
5 Protagoras, Fragment 1 in Sextus Empiricus, Adversus matematicos VII, 60.

Aber tatsächlich beginnt die Reflexion des Denkens im Sinne einer systematisch ergriffenen Aufgabe erst mit der klassischen Philosophie, wie sie durch Platon und Aristoteles gegründet wird. In dieser Philosophie finden wir eine Reflexion auch auf die inneren Gliederungsprinzipien des Denkens, bei Platon allerdings vornehmlich im Bereich der geometrischen Formbildungen, die dann das Muster auch für die begrifflichen Ordnungen liefern. Auch wenn ebenfalls schon Platon eigene Überlegungen zur inneren Ordnung der Schriftsprache angestellt und jedenfalls genutzt hat, dauert es doch noch mehr als zwei Jahrtausende, bis eine systematisch angelegte Reflexion auf das Medium der Sprache und deren Rolle für das Denken und schließlich auch auf das Medium der Schrift und deren Rolle für die Sprache und das Denken zu einem eigenen Thema der Wissenschaft und der Philosophie werden.

Ähnliches kann man über die formale Logik und nicht zuletzt auch über die Handlungstheorie sagen. Beide verdanken sich theoretischen Reflexionen über die Selbstverständlichkeiten des Lebens und übernehmen zunächst noch die gedankliche Richtung auf Ziele und Maßstäbe des Denkens und Handelns, die im ersten Schritt normativ umgesetzt werden.

Das Denken „gegen den Strom" ist eine historische Errungenschaft, die im Grunde niemals zu einer kulturellen Selbstverständlichkeit werden wird. Allerdings hat sie ihre eigene Faszination im enger begrenzten Reich der Philosophie entwickelt, jedenfalls nachdem sie eine eigene philosophische Gestalt gewonnen hat. Als gleichsam verselbständigter Denkgestus hat sich diese Rückwendung des Denkens in der Transzendentalphilosophie verfestigt und zugleich – wie ich meine – dogmatisiert. Im Areal dieses transzendentalphilosophischen Denkens ist somit eine Gegenströmung zum alltäglichen Denken entstanden, die ihre eigene intellektuelle Sogkraft entfaltet hat und es nun ihrerseits schwierig findet, den alltäglichen Richtungen des lebensweltlichen Denkens zu folgen. So ist denn auch für eine ganze Epoche die Rückwendung des Denkens auf sich selbst und überhaupt auf das Tun und Verhalten des Menschen zu einer klassischen Figur der philosophischen Reflexion aufgestiegen.

3 Die Medialität der Artikulation

Gleichwohl ist mit dieser Rückwendung alleine noch keine kulturtheoretische Perspektive entwickelt. Es fehlt sozusagen ein letzter Schritt. Es ist dies der Schritt hinaus über die bloße Konstatierung der Artikulationsleistungen in unserem Denken und Tun zur Thematisierung der Medien, in denen die Artikulation sich überhaupt erst zur Form bringen kann.

Diese Einsicht verlangt so etwas wie eine philosophische Kurskorrektur: Hat die transzendentalphilosophische Rückwendung auf das Denken und Handeln des Menschen nur noch das Subjekt dieses Denkens und Handelns erreicht und die Welt, in der auch dieses Subjekt erst seine Existenzform findet, vergessen, so gilt es nun, diese Welt und damit auch die Welthaltigkeit der Artikulation wieder in den Blick zu nehmen. Die Grundthese, mit der diese Blickwendung programmatisch proklamiert werden kann, lässt sich in die Formel bringen: Jede Artikulation bedarf eines Mediums.

3.1 Form und Stoff

Mit dieser Formel wird zunächst darauf hingewiesen, dass jede innere Gliederung einer Äußerung sich nur in einem Stoff, in einem Material verwirklichen kann. Die Formbildungen in der Artikulation sind nicht einfach als eine Verwirklichung von bereits Gedachtem oder Beabsichtigtem zu sehen, sondern ergeben sich aus dem Wechselverhältnis von Welt und Bewusstsein, von historischer und materieller Weltwirklichkeit auf der einen und dem Ausdruckswillen des Menschen auf der anderen Seite.

Als verknüpfender Begriff für dieses Wechselverhältnis bietet sich der des Mediums, der einer vermittelnden Mitte in einem noch sehr allgemeinen Sinne, an. In diesem allgemeinen Sinn ist die besondere Medialität noch nicht von einer allgemeinen Materialität unterschieden. Allgemein geht es bei dieser ersten Feststellung lediglich darum, dass eine Form zu einem sinnlich wahrnehmbaren Ausdruck gebracht wird und dass sie dazu als eine gegenständliche, also stoffliche Konstellation auftreten muss. Beispiele für Medien in diesem allgemeinen Sinn sind die verschiedenen Materialien, die zu geformten Darstellungen z. B. akustischer und insbesondere phonetischer, plastischer oder visueller Gebilde benötigt werden.

3.2 „Feste" und „lose Kopplungen"

Es ist dieses Verhältnis von Form und Stoff, das Niklas Luhmann vor Augen hat, wenn er von den „festen Kopplungen" der Formen und den „losen Kopplungen" der Medien redet.[6] Medien in diesem Sinne wären insbesondere alle Materialien, die in sich selbst nur ein schwaches Formniveau aufweisen und für viele Formun-

---

6 Niklas Luhmann, *Medium und Form*. In: Ders., *Die Kunst der Gesellschaft*. Frankfurt am Main [Suhrkamp Verlag] 1995, [3]1999, S. 168: „Er [sc. Der Begriff des Mediums] soll den Fall loser Kopplung von Elementen bezeichnen. [...] Gemeint ist nicht so etwas wie eine locker sitzende Schraube, sondern eine offene Mehrheit möglicher Verbindungen, die mit der Einheit eines Elementes noch kompatibel sind – also etwa die Zahl der sinnvollen Sätze, die mit einem sinnidentischen Wort gebildet werden." Und zum Verhältnis von Medium und Form heißt es: „Formen werden in einem Medium durch feste Kopplung seiner Elemente gewonnen." (Ebd., S. 169) Dabei gilt, dass „Formen immer stärker, also durchsetzungsfähiger als das Medium selbst [sind]. Das Medium setzt ihnen keinen Widerstand entgegen." (Ebd., S. 169 f.) Das „Medium ist stabiler als die Form – eben weil es nur lose Kopplungen benötigt. [...] Das Medium nimmt [...] die für es möglichen Formen widerstandlos auf; aber diese Durchsetzungsfähigkeit der Form muß mit Instabilität bezahlt werden." (Ebd., S. 171) Dabei sieht allerdings auch Luhmann, dass zumindest die Elemente der Medien und Formen „ihrerseits immer auch Formen" sind und so auch Medien „aus immer schon geformten Elementen gebildet" werden. (Ebd., S. 172)

gen offen stehen – so wie Holz, Stein oder Papier als Materialien, aus denen oder auf denen man Kunstwerke schaffen kann. Auch solche Materialien sind nicht strukturlos. Es ist etwas anderes, aus Holz oder aus Marmor eine Plastik zu formen, etwas anderes, auf Leinwand, Karton oder Holz ein Bild zu malen.

Es ergibt sich aber aus dem Gebrauch eines bestimmten Materials noch nicht die Bindung an eine bestimmte Formung. Zwar muss man die geeigneten Geräte und Behandlungsformen für die Bearbeitung des Materials benutzen. Und dies hat durchaus Folgen auch für die technischen Möglichkeiten, bestimmte Formen zu erreichen. Aber im Prinzip kann man – mit geeigneten Verfahren – bestimmte Mängel in der Eignung des Materials für eine bestimmte Formung kompensieren, wenn auch manchmal nur mit einem erheblichen Aufwand. Unterschiedliche Materialien verlangen unterschiedliche Techniken der Bearbeitung, können aber innerhalb der Grenzen ihrer prinzipiellen Eignung für die gleiche Formidee eingesetzt werden.

Nicht zuletzt in dieser – mit dem Fortschritt der technischen Möglichkeiten noch anwachsenden – Offenheit der verschiedensten Materialien für dieselbe Form liegt auch die Vernachlässigung des medialen Aspektes der Artikulation selbst bei Autoren, die sich der Form- bzw., wie Ernst Cassirer zu sagen vorzieht, der Prägnanzbildung in der Artikulation mit besonderer Aufmerksamkeit gewidmet haben. So betont Ernst Cassirer immer wieder, dass es alleine auf die Form bzw. die Formgebung bei der Betrachtung des Symbolprozesses, d. i. des Prozesses der Symbolisierung und der dadurch erzeugten Weltverhältnisse, ankomme und die materiellen Träger symbolischer Repräsentationen nicht berücksichtigt werden müssten.[7]

---

7 „Und so ist es überall die Freiheit des geistigen Tuns, durch die sich das Chaos der sinnlichen Eindrücke erst lichtet und durch die es für uns erst feste Gestalt anzunehmen beginnt. Nur indem wir dem fließenden Eindruck [...] *bildend* gegenübertreten, gewinnt er für uns Form und Dauer. Diese Wandlung zur Gestalt vollzieht sich [...] in verschiedener Weise und nach verschiedenen Bildungsprinzipien: aber sie alle stimmen darin überein, daß dasjenige, was schließlich als Produkt ihres Tuns vor uns hintritt, in keinem Zuge mehr dem bloßen *Material* gleicht, von dem sie anfänglich ausgegangen waren. So unterscheidet sich in der Grundfunktion der Zeichengebung überhaupt und in ihren verschiedenen Richtungen erst wahrhaft das geistige vom sinnlichen Bewußtsein. Hier erst tritt an die Stelle der passiven Hingegebenheit an irgendein äußeres Dasein eine selbständige Prägung, die wir ihm geben [...]. Der Mythos und die Kunst, die Sprache und die Wissenschaft sind in diesem Sinne Prägungen *zum Sein*: [...] eine Mannigfaltigkeit von Gestaltungen, die doch zuletzt durch eine Einheit der Bedeutung zusammengehalten werden." (Ernst Cassirer, *Philosophie der symbolischen Formen*. Erster Teil: *Die Sprache*. In: ECW Band 11. Text und Anmerkungen von Claus Rosenkranz. Hamburg [Felix Meiner Verlag] 2001 (1. Auflage Berlin 1923) S. 41. Vgl. auch Cassirers Bemerkung: „Von neuem bestätigt sich darin unsere Grundanschauung, daß all das, was wir ‚Wirklichkeit' zu nennen pflegen, niemals allein vom Material her zu bestimmen ist, sondern daß in jede Art der Wirklichkeitssetzung ein bestimmtes *Motiv* der symbolischen Formung eingeht, das als solches erkannt und von anderen Motiven unterschieden werden muß." (Ernst Cassirer, *Philosophie der symbolischen Formen*. Dritter Teil: *Phänomenologie der Erkenntnis*. A.a.O., S. 98.

3.3 Medien als dynamische Systeme

Die Betrachtung des Mediums der Artikulation wird erst zu einem theoretischen Thema, wenn durch das Medium eigene Formen der inneren Gliederung in die Artikulation hineingetragen werden, wenn also das Medium zu einem Prinzip der Artikulation wird. Um dies deutlicher zu sehen, ist die bloße Materialität von der Medialität einer Artikulation im engeren Sinn zu unterscheiden.

Von einem bloßen Material mag man reden, wenn es lediglich in seiner Widerständigkeit dem Formkonzept einer Artikulation bestimmte Leistungen abverlangt und Grenzen setzt. Betrachte und behandle ich etwas nur als Material meines Ausdruckswillens, so kann ich auch die „Materialisierung" dieses Willens als dessen Verwirklichung ansehen. Ich drücke mich aus, ich verwirkliche mich, ich erzeuge eine Sinnwelt aus mir selbst – diese und ähnliche Formulierungen könnten ein solches Verständnis charakterisieren. Das Material setzt mir zwar seinen Widerstand entgegen, aber nur, damit ich mich an seiner Überwindung bewähre und dadurch womöglich die Form meines Ausdrucks schärfe.

Lasse ich mich dagegen auf ein Medium ein, so muss ich dessen Strukturen beachten, kann ich mich nicht nur in der (vermeinten) Unmittelbarkeit meines Ausdruckswillens verwirklichen, sondern muss eine Balance herstellen und erhalten, die mit den Möglichkeiten des Mediums zu spielen, sie zu nutzen versteht, indem sie die Eigendynamik, die sich aus der Anwendung einer medialen Struktur ergibt, mit in die Artikulation des Ausdruckswillens einbezieht. Von einem Medium im engeren Sinn – und dies ist der Sinn, in dem im folgenden von einem Medium die Rede sein wird – wäre daher zu reden, wenn die Artikulation das Selbststrukturierungspotential einer materiellen Konfiguration nutzt, um zu ihrer Form zu kommen.

Ein Medium in diesem Verständnis ist ein *dynamisches System*, in dem die Artikulationsprozesse dessen *Selbststrukturierung* in Gang setzen bzw. nutzen. Ein Artikulationsprozess, in seiner Medialität betrachtet, ist daher ein Prozess der Ausbildung von Formen, die sich aus den Formbildungsmöglichkeiten eines Mediums, d. i. eines materiell fixierten und öffentlich sowohl genutzten als auch verwalteten Systems von Formbildungsmöglichkeiten, ergeben.

4 Symbolische Medien

Da die medialen Formbildungsmöglichkeiten für die innere Gliederung der Artikulation konstitutiv sind, erscheint ihre Analyse als eine der Hauptaufgaben jeglicher kulturtheoretischer Reflexion. Dies wird im folgenden noch deutlich zu machen sein. Bereits im Rahmen der jetzigen begrifflichen Überlegung mag eine Bemerkung zur ersten Charakterisierung von Formbildungsmöglichkeiten an zwei Beispielen angebracht sein. Das prominenteste Beispiel für ein Artikulationsmedium ist die Sprache und als ihre technische Seite die Schrift. Gegenwärtig werden aber vor allem die elektronischen Medien diskutiert, die das zweite Beispiel liefern sollen.

4.1 Sprache: Codierung und historische Sprachwirklichkeit

Zur Beschreibung der Formbildungsmöglichkeiten einer Sprache sind wir gewohnt, auf eine von den Linguisten eingeführte Unterscheidung zwischen zwei
Arten der sprachlichen Codierung zurückzugreifen. Diese Codierung kann über
syntaktische (oder grammatische) Regeln zur korrekten Bildung sprachlich komplexer Ausdrücke, wie z. B. Sätze sie darstellen, erfolgen oder über semantisch
(oder lexikalisch) pertinente[8] Zuordnungen sprachlich elementarer Ausdrücke,
wie z. B. Wörter sie darstellen, geleistet werden. Auf einer ersten sozusagen „nor-
malsprachlichen" Ebene könnte man im Anschluss an diese Unterscheidung die
Formbildungsmöglichkeiten einer Sprache durch die semantisch pertinenten
Wortverwendungsmöglichkeiten und die syntaktisch korrekten Satzbildungs-
möglichkeiten – oder überhaupt aller korrekten Möglichkeiten zur Bildung
sprachlich komplexer Ausdrücke – angegeben sehen.

Tatsächlich entwickeln sich in unseren Sprachen aber gerade durch Abweichungen insbesondere von der semantischen Pertinenz – Beispiele hier für sind
Metaphern –, aber auch von der syntaktischen Korrektheit – Beispiele finden sich
vielfach in der poetischen Sprache – neue Formen des sprachlichen Ausdrucks,
die oft eine besonders starke Ausdruckskraft haben und manchmal sogar zu neu-
en Formen der semantischen Pertinenz und syntaktischen Korrektheit führen.
Ob einer solchen Abweichung allerdings eine innovative Funktion zukommt,
lässt sich nicht im voraus – und per definitionem nicht durch den Rückgriff auf
codierte Formbildungsmöglichkeiten – ausmachen. Wir haben die Abweichungen abzuwarten und können sie erst dann – und manchmal nicht einmal sofort –
als innovative und in irgendeiner, z. B. sachlich treffenden, knapp zusammenfas-
senden oder auch nur einfach witzigen Weise anregende Sprachschöpfungen verstehen.

Ob wir eine sprachliche Äußerung oder Äußerungsform als innovativ oder an-
regend auffassen, hängt von den Bezügen ab, die sie stiftet. Und diese Bezüge
sind nicht nur rein sprachlicher Art, fast immer aber über andere sprachliche Äußerungen und Äußerungsformen vermittelt – über ein bestimmtes Sprechverhal-
ten, über bestimmte festgefügte und möglicherweise nur mündlich präsente
Sprachgebilde oder über bestimmte Texte und Texttraditionen. So kann denn
manche Äußerung nur über ihren Bezug zu längst vergangenem Gesagten oder
Geschriebenen ihre Pointierung erreichen, während andere Äußerungen unmittelbar in die Tagespräsenz des aktuellen Geredes und Geschreibes hineintreffen
und von dort ihre, oft nur kurzfristige, Trefferqualität gewinnen.

---

8 Die Rede von einer „semantischen Pertinenz" wird in Anlehnung an Jean Cohen (*Structure du
langage poétique*. Paris [Champs Flammarion] 1966) im Sinne einer semantisch passenden Verknüpfung von Wörtern – und mit dem Hinweis auf einen entsprechenden Code – von Paul
Ricœur im Zusammenhang seiner Metapherntheorie eingeführt. Vgl. Paul Ricœur, *Die lebendige
Metapher*. Mit einem Vorwort zur deutschen Ausgabe, aus dem Französischen von Rainer Ro-
chlitz, München [Wilhelm Fink Verlag] 1986 (s. dort das Sachregister).

Auf jeden Fall gilt aber, dass es historische und also kontingente Kontexte sind, die einer sprachlichen Äußerung ihre Aufnahme in das Repertoire der kollektiv anerkannten und verfügbaren Äußerungen und Äußerungsformen sichern oder verwehren. Damit sind die sprachlichen Formbildungsmöglichkeiten nicht nur durch die sprachlichen Codierungen festgelegt, sondern immer auch durch die konkrete Sprachwirklichkeit, sei es die des aktuellen Redens und Schreibens, sei es die der vergangenen Sprachwerke und Sprachformen.

4.2 Schrift: eine technische Seite der sprachlichen Artikulation

Der Unterschied zwischen Werken und Formen lässt sich verdeutlichen, wenn man nicht auf das Ganze der Artikulationsgeschichte einer Sprache hinweist, sondern nur auf die technische Seite der Artikulation. Die trotz aller neuen Medien immer noch grundlegende technische Errungenschaft für eine Sprache ist die Schrift. Gleich wie im einzelnen deren Strukturprinzipien – z. B. als logo- oder phonographische, als syllabische oder alphabetische Schrift – zu unterscheiden sein mögen, so gehen die inneren Gliederungsprinzipien der Schrift zwar in die Sprachformen ein, die – wie wir noch sehen werden – in einer verschrifteten Sprache deutlich anders sind als in einer nur mündlich gepflegten Sprache. Wir benötigen aber keine konkreten Sprachwerke, um die Formbildungsmöglichkeiten, die sich aufgrund der Verschriftlichung ergeben, darzustellen. Es reicht aus, überhaupt auf die Möglichkeit von Texten bzw. auf die durch die Gliederungsprinzipien der jeweiligen Schrift geschaffenen Schreibmöglichkeiten hinzuweisen. Anders gesagt: Um die durch die technischen Medien – die Kulturtechniken – geschaffenen Formbildungsmöglichkeiten zu charakterisieren, benötigen wir nur den Hinweis auf die Formbildungsregeln dieser Techniken und müssen nicht auch die mit diesen Techniken geschaffenen Werke hinzuziehen. Wenn gleichwohl auf bestimmte Werke Bezug genommen wird, dann nur, um Beispiele für die Effekte der Verschriftung anzugeben, nicht aber auch, um Formbildungsmöglichkeiten anführen zu können, die erst durch diese Werke entstanden sind. Texte, um beim Beispiel der Schrift zu bleiben, müssen nun einmal in einer Schrift verfasst sein, sonst wären sie als Texte überhaupt nicht zu erkennen. Die Formbildungsmöglichkeiten der jeweiligen Schrift stecken den Rahmen ab, innerhalb dessen Texte entstehen können.

Will man das Verhältnis von Sprache und Schrift näher charakterisieren, so ist zunächst festzuhalten, dass die Schrift – da, wo sie auftritt – ein Teil der Sprache ist, die in ihr geschrieben wird. Dass sie sich weiterhin auf einen technischen Teil der Sprache beschränkt, wurde oben dargestellt. Darüber hinaus ist zu sehen, dass sie nur einen technischen Teil der Sprache neben anderen technischen Teilen ausmacht. Denn abgesehen von dem Medium mündlicher Ausdrucksformen werden insbesondere mit der Entwicklung zusätzlicher technischer Medien der visuellen Sprachdarstellung wie z. B der Entwicklung des Buchdrucks oder der elektronischen Datenverarbeitung weitere Formbildungsmöglichkeiten sprachlichen Ausdrucks geschaffen: hierher gehören vor allem die „Layout"-Qualitäten eines Textes.

Schließlich ist darauf hinzuweisen, dass die Schrift – im Rahmen ihrer gewöhnlichen Verwendung – kein selbständiges Medium ist. Wenn wir auch in der Kalligraphie vor allem bei logographischen Schriften wie der klassischen chinesischen Schrift Formen der Verselbständigung von Schriftwerken zu eigenständigen Bildwerken finden, gründet diese Eigenständigkeit der Schreibkunst doch in der Bedeutung der Schriftzeichen als Zeichen zum Schreiben einer Sprache. Diese ihnen auch im Schriftkunstwerk verbleibende Bedeutung zeichnet sie vor anderen Zeichenbeständen aus und ermöglicht es, dass sie einen künstlerischen Rang gewinnen können. Die bleibende instrumentelle Funktion der Schrift für den sprachlichen Ausdruck ermöglicht den Zugewinn einer auch ästhetischen Bedeutung, die der Sonderfunktion der Kalligraphie zugrunde liegt.

4.3 Substantielle und instrumentelle Medien

Die beiden Unterschiede – zwischen dem umfassenden Medium der Sprache und dem Teil-Medium der Schrift einerseits und zwischen dem werk- bzw. inhaltsbezogenen, dem, wie ich sagen will, *substantiellen Medium der Sprache* und dem verfahrensbezogenen, dem *technischen Medium der Schrift* andererseits – lassen sich noch etwas weiter verfolgen. Dass die Sprache ein umfassendes Medium ist, soll heißen, dass in ihr ein Weltbezug artikuliert und verständlich gemacht werden kann, ohne dass ein anderes Medium erforderlich wäre. Ein Weltbezug ist dann artikuliert, wenn eine Äußerung nicht nur Teil in einer geregelten Abfolge von Äußerungen ist (wie z. B. in einem Begrüßungsritual oder manchen Insider-Palavern, wozu gelegentlich auch philosophische Dispute gehören), sondern wenn sie eine offene, eine „weltoffene", Situation schaffen, in der auch für jemand anderen der Bezug zu einem Sachverhalt hergestellt wird, der nicht mit der Tatsache des Äußerungsereignisses identisch ist. Verständlich ist eine Äußerung dann, wenn über diesen Bezug zu einem Sachverhalt insoweit Einigkeit besteht – und dies wiederum soll heißen: dass mit der Äußerung ein koordiniertes Verhalten herbeigeführt wird.

Diese etwas umständlichen Formulierungen versuchen, ein durchaus alltägliches Verständnis davon, dass jemand wirklich etwas sagt, etwas zu sagen hat, und sich nicht nur in einem leeren Gerede verfängt, in eine Sprache der Kriterien zu übersetzen. Etwas zu sagen haben, heißt ja, nicht nur in einem reinen Selbstbezug zu verbleiben, sondern mit seinen Worten auf etwas Bezug zu nehmen, das über die Worte hinausgeht und sich damit auf „Welt" richtet. Und dabei verständlich zu bleiben, heißt, eine Einigkeit zu erhalten darüber, worum es in der Äußerung geht. Diese Einigkeit verlangt nicht eine Gleichheit der Gedanken – die wir ohnehin nicht feststellen können, nicht einmal bei uns selbst –, sondern ist schon mit einem Eingehen aufeinander, auch im Verhalten, erreicht.

Unsere Sprache erlaubt es, dass wir in ihr einen so verstandenen Weltbezug artikulieren können, dass unsere Äußerungen gehaltvoll sind und in diesem Sinne substantiell. Das ist, wie wir gesehen haben, im Medium der Schrift nicht möglich, da diese nur auf instrumentelle Weise bei der Herstellung eines Weltbezugs, und zwar des sprachlichen Weltbezugs, beteiligt ist.

4.4 Historische und maschinelle Medien

Eine Gemeinsamkeit scheint zwischen der Sprache und der Schrift zu bestehen, die in der weiteren Entwicklung der technischen Medien verloren geht. Es ist dies der historische Charakter von Sprache und Schrift. Für die Sprache haben wir dies bereits feststellen können. Für die Schrift scheint dieser historische Charakter zumindest soweit gegeben, als sie mit der Hand geschrieben wird oder die Schriftzeichen handwerklich hergestellt werden. Die Nähe der Handschrift und der handwerklichen Schriftzeichen zu den Bewegungen unseres Körpers und damit zu unseren Ausdrucksbewegungen sichert der Schrift einen eigenen Ausdruckscharakter, der sich zu einem Stil verfestigt und mit jedem Schreibvorgang neu herstellt.

Dieser Ausdrucksstil des Schreibens bildet sich auf der einen Seite im Feld der Schreibmuster aus, die zur kulturellen Umgebung der Schreibenden – vor allem der das Schreiben Lernenden – gehören und spiegelt auf der anderen Seite die biographische Entwicklung einer Person. Wir haben damit ein doppeltes Recht von einem historischen – nämlich einem kulturellen und einem individuellen historischen – Charakter der Schrift zu reden. Je mehr nun aber die Schrift mechanisch bzw. maschinell und schließlich über die Zeichenprogramme der Computer erzeugt wird, um so stärker und schließlich ganz verliert sich dieser historische Charakter – auch wenn er weiterhin durch verschiedenen Schrifttypen der Druckerpressen und die Zeichenprogramme der Computer simuliert wird.

Wo, wie bei der Druckerpresse oder der Computerdarstellung, der Prozess der Erzeugung einer Schrift wie überhaupt irgendwelcher graphischer Konfigurationen durch bloße Bedienungshandlungen an der jeweiligen Maschine ausgelöst wird, haben wir es mit maschinellen Medien zu tun, denen man keinen historischen Charakter mehr zuschreiben kann. Damit soll natürlich nicht gesagt sein, dass die verschiedenen Maschinen, um die es hier geht, ihrerseits keine historische Entwicklung hinter sich hätten. Eine solche Behauptung wäre absurd. Mit dem historischen Charakter eines Mediums ist dessen immanente Historizität gemeint: die historische Entwicklung in der inneren Gliederung der Artikulation durch ihr Medium. Eine solche Entwicklung verlangt die ständige Formbildung auch des Mediums durch die Artikulation. Eben dies ist aber bei den vor ihrer Nutzung jeweils schon fertigen maschinellen Medien nicht der Fall.

4.5 Interaktive Medien und „Oberflächen-Kompetenz"

Anders scheint dies aber bei den interaktiven maschinellen Medien zu sein, von denen wir mehr und mehr umgeben sind. Tatsächlich, so scheint es, speichern diese Medien unsere Aktionen und „lernen" auf diese Weise, sich an uns anzupassen. In einem buchstäblich verstandenen Sinn scheinen wir ihnen damit auch eine immanente Historizität zubilligen zu müssen. Ein genauerer Blick zeigt aber schon bald, dass von einer solchen Historizität nicht die Rede sein kann. Verdankt sich doch die Darstellung der Operationen des Computers – oder auch des weltweit vernetzten Systems vieler Computer – einer metaphorischen Ausdrucksweise, die menschliche Leistungen auch dort suggeriert, wo sie nicht vorkommen.

Zunächst ist festzustellen, dass es nicht unsere Aktionen sind, die vom Computer gespeichert werden. Es sind vielmehr die von unsern Bedienungshandlungen durch den Prozessor des Computers ausgelösten Zeichenoperationen, die als Zeichenkonfigurationen gespeichert werden. Dabei ist im Grunde selbst die Rede von Zeichen schon metaphorisch, da das, was im Computer geschieht, eine programmierte Folge von Taktungen – also von Ereignissen „Strom fließt" und „Strom fließt nicht" – darstellt. Hinzu kommt weiterhin, dass die Einspeicherung dieser Zeichen in künftige Operationen des Computers einem bereits festgelegten Programm folgt – und sei es auch nur einer höheren Ebene von hierarchisch aufgebauten Programmen, deren untere Ebenen Programme enthalten, die durch die Eingaben in den Computer verändert werden können. Von einem „Lernen" der Computer in einem immanent historischen Sinn kann daher nicht die Rede sein.

Aber auch unser eigenes Lernen im Umgang mit technischen Medien, einschließlich der interaktiven, ist von einer anderen Art als das Lernen im Umgang mit substantiellen Medien. Im Umgang mit technischen Medien erwerben wir „Oberflächen-Kompetenzen": wir lernen, die Benutzer-Oberfläche eines Computers oder die Einstellungen einer Maschine zu beherrschen und können von daher meist auch neue und andere Computerprogramme anwenden oder Maschinen bedienen. Diese Kompetenzen sind – bei aller oft geradezu virtuosen Geschicklichkeit, die etwa ein erfolgreicher „Hacker" aufzubringen hat – sekundäre technische Kompetenzen, die sich an die primären technischen Kompetenzen der Programmdesigner und Maschinenbauer anschließen. Sind doch die Benutzer-Oberflächen der Computer und die Bedienungselemente der Maschinen schon so strukturiert, dass sie eine gewisse Leichtigkeit der grundlegenden Benutzungs- und Bedienungsfunktionen anbieten und zudem auch meist als Modell für Nachfolgergeräte darstellen, so dass die Kompetenz im Umgang mit technischen Medien in gewisser Hinsicht auch als ein „Funktionieren" im Sinne der Konstrukteure verstanden werden kann.

4.6 Artikulationskompetenz und historische Tiefe

Im Umgang mit substantiellen Medien – nehmen wir als Beispiel wieder die Sprache – wird nicht eine Bedienungskompetenz, sondern eine Artikulationskompetenz erworben. Der Unterschied besteht hier zunächst zwischen dem Bedienen einer Maschine und der Artikulation seiner selbst – in seinem Verhalten in dem allgemeinen Sinn, zu dem auch das sich zur Welt Verhalten etwa im

Wahrnehmen gehört. Artikulationen nehmen, das haben wir bereits gesehen, Artikulationen und Artikulationsformen auf, die in einer kulturellen Umgebung das Reich der Formen bilden, an denen wir uns in unseren Äußerungen orientieren.

Dieses kulturelle Formenreich ist historisch tiefer gestaffelt als wir überschauen können. Viele sprachliche Elemente tragen eine längst vergessene Geschichte in sich, viele führen uns in ein Reich von noch gegenwärtigen Geschichten und Texten, viele haben sich zu Formeln verfestigt, wurden aus Fragmenten zu Zitaten, deren Kontexte verschwunden sind, viele sind Schlüsselwörter zu sprachlichen oder gedanklichen Komplexen, die mit ihnen wie auf einen Schlag in eine isolierte Präsenz beschworen und ihrer Geschichte entrissen werden. Man kann weiteres hinzufügen. Auf jeden Fall verwebt uns der Umgang mit der Sprache in das Netz der Geschichte, dessen Maschen durch die Fäden der sprachlichen Äußerungen mitgeknüpft worden sind.

In unserer sprachlichen Kompetenz gibt uns daher dieses Netz der Geschichte eine immer noch wirksame Orientierung – wenn auch oft nur bruchstückhaft und in historisch versetzter Sicht. Die Unauslotbarkeit der historischen Tiefe, die sich in diesem Netz auftut, kann uns, wenn wir sie uns bewusst machen und erhalten, vor jeglicher Endgültigkeit in unseren Ansichten bewahren. Was Alfred North Whitehead mit lapidarer Kraft für die philosophische Diskussion feststellt, würde sich für eine solche Haltung als allgemeine Sicht bestätigen:

> „In der philosophischen Diskussion ist die leiseste Andeutung dogmatischer Sicherheit hinsichtlich der Endgültigkeit von Behauptungen ein Zeichen von Torheit."[9]

Auf der anderen Seite kann man sich allerdings auch in einem solchen Netz verfangen und eine Sicherheit der eigenen Ansichten gewinnen, die sich aus dem Verlust des Sinnes für die Kontingenz und die Tiefe der Geschichte und damit auch für die unüberwindbare Unvollständigkeit der eigenen Ansichten ergibt. Jedenfalls aber – und dies sollte deutlich werden – besitzt das Lernen im Umgang mit dem substantiellen Medium der Sprache und die dadurch erworbene Kompetenz eine andere Charakteristik als das bei einem technischen Medium der Fall ist. Das Lernen wie die dabei erworbene Kompetenz sind wie das Medium selbst historischer Natur und substantiell – wenn dadurch auch, und daher die letzte Bemerkung, keine Irrtumsfreiheit gesichert ist und manchmal selbst ein borniertter Bildungsdünkel nicht ausgeschlossen werden kann.

Mit diesen Bemerkungen mag die allgemeine Überlegung zum Begriff des Mediums abgeschlossen werden, insofern dadurch eine kulturtheoretische Perspektive begründet werden kann. Resümierend können wir – sozusagen in einer Positionierung dieser Perspektive im philosophischen Großraum – festhalten, dass die kulturtheoretische Perspektive ihre Differenz zu allen bewusstseinsphilosophischen Konzeptionen, aber auch zu einer rein verhaltenstheoretisch ausge-

---

9 Alfred North Whitehead, *Prozeß und Realität. Entwurf einer Kosmologie*. Übersetzt und mit einem Nachwort versehen von Hans Günter Holl. Frankfurt am Main [Suhrkamp Verlag], 1979, ²1984, S. 27.

richteten Position markiert. Dadurch, dass alle geistigen Leistungen als Artikulationsleistungen gesehen werden, sind alle Bewusstseinsprozesse immer auch durch die jeweiligen Artikulationsmedien geprägt und dadurch mit der öffentlichen Welt der symbolischen Formen verbunden.

Mit den Worten Paul Valérys – und zwar wenn man seine Rede von der Kunst verallgemeinert und für das besondere Feld der Kunst das allgemeine Reich der Kultur einsetzt:

> „Nie wird man genau miteinander vergleichen können, was in dem einen, was in dem anderen vorging; mehr noch: Ließe sich, was in dem einen vorging, direkt dem anderen mitteilen, wäre aller Kunst der Boden entzogen, ihre ganze Wirkung dahin. Es braucht das Dazwischentreten eines undurchdringlichen, neuen Elements, damit die Wirkung der Kunst, damit die dem Rezipienten durch das Kunstwerk abgeforderte *Leistung* zustande kommt."[10]

Wenn Valéry hier von der Undurchdringlichkeit des Mediums, des dazwischentretenden Elements redet, so lese ich dies als Hinweis auf die Eigenstruktur und die Selbststrukturierung eines Mediums.

Dass mit der vorgestellten kulturtheoretischen Perspektive keine Reduktion auf eine rein verhaltenstheoretische Position vorgenommen werden soll, wird durch den bleibenden Bezug auf unsere Bewusstseinsleistungen verdeutlicht. Die Rede von den symbolischen Medien schließt die von den Bewusstseinsprozessen nicht aus. Gerade den oben skizzierten Umgang mit den substantiellen und technischen Medien können wir auch mit dem Blick auf unser Bewusstseinsleben beschreiben. Unser Bewusstsein wäre in dieser Beschreibung ein Erregungsfeld unterschiedlicher symbolischer und körperlicher Reize, ein durchaus aktives Resonanzverhalten zu den verschiedenen symbolischen Assoziationen und körperlichen Empfindungen, die in diesem Verhalten wirken und teilweise auch in expliziter Präsenz auftauchen. Darüber wird noch zu reden sein.

Das Hauptinteresse dieses Kapitels liegt aber in der Bildung des Begriffs eines symbolischen Mediums zwischen öffentlicher Kultur und dem individuellen Bewusstsein, das in seiner eigenen Struktur und insbesondere seinem Anteil an der Strukturierung unserer Äußerungen zu betrachten und immer zu beachten ist.

---

10 Paul Valéry, *Überlegungen zur Kunst*. In: Ders., *Werke*. Frankfurter Ausgabe in 7 Bänden. Hg. von Jürgen Schmidt-Radefeld. Band 6: *Zur Ästhetik und Philosophie der Künste*. Hg. von Jürgen Schmidt-Radefeld. Frankfurt am Main/Leipzig [Insel Verlag] 1995, S. 186.

Kapitel 3: Medium und Symbol

Bei den Argumenten für die Begründung einer kulturtheoretischen Perspektive spielte die Abkehr von der Bewusstseinsphilosophie eine prominente Rolle. Bereits mit der Konzentration auf die Artikulation als die entscheidende geistige Leistung des Menschen ist diese Abkehr vorbereitet worden. Denn die Artikulation, das sollte das letzte Kapitel deutlich machen, ist ohne den Bezug auf ein Medium, also ohne ihre materielle Seite, nicht denkbar.

Mit dem Hinweis auf die Materialität der Medien wird zugleich die Öffentlichkeit der Medien hervorgehoben. In ihrem Bezug auf materielle Medien ist eine Artikulation daher niemals nur ein Bewusstseinsvorgang, sondern immer auch ein öffentliches Geschehen. In den öffentlichen Medien der Artikulation bilden sich Artikulationsformen aus, die selbst öffentlich und materiell sind: nämlich dingliche Symbole, die den entscheidenden Unterschied zwischen Bewusstsein und Geist markieren und uns zudem erlauben, den Kulturbegriff weiter zu differenzieren.

1. Bewusstsein und Geist

Bewusstseinsprozesse ergeben sich auf einer elementaren Ebene dadurch, dass organische und neuronale Prozesse in irgendeiner Weise erfasst, bemerkt, also auf irgendeine Weise gegenwärtig werden. Susanne Langer lässt die Bewusstseinsprozesse mit der „psychischen Phase" dieser Prozesse beginnen.[1] Es ist dies ein Übergang von deren Abläufen zu ihrem Gefühltwerden, zum „being felt", wie Susanne Langer sagt. Bewusstseinsprozesse sind dadurch definiert, dass sie nicht nur ablaufen, sondern in ihrem Ablauf begleitet sind von einem Innewerden ihres Ablaufs. Sie erzeugen durch sich selbst, d. i. aufgrund ihres Ablaufs, ihr eigenes Gewahrwerden.

1.1 Prozesse und Repräsentationen

Man merkt die Schwierigkeiten, diesen Sachverhalt überhaupt zu artikulieren, ohne sich in einem Netz zirkulärer Unterstellungen zu verfangen. Im Grunde

---

1 Susanne K. Langer: *Mind. An Essay on Human Feeling.* Vol. I. Baltimore/London [The John Hopkins University Press] 1967, S. 22: „One may say that some activities, especially nervous ones, above a certain (probably fluctuating) limen of intensity, enter into a ‚psychical phase'. This is the phase of being felt."

bleiben wir auf Bilder angewiesen, mit denen wir ein „Basisphänomen"[2] zu fassen versuchen, das wir jedenfalls nicht in einem schrittweisen Aufbau unserer Darstellungsmittel in einzelne Elemente zerlegen können. Auch die eher fachliche Redeweise von Prozessen und Repräsentationen verändert diese Situation nicht. Denn auch zu deren Verständnis ist die erlebte und jederzeit zu erlebende Kenntnis dessen, was ein Gegenwärtigwerden und eine Vergegenwärtigung, ein Inne- oder Gewahrwerden, ein Bemerken oder Fühlen ist, erforderlich. Wir bewegen uns bereits in der Beziehung von Ablauf und Innewerden, von Prozess und Repräsentation, wenn wir über diese Beziehung zu reden beginnen.

Zugleich bedeutet die Unterscheidung zwischen Prozessen und ihren Repräsentationen aber einen entscheidenden Schritt über die Selbstverständlichkeiten des alltäglichen Bewusstseins und damit aus der Fraglosigkeit allgemeiner Unterstellungen hinaus. Alleine dadurch, dass wir überhaupt diese Unterscheidung treffen, treten wir aus der prozessualen Realität unseres Bewusstseinslebens heraus und nehmen einen Standpunkt ein, der uns diese prozessuale Realität als einen Gegenstand zeigen soll. Dieser Standpunkt kann sich nicht mehr auf unser Erleben berufen. Er wird vielmehr erst durch unsere Unterscheidungen eingerichtet. Erst dadurch, dass wir uns aus der Prozessualität unseres Erlebens, aus der Vollzugswirklichkeit unseres Bewusstseins in die Beobachtungs- oder Beschreibungswirklichkeit, in die Darstellungswirklichkeit unserer – und zwar insbesondere unserer sprachlichen – Unterscheidungssysteme begeben, gewinnen unsere Bewusstseinsprozesse, gewinnt unser Fühlen oder Bemerken, unser Inne- oder Gewahrwerden eine innere Gliederung, die es uns erlaubt, uns auf diese Prozesse gedanklich zu beziehen.

1.2 Die symbolische Existenz des Geistes

Und noch einmal aus einem anderen Blickwinkel gesagt: Wir müssen uns in die symbolischen Welten begeben, um die Vollzugswirklichkeit unseres Bewusstseinslebens in seinen Gliederungen erfassen zu können. Eben darin sehe ich nun aber die entscheidende Bestimmung unseres Geistes, dass nämlich über die Repräsentationen unseres Bewusstseins hinaus eigene Welten von Symbolen bestehen und genutzt werden, in denen auch diese unsere Repräsentationen artikuliert und dadurch auf eine neue Weise identifiziert werden. Diese Welt der Symbole bedeutet eine grundlegende Veränderung der menschlichen Existenz, unserer Äußerungs- und Erfassungsmöglichkeiten, unseres Handelns und unserer Orientierung überhaupt und damit auch unserer Gefühle, Stimmungen und Strebungen. Sie macht den Menschen zu einem symbolischen Wesen, zu einem – wie es

---

2 Vgl. zu dieser Rede von einem „Basisphänomen" den entsprechenden Abschnitt in Ernst Cassirer, *Nachgelassene Manuskripte und Texte*. Hg. von John Michael Krois und Oswald Schwemmer. (Im folgenden zitiert als ECN Band 1: *Zur Metaphysik der symbolischen Formen*. Hg. von John Michael Krois unter Mitwirkung von Anne Appelbaum, Rainer A. Bast, Klaus Christian Köhnke, Oswald Schwemmer. Hamburg [Felix Meiner Verlag] 1995, S. 123-195.

Ernst Cassirer formulierte – animal symbolicum,[3] das erst und nur in der Welt der Symbole seine besondere, d. i. menschliche Identität gewinnt.

Was sind Symbole? Symbole, so haben wir im ersten Kapitel festgestellt, sind dinglich fixierte Äußerungsformen. Als solche sind sie Kulturdinge. Sie sind Produkte der menschlichen Äußerungsgeschichte mit einer eigenen dinglichen und damit öffentlichen bzw. interindividuellen Existenzform. Wenn wir den Geist des Menschen durch die Erzeugung und Nutzung von Symbolen definieren, dann schreiben wir ihm damit eine kulturelle Existenz zu, binden wir ihn an die dingliche Form der Symbole und gründen ihn in der Öffentlichkeit einer sich ständig dokumentierenden und jederzeit archivierbaren Äußerungsgeschichte.

Indem der Mensch ein symbolisches Wesen ist, ist er ein Kulturwesen. Und indem der Geist des Menschen gegenüber dem Bewusstsein durch seine symbolischen Artikulationsformen definiert ist, besitzt auch er eine kulturelle Existenz. Geist ist kulturgebunden, Bewusstsein hingegen ist eine besondere Form der leiblichen Existenz. Bewusstsein ohne Geist ist eine Vollzugswirklichkeit, zur Darstellungswirklichkeit wird es nur durch den Geist: Nur durch die Verwendung von Symbolen können wir eine Darstellung dieser Vollzugswirklichkeit überhaupt versuchen.[4]

Diese programmatische Unterscheidungsskizze zwischen Bewusstsein und Geist bietet uns eine Perspektive, in der wir nun auch nach dem Zusammenhang zwischen beiden fragen können. In welchem Sinne lässt sich ein vorkulturelles und also natürliches Fundament der kulturellen Symbole im Bewusstsein ausmachen? Oder in die Gegenrichtung gefragt: Schließen die Symbole an Differenzierungen und Indentitätsbildungen des „natürlichen" Bewusstseins an oder entwickeln sie sich alleine aus eigenem Recht, d. h. nach Formbildungsmöglichkeiten, die mit ihrer eigenen Entwicklung zugleich entstehen? Wir stehen damit zunächst vor der Frage, wie wir Identitätsbildungen von oder in Bewusstseinsprozessen verstehen können.

2 Die Identität des Bewusstseins

2.1 Die Identität der Repräsentationen

Das Bewusstsein, so sagten wir im Anschluss an Susanne Langer, kann dadurch charakterisiert werden, dass es ein Gewahrwerden organischer und neuronaler Prozesse ist, deren „Gefühltwerden". Insofern dieses Gewahr- oder Gefühltwer-

---

3 So in: Ernst Cassirer, *Versuch über den Menschen. Einführung in eine Philosophie der Kultur*. Aus dem Englischen übersetzt von Reinhard Kaiser. Hamburg [Felix Meiner Verlag] 1996, S. 51; *Essay on Man. An Introduction to a Philosophy of Human Culture* (1944). New Haven – London [Yale University Press] 1972, S. 26.

4 Vgl. zu diesem Zusammenhang von Kultur und Geist meine ausführlichere Darstellung in Oswald Schwemmer, *Die kulturelle Existenz des Menschen*. Berlin [Akademie Verlag] 1997, dort vor allem Kapitel I: *Auf dem Wege zu einer Wissenschaft vom Menschen* und Kapitel II: *Die symbolische Existenz des Menschen*.

den ein Gegenwärtigwerden ist, ist es auch eine Fixierung, eine Art Stillstellung des Ablaufs in einer Konfiguration, die von nun an eine bleibende Identität besitzt. Das Gegenwärtigwerden lässt sich in seiner allgemeinen Struktur als Übergang vom Ereignis zur Form darstellen und damit zugleich als Übergang vom fließenden Wandel zur festen Gestalt. Das Gegenwärtigsein, die Präsenz, dieser Gestalten bleibt bezogen auf die Bewusstseinsereignisse, die in den Gestalten präsent geworden sind, ist in diesem Sinne eine Präsentation dieser Bewusstseinsereignisse. Zugleich besitzt diese Präsentation aber auch ein Eigensein in bleibender Differenz zu den Ereignissen.

Diese Differenz zwischen Ereignis und Form lässt sich am ehesten darstellen über einen Rückgriff auf die Überlegungen zum Verhältnis von Artikulation und Medium, die wir im vorigen Kapitel angestellt haben. Denn auch das Bewusstsein ist ja ein dynamisches System mit eigengesetzlichen Formbildungsformen und nimmt im Gewahrwerden der Ereignisse diese in seine Formbildungsmöglichkeiten auf, wird durch diese Ereignisse zu einer Formbildung angeregt, die ihre eigene ist und sich zugleich der inneren Gliederung der Ereignisse verdankt.

Wäre die Formbildung des Bewusstseins völlig eigenständig und nur kontingenterweise mit den Ereignissen, die ihren Anlass bieten, verbunden, so lebten wir in einer gegenüber unserer Umwelt sich frei verschiebenden Eigenwelt und wären einem irrlichternden Gewebe von „Traumes-Wirren" ausgesetzt, die im übrigen – wie Robert Schumann es in Klang übersetzt[5] – ihren eigenen stürmischen Form- und Vorwärtsdrang entfalten können. Wäre die Formbildung des Bewusstseins eine identische Reproduktion der gewahrwerdenden Ereignisse, dann besäßen wir kein Bewusstsein: Das Bewusstsein würde sich selbst dementieren und sich in einem Strom von werdenden und vergehenden Ereignissen auslöschen.

Es ist das – von Ernst Cassirer besonders betonte – Ineinander von Präsenz, Präsentation und Repräsentation, das die Struktur des Bewusstseins, das dessen Formbildungsmöglichkeiten charakterisiert. Wenn im Folgenden wie schon in der einführenden Unterscheidung von Prozess und Repräsentation nur noch summarisch von Repräsentationen die Rede ist und wir damit dem üblichen Sprachgebrauch folgen, ist doch immer dieses Ineinander mitzudenken.

Die besondere Form dieses Ineinander wird auch deutlich, wenn man die Ausbildung von Repräsentation in ihrer dreifach strukturierten Komplexität über das Verhältnis von Identität und Differenz darstellt.

Identität wird möglich, wo es Form gibt. Formen müssen nicht statisch sein. Auch Verlaufsformen können wir identifizieren. In jedem Falle gilt aber, dass überhaupt eine Form, eine figurative Einheit, erkennbar sein muss, sei es als Form eines Geschehens, sei es als Form eines gegenwärtigen Gefüges.

Damit eine figurative Einheit sich für unsere Wahrnehmung ergeben kann, bedarf es der Wiederholung im weitesten Sinne. Wo sich nichts wiederholt, er-

---

5 Robert Schumann, *Traumes-Wirren.* Nr. 7 aus *Fantasiestücke* op. 12.

kennen wir überhaupt keine Struktur. So können wir zwar eine aleatorisch, und zwar mit Wiederholungsverbot, erzeugte Musik als Klanggeschehen erkennen, nicht aber als ein Musikstück identifizieren. Und Entsprechendes gilt auch für auf einmal präsente Formen wie bestimmte Bilder. Auch in ihnen müssen Korrespondenzen erkennbar sein, z. B. als Symmetrieverhältnisse, Variationen, Ergänzungen oder auch Auslassungen und Abweichungen vom Erwarteten. Maurice Merleau-Ponty spricht in diesem Zusammenhang – und in Bezug auf die Malerei – von einem „System von Äquivalenzen"[6], durch das die Bedeutung eines Bildes – wir können hinzufügen: einer jeglichen figurativen Einheit – erzeugt wird. Dieses „System von Äquivalenzen" sieht er als ein individuiertes System des Künstlers, als „das allgemeine und konkrete Anzeichen der ‚kohärenten Verformung'",[7] mit der die Auslassungen und Abweichungen zu besonderen bedeutungsstiftenden Momenten in den Korrespondenzen einer Form werden.

Die Repräsentationen, die mit dem Bewusstsein entstehen, sind in diesem allgemeinen Sinne Identitätsbildungen durch Form. Sie bestehen darin, dass in ihnen der Strom der Bewusstseinsereignisse gewissermaßen zum Stehen kommt, sich in einem Bild oder, allgemeiner gesprochen, in einer Konfiguration verfestigt, die von da ab ihre eigene Identität im Sinne der Identifizierbarkeit gewonnen hat. Diese Bilder oder Konfigurationen heben sich aus dem Strom der Bewusstseinsereignisse heraus, lassen sich bis zu einem gewissen Grade isolieren und werden so zu in sich gegliederten Momenten unseres Bewusstseinslebens, auf die wir uns im Prinzip immer wieder beziehen können und die unserem Bewusstseinsleben als im Prinzip jederzeit verfügbare Orientierungsmarken die Ansätze für seine eigene Ordnung geben.

Repräsentationen sind daher nicht nur zu ihrer eigenen Identität verfestigte Bewusstseinsereignisse, sondern sie geben unserem Bewusstsein insgesamt eine innere Gliederung, durch die und in der es sich zu orientieren vermag und die es in diesem Sinne zu einer eigenen Identität kommen lässt. Diese Identität des Bewusstseins im Ganzen entsteht dadurch, dass mit der Ausbildung von Repräsentationen es diese Repräsentationen sind, die von da ab das jeweils Bewusste definieren. Mit den Repräsentationen treten wir heraus aus der Unmittelbarkeit des Bewusstseinsstroms und bewegen uns alleine noch in dem, was uns als etwas überhaupt, d. h. als etwas Bestimmtes, das seine Identität hat und auch über den Augenblick seines Auftretens hinaus (wenn auch nicht für immer) behält, gegenwärtig ist oder gemacht werden kann. Das Bewusste in diesem Sinne ist das sich uns in einer gegliederten Ordnung Präsentierende.

Schon in den elementaren Schichten unseres Bewusstseins zeigt sich damit eine Differenz zu den primären Bewusstseinsprozessen, die als das Fühlen oder Gewahrwerden organischer Prozesse auftreten, auf der einen und deren Reprä-

---

6 Maurice Merleau-Ponty, *Die Prosa der Welt*. Hg. von Claude Lefort, aus dem Französischen von Regula Giuliani mit einer Einleitung zur deutschen Ausgabe von Bernhard Waldenfels. München [Wilhelm Fink Verlag] 1984, S. 82.
7 Ebd., S. 81 f.

sentationen, die die Prozessualität dieses Fühlens oder Gewahrwerdens in eine besondere Form der Gegenwärtigkeit bringen, nämlich zu ausgrenzbaren, weil in sich gegliederten Bewusstseinsmomenten, man könnte auch sagen: Bildern, verfestigen, auf der anderen Seite. Das, was unserem alltäglichen Erleben als das Unmittelbare erscheint, nämlich die Gegenwart unseres Gewahrwerdens und darin insbesondere unseres Wahrnehmens von etwas, ist in Wahrheit auf hochkomplexe Weise vermittelt. Und diese Vermittlung ist es, die eine Einheit des Bewusstseins, dessen Identität, erzeugt.

2.2 Kontrastierung und Prägnanz

Die Einheit des Bewusstseins besteht zunächst darin, dass die Repräsentationen eines Bewusstseins miteinander verknüpft sind. Denn eine Repräsentation gewinnt ihre Identität nicht durch eine Isolierung – und zwar weder durch eine Isolierung von den anderen Repräsentationen eines Bewusstseins noch durch eine Isolierung von den Bewusstseinsprozessen, die in ihr repräsentiert werden –, sondern durch die Umwandlung von Bewusstseinsabläufen in eine Form, deren innere Gliederung und äußere Abgrenzung sie zu einer prägnanten Gestalt werden lassen.[8]

Eine solche Prägnanz ergibt sich aus Kontrasten, aus der Steigerung und Abschwächung von Impulsen und Akzenten des Bewusstseinsablaufs, und aus der gleichzeitigen Verknüpfung der Kontraste zu einem Etwas gegenüber allem anderen, zu einer Gestalt gegenüber ihrer Umgebung, zu einer Zone besonderer Dichte oder Spannung gegenüber einer Umgebung verschwindender Kontraste und damit auch verschwindender Dichte und Spannung.

Die Erzeugung und Verknüpfung von Kontrasten ist es, die zur Herausbildung der Identität von Repräsentationen bzw., ohne diese verdoppelnde Redeweise gesagt, eben überhaupt zur Herausbildung von Repräsentationen führt. Kontrastierungen schaffen Formen, deren Existenzweise sich von den Ereignissen ihres Auftretens ablöst. Sie können immer wieder aktualisiert werden, sind als das, was durch seine kontrasterzeugte Prägnanz sich von seinen jeweiligen Umgebungen absetzt, zugleich auch etwas, das sich dem neuerlichen Bezug der Vergegenwärtigung im Prinzip immer wieder darbietet.

2.3 Bezugsmomente

Eben dies gilt nun aber für eine jede Repräsentation, macht deren Identität als Form gegenüber dem Ablaufen, dem Auftreten und Verschwinden der Impulse und Momente unseres Bewusstseinstromes aus. Man kann daher Repräsentatio-

---

8 Eine zentrale Rolle spielt der Begriff der Prägnanz in der Philosophie Ernst Cassirers. Vgl. dazu Cassirer, *Philosophie der symbolischen Formen*. Dritter Teil: *Phänomenologie der Erkenntnis*. A.a.O., S. 218-233. Eine eingehende Analyse des Begriffs der symbolischen Prägnanz findet sich in Oswald Schwemmer, *Ernst Cassirer. Ein Philosoph der europäischen Moderne*. Berlin [Akademie Verlag] 1997, Kapitel II: *Symbolische Prägnanz. Der ästhetische Aspekt der Symbolisierung*.

nen auch Bezugsmomente – im Unterschied etwa zu bloßen Ablaufmomenten – unseres Bewusstseins nennen. Bezugsmomente sind sie, weil ihre Identität, ihre kontrasterzeugte Formprägnanz, sie zu etwas macht, auf das wir uns in unserem Bewusstsein beziehen können. Ihre Identität zeigt sich überhaupt erst in dieser ihrer Beziehbarkeit. Bezugsmomente sind die Repräsentationen damit aber auch füreinander. Ihre Kontrastierungen sind Kontrastierungen nicht nur in bezug auf eine in ihren Kontrasten abgeschwächte Umgebung, sondern auch in bezug auf andere Konstrastierungen, die ja ebenfalls ihre Beziehbarkeit erzeugen, sie zu Bezugsmomenten machen. Das Bewusstsein, so kann man sagen, besteht in der vielfältigen und im Prinzip unbegrenzten, dabei aber jeweils wechselnden, sich verdichtenden und wiederauflösenden Beziehung seiner Bezugsmomente, den vielfältigen und wechselnden Verknüpfungen seiner Repräsentationen. Ernst Cassirer beschreibt diese Verknüpfungsrealität unseres Bewusstseins mit den Worten:

> „Hier erfassen wir den eigentlichen Pulsschlag des Bewußtseins, dessen Geheimnis eben darin besteht, daß in ihm ein Schlag tausend Verbindungen schlägt."[9]

2.4 Die Verknüpfungsform des Bewusstseins

Es ist diese Verknüpfungsform unseres Bewusstseins, die die vermittelte Präsenz der Repräsentationen gegenüber den primären Bewusstseinsprozessen abdichtet. Wo Repräsentationen sich auf Repräsentationen beziehen, sich mit ihnen verbinden, auf sie verweisen, sich von ihnen absetzen, da bleibt kein Raum mehr für das Erscheinen der primären Bewusstseinsprozesse, der ohnehin mit ihrem Auftauchen auch wieder verschwindenden Ereignisse des Gewahrwerdens oder Fühlens, der fragmentarischen und noch nicht zu einer Einheit verknüpften Impulse und Akzente unseres elementaren Bewusstseinslebens. Mit einer Formulierung Alfred North Whiteheads kann man hier davon sprechen, dass dieses Bewusstsein flackert.[10]

2.5 Einheit und Einheitlichkeit des Bewusstseins

Aus den flackernden Momenten eines ersten Fühlens wird mit der Herausbildung der Repräsentationen, mit der sich selbst zu der Identität dieser Repräsentationen herausbildenden Wirklichkeit der Vergegenwärtigungen eine neue Form unseres

---

9 Ernst Cassirer, *Philosophie der symbolischen Formen*. Dritter Teil: *Phänomenologie der Erkenntnis*. A.a.O., S. 232.
10 „Consciousness flickers; and even at its brightest, there is a small focal region of clear illumination, and a large penumbral region of experience which tells of intensive experience in dim apprehension." Alfred North Whitehead, *Process and Reality. An Essay in Cosmology* (1929). Corrected Edition. Ed. by David Ray Griffin and Donald W. Sherburne. New York/London [The Free Press] 1979, S. 267. In der deutschen Übersetzung: „Das Bewußtsein flackert; und selbst wo es am hellsten ist, gibt es ein kleines Brennpunktgebiet klarer Erleuchtung und ein großes Gebiet im Halbschatten liegender Erfahrung, das im dunklen Erahnen von intensiver Erfahrung berichtet." Alfred North Whitehead, *Prozeß und Realität. Entwurf einer Kosmologie*. A.a.O., S. 486.

Bewusstseins erzeugt, die definiert, was es heißt, dass uns etwas gegenwärtig ist, dass wir einer Sache gewahrwerden oder etwas wahrnehmen. Dieses Gegenwärtigsein wird dadurch selbst zu einer in sich identischen, durch seine Verknüpfungsrealität in sich einheitlichen Zuständlichkeit, in der wir uns immer dann und solange befinden, wenn und wielange wir überhaupt bei Bewusstsein bzw., mit einem Wort unserer Alltagssprache ausgedrückt, wach sind.

Es ist diese durchgängige Einheit und Einheitlichkeit unseres wachen Bewusstseins, die es uns erlaubt, von einer Identität des Bewusstseins zu reden. Wenn sich Risse in dem Gewebe der Verknüpfungen zeigen, mit denen sich unsere Bewusstseinsmomente aufeinander beziehen, dann ist auch diese Identität bedroht. Wir kennen dies alle selbst aus dem Wechsel unserer Zuständlichkeit, wie wir sie in den Zwischenbereichen zwischen Schlaf und Wachen erleben. Aber es gibt sie eben auch in unserem wachen Bewusstsein: nämlich dort, wo ein elementares Fühlen sich selbst mit Gewalt in die verknüpfte Ordnung unserer Repräsentationen drängt, die Fäden zwischen ihnen zerreißt und uns als Erschütterung, als überwältigendes Gefühl, als erhebendes oder niederschmetterndes Erleben aus der gegliederten Welt unserer Bewusstseinseinheit herausreißt – und zwar zurück in die Welt der flackernden Impulse und Akzente des elementaren Fühlens. Weniger dramatisch und durchaus alltäglich erfahren wir zumindest Andeutungen solcher Erschütterungen in den ganz gewöhnlichen Irritationen, die auch die souveränste Attitüde immer wieder durchdringen und denen man wohl nur entgehen könnte, wenn es einem gelänge, sich in einem unerschütterlichen Stumpfsinn zu bescheiden.

2.6 Identität durch Differenz

Jedenfalls zeigt uns bereits unsere alltägliche Erfahrung, dass die Verknüpfungsrealität unseres Bewusstseins und damit eben auch die Einheit und Identität dieses Bewusstseins ein durchaus zartes und zerreißbares Gewebe ist. Auf der anderen Seite wird in derselben Erfahrung deutlich, dass diese gefährdete Einheit und Identität unseres Bewusstseins nicht nur etwas ist, das wir erhalten wollen und brauchen, sondern auch etwas, das sich ohne unser Zutun und also gleichsam natürlicherweise, nämlich aus dem Charakter des Gewahr- oder Bewusstwerdens heraus, bildet und uns damit auch immer wieder eine Unmittelbarkeit vorspiegelt, die ihm – und dies ebenfalls aus seinem Charakter heraus – gar nicht zukommen kann. Vielmehr bildet sich die Einheit und Identität unseres Bewusstseins durch seine Herauslösung aus der Unmittelbarkeit der fragmentarischen Impulse und Akzente unseres Fühlens. Die Identität unseres Bewusstseins ist eine Identität durch Differenz.

3 Symbolische Artikulation

3.1 Bewusstseinsleben und symbolische Artikulation

Dass wir diese Differenz in unserem alltäglichen, wir können auch sagen: unreflektierten, Bewusstsein gewöhnlich nicht nur nicht erfassen, sondern auch nicht zugeben, gründet nicht alleine auf der Gegenwärtigkeit unserer Vergegenwärtigungen, sondern kann sich auch noch auf unsere ebenfalls alltägliche und allgegenwärtige symbolische Verfestigung des Bewusstseins berufen.

Mir ist dabei deutlich, dass ich mit der hier vollzogenen Trennung zwischen der Bewusstseinsrealität auf der einen und der symbolischen Welt auf der anderen Seite eine Unterscheidung treffe, die allein der Übersichtlichkeit meiner Darstellung dienen soll, nicht aber auch eine klare Abgrenzung von Realitätsbereichen sein kann. Es ist hier noch einmal daran zu erinnern, dass die Existenz des Menschen eine kulturelle ist und dass damit auch seine Bewusstseinswelt von Anfang an eine kulturell nicht nur äußerlich geprägte, sondern zutiefst durchdrungene Welt ist.

Auf der einen Seite ist daher festzuhalten, dass unser Bewusstseinsleben nicht einfach in einer symbolischen Artikulation, die es denn finden mag oder auch nicht, aufgeht. Auf der anderen Seite ist aber auch zu sehen, dass die unserem Bewusstsein eigenen Impulse und Akzente und die unserem Bewusstsein eigene Ausbildung und Verknüpfung von Repräsentationen nahezu durchgehend und in sich selbst auf eine mögliche symbolische Artikulation hin geformt sind und dass es jedenfalls schwierig bis unmöglich ist, hier einzelne Anteile aufzurechnen oder überhaupt voneinander zu unterscheiden. Weder eine Phänomenologie des bloßen Bewusstseins noch eine Analyse alleine der symbolischen Artikulationsformen tragen dieser unauflöslichen Verknüpfung von zwei durchaus unterschiedlichen Bereichen hinreichend Rechnung.

3.2 Prägnanzerzeugung durch symbolische Artikulation

Nicht um dieses Verhältnis von Bewusstseinsleben und symbolischen Artikulationsformen geht es mir hier, sondern allein um die nochmalige Bestärkung des Identitätsglaubens, der sich mit dem vergegenwärtigten Charakter unseres Bewusstseins bereits ergeben hat: um die nochmalige Bestärkung dieses Glaubens durch die symbolische Artikulation. Symbolische Artikulationsformen sind in einem gewissen Sinne Steigerungen gegenüber den Prägnanzbildungen unseres Bewusstseins. Es ist dies eine Steigerung der Deutlichkeit, mit der eine symbolische Artikulation sowohl in sich gegliedert als auch gegenüber ihrer Umgebung abgegrenzt ist, eine Steigerung bzw. Verdeutlichung der Identität. Diese Steigerung kommt dadurch zustande, dass Symbole eigens erzeugte oder ausdrücklich ausgewählte Dinge sind, die sich in besonders markanter Weise identifizieren und, wo es sich um erzeugte Dinge handelt, reproduzieren lassen. Besonders deutlich zeigt sich diese Steigerung an den eigens erzeugten, den – wie ich auch sagen will – künstlichen Symbolen und Symbolsystemen, die ohnehin für die Entwicklung einer Kultur die entscheidende Bedeutung haben. Im Folgenden möchte ich daher auch nur auf solche künstlichen Symbole und Symbolsysteme eingehen und die lediglich ausgewählten, die natürlichen Symbole beiseite lassen.

3.3 Schematisierungen

Die Künstlichkeit der Symbole, d. h. ihre für die Artikulation eigens erfolgte Herstellung, löst die Symbole als eine besondere Art von Gegenständen aus ihren „natürlichen" Umgebungen heraus. Diese Herauslösung erfolgt auf verschiedene Weisen, je nach den Artikulationszwecken, für die sie erzeugt werden, und den Artikulationszusammenhängen, in denen sie auftreten. So geht es bei den sprachlichen Symbolen unter anderem auch darum, dass sie leicht – d. h. ohne besondere Anstrengung und mit einer möglichst geringen Verwechslungsgefahr – erkannt und reproduziert werden können. Dies führt zu Schematisierungen, die wir oft als Abstraktionen, d. h. als radikale Reduktionen auf einige wenige Formeigenschaften und als gleichzeitiges Absehen von allen anderen Formeigenschaften, auffassen.

Diese reduktiven Schematisierungen lassen sich etwa in der Phonetik einer Sprache beobachten, die sich gewöhnlich aus einer radikalen Reduktion des frühkindlichen Lautrepertoires auf einige elementare Lautbildungen und deren systematische Verknüpfung zu einem phonetischen System ergibt. Ähnliches kann man bei der Herausbildung von Schriften aus Bildformen feststellen. Auch hier scheinen frühe Abstraktionen auf einige wenige Linienformen die Entwicklung von Schriften graphisch fundiert zu haben.

Man kann solche Symbole und Symbolismen, deren Formeigenschaften durch eine schematische Abstraktion herbeigeführt worden sind, hinsichtlich dieser ihrer Formeigenschaften noch weiter zu charakterisieren versuchen. Vor allem die Forschungen zum Übergang von einer rein mündlichen Kultur zur Verbreitung der Schrift, zu dem kulturellen Wandel, der durch den Buchdruck herbeigeführt worden ist und nicht zuletzt zu den tiefgreifenden Veränderungen, die die Digitalisierung in unserer Gegenwart bewirkt, haben hier Erkenntnisse gebracht, die, wie mir scheint, in der Philosophie noch längst nicht hinreichend wahrgenommen oder gar bedacht worden sind.

In unserem Zusammenhang mag es aber genügen, überhaupt auf die besonderen Erfordernisse hinzuweisen, die an die Formeigenschaften von Symbolen geknüpft sind. Damit Symbole überhaupt der Artikulation und insbesondere der Kommunikation von Artikulation dienen können, müssen sie eben bestimmte Bedingungen der einfachen, sicheren und wiederholbaren Nutzbarkeit erfüllen. Handelt es sich, wie bei unserer Sprache, um Symbole, die als Elemente eines Systems gebildet und genutzt werden, so wird sich im allgemeinen eine besonders drastische Reduzierung der Komplexität von Formeigenschaften einstellen. Handelt es sich um Symbole, die bereits durch ihre innere Gestaltung als Einzelsymbole einen Artikulationszweck erfüllen, wie z. B. bei einem Bild, wird eine solche Schematisierung nicht stattfinden oder aber nur als ein besonderes Mittel zum Teil dieses Bildes werden.

3.4 Prägnanzprofile

Wie auch immer man weitere Unterscheidungen treffen wird, so kann man doch auf jeden Fall feststellen, dass Symbole nur dadurch überhaupt zum Medium der Artikulation werden können, dass sie in einer besonderen Weise prägnant sind, d. h. die Kontraste unserer Lebensumgebungen und unseres Bewusstseinslebens steigern und auf ihre besondere Weise in eine Form bringen. Das Wie dieser Formbildungen, die Formbildungsformen, sind dabei durchaus unterschiedlich und zeigen damit, wie ich sagen möchte, unterschiedliche Prägnanzprofile, d. i. unterschiedliche Charakteristika solcher Formbildungsformen.

Ernst Cassirer hat in seinem umfassenden Entwurf einer Philosophie der symbolischen Formen den Versuch unternommen, solche Prägnanzprofile zu identifizieren und auch zu systematisieren. Ihm geht es dabei nicht nur um diese Prägnanzprofile oder Formbildungsformen in ihren unterschiedlichen Funktionen – nämlich des Ausdrucks, der Darstellung und der reinen Bedeutung – und in ihrer unterschiedlichen formalen – nämlich mimischen, analogischen und rein symbolischen – Typik, sondern auch und vor allem darum, in den Prägnanzprofilen und Formbildungsformen ganzer Artikulationssysteme die Entwicklung und Ausgestaltung der menschlichen Existenzverhältnisse nachzuzeichnen. Es geht ihm um die Grenze zwischen Ich und Wirklichkeit,[11] also um das jeweilige Wechselverhältnis von Selbst und Welt, das unser Denken und Leben begründet und durchformt. Vieles von dem, was uns – zumindest im alltäglichen Verständnis unseres Lebens in einer bestimmten kulturellen Umgebung – als völlig selbstverständlich, unbezweifelbar gewiss und als Instanz, auf die wir uns jederzeit berufen können, uneingeschränkt verfügbar zu sein scheint, zeigt sich in einer solchen Betrachtung als Ergebnis einer durchaus kontingenten und jedenfalls historischen Entwicklung von bzw. innerhalb von bestimmten symbolischen Formen, als Produkt von Artikulationsfunktionen.

---

11 „Denn ein Blick auf die Entwicklung der einzelnen symbolischen Formen zeigt uns überall, daß ihre wesentliche Leistung nicht darin besteht, die Welt des Äußeren in der des Inneren abzubilden oder eine fertige innere Welt einfach nach außen zu projizieren, sondern daß in ihnen und durch ihre Vermittlung die beiden Momente des ‚Innen‘ und ‚Außen‘, des ‚Ich‘ und der ‚Wirklichkeit‘ erst ihre *Bestimmung* und ihre gegenseitige Abgrenzung erhalten. Wenn jede dieser Formen eine geistige ‚Auseinandersetzung‘ des Ich mit der Wirklichkeit in sich schließt, so ist dies doch keineswegs in dem Sinne zu verstehen, daß beide, Ich und Wirklichkeit, hierbei schon als gegebene Größen anzusehen sind – als fertige, für sich bestehende ‚Hälften‘ des Seins, die nur nachträglich zu einem Ganzen zusammengenommen würden. Vielmehr liegt die entscheidende Leistung jeder symbolischen Form eben darin, daß sie die Grenze zwischen Ich und Wirklichkeit nicht als ein für allemal feststehende im voraus *hat*, sondern daß sie diese Grenze selbst erst *setzt* – und daß jede Grundform sie *verschieden* setzt.“ (Ernst Cassirer, *Philosophie der symbolischen Formen*. Zweiter Teil: *Das mythische Denken*. A.a.O., S. 182)

3.5 Identität durch Prägnanz

Eben dies ist der Punkt, an dem wir einen Zusammenhang auch zwischen der Vielfalt von Kulturen auf der einen und der Besonderheit symbolischer Artikulationssysteme auf der anderen Seite in unser Blickfeld rücken können. Denn bei aller Verschiedenheit der Prägnanzprofile, die wir in unterschiedlichen Artikulationsformen und -systemen entdecken können, scheint doch eine durchgehende Qualität allen Artikulationsformen und -systemen zueigen zu sein. Es ist dies die schon erwähnte Prägnanz, die Steigerung von Kontrasten und Formung dieser gesteigerten Kontraste zu einer neuen, sei es ausgleichenden oder entgegensetzenden, sei es spannungssteigernden oder spannungslösenden, sei es geschlossenen oder offenen – Einheit formen. Die – im weiteren Sinne – bildhafte und konkrete Prägnanz eines Bildes und die schematische und abstrakte Prägnanz eines in sich hochstrukturierten Symbolsystems wie der Sprache mögen sich in noch so vielen Aspekten voneinander unterscheiden und sogar als gegensätzlich erscheinen. Beide sind nur dadurch überhaupt Artikulationsformen, dass sie eine Prägnanz besitzen, die sich nicht einfach vorfindet, sondern die, und zwar in dem Bemühen um Artikulation, um Ausdruck überhaupt, erst erzeugt werden muss.

4 Symbolische Identität

Man könnte diese Feststellung nutzen, um eine Perspektive für unsere kulturwissenschaftlichen Forschungen und philosophischen Reflexionen darauf zu gewinnen, in der eine Kultur als ein ganzes System oder auch nur ein vielfältig in sich differenziertes Gemenge von Prägnanzbildungen und Verwendungen solcher Prägnanzbildungen erscheint und in der die Vielfalt der Kulturen sich letztlich der Vielfalt von Prägnanzprofilen verdankt. Dies würde sicher zu sinnvollen Untersuchungen und Überlegungen führen, dränge aber nicht zu dem Zusammenhang vor, der als existentiell und kulturell konstitutiver Zusammenhang zwischen den symbolischen Artikulationsprozessen und -formen als solchen und unseren Selbst- und Weltverhältnissen angekündigt war. Dieser Zusammenhang zeigt sich erst, wenn wir die interne Dynamik reflektieren, die mit einer symbolischen Prägnanzbildung verbunden ist.

Prägnanz, so sagte ich, entsteht durch die Steigerung von Kontrasten und die Formung dieser gesteigerten Kontraste zu einer neuen Einheit. Würde es bloß bei einer Kontraststeigerung, auf welche Weise auch immer, sein Bewenden haben, dann müsste sich noch keine Prägnanz ergeben. Vielmehr kann ein bestimmter Eindruck und überhaupt ein Ereignis in unserer Erfahrung – wenn lediglich Kontraste auf irgendeine Weise gesteigert werden – geradezu in sich zerfallen, sich auflösen, ohne jemals eine Identifizierbarkeit für uns gewonnen zu haben. Das nur Grelle und Schreiende, das nur Abrupte und Hervorstechende mag zwar in jedem Fall einen Reiz für unsere Aufmerksamkeit darstellen und sich damit von dem bloß Eintönigen und Stummen, dem bloß Kontinuierlichen und Verschwindenden – also den klassischen Qualitäten des Hintergrundes oder der bloßen Umgebung – unterscheiden. Es strukturiert diesen Reiz aber nicht zu einer identifizierbaren Gestalt und versinkt damit nicht einmal in den Hintergrund oder die Umgebung, von der es sich zunächst unterschied. Es löst sich auf, verbleibt eine unidentifizierte Singularität, die als Irritation zwar eine momentane Existenz gewonnen haben mag, die wir aber gerade daher aus unserem Bewusstsein herausdrängen oder auch nur herausfallen lassen. Erst wenn die gesteigerten Kontraste in eine neue Einheit gebracht sind, kann sich Prägnanz ergeben.

Mit der Ausbildung prägnanter Formen bildet sich eine neue Welt. Denn dadurch, dass die Symbole – seien sie nun bildhaft-konkret oder schematisch-abstrakt – selbst zu geformten Dingen, zu Laut- oder Bewegungsgebilden, zu graphischen oder plastischen Gegenständen geworden sind, bieten sie unserer Aufmerksamkeit und unserem Umgehen mit ihnen ein Ziel an, bei dessen Erreichung wir im Prinzip verharren könnten. Es ist zwar richtig, dass sie als Symbole über sich hinausweisen. Aber durch ihre prägnante Form ziehen sie auch in sich selbst unsere Vorstellungen und Handlungen auf sich. Ihren Verweisungscharakter behalten sie allein schon dadurch, dass ihre Prägnanz ein anderes Profil aufweist als die Dinge, die für uns keine symbolische Funktion haben. Bei aller bereits erwähnten Unterschiedlichkeit der Prägnanzprofile, auch der verschiedenen symbolischen Artikulationsformen, weisen die Symbole gewöhnlich doch überhaupt eine stärkere, d. i. konstrastreichere und deutlicher markierte Einheit aus als die Dinge unserer natürlichen Lebensumgebungen. Eben dadurch eignen sie sich ja dazu, unsere Aufmerksamkeit auf sich zu ziehen und als Symbole gebraucht zu werden. Diese gesteigerte Prägnanz teilen sie übrigens mit fast allen künstlich erzeugten Dingen, also auch etwa mit den technischen Geräten.

5 Diskursive und präsentative Symbolisierungen

Eine grundlegende Unterscheidung für die verschiedenen Formen der Prägnanzbildung ist von Susanne Langer eingeführt worden: die Unterscheidung zwischen diskursiven und präsentativen Formen der Symbolisierung. Diskursiv sind danach Symbole dann, wenn sie – wie die Wörter einer Sprache – nacheinander aufgereiht werden müssen, um zu eine Bedeutung zu gewinnen.[12] Präsentativ sind

---

12 Susanne K. Langer, *Philosophie auf neuem Wege. Das Symbol im Denken, im Ritus* und *in der Kunst*. Frankfurt am Main [Fischer Taschenbuch Verlag] 1984 (Amerikanische Erstausgabe 1942), S. 88: „Nun ist aber die Form aller Sprachen so, daß wir unsere Ideen nacheinander aufreihen müssen, obgleich Gegenstände ineinanderliegen; so wie Kleidungsstücke, die übereinander getragen werden, auf der Wäscheleine nebeneinander hängen. Diese Eigenschaft des verbalen Symbolismus heißt Diskursivität; ihretwegen können überhaupt nur solche Gedanken zur Sprache gebracht werden, die sich dieser besonderen Ordnung fügen; jede Idee, die sich zu dieser ‚Projektion' nicht eignet, ist unaussprechbar, mit Hilfe von Worten nicht mitteilbar."

dagegen Formen der gleichzeitigen Darstellung von Elemente eines Ganzen, wie wir sie insbesondere in Bildern finden.[13]

Wir können diese Unterscheidung aufnehmen und noch einen Schritt weiter führen. Wenn die Elemente einer symbolischen Repräsentation durch ihre räumliche oder zeitliche Anordnung, durch ihre symbolische Konfiguration, eine bestimmte Bedeutung – d. i. eine bestimmte Verweisungsfunktion – gewinnen und diese Anordnungen über bestimmte Formen einer kombinatorischen Permutation erreicht werden, haben wir es mit einer abstrakt-schematischen Symbolisierung zu tun. Abstrakt darum, weil die Elemente für sich noch keine feste Bedeutung haben und allein durch ihre jeweilige Anordnung in höchst unterschiedlichen Bedeutungszusammenhängen auftreten können. Schematisch ist eine solche Symbolisierungen, weil, wie wir bereits gesehen haben, die Form der Elemente und ihrer Anordnung jederzeit identifizierbar und also einer radikalen Reduktion durch eine Schematisierung unterworfen werden müssen.

Besitzen im Unterschied dazu auch die Elemente einer symbolischen Repräsentation, z. B. einer visuellen Form, bereits eine Bedeutung, die sie zu sozusagen gleichberechtigten Bedeutungsträgern im Ganzen ihrer jeweiligen symbolischen Konfiguration macht, dann können wir von einer konkret-bildhaften Symbolisierung reden. Konkret sind die Elemente, weil sie als in sich bedeutungsvolle Details eines Ganzen auftreten. Bildhaft sind sie, weil ihre Formeigenschaften keiner Reduktion unterworfen werden müssen und sie mit ihrer jeweiligen figurativen Singularität, ihrer Bildlichkeit, die sie nun einmal haben, in die Symbolisierung eingehen.

6 Die Sprache als schematisch-abstrakte Symbolisierung

6.1 Symbolische Konfigurationen

Das Hauptbeispiel für eine schematisch-abstrakte Symbolisierung bietet seit jeher die Sprache. Die einzelnen Laute oder Schriftzeichen besitzen zwar ihre eigene Form. Die schematische Ausprägung dieser Form lässt sie im allgemeinen aber nicht schon als solche einzelne Symbole zu einem Ziel werden, das unsere Aufmerksamkeit und unser Umgehen mit ihnen nicht nur auf sich zieht, sondern auch bei sich verharren lässt. Vielmehr ist es hier erst die *Konfiguration*, die sich aus der Verknüpfung mehrerer dieser einzelnen Symbole ergibt, das Wort, die sprachliche Wendung, eine ganze Rede oder ein Text, der einen solchen Reich-

---

13 Ebd., S. 103: „Die durch die Sprache übertragenen Bedeutungen werden nacheinander verstanden und dann durch den als Diskurs bezeichneten Vorgang zu einem Ganzen zusammengefaßt; die Bedeutungen aller anderen symbolischen Elemente, die zusammen ein größeres, artikuliertes Symbol bilden, werden nur durch die Bedeutung des Ganzen verstanden, durch ihre Beziehungen innerhalb der ganzheitlichen Struktur. Daß sie überhaupt als Symbole fungieren, liegt daran, daß sie alle zu einer simultanen, integralen Präsentation gehören. Wir wollen diese Art von Semantik ‚präsentativen Symbolismus' nennen".

tum der Form, eine solche innere Differenzierungsfülle bietet, dass wir in der Tat auch hier ein Ziel finden: ein Ziel, das unserer geistigen Tätigkeit die Vollendung des Erreichthabens bietet, ihr kein Hinausgehen über die sprachlichen Figuren aufzwingt, ihr, um es in eine Metapher zu kleiden, eine Bleibe bietet und in diesem Sinne sogar den Satz Martin Heideggers verstehen lässt, dass die Sprache das Haus des Seins sei.[14]

6.2 Vollständigkeit der Sprache

Anders als Heidegger dies aber gedacht haben mag, ist dies als eine durchaus kritische Analyse zu verstehen. Denn durch ihre, wie man sagen könnte, Eigen-Dinglichkeit, nämlich durch die Eigenständigkeit, mit der die symbolischen Konfigurationen Felder vielfältiger Verwendung erzeugen und abgrenzen, entstehen abgeschlossene und in sich selbst vollständige Bereiche der Sinnbildung. Es reicht dann aus, sich alleine in der Sprache zu bewegen, um zu einer Orientierung – einer Einsicht, einer neuen Perspektive, einem abschließenden Urteil usw. – zu kommen. Man braucht diese Welt der Sprache, der sprachlich artikulierten Positionen und Konzeptionen, nicht mehr zu einer Welt des Handelns, des Erlebens oder Vorstellens hin zu überschreiten, um in seinen geistigen Tätigkeiten zu einem Abschluss zu kommen.

---

14 Heidegger formuliert diesen Zusammenhang von Sein und Sprache zum ersten Mal in seinem *Brief über den „Humanismus"*. Dort sagt er, dass „das Sein geheimnisvoll [bleibt], die schlichte Nähe eines unaufdringlichen Waltens. Diese Nähe west als die Sprache selbst. Allein die Sprache ist nicht bloß Sprache, insofern wir diese, wenn es hochkommt, als die Einheit von Lautgestalt (Schriftbild), Melodie und Rhythmus und Bedeutung (Sinn) vorstellen. Wir denken Lautgestalt und Schriftbild als den Wortleib, Melodie und Rhythmus als die Seele und das Bedeutungsmäßige als den Geist der Sprache. Wir denken die Sprache gewöhnlich aus der Entsprechung zum Wesen des Menschen, insofern dieses als animal rationale, das heißt als die Einheit von Leib-Seele-Geist vorgestellt wird. Doch wie in der Humanitas des homo animalis die Ek-sistenz und durch diese der Bezug der Wahrheit des Seins zum Menschen verhüllt bleibt, so verdeckt die metaphyisch-animalische Auslegung der Sprache deren seinsgeschichtliches Wesen. Diesem gemäß ist die Sprache das vom Sein ereignete und aus ihm durchgefügte Haus des Seins. Daher gilt es, das Wesen der Sprache aus der Entsprechung zum Sein, und zwar als diese Entsprechung, das ist als Behausung des Menschenwesens zu denken. Der Mensch aber ist nicht nur ein Lebewesen, das neben anderen Fähigkeiten auch die Sprache besitzt. Vielmehr ist die Sprache das Haus des Seins, darin wohnend der Mensch ek-sistiert, indem er der Wahrheit des Seins, sie hütend, gehört." (Martin Heidegger: *Brief über den „Humanismus"*. In: Ders., *Gesamtausgabe* I. Abteilung: Veröffentlichte Schriften 1914-1970. Band 9: *Wegmarken*. Frankfurt am Main [Vittorio Klostermann] 1976, S. 333. Ein zweites Mal bezieht sich Martin Heidegger 1959 auf diese Formel: „Die Sprache wurde das ‚Haus des Seins' genannt. Sie ist die Hut des Anwesens, insofern dessen Scheinen dem ereignenden Zeigen der Sage anvertraut bleibt. Haus des Seins ist die Sprache, weil sie als die Sage die Weise des Ereignisses ist." (Martin Heidegger, *Der Weg zur Sprache*. In: Ders., *Gesamtausgabe* I. Abteilung: Veröffentlichte Schriften 1914-1970. Band 12: *Unterwegs zur Sprache*. Frankfurt am Main [Vittorio Klostermann] 1985, S. 255.

Was bei bildhaft-konkreten Symbolen, insbesondere bei Kunstwerken, uns als eine selbstverständliche Charakteristik erscheinen mag – nämlich dass sie in sich selbst einen Sinnzusammenhang präsentieren, der unsere Aufmerksamkeit auf sich zieht und nicht nur als Verweis auf etwas anderes weiterleitet –, dies bleibt bei symbolischen Konfigurationen, die innerhalb von Systemen schematisch-abstrakter Symbole gebildet werden, eher verdeckt. Als Konfigurationen von Elementen eines Systems, verweisen sie auf im Prinzip unbegrenzt viele Konfigurationen in eben diesem System, und sie würden ohne diese Verweise nicht einmal selbst in ihrer eigenen Identität erkennbar, als sprachliche Fügungen nicht einmal verständlich werden. Jeder sprachliche Ausdruck, den wir bilden, jeder Satz, den wir sagen, ist nur als Ausdruck, als Satz einer bestimmten Sprache verständlich.

Dies wird auch nicht dadurch widerlegt, dass wir manchmal einen Ausdruck, einen Satz einer anderen Sprache auch dann – allerdings meist nur im groben Umriss des Gemeinten – verstehen, wenn wir die Sprache selbst noch nicht oder nur in ihren Anfängen beherrschen. Ist ein solches fremdsprachliches Verständnis doch nur dadurch möglich, dass wir uns auf vielerlei Analogien zu einer Sprache oder auch zu einigen Sprachen, die wir beherrschen, beziehen können. In jedem Fall, in dem wir überhaupt einen sprachlichen Ausdruck, einen Satz verstehen, gehört die Verweisung auf das Ganze einer Sprache, d. h. auf eine offene Menge anderer Ausdrücke dieser Sprache, zu den grundlegenden Bedingungen dieses Verstehens.

6.3 Geschlossenheit der Sprache

Gleichzeitig ist zu sehen, dass durch diesen Verweisungszusammenhang das Verbleiben innerhalb der Grenzen einer Sprache nicht mehr als eine hinderliche Einschränkung der Ausdrucksmöglichkeiten und -absichten erscheint. Denn da nicht nur die Verweisungsmöglichkeiten, sondern auch die Möglichkeiten zur Bildung solcher Ausdrücke im Prinzip unbegrenzt sind, richten sich ja für unsere sprachliche Artikulationstätigkeit keine Grenzen auf. Wir können jederzeit und überall über alles reden oder auch schreiben und dies in einer immer neuen oder auch nur anderen Weise.

Mit dieser internen Unbegrenztheit der sprachlichen Artikulation wird nicht nur eine Begrenzung auf sprachliche Artikulation verdeckt, sondern es entsteht darüber hinaus auch eine dieser Artikulation immanente Tendenz auf diese Begrenzung. Die jederzeitige Möglichkeit, etwas auch anders zu sagen und über anderes etwas zu sagen, mindert die Motivation, im Vollzug unserer Weltorientierung überhaupt etwas anderes zu tun als etwas zu sagen. Die Welt unserer Reden und Texte schließt sich dann zu einem eigenen Reich lückenlos miteinander verflochtener Artikulationsmöglichkeiten zusammen, dessen Grenzen schon darum nicht in den Blick geraten, weil sie durch immer neue Artikulationen jederzeit verschoben werden zu können scheinen.

6.4 Umgebungen der Sprache

Mit der Behauptung einer solchen Geschlossenheit unserer sprachlichen Äußerungen und überhaupt systematisch organisierter Artikulationsformen ist nun nicht gemeint, dass die Bedeutung sprachlicher Ausdrücke alleine sprachlich bestimmt sei, und noch weniger kann gemeint sein, dass wir unser Leben nur noch redend oder schreibend verbringen. Beides ist offensichtlich falsch.

Die geradezu epidemisch verbreitete Formel, dass die Bedeutung sprachlicher Ausdrücke in ihrem Gebrauch bestehe,[15] hat es inzwischen fast weitgehend verhindert, die vielfältigen Faktoren, Momente und Aspekte, aus denen sich ein solcher Gebrauch überhaupt erst ergibt, näher zu betrachten. Zu diesem Gebrauch gehört die Welt unseres Handelns ebenso wie die Welt unserer Vorstellungen und Gefühle, Wünsche und Stimmungen, d. i. unseres Bewusstseinslebens insgesamt, wie auch die physischen, sozialen und symbolischen Umgebungen, in denen sprachliche Ausdrücke artikuliert werden. Wie immer man diese verschiedenen Dimensionen und Momente, die die prägende Umgebung einer sprachlichen Äußerung ausmachen, näher charakterisieren will, jedenfalls bleibt jede sprachliche Äußerung verbunden mit bestimmten nicht nur sprachlichen Faktoren, Momenten und Aspekten, ohne die sie ihre Identität als diese oder jene Äußerung nicht gewinnen könnte.

Im Unterschied aber zu dem Verweisungszusammenhang, in dem eine Äußerung mit der jeweiligen Sprache als Ganzer steht, bilden diese Umgebungen kein in sich geordnetes System, sondern unterschiedliche Konstellationen unterschiedlicher Faktoren, Momente und Aspekte, die eine Äußerung zu einem einmaligen Ereignis in einer bestimmten konkreten Situation machen. Dies schließt Standardisierungen, insbesondere soziale Regelungen solcher Äußerungsereignisse und ihres Bezugs auf bestimmte Situationstypen nicht aus. Solche Standardisierungen sind es denn auch vielfach, die zu dem Missverständnis verleiten, als könne man eine sprachliche Äußerung unabhängig von ihrer Einbettung in auch nichtsprachliche Umgebungen verstehen. Denn wo diese Bezüge standardisiert worden sind, da wird auch unser Miterfassen dieser Bezüge standardisiert bzw. ergänzen wir in unserem Verstehen diese Bezüge, ohne noch überhaupt eine besondere Aufmerksamkeit auf sie zu richten.

Dass Sprache in dem beschriebenen Sinne dazu tendiert, sich zu einer geschlossenen Einheit zu verknüpfen, widerspricht nicht dieser Einbindung in auch

---

15 „Man kann für eine *große* Klasse von Fällen der Benützung des Wortes ‚Bedeutung' – wenn auch nicht für *alle* Fälle seiner Benützung – dieses Wort so erklären: Die Bedeutung eines Wortes ist sein Gebrauch in der Sprache.
Und die *Bedeutung* eines Namens erklärt man manchmal dadurch, daß man auf seinen *Träger* zeigt." (Ludwig Wittgenstein, *Philosophische Untersuchungen* 43) Man kann Eike von Savigny allerdings nur Recht geben, dass diese Stelle für die Begründung der auch „vor dem Erscheinen der PU längst populäre[n] Gebrauchstheorie der Bedeutung" völlig ungeeignet ist. (Eike von Savigny, *Wittgensteins „Philosophische Untersuchungen". Ein Kommentar für Leser.* Band I. Abschnitte 1 bis 315. Frankfurt am Main [Vittorio Klostermann] 1988, S. 85)

außersprachlich bestimmte Umgebungen. Eine geschlossene Einheit entsteht vielmehr dadurch, dass die nichtsprachlichen Teile eines Äußerungsereignisses tendenziell aus den Verweisungszusammenhängen, wie sie zwischen sprachlichen Ausdrücken bestehen, herausfallen oder auch herausgenommen werden und dass das Beziehungsgeflecht der Konnotationen sich mehr und mehr aus der sprachlichen Artikulationsform der jeweiligen Ausdrücke ergibt.

Dass de facto auch in dieser Versprachlichung Faktoren, Momente und Aspekte der nichtsprachlichen Umgebungen eingehen, dass also sprachliche Bedeutung sich nicht nur über die verschiedenen Formen der sprachlichen Artikulation ergibt, ist eine andere Sache. Denn diese nichtsprachlichen Elemente der sprachlichen Bedeutung verdanken, wie bereits gesagt, ihre Unauffälligkeit oder Nichtbeachtung ihrem standardisierten Bezug auf die Äußerungsereignisse, werden durch die darin sich zeigende implizite Institutionalisierung unseres Sprachverhaltens unsichtbar gemacht.

7 Bildhaft-konkrete Symbolisierungen

7.1 Individuelle Einheit in Umgebungen

Im Unterschied zur Sprache finden wir in bildhaft-konkreten Symbolen diese Tendenz zur Geschlossenheit nicht. Bilden doch die bildhaft-konkreten Symbole in sich selbst bereits eine komplexe Einheit, die ihnen in ihrer Individualität zukommt. Anders als vielfach in den Konfigurationen aus schematisch-abstrakten Symbolen würde daher in ihnen auch ihre Identität verändert oder zerstört, wenn man auch nur eines ihrer Details durch ein anderes – selbst wenn es in einer bestimmten Hinsicht „funktional äquivalent" wäre – ersetzte.

Bedeutsam in unserem Zusammenhang scheint aber vor allem, dass die bildhaft-konkreten Symbole sich nicht gegenüber ihren Umgebungen abschließen, sondern diese geradezu in ihre eigene Artikulation aufnehmen. Die Bildhaftigkeit solcher Symbole besteht ja darin, dass in ihnen Züge oder Dinge der uns umgebenden Welt als Elemente – wenn auch in einer durch das jeweilige Medium transformierten Form – wiederkehren. In diesem Sinne können auch sprachlich artikulierte Symbole bildhaft-konkret sein. Die sprachlichen Elemente werden dann allerdings in ihrer lautlichen, klanglichen oder allgemeiner gesagt, musischen Qualität in ein solches Symbol aufgenommen und gewinnen dabei in ihrer unersetzbaren Individualität ihren Artikulationsanteil in diesem Symbol.

Allgemein lässt sich sagen, dass in den bildhaft-konkreten Symbolen – man denkt hier vor allem an die Werke der Kunst – Züge und Dinge unserer Umgebungen, und zwar der verschiedenen physischen, sozialen und symbolischen Dimensionen unserer Umgebungen, in einer transformierten Verdichtung auftreten und zur jeweiligen Einheit des Symbols geformt werden. Diese Verdichtung hebt sie aus ihren Umgebungen heraus. Die bleibende und unersetzbare Dinglichkeit ihrer Artikulationselemente lässt sie aber zugleich mit ihren Umgebungen den

Ereignischarakter teilen, durch den sie in ihrer Existenz historisch und insbesondere auch, trotz aller Pflege, vergänglich werden.

Beide, die transformierende Verdichtung und die zeiteingebundene Dinglichkeit der bildhaft-konkreten Symbole öffnen diese Symbole zu ihren jeweiligen Umgebungen hin. So bleiben die Züge und Dinge, aus denen die transformierende Verdichtung des Symbols geformt ist, auch nach dieser Transformierung und Verdichtung in dem Symbol präsent. Und auch in ihrer transformierten Verdichtung bleiben die Elemente eines bildhaft-konkreten Symbols Züge und Dinge physischer, sozialer und symbolischer Umgebungen, teilen sie mit ihnen nicht nur deren durchaus vergängliche Dinglichkeit, sondern übermitteln sie auch die Bedeutsamkeit, die diese Züge und Dinge in den unterschiedlichen Umgebungen in unterschiedlichen Epochen gewonnen haben, und fügen diese als Sinnelemente in das bildhaft-konkrete Symbol ein.[16]

7.2 Funktionale Homogenisierung und individuelle Heterogenität

Resümierend lässt sich sagen, dass die Systeme aus schematisch-abstrakten Symbolen durch ihre Tendenz zur Ausbildung einer sich verselbständigenden abgeschlossenen Symbolwelt eine gleichzeitige Tendenz zeigen, die Lebensumgebungen unserer Existenz, d. i. unseres jeweiligen Handelns, Redens, Erlebens und überhaupt Tun und Leidens, im Schatten unserer Aufmerksamkeit verschwinden zu lassen.

Demgegenüber bringen die bildhaft-konkreten Symbole die dinglichen und sinnhaften Bezüge zu unseren Lebensumgebungen in sich selbst zur Vergegenwärtigung. Die von ihnen aufgebaute Welt ist voller Singularitäten, die sich nicht zu einem System zusammenschließen, auch wenn sie die vielfältigsten Beziehungen zueinander besitzen. In einem übertragenen Sinne kann man die bildhaft-konkreten Symbole in einer Gesellschaft von Individuen versammelt sehen, die zwar miteinander umgehen und sich miteinander austauschen, dabei aber ihre Individualität nicht aufgeben, sondern deren Umgang und Austausch miteinander eine noch sich verstärkende Individuation bedeutet. Demgegenüber könnte man die Konfigurationen schematisch-abstrakter Symbole als Mitglieder eines Systems sehen, dessen Elemente zwar durchaus Individuen bleiben können, aber nur innerhalb eines Funktionszusammenhangs, der den Individuen ihre Rolle vorausdefiniert und der ihre Individuation nur innerhalb dieser Funktionsrollen zulassen und bestärken kann. Eine solche funktionale Homogenisierung des Verhaltens, so weit es von den jeweiligen symbolischen Systemen geprägt wird, zeigt sich damit als eine interne Tendenz der schematisch-abstrakten Symbolisierung.

---

16 Zum Verständnis der bilhaft-konkreten Symbole hat Susanne K. Langer durch ihre Analyse präsentativer Symbole einen entscheidenden Beitrag geleistet. Vgl. dazu vor allem das Kapitel *Diskursive und präsentative Formen* in Susanne K. Langer, *Philosophie auf neuem Wege*. A.a.O., S. 86-108.

Die bildhaft-konkrete Symbolisierung verstärkt demgegenüber individuelle Hete-
rogenität, Abweichung vom Vorgegebenen, aber auch Abweichung auf eine neue
Form hin.

8 Schematisch-bildhafte Symbolisierungen

8.1 Schematisierung und Ganzheit

Diese Gegenüberstellung von bildhaft-konkreten und schematisch-abstrakten
Symbolisierungen ist zu ergänzen durch den Hinweis auf eine dritte Form von
Symbolisierungen, die in unserem alltäglichen Leben vielfach sogar als das Musterbeispiel für Symbole überhaupt steht. Es ist dies die Symbolisierung, die wir
in Wappen und Flaggen, Emblemen und Hymnen, bestimmten Ritualisierungen
und den Wahrzeichen aller Art finden.

Von ihrer Funktion her betrachtet, könnte man in all diesen Symbolisierungen
eine symbolische Vergegenwärtigung und Bestärkung von Identität, von Zugehörigkeitsgefühlen sehen. Von ihrer Artikulationsform her kann man in ihnen auf
der einen Seite Schematisierungen erkennen, extreme Formvereinfachungen im
Vergleich mit konkreten Bildern, auf der anderen Seite aber auch die Ausbildung
einer Formganzheit, die sie nicht als Fragmente oder Elemente eines Systems sehen lässt, sondern als in sich bereits vollständige Formen, die daher auch ihre jeweilige symbolische Funktion erfüllen können, ohne als die Elemente einer Konfiguration auftreten zu müssen. Den Charakter der Formganzheit teilen sie mit
den bildhaften Symbolen, den Charakter der schematischen Form mit den abstrakten Symbolen eines Symbolsystems. Man kann sie daher als schematisierte
Bilder betrachten.

In ihrer Dinglichkeit bleiben sie in einem gewissen Sinne konkret. Diese Kon-
kretheit erzeugt aber gerade nicht die Bezüge auf unsere Lebensumgebungen wie
in den bildhaft-konkreten Symbolen, sondern verstärkt vielmehr den Ausschluss
der Umgebungsvielfalt durch die Beziehung auf eine Schematisierung, d. i. eine
radikale Eliminierung individueller Variation, eine Eliminierung von Abweichung schon in der Form.

8.2 Emotionale Funktion

Diese, wie ich sie nennen will, schematisch-bildhaften Symbole erreichen ihre besondere Funktion zur Erzeugung und Verstärkung von Zugehörigkeitsgefühlen, ihre Funktion als Identitätssymbole, dadurch, dass mit ihnen einerseits ein weitgehend undifferenzierter Gesamtbezug auf die abgeschlossenen Welten der schematisch-abstrakten Symbolisierungen hergestellt werden kann und andererseits gleichzeitig damit eine emotionale Fundierung dieses Bezugs möglich wird, die sich aus
einem Anschluss an die Welten der bildhaft-konkreten Symbolisierungen ergibt.

Die Intensität und Tiefe unserer Gefühle ergibt sich aus unserer Verbundenheit mit unseren Lebensumgebungen, aus den Verhältnissen und Ereignissen, in denen Welt für uns wirksam und bedeutsam wird, und die wir in unseren bildhaft-konkreten Symbolen artikulieren und repräsentieren.[17] Ohne diesen Zusammenhang hier weiter ausführen zu können, gehe ich davon aus, dass es in der Tat die bildhaft-konkreten Symbole sind, in denen die emotionale Dimension unserer Existenz zugleich ihre Artikulation und ihre Interpretation findet und die daher auch selbst mit einer bestimmten emotionalen Wertigkeit ausgestattet sind.

In den schematisch-bildhaften Identitätssymbolen stellt sich nun, wenn sie denn überhaupt ihre Funktion als Symbole der Zugehörigkeit erfüllen, eine Art von *Inversion* gegenüber den bildhaft-konkreten und schematisch-abstrakten Symbolisierungen ein. Denn das, was diesen schematisch-bildhaften Symbolen zur Übernahme ihrer Funktion verhilft, ist auf der einen Seite der Bezug auf die Geschlossenheit und das scharf akzentuierte Prägnanzprofil der schematisch-abstrakten Symbolsysteme, also etwa der sprachlichen Kultur, und auf der anderen Seite der Anschluss an die emotionale Bedeutsamkeit bildhaft-konkreter Symbole, der Bilder und Geschichten einer kulturellen Tradition. In der bildlichen Schematisierung kann so ein Pauschalbezug zur kulturellen Tradition hergestellt werden, der sich selbst genug ist und keiner Auseinandersetzung mit dieser Tradition mehr bedarf.

---

17 Vgl. dazu die Bemerkungen Whiteheads zur *connectedness* unserer Existenz mit unseren Umwelten in: Alfred North Whitehead, *Modes of Thought*. New York [The Free Press. A Division of Macmillan Publishing Co., Inc.] 1968, S. 9 f., 32 (*connexity of existence*), 34 (*connected process*), 66, 71-74. „Our more direct experience groups itself into two large divisions, each capable of further analysis. One division is formed by the sense of qualitative experience derived from antecedent fact, and conditioning future fact. In this division of experience, there are the sense of derivation from without, the sense of immediate enjoyment within, and the sense of transmission beyond. This complex sense of enjoyment involves the past, the present, the future. It is at once complex, vague, and imperative. It is the realization of our essential connection with the world without, and also of our own individual existence now. It carries with it the placing of our immediate experience as a fact in history, derivative, actual, and effective. It also carries with it the sense of immediate experience as the essence of an individual fact with its own qualities. The main characteristic of such experience is complexity, vagueness, and compulsive intensity. In one respect the vagueness yields a comparatively sharp cut division, namely, the differentiation of the world into the animal body which is the region of intimate, intense, mutual expression, and the rest of nature where the intimacy and intensity of feeling fails to penetrate. My brain, my heart, my bowels, my lungs, are mine, with an intimacy of mutual adjustment. The sunrise is a message from the world beyond such directness of relation. The behaviour system of the body has an element of direct relationship with the transitions of quality in personal experience. This directness is lacking in the relationship of the external world to the flux of feeling. For this reason psychology and physiology are difficult to dissociate from each other, either for the purposes of abstract science or for the purposes of the medical practitioner. The behaviour systems of the human body and of intimate experience are closely entangled.
5. The second division of human experience has a character very different from the first divisions of bodily feelings. It lacks the intimacy, the intensity, and the vagueness. It consists of the discrimination of forms as expressing external natural facts in their relationship to the body. Let this division be termed *sense perception*." (Ebd., S. 71 f.)

Mit der Schematisierung der Identitätssymbole wird die ebenfalls schematische Symbolkultur der geschlossenen Welten zur Umgebung, in der die jeweils schematisierte Bildhaftigkeit der Identitätssymbole ihre Bedeutung gewinnt. Durch den Anschluss an die Elemente unserer bildhaft-konkreten Symbolwelten sichern sich die Identitätssymbole ihre Bedeutsamkeit. Diese Bedeutsamkeit wird durch sie zugleich an geschlossene Bedeutungssysteme gebunden. Oder anders gesagt: Die geschlossenen Bedeutungssysteme der schematisch-abstrakten Symbolisierungen gewinnen über ihre Repräsentation in den schematisch-bildhaften Symbolen der Zugehörigkeit auch ihre emotionale Fixierung, und zugleich wird die emotionale Dimension einer so in Identitätssymbolen artikulierten und repräsentierten Kultur an die und nur die Interpretationen gebunden, die in den geschlossenen Systemen dieser Kultur kodifiziert sind.

9 Resümierende Folgerungen

Mit dieser Darstellung des Zusammenhangs zwischen den verschiedenen Symbolformen sind wir zu der Frage geführt, wie Kulturen durch ihre Symbolsysteme insgesamt ein Verhältnis der wechselseitigen Abgechlossenheit oder Offenheit entwickeln, einer Frage, die uns immer wieder beschäftigen wird. Hier möchte in einer Art Zwischen-Resümee versuchen, das Gesagte nicht einfach zusammenzufassen, sondern auf seine Bedeutung für ein Verständnis der kulturellen Vielfalt und, so sie denn überhaupt verteidigt werden kann, geistigen Einheit hin in einigen grundlegenden Thesen zusammenzudrängen. Dabei werde ich das von mir Ausgeführte mit einigen Ausgriffen auf noch unausgeführte, aber unterstellte Zusammenhänge verbinden müssen, also auf einige gedankliche Extrapolationen angewiesen sein.

9.1 Die kulturelle Präsenz der Symbolsysteme

Eine Extrapolation betrifft die Rolle der schematisch-abstrakten Symbolisierungen in einer Kultur. Ich gehe hier davon aus, dass es vor allem solche Symbolisierungen und die von ihnen geschaffenen Symbolwelten, allen voran die sprachlichen Symbolisierungen und die sprachlich artikulierten und sedimentierten Bedeutungswelten, sind, die unsere Kultur auch in jedem ihrer anderen symbolischen Bereiche und Dimensionen durchdringen und in diesem Sinne eine durchgehende kulturelle Präsenz besitzen.

Dies gilt übrigens nicht für die schematisch-abstrakten Symbolsysteme, die tatsächlich in sich vollständig geregelte und abgeschlossene, also kalkülisierbare, Ganzheiten bilden wie z. B. mathematische Formalismen oder auch – in einem anderen Sinne – Computerprogramme. Gerade weil diese Symbolsysteme das ausschließliche Resultat einer ausdrücklich vorgenommenen Konstruktion sind, verhalten wir uns ihnen gegenüber eher wie zu beherrschbaren Gegenständen und weniger wie zu uns beherrschenden oder doch prägenden Gegebenheiten. Die durchgehend in einer Kultur präsenten Symbolsysteme sind die, die bereits durch ihren Aufbau mit unseren anderen Lebensbereichen verknüpft und im übrigen schon dadurch gerade nicht vollständig und abgeschlossen *sind*. Ihre vielfältige Verknüpfung mit unseren Lebensbereichen ist es aber, die sie uns als vollständig und abgeschlossen *erscheinen* lässt. Denn durch diese Verknüpfung mit allen möglichen Lebensbereichen und dadurch auch mit anderen entsprechenden Symbolsystemen, lassen sie sich auch auf alles mögliche beziehen. Und aus der Verknüpfung mit den anderen, ebenfalls auf andere Lebensbereiche bezogenen Symbolsystemen ergibt sich eine wechselseitige Bestätigung dieses Verständnisses. Kulturprozesse bestehen gewöhnlich darin, diese wechselseitige Befestigung der Symbolsysteme zu leisten und deren allseitige Präsenz in unseren Lebensbereichen zu sichern. Wenn also von der durchgehenden kulturellen Präsenz der schematisch-abstrakten Symbolsysteme die Rede ist, dann sind die verknüpften Symbolsysteme gemeint – wie unsere Sprache, aber auch die vielfachen Ritualisierungen unseres Handelns, die wir in einer Kultur finden.

Auch unsere bildhaft-konkreten Symbolwelten sind in die Konnotationen unserer Sprachwelt aufgenommen und im übrigen vielfach sogar durch diese sprachliche Eingliederung überhaupt auch miteinander verbunden. So sehr man daher auch bei der Charakterisierung einer Kultur als dem Insgesamt der in einer Epoche und von bestimmten Gesellschaften aufgebauten, benutzten und erhaltenen Symbolwelten sich auf die bildhaft-konkreten Symbolisierungen berufen mag, wird man doch die entscheidenden Charakteristika am Ende in den schematisch-abstrakten Symbolwelten suchen müssen und finden können. Die bildhaft-konkreten Charakteristika erscheinen dabei zumeist vermittelt über ihre sprachliche Interpretation.

9.2 Kulturelle Einheit und kulturelle Differenzierung

Meine resümierende These lautet: Eine Kultur gewinnt ihre Einheit vor allem durch ihre schematisch-abstrakten Symbolisierungen, d. h. insbesondere durch ihre sprachliche Artikulation. Aufgrund der diesen Symbolisierungen immanenten Tendenz zur Geschlossenheit und Vollständigkeit der Interpretationen ist es auch einer Kultur immanent, ihre Artikulationsformen letztlich in eine möglichst geschlossene und vollständige Einheit zu bringen, die als abgesicherter Kulturbestand zum orientierenden Umfeld kollektiver Welt- und Selbstverhältnisse wird.

9.3 Wege zur Auflösung der Vollständigkeit und Geschlossenheit

Eine Verständigung über die Grenzen solcher Kulturbestände hinaus muss die dogmatische Tendenz, in der nicht erkannten Einseitigkeit geteilter Gewissheiten zu verbleiben, überwinden.

9.3.1 Reflexionskultur

Dazu gibt es mehrere Wege. Ein erster Weg bietet sich in der Ausbildung und Erhaltung einer Reflexionskultur in diesen Systemen, also insbesondere in der Sprache selbst. Es ist dies der Weg der Intellektuellen, also auch der Weg der Philosophen. Er ergibt sich aus der Möglichkeit, jederzeit Altes auf eine neue Weise zu sagen und Neues gegen das Alte zu stellen, von Regeln abzuweichen, aber auch neue Regeln aufzustellen. Diese Möglichkeit widerspricht nicht der system-internen Tendenz zu Vollständigkeit und Abgeschlossenheit. Denn diese betrifft ja nur die „Reichweite" der Sprache und den Drang oder auch Zwang zur Versprachlichung überhaupt, und zwar von allem und jeden, was wir zu artikulieren versuchen. Sie grenzt aber nicht die sprachlichen Artikulationsmöglichkeiten ein.

So kann denn auch innerhalb der Sprache ein sprachkritisches Unternehmen entstehen – und eben dies ist immer wieder auch das gemeinsame Unternehmen der Philosophie und der Wissenschaften gewesen. Allerdings ist auch zu sehen, dass ein solches Unternehmen eine gewisse Widersprüchlichkeit in sich trägt, zumindest so lange, wie es selbst nicht auch Wege aus der sprachlichen Artikulation hinaus zeigt und geht – also etwa unser Handeln und Wahrnehmen, unser Fühlen und Streben nicht nur in einer versprachlichten Form wahrnimmt und reflektiert.

9.3.2 Die Kultur der Sinnenwelten

Ein zweiter Weg führt in die Kultur unserer Sinnenwelten. Das sind zunächst die bildhaft-konkreten Symbole, vor allem als Werke der Kunst. In ihrer individuellen Sinnganzheit, der unersetzlichen Individualität auch ihrer Teile und der sie ebenfalls in jedem ihrer Teile durchdringenden Offenheit auf ihre dinglichen und symbolischen Umgebungen hin sprengen sie die generalisierende Homogenität der vollständigen und geschlossenen Symbolsysteme. In ihrer vielfältigen Individualität sind sie Gestaltungsleistungen, Formereignisse in ihrem je eigenen Recht und mit ihrer eigenen Geschichte und verkörpern sie zugleich die latente Auflehnung gegenüber Regulierungen aller Art. Sie öffnen den Blick für das bloß Routinierte der Routinen, schaffen Distanz zum Klischee und vermögen so zu einer nicht nur intellektuellen, sondern auch emotional fundierten Kritik an Systemzwängen – auch wenn diese noch so leise auftreten und noch so sanft wirken – anzuregen und anzustiften.

Ähnliches gilt für die Kultur der Sinnenwelten insgesamt. Sinnlichkeit bleibt unbotmäßig und schafft gerade dadurch Verständnisse quer zu kulturellen Differenzen. Nicht umsonst gehören die Genussverbote seit eh und je zu den rabiaten Zuchtmitteln fast aller Kulturen, die ihre Identität durch Abgrenzung gewinnen wollen und verteidigen.

Komplementär zu dem Weg in die Bildwelten wäre hier auch der Weg zur Auflösung der immanenten Verfestigung von Symbolsystemen, nämlich der Weg in die Bildlosigkeit der Mystik anzuzeigen. Ihn hat Reinhard Margreiter in seiner grundlegenden Darstellung zu den Grenzen der Symbolisierung gezeichnet, dabei aber auch das Scheitern deutlich gemacht, das dem damit verbundenen Anspruch auf Totalität und Unmittelbarkeit beschieden ist.[18]

9.3.3 Die Kultur der Handlungswelten

Ein dritter Weg verlässt die Welt der Symbole und unterbietet gewissermaßen deren Artikulationsniveau durch die Konzentration auf das Handeln, und zwar auf das Handeln miteinander auch ohne gemeinsame Symbolwelten.[19] Zwar mögen wir auch in diesen Welten unseres Handelns ohne Sprache nicht auskommen, aber die Sprache spielt hier nur die Rolle einer möglichen Überbrückung, einer zusätzlichen Akzentuierung und überhaupt vielfach eher einer Geste als einer sprachlich elaborierten Äußerung. Wir können zusammen handeln auch dort, wo wir nicht miteinander reden oder uns jedenfalls nicht einigen können. Dass dann auf dem Boden gemeinsamen Handelns zumindest einige Inseln sprachlicher Verständigung entstehen und sogar weiter ausgebaut und gepflegt werden können, mag eine Folge auf diesem Weg in die Welten des Handelns sein, ergibt sich aber nicht schon aus dem „natürlichen" Lauf der Dinge selbst.

Eine hoffnungsvolle Möglichkeit zur Verständigung zumindest über ein gemeinsames Handeln ergibt sich daraus, dass sich zwischen den Kulturen ein immer stärker werdender Zwang zum gemeinsamen Handeln entwickelt. Dieser Zwang bietet zumindest die Chance, dass der Blick auf die andere Kultur der anderen, soweit sie denn überhaupt in diesen Zwang zum gemeinsamen Handeln einbezogen werden, geöffnet wird und auch dort, wo Verwunderung und Befremdung das Verständnis überdecken mögen, ein handlungsbezogener Austausch zustande kommt und erhalten bleibt – wie dies ja auch in alltäglichen Situationen unter Menschen, die es miteinander zutun haben, der Fall ist. In der Tatsache, dass ein solcher Austausch möglich ist und man seine Grenzen und Möglichkeiten nie voraussagen kann, sehe ich im übrigen den Sinn der Rede von einer Einheit der Vernunft, die man den Philosophen nicht austreiben kann.

---

18 Reinhard Margreiter, *Erfahrung und Mystik. Grenzen der Symbolisierung.* Berlin [Akademie Verlag] 1997. Margreiter zeigt in dieser Studie, dass die Behauptungen der Mystik – All-Einheit, Ich-Entgrenzung, Transkategorialität – als eine Symbolisierungsbewegung gelesen werden können, die die Vielfalt der Sinnwelten in eine selbstbezügliche Ganzheit zusammendrängen und gleichzeitig die Differenz von Symbol und Wirklichkeit auslöschen möchte. Gerade im Scheitern dieses Anspruchs macht die Mystik allerdings ein Zweifaches deutlich: die Unverzichtbarkeit des Symbolisierens in unserer Erfahrungswelt auf der einen und die Tendenz mancher Symbolsysteme, sich selbst absolut zu setzen und alle anderen symbolischen Möglichkeiten zu absorbieren, auf der anderen Seite.

19 Vgl. dazu auch die Darstellung in Oswald Schwemmer, *Die kulturelle Existenz des Menschen.* A.a.O., Kapitel VI: *Über das Verstehen des Fremden*, dort insbes. S. 157-163.

KAPITEL 4: SYMBOL UND FORM

1 Vorüberlegungen zum Begriff der Form

Bei den Versuchen, die Begriffe der Kultur, der Artikulation, des Mediums und des Symbols so zu klären, dass damit zugleich eine kulturtheoretische Perspektive entwickelt werden konnte, geriet immer wieder ein Begriff ins Spiel, der als eine Art grundbegrifflicher Selbstverständlichkeit den Hintergrund für die begrifflichen Überlegungen lieferte, die in den ersten drei Kapiteln angestrengt worden sind. Es ist dies der Begriff der Form, näherhin der Artikulationsform. Er soll in diesem Kapitel aus seinen Hintergrund-Dasein herausgeführt und in einer eigenen Reflexion thematisiert werden. Die besondere Perspektive, unter der die *Artikulationsform* hier betrachtet werden soll, ist deren mediale Existenz und symbolische Funktion.

Artikulationsformen, darauf ist hingewiesen worden, haben ihre Geschichte. Für unsere Betrachtung ist daran bedeutsam, dass in dieser Geschichte eine Traditionsbildung stattfindet. Die ersten Schritte zur Entwicklung von Artikulationsformen legen dabei ein Grundgerüst fest, in dem oder an das sich die weiteren Entwicklungsschritte ein- oder angliedern. Ludwig Wittgenstein charakterisiert diese Entwicklung durch das Bild unserer Sprache, die wir hier als Musterbeispiel für die symbolischen Artikulationsformen im allgemeinen verstehen können:

> „Unsere Sprache kann man ansehen als eine alte Stadt: Ein Gewinkel von Gäßchen und Plätzen, alten und neuen Häusern, und Häusern mit Zubauten aus verschiedenen Zeiten; und dies umgeben von einer Menge neuer Vororte mit geraden und regelmäßigen Straßen und mit einförmigen Häusern."[1]

Dieses Bild – in dem die explizit durchkonstruierten Symbolismen wie „der chemische Symbolismus und die Infinitesimalnotation" übrigens als „Vorstädte unserer Sprache" auftauchen[2] – betont einerseits den kontingenten Charakter der Entwicklung, die die Artikulationsformen in der Geschichte genommen haben, weist andererseits aber auch auf die kohärente Innengliederung dieser Artikulationsformen hin. Denn in einer Stadt muss es ein Wegenetz geben, das die einzelnen Häuser erreichbar macht, sind es eben Häuser, Straßen, Plätze usw., aus deren Anlage sie sich bildet und müssen auch die noch so öden Vorstädte sich in die damit vorgegebene Organisation des städtischen Lebens und Wohnens einfügen.

In ihrer Kontingenz kohärent und in ihrer Kohärenz kontingent – so bilden sich unsere Artikulationsformen zu historischen Systemen aus, die über ihre Ge-

---

1 Ludwig Wittgenstein, *Philosophische Untersuchungen* 18.
2 Ebd.

schichte auch in den jeweils letzten Entwicklungen noch von ihren Anfangs-
strukturen bestimmt bleiben. Auch hier hat Ludwig Wittgenstein ein eindrückli-
ches Bild gefunden, das er zwar für den Begriff der Zahl einführt, das wir aber
wiederum – und zwar im Bilde Wittgensteins verbleibend – auf die symbolischen
Artikulationsformen im allgemeinen ausdehnen können:

> „Warum nennen wir etwas ,Zahl'? Nun, etwa, weil es eine – indirekte – Verwandt-
> schaft mit manchem hat, was man bisher Zahl genannt hat; und dadurch, kann
> man sagen, erhält es eine indirekte Verwandtschaft zu anderem, was wir auch *so*
> nennen. Und wir dehnen unseren Begriff der Zahl aus, wie wir beim Spinnen eines
> Fadens Faser an Faser drehen. Und die Stärke des Fadens liegt nicht darin, daß ir-
> gend eine Faser durch seine ganze Länge läuft, sondern darin, daß viele Fasern ein-
> ander übergreifen."[3]

Wenn man – in kulturtheoretischer Perspektive – den Begriff der Form thematisieren will, dann kann es nicht nur um die verschiedenen Artikulationsformen
gehen, die sich im Laufe der Geschichte herausgebildet haben. Es ist vielmehr
auch danach zu fragen, ob es eine bestimmte Form der Artikulationsformen gibt,
in der diese Artikulationsformen zu einem festen Faden zusammengesponnen
sind und einen historischen Zusammenhalt bilden. Und daran schließt sich die
Frage an, ob diese Form des Zusammenhaltes eine Kulturtradition prägt, die sich
insgesamt – im Max Weberschen Sinne – als ein „historisches Individuum"[4] präsentiert und zeigen lässt, als die konkrete Gesamtform einer Kulturtradition.

Eine Kulturphilosophie, die sich der philosophischen Tradition verpflichtet
weiß, in der sie sich selbst entwickelt – nämlich der europäischen philosophischen
Tradition –, hat die Denkbewegung aufzunehmen, die diese Tradition charakterisiert: die Denkbewegung der Selbstreflexion, der ausdrücklichen Besinnung auf
die selbstverständlich gewordenen Unterstellungen, die ihr eigenes Denken und
die kulturelle Umwelt, in der dieses Denken sich etablieren konnte, bestimmen.
Wenn es daher um die Form der Artikulationsformen als eines „historischen In-
dividuums" geht, so muss es zunächst und vor allem um die Form der eigenen historischen Individualität, also um die Form der europäischen Philosophie und
Kulturtradition gehen.

---

3 Ludwig Wittgenstein, *Philosophische Untersuchungen* 67.
4 Max Weber will nicht alle, sondern nur die Seiten einer Einzelerscheinung zum „Gegenstand der
kausalen Erklärung" machen, denen wir „eine allgemeine Kulturbedeutung bemessen". Entsprechend will er für seine kausale Erklärung nur die Ursachen herausgreifen, „die im Einzelfalle
,wesentlichen' Bestandteilen eines Geschehens zuzurechnen sind [...]: die Kausalfrage ist, wo es
sich um die *Individualität* einer Erscheinung handelt, nicht eine Frage nach *Gesetzen*, sondern
nach konkreten kausalen *Zusammenhängen*, nicht eine Frage, welcher Formel die Erscheinung als
Exemplar unterzuordnen, sondern die Frage, welcher individuellen Konstellation sie als Ergebnis
zuzurechnen ist: sie ist eine *Zurechnungsfrage*." In diesem Sinne nennt er eine Kulturerscheinung,
insofern sie Gegenstand einer kausalen Erklärung ist, ein „historisches Individuum". (Max Weber, *Die ,Objektivität' sozialwissenschaftlicher und sozialpolitischer Erkenntnis* (1904). In: Ders.,
Gesammelte Aufsätze zur Wissenschaftslehre. Tübingen [J. C. B. Mohr [Paul Siebeck]) [3]1968,
S. 178.

Wir fragen daher nach dem besonderen Formgedanken, wie er sich in der europäischen Kultur entwickelt hat – und zwar in der philosophischen Artikulation dieses Formgedankens. Hinter dieser Frage steht die These, dass die Philosophie selbst – im umfassenden Verständnis ihrer Gründungssituation – sich als ein bestimmtes Formdenken definiert hat und in ihrer Tradition durch dieses Formdenken geprägt wurde. Verbunden ist diese These mit der Annahme, dass die Philosophie sich einer europäischen Kulturtradition verdankt, die sie einerseits mitgestaltet hat und in der sie sich andererseits aber auch nur überhaupt entwickeln konnte.

Soll diese These Sinn machen, dann muss sich in der Gründungssituation der Philosophie eine europäische Form der Philosophie herausgebildet haben, in deren Horizont die weitere Entwicklung der Philosophie und der europäischen Kulturtradition insgesamt angesiedelt und betrachtet werden kann – und zwar als die Entwicklung eines Unternehmens, das sich selbst in seinen Sinnsetzungen zumeist nicht historisch-partikular verstanden hat, sondern mit einem universalen Geltungsanspruch aufgetreten ist.

Im Sinne eines exemplarisch berichtenden Anhangs soll am Ende dieses Kapitels dann noch auf ein Ereignis eingegangen werden, das erst allmählich in seiner Bedeutung erfasst zu werden beginnt. Auf einer im Grund beiläufigen philosophischen Kursveranstaltung trafen 1929 in Davos zwei Philosophen aufeinander, deren Denken dem Formbegriff eine zentrale und jeweils konträre Bedeutung zuwies: Ernst Cassirer und Martin Heidegger. Ihre Kontroverse lässt sich als ein Versuch lesen, die Gründung der Philosophie im Formgedanken auf der einen, nämlich Ernst Cassirers Seite in einer anthropologischen und kulturphilosophischen Perspektive fortzuführen und zu stützen und auf der anderen, nämlich Martin Heideggers Seite eben diesen Formgedanken durch die Wiederannäherung an das Ereignis als dem eigentlichen Seinsgeschehen aufzulösen und rückgängig zu machen.

Sowohl der Hauptteil als auch der Anhang dieses Kapitels sind auf diese Weise historisch orientiert, sollen aber gerade dadurch die historische Individualität des europäischen Formgedankens in seiner systematischen Funktion sichtbar machen.

2 Die Gründung der Philosophie im Gedanken der Kritik

Vergegenwärtigen wir uns also die Gründungssituation der Philosophie, d. h. den Anfang der Philosophie in der Antike. Systematisch betrachtet kann man einen doppelten Anfang erkennen. Der erste Anfang besteht dabei in der Begründung der Möglichkeit von Philosophie, der zweite in der Begründung der Philosophie als einer systematischen, in sich geordneten – weil sich selbst ordnenden – Unternehmung.

Die Möglichkeit von Philosophie wird spätestens in dem Augenblick eröffnet, in dem Thales das Wasser zum Ursprung alles Seienden erklärt. Dabei geht es gar nicht darum, ob nun dem Wasser oder aber dem Feuer, der Erde oder der Luft eine solche Rolle zugeschrieben wird. Es geht vielmehr darum, dass mit dieser Erklärung etwas zum Ursprung alles Seienden gemacht wird, zu dem jedermann einen Zugang hat.[5] Über das Wasser – wie eben auch über das Feuer, die Erde und die Luft – können alle reden, weil alle es kennen.

Das ist der Unterschied zu allen Offenbarungen und jeglichem Geheimwissen. Nicht mehr nur der Eingeweihte, der Priester oder der Künder, sondern jedermann kann nun darüber streiten, ob denn tatsächlich das Wasser der Ursprung alles Seienden sei oder irgend etwas anderes und wie denn überhaupt die Frage nach dem Ursprung zu verstehen ist. Mit dieser Öffnung des Disputs, seiner Herauslösung aus den legitimierten Kreisen der Eingeweihten werden auch die Fragen, die gestellt werden können, aus den mythischen Erzähltraditionen und magischen Beschwörungen herausgelöst. Nicht nur für die Teilnehmer des Disputs werden Grenzen aufgehoben, sondern auch für die Fragen und Antwortmöglichkeiten werden die Grenzen geöffnet. Damit ist der Gedanke der Kritik geboren, der Gedanke der kritischen Reflexion, die auch das Heilige und Göttliche nicht verschont.

Dass der Gedanke der Kritik in einem geordneten Programm entwickelt und geschärft wird, verdankt sich der platonischen Gründung der Philosophie. Diese Philosophie ist nicht mehr nur der Möglichkeit nach wie bei Thales, sondern in ihrer Wirklichkeit von Anfang an eine öffentliche Angelegenheit. Der Platonische Sokrates, dem die Rolle des Begriffs- und Bildkritikers zufällt, ist eine öffentliche Figur. Die Frage nach den Begriffen, mit denen der Logos festgehalten werden soll, ist von Anfang an auch eine Frage mit einer öffentlichen, nämlich politischen, Dimension, ja, eine eminent politische Frage. Dies wird nirgendwo deutlicher als im Asebie-Prozess gegen Sokrates und in seiner Verurteilung.

Die Philosophie, die Platon begründet, ist eine kritische Instanz gegen die Ansprüche der Macht. Von den Mächtigen wird eingefordert, ihre Entscheidungen zu begründen, das λόγον διδόναι. Von seinen frühen aporetischen Dialogen bis zu den späten dogmatischen Schriften ist dies als treibender Grundgedanke erkennbar: dass wir den Ansprüchen der Macht die Autorität des Logos entgegensetzen können und dass mit der Lehre vom Logos eine Kritik der Macht institutionalisiert werden kann und soll. Die Philosophie etabliert sich für Platon zugleich in

---

5 In seiner Arbeit *Der Ursprung der Wissenschaft bei den Griechen* nennt Kurt von Fritz drei Dinge, die das „grundsätzlich Neue" im Satz des Thales, dass das Wasser der Ursprung aller Dinge sei, ausmachen. Das erste ist dabei, dass zwar auch bei Thales „die Vorstellung von dem Wirken göttlicher Mächte nicht verschwunden" ist: „Aber wo er einen bestimmten und festen Anfang für alles braucht, da geht er nicht von etwas aus, das bei verschiedenen Völkern verschieden aussieht, sondern von etwas, das jeder sehen kann und im wesentlichen jeder in gleicher Weise sehen muß, dem Wasser." Kurt von Fritz, *Grundprobleme der Geschichte der antiken Wissenschaft*. Berlin [de Gruyter] 1971, S. 16. Die zweite Eigentümlichkeit sieht Kurt von Fritz in der Annahme, dass das Wasser als Ursprung aller Dinge von Ewigkeit her bestanden habe; die dritte darin, „daß Thales für seine These Gründe angegeben zu haben scheint". (Ebd., S 16-18)

einem theoretischen und einem praktischen Sinn: als Lehre vom Logos, vom
rechten Verhältnis unserer Begriffe, und als Institution der Kritik, die im Namen
des Logos jeglichen Machtansprüchen ihre Forderung nach Begründung entgegenhält, als eine – wie er selbst im Sophistes sagt – „Wissenschaft freier Menschen" (τῶν ἐλευθερῶν ἐπιστήμη).[6] Es gilt, diese Verknüpfung von institutioneller
Kritik und, wie ich es hier pointiert und im Vorgriff sagen will, logischer Dogmatik zu sehen, wenn man nicht voreiligen Einseitigkeiten in der Beurteilung der
platonischen Gründung einer systematisch organisierten Philosophie verfallen
will.

Die Form der Philosophie, die sich dieser Gründung verdankt und die unsere
philosophische Tradition auch heute noch prägt, sehe ich selbst durch eine gedankliche Grundhaltung charakterisiert, die sich an ein Formdenken anschließt,
das ich als Platons Erbe vorstellen möchte.[7] Die Gründungsurkunde für dieses
Erbe lässt sich in einem Kulturdokument finden, das wie kein anderes den Gedanken einer logischen Dogmatik – d. i. einer systematischen Lehre vom Logos als
dem allgemeinen Begründungsprinzip unseres Denkens – entwickelt hat: in Platons *Politeia*. In diesem Text wie auch in den zeitlichen Nachbardialogen Platons
ist eine geistige Bewegung dokumentiert und in dieser Dokumentation zu einem
Ende gekommen, die wir heute zumeist überhaupt nicht mehr als eine Bewegung
wahrzunehmen in der Lage sind, weil sie sich in die Selbstverständlichkeiten unseres Bewusstseins eingeschrieben hat. In diesem Sinne möchte ich der berühmten Bemerkung Alfred North Whiteheads zustimmen:

> „Die sicherste allgemeine Charakterisierung der philosophischen Tradition Europas
> lautet, daß sie aus einer Reihe von Fußnoten zu Platon besteht."[8]

3 Platons Erbe und die Philosophie der Form

Natürlich drängt sich das Höhlengleichnis auf, wenn es um den Aufstieg zur
wahren Erkenntnis und damit um die Ausbildung einer Lehre vom Logos geht.
Wir erinnern uns an die Gefesselten in der Höhle, mit dem Gesicht und dem
ganzen Körper zur Wand, hinter ihnen die Brüstung mit den vorbeigetragenen
Figuren und allem möglichen Hausrat, an die Schatten auf der Wand und das
Echo der Stimmen in der Höhle, an die Entfesselung eines dieser Menschen, an

---

6 Platon, *Sophistes* 253c.
7 Ich rede hier von der platonischen Philosophie nicht im strengen Sinne der historischen Lehre
  Platons. Ich versuche, auf einen charakteristischen Zug hinzuweisen, der sich zwar in Platons
  Werk, und zwar in seinem dogmatisch orientierten Spätwerk, findet, der aber vor allem durch
  seine wirkungsgeschichtliche Bedeutung in platonistischen und auf diese – positiv oder negativ –
  bezogenen Konzeptionen ausgezeichnet ist.
8 Alfred North Whitehead: *Prozeß und Realität. Entwurf einer Kosmologie.* A.a.O., S. 91. „The saf-
  est general characterization of the European philosophical tradition is that it consists of a series of
  footnotes to Plato." (Alfred North Whitehead, *Process and Reality. An Essay in Cosmology.* A.a.O.,
  S. 39)

seine durchaus nicht gewaltfreie Führung aus der Höhle hinaus und hinauf zum Licht, seine allmähliche Eingewöhnung in das Reich des Lichtes, seine neuen Erkenntnisse und an seine schließliche Fähigkeit, in die Sonne selbst zu sehen. Und wir erinnern uns auch an seine sendungsbewusste, vom pädagogischen Eros getragene Rückkehr in die Höhle, seine neue Eingewöhnung an das Dunkel, vor allem aber auch an den Unwillen der Höhlenbewohner, von ihm belehrt zu werden, an einen Unwillen, der – wenn es ihnen nur möglich wäre – die Höhlenbewohner auch zum Mord an dem lästigen Besserwisser treiben würde.[9]

Die eindrucksvolle, im übrigen aber ungewöhnlich unwirkliche Parabel gibt uns zunächst einmal mehr Rätsel auf, als dass sie Lösungen anbietet – zumindest dann, wenn man nur sie und sie nicht nur als das dritte Bild einer Folge liest, zu dem auch die beiden vorangehenden Gleichnisse, das Sonnen- und das Liniengleichnis, gehören. Ohne diese Eingliederung in die Reihe der drei Gleichnisse wäre es in der Tat höchst merkwürdig, dass der Blick in die Sonne uns die wahre Wirklichkeit zeigen und nicht vielmehr blenden sollte.[10] Hat man aber das Verhältnis der sichtbaren Formen zu den unsichtbaren, wie es im Liniengleichnis vorgestellt wird, in Erinnerung, dann gewinnt der unmögliche Blick in die Sonne selbst, der Blick, der nichts Sichtbares mehr sieht, sehen kann und will, seinen Sinn im Platonischen Form- und Denkparadigma.

Es ist das Liniengleichnis, mit dem Platon die Welt des Sichtbaren und die Welt des Denkbaren einander gegenüberstellt und jeweils in sich noch einmal aufteilt.[11] In der Welt des Sichtbaren haben wir zunächst – man beachte auch hier wieder die Reihenfolge – die Schatten und die Spiegelbilder, dann die Tiere, die Pflanzen und alles eigens Verfertigte, das diese Schatten wirft und sich im Wasser oder auf den dichten, glatten und glänzenden Flächen spiegelt. Bilder – Schatten- und Spiegelbilder hier, an anderen Stellen redet er auch von den künstlichen Bildern, den Standbildern und Figuren, aber auch von Gemälden – machen die unterste Schicht unserer Wirklichkeit aus, darüber finden sich dann die Tiere, die Pflanzen, die Artefakte. Über diesem Reich des Sichtbaren erhebt sich das Reich des Denkbaren. Hier finden wir zunächst die unsichtbaren Wesensformen der sichtbaren Dinge, die εἰδή, wie wir sie etwa aus der Geometrie kennen: Figuren wie Dreiecke, Quadrate usw. im, wie wir sagen können, idealen Sinne, d. h. so,

---

9 Platon, *Politeia* 514a-517a.

10 Auch Platon selbst weiß, dass bereits der Blick in die Sonnenfinsternis und nicht erst der Blick in die Sonne blendet und erblinden lässt. Dies zeigt die Rede des Sokrates im Phaidon: „Es bedünkte mich nämlich nach diesem, da ich aufgegeben hatte, die Dinge zu betrachten, ich müsse mich hüten, daß mir nicht begegne, was denen, welche die Sonnenfinsternis betrachten und anschauen, begegnet. Viele nämlich verderben sich die Augen, wenn sie nicht im Wasser oder sonst worin nur das Bild der Sonne anschauen. So etwas merkte ich auch und befürchtete, ich möchte ganz und gar an der Seele geblendet werden, wenn ich mit den Augen nach den Gegenständen sähe und mit jedem Sinne versuchte, sie zu treffen." (*Phaidon* 99 d-e) Interessant ist hier allerdings, dass der Blick in die – wenn auch verfinsterte – Sonne mit dem Blick auf die sichtbaren Gegenstände und nicht mit dem Blick auf die Ideen verglichen wird. Für die Betrachtung des Seienden in Gedanken gibt es die Gefahr, geblendet zu werden, nicht. (Ebd. 99e-100 a)

11 Platon, *Politeia* 509c-511e.

wie sie in der Geometrie definiert sind, und nicht so, wie wir sie zeichnen oder als Gegenstände herstellen oder wahrnehmen können.[12] Über den unsichtbaren Wesensformen der sichtbaren Dinge schichten sich schließlich auf der obersten Ebene der Wirklichkeit die reinen Ideen, die sich an keinerlei Sichtbares mehr binden, die nur noch denkbar sind und sich als Begriffe dem Geist präsentieren.

Auch hier mag der Hörer des Gleichnisses bzw. – und genauer – der Leser sein Erstaunen vermelden über die Stufenfolge der Wirklichkeitsschichten. Warum soll der Weg zur Geometrie führen und dann zu Begriffen ohne allen Anschauungsbezug? Den ersten Teil der Frage beantwortet das erste Gleichnis, das Sonnengleichnis, den zweiten Teil würde Platon als Frage überhaupt nicht verstanden haben. Daher ist dieser zweite Teil für uns besonders aufschlussreich.

Das Sonnengleichnis[13] stellt es fest: der Gesichtssinn ist der vornehmste aller Sinne, weil das Licht und damit die Sonne, die auch die Quelle allen Lebens ist, das Sichtbare erst sehen lässt. Und im Reich des Lichtes gibt es nicht das Blinde und Krumme, sondern das Klare und Schöne,[14] nicht das in Vielheit Zerfallende, sondern das in der Einheit einer Form Versammelte,[15] nicht das im Entstehen und Vergehen sich Verändernde,[16] sondern das Bleibende.

Mit diesen Gegenüberstellungen können wir nun den Faden aufrollen und uns Platons Erbe nähern. Im hellen Licht gelingt es dem Auge, klar und deutlich zu sehen, Kontraste und Konturen zu erzeugen und dadurch überhaupt Figuren aus ihren Umgebungen herauszulösen und so allem, was sichtbar ist, seine Identität zuzuweisen. Die Prägnanz des Sehens erzeugt die Identität des Gesehenen.

Aber diese Identität ist nicht mehr nur eine Angelegenheit des alltäglichen Sehens, das sich immer wieder im Vielen und Wechselnden verfängt und die Ein-

---

12 Was wir zeichnen oder „drechseln", ist für Platon ein bloßes Abbild und nicht die Sache selbst. Nach den Namen und den Beschreibungen ist dieses Abbild „das dritte" auf dem Wege zur wahren Erkenntnis, der im explizierten Wissen sein „viertes" hat, aber erst in der Einsicht der Seele sein Ziel im letztlich unausdrückbaren „fünften" findet. Am Beispiel des Kreises sagt Platon: „Das dritte ist das, was gemalt und wieder ausgewischt wird, gedrechselt und wieder zerstört wird. Davon erfährt der Kreis selbst, um den es bei all dem geht, nichts, denn er ist etwas anderes als das." (*Siebter Brief* 342c) Und weiter: „Jeder von den Kreisen, die mit der Hand gezeichnet oder auch gedrechselt sind, ist voll von dem, was dem fünften entgegengesetzt ist – denn überall geht er in das Gerade über –; er selbst jedoch, so sagen wir, der Kreis, hat weder ein kleineres noch ein größeres Stück von der ihm entgegengesetzten Wesensart. Und die Bestimmung der Dinge, sagen wir, ist in keinem einzigen Fall zuverlässig, und es steht nichts dagegen, was jetzt rund genannt wird, gerade zu nennen und, was gerade, rund; und nichts verliert dadurch an Zuverlässigkeit, daß man es so umstellt und entgegengesetzt nennt." (Ebd. 343a-b)
13 Platon, *Politeia* 506b-509b.
14 „Du willst also etwas Schmähliches sehen, Blindes und Krummes, obwohl du von anderen Klares und Schönes hören kannst?" (Ebd. 506c-d)
15 „Vieles Schöne, sprach ich, und *vieles* Gute, was einzeln so sei, nehmen wir doch an und bestimmen es uns durch Erklärung. – Das nehmen wir an. – Dann aber auch wieder das Schöne selbst und das Gute selbst und so auch alles, was wir vorher als vieles setzten, setzen wir als eine Idee eines jeden und nennen es jegliches, was ist. – So ist es. – Und von jenem vielen sagen wir, daß es gesehen werde, aber nicht gedacht; von den Ideen hingegen, daß sie gedacht werden, aber nicht gesehen." (Ebd. 507b-c)
16 Ebd. 508d.

heit aus dem Blick verliert. Das Klare und Schöne, um das es geht, braucht, so kann man es sagen, die Ausleuchtung der Wirklichkeit insgesamt, eine Ausleuchtung bis in die fernsten Fernen hinein, durch die die Wirklichkeit sich auf einmal und insgesamt zeigt, durch die insbesondere die Sichtlinien zwischen dem Vielen und Wechselnden unser Sehen formen bzw. von unserem Sehen geformt werden. Und diese Formen des Sehens sind gegenüber den Formen des Gesehenen nicht mehr bloß prägnant, sie sind, so will ich sagen, überprägnant, sind reine Figur ohne Umgebung und Hintergrund, sind reine Form, ohne die Abgrenzung aus dem Ungeformten.

In Platons Bild, der das Auge der Sonne angleicht und ihm wie der Sonne ein Hinausfließen in die Welt[17] zuerkennt, ein, wie wir auch sagen können, Hinausstrahlen im Sehen – in diesem Bild schafft das Auge die Verhältnislinien zwischen allem Gesehenen, die das Gesehene in ein rechtes Verhältnis, in einen Logos bringen und die von der Wissenschaft, nämlich der Geometrie, zu erforschen sind. Diese Verhältnislinien, die Sichtlinien des Sehens sind es, die dem Gesehenen seine Identität zusichern, es immer wieder an seinem Ort und in seinem Verhältnis zu anderem erkennen lassen.

Die Aufhellung der Welt, d. i. die klare und deutliche Sichtbarmachung alles dessen, was überhaupt gesehen werden kann und damit die Schaffung der Einheit, der Identität alles Gesehenen, ist ein Akt des Sehens von Verhältnissen, und zwar der Verhältnisse, die sich durch die klaren und schönen, nämlich die regelmäßigen, die – im Platonischen Sinne – symmetrischen, d. i. geometrischen, Figuren der Sichtlinien darstellen lassen. Es ist dies das Sehen der rechten Verhältnisse, der λόγοι, ein „logisches" Sehen.

Das, was dieses logische Sehen sieht, gehört nicht mehr zum Reich des Sichtbaren, es ist nur im Reich des Denkbaren möglich. Das Reich des Denkbaren ist ein Reich, in dem die Sonne nicht untergeht, in dem immer und überall Helligkeit herrscht, reines Licht, das die reine Form erkennen lässt.[18]

Der Blick in die Sonne selbst bleibt aber auch jetzt noch dunkel. Er kann erst verständlich werden, wenn wir den Schritt zu den Ideen, den reinen Begriffen verstanden und damit auch den Schlüssel zum Verständnis von Platons Erbe gefunden haben. Jedenfalls können wir jetzt schon sagen, welchen Schritt wir nicht tun können: nämlich den einer weiteren Steigerung, wie wir ihn von den prägnanten Formen des Gesehenen zu den überprägnanten – und selbst nicht mehr gesehenen – Formen des Sehens getan haben. Denn wie wollen wir die Formen

---

17 „Und auch das Vermögen, welches es [sc. das Gesicht] hat, besitzt es doch als einen von jenem Gott ihm mitgeteilten Ausfluß." (Ebd. 508b)

18 Schon hier kann man einige kleine Anmerkungen einfügen, die auf dem Weg zumindest der Assoziation Hinweise auf die bleibende Wirkkraft des Platonischen Erbes geben können: So denke man an die von Edmund Husserl in seiner Krisis-Schrift (insbes. in §9) betonte Geburt der Wissenschaft aus dem Geiste der Geometrie, an die Ersetzung des Substanzdenkens durch die Relationenlogik, an die fast durchgängige Forderung nach Klarheit und Deutlichkeit der Begriffe gegenüber der Verworrenheit der wechselnden Vorstellungen und an die Unterstellung eines Zusammenhangs von Identifizierbarkeit und Formalisierbarkeit überhaupt

des Sehens unter eine übergeordnet ordnende Form, unter einen höheren λόγος, bringen? Können wir überhaupt eine Form, die dann ja wohl in der Einzahl stehen müsste, denken, sozusagen eine Form an sich? Ich denke, nein. Und tatsächlich behauptet Platon dies ja auch nicht. Er spricht nicht mehr von einer allgemeinen Form für die Formen des Sehens. Er spricht von Begriffen, die „die Vernunft unmittelbar (αὐτὸς ὁ λόγος) ergreift, indem sie mittels des dialektischen Vermögens Voraussetzungen macht, nicht als Anfänge, sondern wahrhaft Voraussetzungen als Einschritt und Anlauf, damit sie, bis zum Aufhören aller Voraussetzung an den Anfang von allem gelangend, diesen ergreife und so wiederum, sich an alles haltend, was mit jenem zusammenhängt, zum Ende hinabsteige, ohne sich überhaupt irgendeines sinnlich Wahrnehmbaren, sondern nur der Ideen selbst an und für sich dazu zu bedienen, und so am Ende eben zu ihnen, den Ideen gelange."[19]

Was Platon hier ausführt, beschreibt logische Verhältnisse in einem uns vertrauteren Sinne als im Falle des – von mir so genannten – logischen Sehens. Die Verhältnislinien, um die es hier geht, sind dabei von gänzlich anderer Art, als die Sichtlinien des Sehens. Es sind die Verhältnisse der begrifflichen Folgerung. Zu wirklichen Linien, nämlich zu Zeilen, werden sie dann, wenn man sie aufschreibt. Nicht das Sehen schafft hier die Ordnungsverhältnisse, die λόγοι des Gesehenen, sondern das Aufschreiben. Die Verschriftung des Beredeten – sei es des Sichtbaren, sei es des Denkbaren – schafft eine neue Form des λόγος, nämlich den λόγος der Begriffe.

Der Übergang erscheint abrupt – und ist es auch. Ich versuche daher, ihn als einen Schritt auf einem durchaus gangbaren Weg aufzuzeigen. Dieser Weg führt über eine Zusammenführung verschiedener Formen des Sichtbaren und ihres Verhältnisses zu den Formen des Sehens.

Betrachten wir zunächst die logischen, also die geometrischen Formen des Sehens. Wir finden dort die überprägnanten Figuren von Dreiecken, Vierecken, Kreisen usw. Und betrachten wir dann die Formen des Schreibens. Wir finden dort die Figuren von Buchstaben, die in einem ähnlichen Sinne überprägnant sind wie die geometrischen Figuren. Als Beispiel mag die Reihe Δ A Λ dienen. Die Verhältnisse hinsichtlich der Unsichtbarkeit der Wesensform und den sichtbar geschriebenen Formen liegen hier ähnlich wie im Falle der geometrischen Figuren. Allerdings – und dies ist nun ein entscheidender Unterschied – stehen die Schreibfiguren, die Buchstaben, nicht für sich selbst, sondern sie verweisen auf etwas, das mit ihnen notiert wird. Und erst das Notierte kann sich als Begriff ausweisen.

Bevor ich aber diesem Gedanken folge, möchte ich noch einen dritten Bereich von Formen in meinen Vergleich hineinziehen: nämlich den Bereich der Formen des Gemalten. Die Betrachtung der gemalten Bilder liefert uns eine Semantik des Sehens oder, anders gesagt, eine Charakteristik von Sehformen, wie sie in bestimmten kulturellen Epochen ausgebildet worden sind. Das sorgfältige Malen

---

19 Platon, *Politeia* 511b-c.

tastbarer Qualitäten wie etwa der einzelnen Haupthaare in der Renaissance stellt uns sozusagen tastförmige Bilder vor, die sich von den stärker sehförmigen Bildern des Impressionismus charakteristisch unterscheiden. Wenn wir aber die griechischen gemalten Bilder, die Vasenbilder, betrachten, stellen wir eine Art schriftförmiger Bilder fest, die – ganz im Gegensatz zu den Plastiken – auf hoch prägnante Grundformen fast wie in den Buchstaben der Schrift reduziert sind. Und diese Schriftförmigkeit hat sich auch in der Sprache niedergeschlagen. Es ist das gleiche Wort – γράμμα –, mit dem wir im Griechischen einen Buchstaben (und übrigens auch die Schrift überhaupt oder ein ganzes Buch usw.) bezeichnen können oder ein Gemälde. Und dies gilt ähnlich für die γραφή: die Schrift oder das Gemälde, das Schreiben oder die Malerei. Und auch der γραφεύς kann sowohl der Maler als auch der Schreiber sein.

Die Darstellung der Welt legt sich in konvergierenden Formen aus, in schreibmalerischen, in geometrischen und in buchstabenschriftlichen. Und für Platon spiegelt die Reihenfolge auch eine Hierarchie wieder, die letztlich durch die nachlassende und dann überhaupt fehlende Bindung ans Sichtbare definiert wird. Diese Bindung ist am stärksten in den Gemälden, die sich allerdings schon um eine besonders prägnante Charakteristik der Formen bemühen, ist durch die Grenze zwischen dem Sichtbaren und Denkbaren geschwächt in den geometrischen Figuren und ist endgültig aufgekündigt in den Buchstaben der Schrift.[20]

Mit der Schrift erhalten wir voneinander abtrennbare und miteinander verknüpfbare Wörter, mit denen wir alle Formen des Sehens und Gesehenen, des Denkens und des Gedachten notieren können. Wir erhalten damit Begriffe. Zwischen diesen Begriffen gibt es Verhältnisse, die sich nicht mehr auf Sichtlinien gründen lassen, sondern nur noch auf die Regeln der richtigen Aufteilung und Verknüpfung, Ausschließung oder Folgerung. Mit den Begriffen – also den verschrifteten Formen der Benennung – gewinnen wir eine neue Welt von Verhältnissen, in denen das Denken alleine herrschen kann. Dass auch dieses Denken sehen, nämlich lesen, muss, bringt es – so sieht es jedenfalls Platon – nicht unter die Herrschaft der Sichtbarkeit. Denn die Formen der Schrift, d. i. der Buchstaben, brauchen wir nicht aus den Formen des Gesehenen zu schöpfen. Es kommt nur noch darauf an, dass sie überhaupt überprägnant sind wie die geometrischen Formen, unterscheidungsfähig und für sich selbst identifizierbar, ohne einer bestimmten Umgebung oder eines bestimmten Hintergrundes zu bedürfen – und eben dies heißt: lesbar.

Damit haben wir uns dem Blick in die Sonne selbst angenähert. Im Reich der Begriffe können wir uns nicht nur, sondern sollen wir uns sogar blind machen gegenüber den Formen des Sichtbaren. Es geht nur noch um die Unterscheidbarkeit als solche, sofern diese eine immer wieder identische und identifizierbare

---

20 Hier wären die unterschiedlichen Schriftformen zu berücksichtigen und auch in ihrer unterschiedlichen Struktur und Bedeutung für das Formdenken zu betrachten: (zunächst) nichtphonetische Schriftformen wie die ideographische Schrift und (von Anfang an) phonetische Schriftformen und unter diesen die Formen der Silbenschrift und der alphabetischen Schrift und hier wiederum die bloß konsonanten-alphabetische und die auch vokal-alphabetische Schrift.

Notation ermöglicht. Die Sonne blendet uns und macht uns dadurch frei für das rein geistige, das begriffliche Erfassen, in dem wir uns dialektisch, nämlich mit begrifflichen Zuweisungen und Unterscheidungen, mit Schlüssen und Argumenten bewegen können. Dass Gedanken ohne Inhalt bzw. Begriffe ohne Anschauungen leer sind, kann Platon nicht zugestehen. Dass Anschauungen ohne Begriffe blind sind, muss er dagegen in einem noch viel stärkeren Sinne vertreten, als Kant dies tun konnte.[21]

4 Die Herrschaft der Form und die Form der Philosophie

Das Erbe Platons ist damit zwar zumindest in einer skizzenhaften Kerngestalt ausgemacht, aber noch nicht als gebliebenes Erbe, sei es als Erblast oder als Erbvermögen, festgestellt. Um dies zu tun, versuche ich eine neuerliche Betrachtung des Platonischen Weges zur Herrschaft des Logos und der Form. Diese Betrachtung zeichnet nicht mehr Platons Gedanken nach, sondern sein Denken. Ich versuche zu beschreiben, was er denkend tut, nicht was er selbst – und zwar auch über sein Denken – gedacht und gesagt bzw. genauer: geschrieben hat.

4.1 Die Gründung des Denkbaren auf dem Sichtbaren

Platon steigt von den sichtbaren Formen des Gesehenen zu den unsichtbaren Formen des Sehens auf, von den unsichtbaren Formen des Sehens zu den Formen des rein begrifflichen Denkens – so etwa könnte man noch im Anschluss an das, was Platon selbst geschrieben und also gedacht hat, den Weg zum Logos und zu einer Philosophie der Form nachzeichnen. Tatsächlich bleibt in dieser Zeichnung aber einiges unbedacht.

Denn, wenn auch das Denkbare als Unsichtbares definiert wird, gilt doch dies:
– Die Qualitäten des Denkbaren gründen – im Falle der Wesensformen – in den sichtbar zu machenden Qualitäten der Formen des Sehens.
– Das Denkbare gewinnt – im Falle der reinen Ideen bzw. der Begriffe – seine besonderen logischen (dialektischen) Möglichkeiten aus den sichtbaren Qualitäten der Schrift.

4.1.1 Präsenz und Kopräsenz

Damit gehen aber die Qualitäten des Sichtbaren auch in die Strukturierung des Denkbaren ein. Diesen Zusammenhang gilt es, näher zu betrachten.

---

21 „Gedanken ohne Inhalt sind leer, Anschauungen ohne Begriffe sind blind." (Immanuel Kant, *Kritik der reinen Vernunft*, B 75)

Eine erste Strukturqualität des Sichtbaren, auf die Platon sich de facto bezieht, ist die *Präsenz* und *Kopräsenz* des Gesehenen. Diese Qualität wird besonders deutlich, wenn wir sie in ihrer Differenz zu den Strukturen der anderen Sinneswelten, insbesondere denen des Hörens und Tastens, aber auch des Schmeckens und Riechens und nicht zuletzt auch der inneren Sinne erfassen.

Unser Sehen richtet sich auf eine Welt uns gegenüber, die auf einmal da ist. Auch die Veränderungen und Bewegungen in dieser Welt sind zugleich mit den bleibenden Aspekten gegenwärtig. Die Sehwelt ist eine Welt von zugleich gegenwärtigen Aspekten, die miteinander verbunden sind – sei es, dass sie ineinander übergehen, sei es, dass sie sich voneinander abheben – und die sich in diesem ihren Verbundensein als ein Wandel oder als ein Bleiben präsentieren. Für die Charakteristik dieser Präsenz ist entscheidend, dass auch im Wandel, also im Auftreten oder Verschwinden der Aspekte immer eine kopräsente Verbundenheit von Aspekten, sozusagen eine Syntax der Kopräsenz, erhalten bleibt. Das, was wir an Veränderungen und Bewegungen sehen, bleibt eingebettet in eine Form der Präsentation, in der alles jeweils Präsente mit allem anderen jeweils Präsenten lückenlos verbunden ist. In diesem Sinne möchte ich von einer Veränderung oder Bewegung im Modus der Kopräsenz sprechen.

Eine solche Kopräsenz gibt es im Hören nicht. Zwar können wir durchaus verschiedene Klänge und Geräusche gleichzeitig hören. Aber die Klang- und Geräuschereignisse, die wir hören, sind durch die Zeitlichkeit ihrer Entwicklung charakterisiert, die wir unsererseits in einer entsprechenden Entwicklung unseres Wahrnehmens erfassen. Die Klang- und Geräuschzeit konvergiert mit der entsprechenden Hörzeit. Unser Hören kann Töne, Melodien oder Rhythmen wie überhaupt akustische Ereignisse erst dann identifizieren, wenn diese sich zu ihrer eigenen Identität, zu ihrer Form, entwickelt haben. Mit dieser Entwicklung des Gehörten zur Form, so kann man es auch sagen, entwickelt sich auch das Hören zu seiner Form.

Dieses Entwicklungsverhältnis von akustischen Ereignissen und Hören ist ein dynamisches Verhältnis. Im Hören befinden wir uns in einem dynamischen Weltverhältnis, das wir auch als ein solches erleben, nämlich als ein der Hörwelt Ausgesetztsein und als ein In-dieser-Hörwelt-Sein. Im Sehen – und damit meine ich: im Erleben des Sehens – verbleibt die Sehwelt dagegen uns gegenüber. Wir sind nicht einbezogen in sie und sind in ihre dynamischen Verhältnisse nicht integriert wie im Hören. Hans Jonas drückt dies dadurch aus, dass er sagt, das Sehen sei dynamisch neutral.[22] Die Sehwelt wirkt auf uns daher, bei allen Veränderungen und Bewegungen, die sich in ihr vor unseren Augen abspielen, insgesamt als etwas immer Gegenwärtiges und als ein in diesem Sinne Statisches.

---

22 Hans Jonas, *Der Adel des Sehens. Eine Untersuchung zur Phänomenologie der Sinne.* In: Ralf Konersmann (Hg.), *Kritik des Sehens.* Leipzig [Reclam] 1997, S. 261–267.

4.1.2 Die Formen des Sichtbaren und die Syntax der Verräumlichung

Die gesehenen Bewegungen stellen wir daher auch gewöhnlich durch die Form ihrer Spuren dar: durch die Bahnen, in denen eine Bewegung verläuft. Vor allem für Henri Bergson bedeutete diese Darstellung von Bewegungen durch ihre Spuren oder Bahnen eine fundamentale Verkehrung des inneren Charakters von Bewegungen.[23] Aus dem zeitlichen Vollzug wird in dieser Verkehrung eine räumliche Figur. Der Vollzugscharakter unseres Handelns – wie allgemein der Prozesscharakter von Bewegungen – verschwindet damit in der unbeteiligten, distanzierten Beschreibung räumlicher Konfigurationen. Aber nicht nur diese unbeteiligte Distanziertheit ist für Bergson ein philosophisches Ärgernis, sondern auch die Transformation – so könnte man es moderner formulieren – einer dynamischen Syntax in eine statische Syntax und damit die Perspektivierung unseres Handelns wie der Bewegungen überhaupt in einer Begrifflichkeit, die von den Idealen einer klaren und deutlichen Unterscheidungspraxis durchdrungen ist, in der man aber gerade die Vollzugswirklichkeit unseres Handelns und die Prozessualität der Bewegungen nicht mehr erfassen könne.[24]

Wie immer man zu dieser Diagnose Bergsons stehen mag, so wird mit ihr doch auf etwas hingewiesen, was auch heute längst noch kein Gemeinplatz des philosophischen Denkens geworden ist. Dabei geht es mir nicht nur um die strukturelle Differenz zwischen einer Vollzugs- und einer Darstellungs-, einer Täter- oder Beobachterperspektive. Es geht mir vielmehr um die unterschiedlichen Strukturen, die sich in den verschiedenen Sinneswelten ausbilden, und dabei insbesondere um die Funktion dieser unterschiedlichen Strukturen für unsere grundlegenden, z. B. als dynamisch oder statisch erlebten, Weltverhältnisse und für die darauf aufbauenden begrifflichen Grundentscheidungen.

---

23 Henri Bergson besteht darauf, „den durchlaufenen Raum und den Akt, durch den er durchlaufen wird", voneinander zu unterscheiden (Henri Bergson, *Zeit und Freiheit*. A.a.O., S. 85) und warnt zugleich vor einem „Zusammenwerfen der Bewegung mit dem vom Bewegten durchlaufenen Raume". (Ebd., S 86)

24 Henri Bergson verdeutlicht diese syntaktische Transformation am Grundbegriff der Sukzession – der inneren Dynamik –, mit dem er sowohl unser Bewusstseinsleben als auch die von uns vollzogenen Bewegungen zu charakterisieren versucht: „Die Sukzession läßt sich also ohne die Wohlunterschiedenheit und wie eine gegenseitige Durchdringung, eine Solidarität, eine intime Organisation von Elementen begreifen, deren jede das Ganze vertritt und von diesem nur durch ein abstraktionsfähiges Denken zu unterscheiden und zu isolieren ist." (Henri Bergson, *Zeit und Freiheit*. A.a.O. S. 78, vgl. auch Kapitel 2, Abschnitt 1.2.3: *Vom Lernen zur Traditionsbildung*.) Im französischen Original: „On peut donc concevoir la succession sans la distinction, et comme une pénétration mutuelle, une solidarité, une organisation intime d'éléments, dont chacun, représentatif du tout, ne s'en distingue et ne s'en isole que pour une pensée capable d'abstraire." (Henri Bergson, *Œuvres*. Textes annotés par André Robinet. Introduction par Henri Gouhier. Paris [Presses Universitaires de France] 1959, [4]1984, S. 68) In der syntaktischen Transformation deuten wir diese Sukzession in die Form einer Simultaneität um: „[...] wir stellen unsere Bewußtseinsvorgänge so nebeneinander, daß wir sie simultan apperzipieren, und zwar nicht ineinander, sondern nebeneinander; kurz, wir projizieren die Zeit in den Raum, wir drücken die Dauer durch Ausgedehntes aus, und die Sukzession nimmt für uns die Form einer stetigen Linie oder einer Kette an, deren Teile sich berühren, ohne sich zu durchdringen." (Ebd.)

4.1.3 Die Herrschaft des Sehens und die Vielfalt der Sinneswelten

Eine solche Sicht – und auch dies ist für mich eine Annahme von fundamentaler Bedeutung – ist zudem mit der in analytischen Ohren grausam klingenden Überzeugung verbunden, dass nicht erst die sprachliche Artikulation unsere Welt für uns zu Phänomenen oder auch Sachverhalten strukturiert, sondern dass dies schon unsere Wahrnehmungs- und überhaupt Erlebensformen in einer durchaus eigenen, wenn auch nicht durchgängig eigenständigen Weise tun und dass diese Strukturierungen in den verschiedenen Sinneswelten auf verschiedene Weisen geschehen.

Bergson jedenfalls hat so Unrecht nicht, wenn er die klare und deutliche Identifikation und Differenzierung von Formen einer Syntax der räumlichen Gliederung zuordnet und sie damit zu einem Charakteristikum des Sehens relativiert. Und seinen Hinweis auf die besondere Art der Form der Schematisierung, die mit der Verräumlichung bzw. der Übersetzung des Erlebens in Formen der Sichtbarkeit verbunden ist, verdient Beachtung. Denn es geht Bergson – wie schon Platon – nicht um die bloße Sichtbarmachung oder Verbildlichung unseres Erlebens. Dies könnte man ja auch durch bildlich-konkrete Darstellungen – heute würde man wohl am ehesten an Filme denken – oder auch eine bilderreiche, z. B. metaphorische, Sprache erreichen, ohne dass man damit zugleich den prozessualen Charakter unseres Erlebens verfälschen müsste.[25] Bergson geht es vielmehr um die Ordnungsstrukturen der Verräumlichung, insofern diese auch die philosophische Reflexion und Darstellung, die Phänomenologie unseres Erlebens strukturieren.[26]

---

25 Henri Bergson selbst weist mit dem Blick auf die „Infinitesimalmethode", die er die „machtvollste Untersuchungsmethode" nennt, „über die der menschliche Geist verfügt", darauf hin, dass es analytische bzw. symbolische Möglichkeiten der Darstellung des Werdenden und der Bewegung gibt: „Die moderne Mathematik ist im Grund genommen eine Anstrengung, an die Stelle des *Fertigen* das *Werdende* zu setzen, die Erzeugung der Größen zu verfolgen, die Bewegung zu ergreifen, und zwar nicht nur von außen und in ihrem fertigen Resultat, sondern von innen in ihrer Tendenz zur Veränderung; kurz, sie ist eine Anschmiegung, die bewegliche Kontinuität in der Zeichnung der Dinge sich zu eigen zu machen." Bergson fügt dann allerdings sofort einschränkend hinzu, dass sich die Mathematik „an die Zeichnung [hält], da sie eine Wissenschaft der Größen ist." Und im Sinne seiner allgemeinen Symbolkritik als der Kritik an der Verräumlichung, die für ihn mit jedem Symbolgebrauch als solchem verbunden sei, ergänzt er: „Es ist auch wahr, daß sie zu ihren wunderbaren Anwendungen nur gelangen konnte durch die Erfindung gewisser Symbole, und daß, wenn die gerade besprochene Intuition der Erfindung zugrunde liegt, das Symbol doch allein bei der Anwendung maßgeblich ist." (Henri Bergson, *Einführung in die Metaphysik*. In: Ders., *Denken und schöpferisches Werden. Aufsätze und Vorträge*. Mit einem Nachwort von Konstantinos P. Romanòs. Frankfurt am Main [Syndikat/EVA] 1985, S. 214)

26 So stellt Bergson programmatisch fest: „Wir drücken uns notwendig durch Worte aus, und wir denken fast immer räumlich. Mit anderen Worten, die Sprache zwingt uns, unter unsern Vorstellungen dieselben scharfen und genauen Unterscheidungen, dieselbe Diskontinuität herzustellen wie zwischen den materiellen Gegenständen. Diese Assimilation ist im praktischen Leben von Nutzen und in der Mehrzahl der Wissenschaften notwendig. Es ließe sich jedoch die Frage aufwerfen, ob nicht die unübersteiglichen Schwierigkeiten, die gewisse philosophische Probleme bieten, daher kommen, daß man dabei beharrt, die Erscheinungen, die keinen Raum einnehmen, im Raume nebeneinander zu ordnen, und ob sich der Streit nicht oft dadurch beenden ließe, daß

Die Syntax der Verräumlichung ist nicht die Vielfalt der gesehenen Formen, Farben und Helligkeiten. Sie besteht vielmehr in den Formen des Sehens, durch die das Gesehene in ein Verhältnis, und zwar in ein räumliches Verhältnis zueinander gebracht wird. Wir sprachen über diese Formen des Sehens schon bei Platon. Es sind dies die Strukturformen des Gesehenen, die man z. B. durch eine Strukturskizze, durch ein Netz von Linien, das man über eine Abbildung des Gesehenen oder überhaupt über ein Bild legt, verdeutlichen kann. Diese Strukturformen sind Schematisierungen, die wiederum wie die Wesensformen oder die Buchstaben Platons eine überprägnante Form sichtbarer, nämlich räumlicher, Beziehungen annehmen.

Bergsons Protest gegen die Verräumlichung richtet sich damit de facto gegen die Herrschaft der Strukturformen des Sehens über alle Bereiche unseres Erlebens und über alle unsere Sinneswelten und damit auch gegen eine Begrifflichkeit, die unsere Sinneswelten nur unter den Formprinzipien der überprägnanten bzw. schematischen Anordnungsverhältnisse des Sichtbaren zu identifizieren vermag. Tatsächlich finden wir in der Philosophiegeschichte nur bei einigen wenigen der Referenzautoren eine Differenzierung unserer Wahrnehmungen in unterschiedliche Sinneswelten. Und auch da, wo man mit durchaus fragwürdigen Gründen unterschiedliche Sinnesqualitäten, nämlich primäre und sekundäre, unterschied, wurden – wenn überhaupt – nur pauschale Zuordnungen etwa zu dem Tastsinn auf der einen und den übrigen äußeren Sinnen auf der anderen Seite unternommen und jedenfalls keine phänomenologischen Differenzierungen versucht.[27]

Wenn wir das Verhältnis von Sinnesdaten und Begriffen bei Kant als eine klassische Darstellung gelten lassen, so haben wir es mit ungeordneten und nicht weiter charakterisierten (und in Kants transzendentalphilosophischem Schema auch nicht charakterisierbaren) Empfindungen zu tun, die nach Strukturprinzipien der Sichtbarkeit sowohl in den räumlichen Anschauungsformen als auch – nach letztlich ebenfalls verräumlichenden Strukturprinzipien, nämlich denen einer linearen Anordnung von Ereignissen – in den zeitlichen Anschauungsformen durch eine figurative Synthese[28] zu sinnlichen Anschauungen geformt werden.

---

man von den allzu groben Bildern abstrahiert, um die er sich abspielt." (Henri Bergson, *Zeit und Freiheit*. A.a.O., S. 7)

27 Eine bemerkenswerte Ausnahme stellt George Berkeley mit seinem *Versuch über eine neue Theorie des Sehens* dar, in dem er auf eine höchst differenzierte Weise die Seh- und die Tastwelt des Menschen einander gegenüberstellt. (George Berkeley, *Versuch über eine neue Theorie des Sehens* [An Essay Towards a New Theory of Vision, 1709] und *Die Theorie des Sehens oder der visuellen Sprache, die die unmittelbare Gegenwart und Vorsehung einer Gottheit zeigt, verteidigt und erklärt* [The Theory of Vision or Visual Language ..., 1733]. Übersetzt und hg. von Wolfgang Breidert unter Mitwirkung von Horst Zehe. Hamburg [Felix Meiner Verlag] 1987) Zum ganzen vgl. auch die Darstellung in Helmut Pape, *Die Unsichtbarkeit der Welt. Eine visuelle Kritik neuzeitlicher Ontologie.* Frankfurt am Main [Suhrkamp Verlag] 1997, insbes. S. 205-287.

28 Ich denke hier an Kants Redeweise von einer synthesis speciosa: „Diese *Synthesis* des Mannigfaltigen der sinnlichen Anschauung, die a priori möglich und notwendig ist, kann *figürlich* (synthesis speciosa) genannt werden, zum Unterschiede von derjenigen, welche in Ansehung des Mannigfaltigen einer Anschauung überhaupt in der bloßen Kategorie gedacht würde, und Verstandesverbindung (synthesis intellecutalis) heißt". (Immanuel Kant, *Kritik der reinen Vernunft*, B 151)

Aufgrund dieser – wie gesagt: letztlich räumlichen – Synthese bieten sie sich dann den auf Metrisierung abzielenden Begriffen als gefügiges Material an. Die auf überprägnante Anordnungsverhältnisse abzielenden, d. h. die schematisierenden Strukturprinzipien des Sehens gehören damit in der „klassischen" philosophischen Auffassung unserer Wahrnehmungen zum unbefragten und also selbstverständlich gewordenen Voraussetzungsbestand für die Charakterisierung unserer Wahrnehmungen insgesamt.

4.2 Zur Grammatik der Sinneswelten

Man kann nun eine schärfere Zeichnung der Besonderheiten einer Syntax des Sehens und der Sichtbarkeit gewinnen, wenn man die Differenzen zu den anderen Sinneswelten deutlicher ausführt. Für das philosophische Interesse mögen dabei vor allem die Begriffe des Gegenstandes oder der Gegenständlichkeit und der Form im Zentrum der Analyse stehen. Welche Aspekte des Gegenstandsbezugs oder der Gegenstandskonstitution und welche Aspekte der Formbildung oder des Sinns von Form können wir in den unterschiedlichen Sinneswelten erkennen und einander gegenüberstellen?

Ich muss mich hier auf einige wenige skizzenhafte Hinweise zu einer solchen Grammatik der Sinneswelten beschränken.

So gibt es im Hören Klang- und auch Geräuschformen, die von der Gegenständlichkeit im Sinne einer Objektidentität befreit sind. Wir hören Klang- und Geräusch-Ereignisse, und wir hören diese auch in einer figurativen akustischen Form. Aber auf die Gegenstände, die in diesen Ereignissen involviert sind, müssen wir schließen. Dass wir im Hören dynamische Weltverhältnisse erfassen und dass dabei die erfasste Dynamik der Dynamik des Erfassens korrespondiert, habe ich bereits erwähnt. Schließlich ist auf die relative Passivität der Hörenden auf der elementaren Ebene hinzuweisen, auf der es um die Erfassung der bloßen Klang- und Geräuschereignisse geht. Dass wir im aufmerksamen Hinhören strukturierend tätig sind, ist damit nicht ausgeschlossen. Gleichwohl bildet sich im Hören zwischen dem Gehörten – dem Klang, dem Geräusch, aber auch der Botschaft – und dem Hörenden ein asymmetrisches Verhältnis, das im Verhältnis von Personen zueinander als Verhältnis einer besonderen Autorität verwirklicht werden kann.[29]

Im Tasten ergeben sich auf der elementaren Ebene noch keine Formen. Durch bloßes Tasten können wir nicht erfassen, wo Anfänge und Enden einer Form sind. Die Gestalt, so sagt es Hans Jonas, ist „kein ursprüngliches Datum der Berührung."[30] Formen erfassen wir dort, wo und insofern wir greifen, z. B. etwas

---

Diese „figürliche Synthesis" ist für Kant „die transzendentale Synthesis der Einbildungskraft" (ebd.) und besteht in dem synthetischen „Einfluß des Verstandes auf den inneren Sinn". (Ebd. B 154)

29 Diese Charakterisierung lehnt sich an die Darstellung an, die Hans Jonas gibt. (Hans Jonas, op. cit., S 249-253)

30 Hans Jonas, op.cit., S. 254.

mit der Hand umschließen können. Im bloßen Tasten dagegen gibt es nur Qualitäten der Oberfläche, das sind Formmotive und Formelemente. Im Tasten sind wir, anders als im Hören, nicht in dynamische Weltverhältnisse eingeschlossen. Wir ertasten Oberflächen, die unserem Tasten einen Widerstand bieten und uns entgegenstehen – und dies auch dann, wenn wir unseren eigenen Körper ertasten. Wir erfassen in diesem Sinne des Entgegenstehens gegenständliche Weltverhältnisse, was noch nicht heißt: Gegenstände. Anders als im Hören und auch im Sehen verlangt das Tasten eine Aktivität. Tasten passiert nicht wie das Hören. Das Subjekt des Tastens ist aktiv und baut sich über die Widerständigkeit, die es im Tasten erfasst, die Wirklichkeit auf. Es fällt schwer, in diesem Zusammenhang nicht auf Fichtes Wirklichkeitskonstruktion hinzuweisen.

Im Schmecken fehlen Formen. Die Bestimmtheit wird durch qualitative Verhältnisse erreicht, die auf dingliche Geschmacksträger verweisen. Insofern bestehen hier partikulare Gegenstandsverhältnisse – und nicht holistische Weltverhältnisse.

Im Riechen fehlen ebenfalls Formen. Aber im Riechen werden nicht Gegenstandsverhältnisse, sondern qualitative Weltverhältnisse erfasst. Das Riechen kennt Richtungen, Zonen und Gegenden, aber nicht konkrete Dinge. Wie die Hörwelt ist die Riechwelt eine Welt, in der wir uns befinden, nicht ein klar lokalisierbares Gegenüber.

In unseren inneren Sinnen verlieren sich alle Formqualitäten. Schmerzen, Unwohlsein oder Wohlfühlen haben keine Formen. Sie sind dynamische Zustände, in denen wir mit unserer Körperlichkeit betroffen sind. Als solche Körperzustände sind sie keine Weltverhältnisse.

Natürlich sind dies nur fragmentarische und auf Gedankensplitter verkürzte Bemerkungen zur strukturellen Vielfalt unserer Sinneswelten. Sie lassen sich aber gleichwohl bereits als Hinweise auf die Unterschiedlichkeit der Perspektiven lesen, in denen in den verschiedenen Sinneswelten Gegenständlichkeit und Form erscheinen. Insbesondere sollten sie meine These unterstützen, dass die Selbstverständlichkeit, mit der wir üblicherweise von Gegenständen und Formen und ihrer Erfassung schon in der Wahrnehmung reden, sich einer unreflektierten Privilegierung des Sehens für die Interpretation des Wahrnehmens verdankt, und zwar eines Sehens, das man auf seine schematisierenden Formverhältnisse, auf seine logikfähigen Qualitäten hin liest – also so, wie Platon dies sozusagen ein für allemal vorgemacht und -gedacht hat.

4.3 Sichtbarkeit und Lesbarkeit

Die präsente bzw. in seiner Präsenzstruktur statische Seh-Welt von Formverhältnissen sieht Platon zugleich als eine Schrift-Welt von Begriffsverhältnissen. Die logikfähigen Qualitäten der Sichtbarkeit sind darin der Form-Grund für die notationsfähigen Qualitäten der Lesbarkeit. Die Schrift, so könnte man es auch sagen, gründet für das platonische Denken im Bild, genauer: in einer Bildform, die aus dem logischen Sehen entworfen wird.

4.3.1 Exkurs: Platons Schriftkritik aus dem Geiste des Formdenkens

Möglicherweise öffnet diese Einsicht in die innere Verknüpfung von logischer Bildform – wir können auch sagen: geometrischer Bildform und Bildordnung – auf der einen und Schrift auf der anderen Seite eine Perspektive auf die schwierigen und teilweise durchaus widersprüchlichen Äußerungen Platons zur Schrift. Wenn man auch eine eindeutige Hinwendung zum verschrifteten Denken in seinen Spätdialogen erkennen kann – die nicht zuletzt in der literarischen Fiktion des jungen Sokrates eine ironische Bestätigung findet[31] –, so finden sich doch im allgemeinen eher schriftkritische als die Schrift rechtfertigende Bemerkungen. In einer formtheoretischen Perspektive hingegen ließe sich die Schrift als eine abstrakte Symbolisierungsmöglichkeit der Wesensformen – und also jenseits der sichtbaren Bilder – im Sinne einer vorweggenommenen Möglichkeit zur Algebraisierung der geometrischen Formverhältnisse ansehen.

Damit würde ihr „eigentlicher" oder „rechter" Gebrauch zunächst in den rechten Verhältnissen, den logoi, der Wesensformen gegründet und dann – aufgrund ihrer sozusagen „algebraischen" Abstraktheit und dies im übrigen parallel zu den arithmetisch formulierten pythagoreischen Zahlenverhältnissen in den Spätdialogen – auch für die Artikulation der reinen Ideen, der reinen Begriffsverhältnisse, geeignet. In diesem ihrem „eigentlichen" oder „rechten" Gebrauch würde die Schrift nicht aus eigenen orthographischen, semantischen und syntaktischen Gesetzen ihre Autorität gewinnen, sondern immer nur durch ihre Fundierung in den formbegründeten Ordnungsverhältnissen im Reiche des Denkbaren, sei es der geometrischen Wesensformen, sei es der reinen Begriffe bzw. Ideen.

In einer solchen Perspektive wäre der Gebrauch der Schrift dann nicht voraussetzungslos. Nur derjenige, der diese Ordnungsverhältnisse kennt und anerkennt, wäre fähig und würdig, die Schrift zu gebrauchen. In diesem Sinne wäre dann auch Platons Bemerkung über die „umherschweifende" Rede zu lesen:

> „Ist sie [sc. die Rede] aber einmal geschrieben, so schweift auch überall jede Rede gleichermaßen unter denen umher, die sie verstehen, und unter denen, für die sie sich nicht gehört, und versteht nicht, zu wem sie reden soll und zu wem nicht."[32]

Und auch die vorausgehende Feststellung kann man in diesem Verständnis neu lesen:

> „Denn dieses Schlimme hat doch die Schrift, Phaidros, und ist darin ganz eigentlich der Malerei ähnlich: Denn auch diese stellt ihre Ausgeburten hin als lebend, wenn man sie aber etwas fragt, so schweigen sie gar ehrwürdig still. Ebenso auch die Schriften. Du könntet glauben, sie sprächen, als verstünden sie etwas, fragst du sie

---

31 Vgl. hierzu Christian Stetter, *Schrift und Sprache*. Frankfurt am Main [Suhrkamp Verlag] 1999, S. 317 f. Vor allem dem Kapitel *Schrift und Formalität*, Ebd., S 271-387, hat meine eigene Darstellung viel zu verdanken. Nicht zuletzt in der Auswahl der Platon-Textstellen bin ich ihr mehrfach gefolgt.

32 Platon, *Phaidros* 275d-e.

aber lernbegierig über das Gesagte, so enthalten sie doch nur ein und dasselbe stets."[33]

Dass die Schriften immer nur dasselbe sagen, hieße dann, dass sie *nur* das sagen, was sie ausdrücklich aufgeschrieben haben. Bloß für sich betrachtet, ist das Aufgeschriebene tatsächlich immer dasselbe. Zu einem lebendigen und daher auch immer neuen Verständnis führt es erst dann, wenn es in seinem Bezug auf die umfassenden Ordnungsverhältnisse gelesen wird, in denen es alleine seinen wahren Sinn erhält. Diesen Bezug kann in den Augen Platons aber nur der philosophische Dialog herstellen. Daher – also im Sinne einer philosophischen Belehrung über diese Ordnungsverhältnisse – und nur daher gewinnt der geforderte Dialog dann seine Bedeutung.

Platons Schriftkritik ließe sich auf diese Weise insgesamt lesen als eine Kritik an einem allein auf das Aufgeschriebene gerichteten Schriftgebrauch, also an einer Herauslösung aus den Sinnzusammenhängen, in denen die Schrift nur durch ihre Notationsfunktion für die formbegründeten Ordnungsverhältnisse ihre Bedeutung gewinnt. Platon, so kann man es auch sagen, kritisiert an der Schrift die Möglichkeit, sich vom Formdenken zu lösen und damit aus der Ordnung der Ideen und des Seienden, aus dem Logos schlechthin, herauszufallen.

Die Kritik, dass mit ihr z. B. das Gedächtnis geschwächt wird, weil man sich ja an das Aufgeschriebene halten könne, zielt dann nicht auf die Schwächung einer bloßen Erinnerungsfähigkeit. Sie unterstellt vielmehr, dass das Gedächtnis der Ort ist, an dem die umfassenden Ordnungsverhältnisse, die Formen in ihrem Logos, vergegenwärtigt werden. Und so gewinnt denn auch die Antwort des Thamos auf die hoffnungsfrohe Einschätzung des Nutzens der Schrift für das Gedächtnis ihren Sinn, die Theuth, der „Vater der Buchstaben" (πατήρ τῶν γραμμάτων), äußert:

> „Denn diese Erfindung [sc. der Schrift] wird der Lernenden Seelen vielmehr Vergessenheit einflößen aus Vernachlässigung des Gedächtnisses, weil sie im Vertrauen auf die Schrift sich nur von außen vermittels fremder Zeichen, nicht aber innerlich sich selbst und unmittelbar erinnern werden. Nicht also für das Gedächtnis, sondern nur für die Erinnerung hast du ein Mittel erfunden. Und von der Weisheit bringst du deinen Lehrlingen nur den Schein bei, nicht die Sache selbst. Denn indem sie nun vieles gehört haben ohne Unterricht, werden sie sich auch vielwissend zu sein dünken, obwohl sie doch unwissend größtenteils sind und schwer zu behandeln, nachdem sie dünkelweise geworden sind statt weise."[34]

Ähnliches gilt für Platons berühmte Schriftkritik im *Siebten Brief*, in der er die wesentlichen Einsichten nur „aus häufiger gemeinsamer Bemühung um die Sache selbst und aus dem gemeinsamen Leben" entstehen lässt, und zwar plötzlich in der Seele – „wie ein Feuer, das von einem übergesprungenen Funken entfacht wurde".[35] Dass wir nicht „in Worten und gegenständlich"[36] das Wesen einer Sa-

---

33 Platon, *Phaidros* 275d.
34 Platon, *Phaidros* 275a-b.
35 Platon, *Siebter Brief* 341c-d.

che selbst erfassen können, richtet sich nicht speziell gegen die Schrift, sondern allgemein gegen jede sinnliche Darstellung überhaupt, insofern diese schon zur ausreichenden Grundlage der wahren Erkenntnis des Wesens gemacht wird.

Dies liegt daran, dass das Wesen einer Sache – Platon führt als Beispiel den Kreis an – nicht in seiner sprachlichen oder gegenständlichen Darstellung aufgeht:

> „Jeder von den Kreisen, die mit der Hand gezeichnet oder auch gedrechselt sind, ist voll von dem, was dem fünften [nämlich der Wesenserkenntnis über die Namen, die sprachlichen Beschreibungen, die Abbilder und das sie zusammenfassende Wissen] entgegengesetzt ist – denn überall geht er in das Gerade über –; er selbst jedoch, so sagen wir, der Kreis, hat weder ein kleineres noch ein größeres Stück von der ihm entgegengesetzten Wesensart.“[37]

Die reinen Formverhältnisse sind von jeder sprachlichen und gegenständlichen Darstellung verschieden. Andererseits gilt aber auch, dass dann, wenn man „nicht diese vier [Formen der sprachlichen und gegenständlichen Darstellung] aufnimmt“, „man niemals vollkommen am Wissen des fünften teilhaben“ kann.[38] Das, was über die Darstellungen hinaus hinzukommen muss, ist letztlich ein „Aufleuchten“ der Einsicht und des Verständnisses über jeden Gegenstand,[39] das in einer Zusammenschau des Wesens eines Einzelnen mit der „Unwahrheit und Wahrheit über das ganze Sein“,[40] also mit der umfassenden Ordnung aller Formverhältnisse besteht. Diese Zusammenschau überkommt einen nicht einfach, sondern verlangt „alle Übung und viel Zeit“ und im übrigen eine „Anspannung“, „soweit es in menschlichem Vermögen steht“,[41] einen „gründlichen Durchgang“ durch alle Formen der Darstellung und des Wissens und lässt dabei gleichwohl „nur unter Mühen [lediglich] den Keim der Erkenntnis wachsen“ – und auch das „nur, wenn der Gegenstand und der Nährboden von guter Art sind“.[42]

Aber wie sehr diese Zusammenschau auch der diskursiven Mühe bedarf, mit der „jedes [...] am anderen gerieben wird“, und wie genau es auch „in wohlwollenden Prüfungen geprüft“[43] werden muss, übersteigt es doch die Darstellungsmöglichkeiten als solche und erst recht die nur einer Darstellungsform. Was Platon nur der Seele selbst zubilligt, ist der lebendige Vollzug der Zusammenschau, der niemals ohne Verlust – und zwar ohne die Verstellung des Einsicht-Ereignisses, in dem sich die „Seele“ des Einsehenden mit dem Eingesehenen zuinnerst verbindet – in einer Darstellung mit ihrer strukturellen Beschränkung auf

---

36 Was der Seele „in Worten und gegenständlich“ entgegengehalten wird, ist gerade das, „was sie nicht sucht“. (Platon, *Siebter Brief* 343c)
37 Platon, *Siebter Brief* 343a.
38 Ebd. 342e.
39 Ebd. 344b.
40 Ebd.
41 Ebd.
42 Ebd. 343d-e.
43 Ebd. 344b.

eine Darstellungsform, auf die Darstellung in einer symbolischen Form, hinüber-
gerettet werden kann.

Das Zusammensehen und -denken kann am Ende nur, wie bereits gesagt, „aus
häufiger gemeinsamer Bemühung um die Sache selbst und aus dem gemeinsamen
Leben" entstehen, also wieder durch einen, allerdings durch seine Gemeinsamkeit
gestützten, Vollzug und nicht durch eine Darstellung. Es bleibt dieser Vollzug
allerdings – und dies macht die entscheidende Charakteristik des Formdenkens
aus – ein Vollzug im Reich der Formverhältnisse, nicht der Vollzug oder das Ereignis, mit dem man aus diesen Formverhältnissen auszubrechen oder hinaus zu
gelangen sucht. Die Formverhältnisse, so kann man es aus einer anderen Perspektive in den Blick rücken, werden eingelebt. Sind sie dies, so können sie sich
auch in unserer Sicht zur lebendigen, weil gelebten und zugleich gedachten, Einheit einer Einsicht, die „aufleuchtet", zusammenschließen. Das Leben des zugleich Sehenden und Wissenden, des Weisen, ist durchdrungen von der umfassenden Ordnung des Seins, die Platon in der Gemeinschaft der Ideen, der
κοινωνία τῶν εἰδῶν, sieht und eingebettet in sie. Ohne diesen Bezug zu der Ordnung der Ideen bzw. der Formverhältnisse bleibt jede Rede wie überhaupt jede
Äußerung in welcher Form auch immer oberflächlich. Will man die Lebens- und
Denkordnung in ihrer Einheit zum Ausdruck bringen und damit – wie Platon
sagt – „über ernsthafte Dinge" etwas sagen, dann kann man sich nicht auf die innere Gliederung und die Ausdrucksmöglichkeit einer Äußerungsform verlassen.
Und in diesem Sinne ist dann auch Platons kritische Bemerkung zu verstehen:
„Daher wird kein ernsthafter Mann jemals über ernsthafte Dinge etwas schrei-
ben."[44]

Auch die Schriftkritik im Siebten Brief erweist sich in dieser Sicht nicht als eine Kritik an der Schrift schlechthin, sondern als eine Kritik an einem Schriftgebrauch, der sich verselbständigt und seine Verwurzelung im Formdenken aufgegeben hat.

Mit einem Seitenblick auf das Schrift- und Bildverständnis des jüdischen
Denkens kann man im übrigen darauf hinweisen, dass diese Verbindung von Bild
und Schrift – wie unanfechtbar sie auch als Nachzeichnung einer historischen
These zur Schriftentwicklung sein mag – durchaus nicht selbstverständlich ist.
Vielmehr wird im jüdischen Denken die Verbindung von Bild und Schrift ja
nicht nur aufgelöst, sondern im Bilderverbot die Schrift sogar aller Bildlichkeit
entkleidet. Es ist das reine Wort, der Name Gottes ohne allen Bezug auf Anderes
und schon Bekanntes, sei es bildlicher oder begrifflicher Art, das die Strenge des
Gesetzes zum Ausdruck bringt.

Diese Strenge ist eine abstrakte Strenge, die Gott im Anderen, in der Andersheit des Anderen sieht. Diese Andersheit darf nicht durch die Einordnung in
bildliche oder begriffliche Vorausdarstellungen aufgehoben werden. Die Schrift
und mit ihr das Gesetz, das nicht der Logos ist, haben kein Formfundament im
Sichtbaren. Sie haben überhaupt kein Formfundament. Sie erfüllen sich im

---

44 Platon, *Siebter Brief* 344b-c.

Ereignis des Sich-Aussetzens an das Andere als einem Fremden, als etwas, das in seinem letzten Sinn undarstellbar – Jean-François Lyotard sagt: unausdrückbar[45] – ist, und dies nicht nur in Bildern, sondern auch in den Ordnungsbegriffen unseres Formdenkens.

5 Verschriftung und Formdenken

Platons Erbe ist nicht nur das Erbe der Verschriftung des Denkens, sondern einer Verschriftung, die auf einem Formfundament, einem Denken bzw. einer Philosophie der Form aufruht. Und es ist diese fundierende Bedeutung der Form, die die besondere Form dieses Erbes ausmacht.

5.1 Kombinatorik und Systematisierung

Dazu gehört zunächst, wie Christian Stetter dies eindrucksvoll darstellt, die Atomisierung der Elemente.[46] Als Formen etabliert und als logikfähige Schematisierungen legitimiert, bilden die Buchstaben schon durch ihre Form ein Eigensein, eine Selbständigkeit aus. Und dies gilt für jede weitere Konfiguration, die mit ihnen gebildet werden kann: für Wörter, für Ausdrücke, für Sätze, für Texte. Dabei ist zu sehen, dass sich diese sprachlichen Einheiten erst aus den Buchstabenkonfigurationen und den mit ihnen erzeugten Segmentierungen ergeben, dass also die Unterscheidung zwischen Wörtern, Ausdrücken, Sätzen und Texten erst über die Verschriftung der Sprache möglich ist.

Wichtiger für den Zusammenhang zwischen Form und Verschriftung ist allerdings, dass jede dieser schriftsprachlichen Einheiten in sich selbst ein Verhältnis von Formen darstellt, über dessen Richtigkeit man nun disputieren kann. Unterhalb der Konfigurationen aus Wörtern und damit unterhalb der semantischen Ebene kann man bereits über das richtige Verhältnis, den Logos, der Buchstaben in einem Wort streiten. Diesem orthographischen Logos kann man den semantischen, den syntaktischen und schließlich den dialektischen, den – wie wir sagen können – argumentationsanalytischen Logos, in dem die Vernunft sich artikuliert, folgen lassen.

Gemeinsam ist allen diesen Logoi, dass sie Verhältnisse von Formen feststellen und festsetzen und dass damit das rechte Denken in seiner innersten Form auf allen seinen Ebenen ein Ins-rechte-Verhältnis-Setzen von Formen ist. Es gibt daher auch nicht eine isolierte Einsicht, ein bloßes Aufleuchten einer einzelnen Idee. Alles steht vielmehr in einem Zusammenhang von Formen und wird durch

---

45 Jean-François Lyotard, *Das Erhabene und die Avantgarde.* In: *Merkur. Deutsche Zeitschrift für europäisches Denken.* 38. Jahrgang, Heft 2. Stuttgart [Klett-Cotta] 1984, S. 153 f.
46 Christian Stetter, *Schrift und Sprache.* A.a.O., S. 304.

die Variation – durch die Kombination und Permutation – dieser Formen in ein rechtes Verhältnis gebracht. Das Denken in seiner höchsten Form wird zu einer quasi-tabellarischen Angelegenheit, zu einer Kombinatorik der Formkonfigurationen.

So geht es darum zu zeigen, „welche Begriffe [γένη] mit welchen zusammenstimmen, und welche einander nicht aufnehmen? Und wiederum, ob es solche sie allgemein zusammenhaltende gibt, dass sie imstande sind sich zu vermischen? Und wiederum in den Trennungen, ob andere durchgängig der Trennung Ursache sind?" In diesem Geschäft besteht für Platon „die Wissenschaft freier Menschen", die Aufgabe des Philosophen, „die dialektische Wissenschaft". Und Platon lässt seinen Fremden im Sophistes weiter erläutern:

> „Wer also dieses gehörig zu tun versteht, der wird eine Idee durch viele einzeln voneinander gesonderte nach allen Seiten auseinandergebreitet genau bemerken, und viele voneinander verschiedene von einer äußerlich umfaßte, und wiederum eine durch viele Ganze hindurch in einem zusammengeknüpfte, und endlich viele gänzlich voneinander abgesonderte. Dies heißt nun, inwiefern jedes in Gemeinschaft treten kann und inwiefern nicht, der Art nach zu unterscheiden wissen."[47]

Über die Herrschaft der Form in der Verschriftung des Denkens ist damit die Idee der *Systematik* des Denkens geboren. Als Systematik der Formen ist sie ein systemimmanentes Unternehmen. Als dialektische Systematik hat sie über die Verknüpfungs- und Trennungsmöglichkeiten zu urteilen, die sich aufgrund der jeweiligen begrifflichen Formverhältnisse ergeben. Das systematische dialektische – und d. h. für Platon: das systematische philosophische – Denken ist eine Auslegung von immanenten, nämlich begriffslogischen, Formverhältnissen.

Immer wieder gibt Platon in seinen späten Dialogen Theaitetos, Parmenides und Sophistes Beispiele für das dialektische Denken an. In welchem Maße sich dieses Denken nur in seiner verschrifteten Form vollziehen lässt, zeigen insbesondere die Argumentation über das Eins, das seiende und das nicht-seiende, im Parmenides[48] und eine Demonstration des Sokrates im Theaitetos, in der dieser

---

47 Platon, *Sophistes* 253b-e (mit der Textverbesserung von Diès).
48 Platon, *Parmenides* 137c-166c. Hier seien nur die Abschnitte der Argumentationsfolge angeführt:
    2.   Erste Hauptvoraussetzung: Wenn Eins ist
    2.1 Das Eins für sich: Wenn es keine Teile hat und kein Ganzes ist.
    2.11 Das Eins ist gestaltlos und ortlos.
    2.12 Das Eins besteht nicht und wechselt nicht.
    2.13 Das Eins ist weder verschieden noch einerlei.
    2.14 Das Eins ist weder ähnlich noch unähnlich.
    2.15 Das Eins ist weder gleich noch ungleich.
    2.16 Das Eins hat keine Zeit an sich und ist nicht in der Zeit.
    2.17 Das Eins ist nicht und kann nicht erfaßt werden.
    2.2 Das Eins für sich: wenn es Teile hat und ein Ganzes ist
    2.21 Das Eins ist, ist auch Vieles. Das Eins selbst ist vieles.
    2.22 Das Eins hat Gestalt; es ist in sich selbst und in einem anderen.
    2.23 Das Eins bewegt sich und ruht.
    2.24 Das Eins ist einerlei und verschieden.
    2.25 Das Eins ist ähnlich und unähnlich.

eine tatsächlich tabellarisch darstellbare Auflistung der Unmöglichkeiten vorführt, sich zu irren. Und zwar geht es um die Frage, ob jemand, dem in seiner Seele von dem, was er gesehen oder gehört oder auch selbst gedacht hat, ein wächserner Abdruck eingeprägt ist – wir könnten ergänzen: der davon etwas Geschriebenes besitzt –, dieses vergessen und nicht wissen kann.

Und so beginnt Sokrates seine Auflistung:

> „Wovon jemand weiß, indem er dessen Denkmal in der Seele hat, was er aber nicht wahrnimmt, dieses für ein anderes zu halten,
> wovon er ebenfalls weiß, indem er dessen Abdruck hat,
> was er aber ebenfalls nicht wahrnimmt,
> das ist unmöglich.
> Wiederum etwas, wovon er weiß, für etwas zu halten, wovon er nicht weiß, noch auch dessen Gepräge hat:
> ebenso, wovon er nicht weiß, für ein anderes, wovon er nicht weiß,
> oder etwas, wovon er nicht weiß, für etwas, wovon er weiß.
> Ferner etwas, daß er doch wahrnimmt, für ein anderes zu halten, das er ebenfalls wahrnimmt,
> und was er wahrnimmt, für etwas, was er nicht wahrnimmt,
> oder was er nicht wahrnimmt, für ein anderes, was er auch nicht wahrnimmt,
> oder auch, was er nicht wahrnimmt, für etwas, das er wahrnimmt.
> Ferner auch das, wovon er weiß und es wahrnimmt, indem er zugleich ein der Wahrnehmung gemäßes Abzeichen davon hat, dieses für ein anderes zu halten, wovon er ebenfalls weiß und es wahrnimmt, indem er ebenfalls zugleich ein der Wahrnehmung gemäßes Abzeichen davon hat, das ist, wenn es sein kann, noch unmöglicher als jenes.
> Ferner was er weiß und wahrnimmt, ein richtiges Denkmal davon habend, für ein anderes zu halten, wovon er weiß, ist ebenfalls unmöglich;
> und wovon er weiß unter derselben Voraussetzung und es wahrnimmt für ein anderes, das er wahrnimmt.

Ebenso, wovon er weder weiß noch wahrnimmt;

oder wovon er weder weiß noch es wahrnimmt für etwas, wovon er nicht weiß;

oder etwas, wovon er weder weiß noch es wahrnimmt, für etwas, das er nicht wahrnimmt.

In allen diesen Fällen ist ein Übermaß von Unmöglichkeit, daß jemand darin falsch vorstellen sollte. Es bleibt also nur übrig, wenn irgendwo, daß in folgenden Fällen so etwas geschehe.

Theaitetos: In welchen nur wohl? Ob ich vielleicht durch sie der Sache besser inne werde, denn jetzt freilich folge ich gar nicht.

Sokrates: Daß er das, wovon der weiß, für etwas anderes halte, wovon er auch weiß und was er eben wahrnimmt;

oder auch für etwas, wovon er nicht weiß, das er aber wahrnimmt;

oder endlich etwas, das er wahrnimmt und wovon er weiß, für ein anderes, das er auch wahrnimmt, und wovon er weiß.

Theaitetos: Nun bleibe ich noch viel weiter zurück als vorher.«[49]

Über dieses und andere Beispiele hinaus gibt Platon auch eine allgemeine Darstellung der dialektischen Methodik, in der er die Strukturen dieses kombinatorischen Denkens vorstellt. So lässt er Parmenides auf die Frage des jungen Sokrates – also nicht des Sokrates seiner früheren Dialoge –, wie denn die Art und Weise aussähe, sich in der dialektischen Wissenschaft zu üben, zunächst antworten,

1. dass es nicht nur um die sichtbaren Dinge gehe, sondern auch um „jenes, was man vornehmlich mit dem Verstande auffaßt und für Begriffe hält"[50] und

2. dass man „nicht nur etwas als seiend" voraussetzen und dann untersuchen dürfe, „was sich aus der Voraussetzung ergibt", sondern dass man dies auch für den Fall tun müsse, „daß jenes nicht sei".[51]

Und dann führt Platon zur Erläuterung wieder ein Beispiel an, nämlich die „Voraussetzung, von der Zenon ausgegangen ist, daß Vieles ist". Der übende Sokrates habe dann zu fragen:

„was muß sich dann ergeben für das Viele selbst an sich und in Beziehung auf das Eins und auch für das Eins an sich und in Beziehung auf das Viele. Dann mußt du auch ebenso untersuchen, wenn vieles nicht ist: was sich dann ergeben muß für das Eins sowie für das Viele jedes an sich und in Beziehung aufeinander. Wenn du ebenso voraussetzt, daß es Ähnlichkeit gibt oder daß es sie nicht gibt, ist zu sehen, was aus jeder von beiden Voraussetzungen folgt, sowohl für das Vorausgesetzte selbst als auch für das andere insgesamt, an sich und in Beziehung aufeinander. Auch von dem Unähnlichen gilt dasselbe und von der Bewegung und Ruhe, von dem Entstehen und Vergehen, ja von dem Sein selbst und dem Nichtsein. Und mit einem Worte, was du auch zugrunde legst als seiend und nicht seiend oder was sonst davon annehmend, davon mußt du sehen, was sich jedesmal ergibt für das Gesetzte selbst und für jedes andere einzelne, was du herausnehmen willst, und für mehreres und alles insgesamt ebenso. Ebenso auch, was sich für das übrige ergibt an sich und in Beziehung auf jedes einzelne, was du jedesmal herausheben willst, du magst nun das, wovon du ausgingst, als seiend, als seiend voraussetzen oder nicht-

---

49 Platon, *Theaitetos* 192a-d.
50 Platon, *Parmenides* 135e.
51 Ebd. 135e-136a.

seiend, wenn du vollkommen geübt auch die Wahrheit gründlich durchschauen willst."[52]

Dem offensichtlich gleichermaßen überforderten wie genervten Sokrates bleibt nach dieser Lehrauslassung nur noch die resignierte Antwort: „Ein unendliches Geschäft, o Parmenides, beschreibst du [...] und ich verstehe es noch nicht recht."[53]

5.2 Das Reich der innersystematischen Formverhältnisse

Das Eingeständnis, nicht mehr folgen zu können oder nicht zu verstehen, ist kein rhetorisches Ornament, sondern zeigt die Grenzen der Mündlichkeit auf, als deren Repräsentant der junge Sokrates hier auftritt. Zugleich zeigt es die Kraft des dialektischen Denkens, das sich mit einer völlig neuen Art von Autorität ausstattet, die nur in einem Reich überindividueller Formverhältnisse ausgebildet werden kann.

Ich denke, diese beiden Beispiele reichen schon aus, um die durch die Verschriftung ermöglichte neue Form des Denkens – nämlich die methodisch betriebene, auch die Negation einschließende Kombinatorik oder Dialektik – zu demonstrieren. Wichtig ist mir dabei allerdings nicht nur die bloße Tatsache einer solchen Methodik, sondern auch der Kontext, in dem ihre Ausbildung und Beherrschung zum obersten Zweck des philosophischen Denkens avanciert.

Dieser Kontext wird durch die *Systematik* vorgegeben, durch die das Denken zu einem Ordnen von Formverhältnissen, und zwar aus deren immanenten Bezügen heraus, transformiert wird. Die Formen, die denkend – Platon würde hier wieder sagen: dialektisch – zu ordnen sind, sind die Ordnungsbegriffe, mit denen Platon die rechten Verhältnisse unseres Welt- und Selbstverständnisses festhalten will. Als solche Ordnungsbegriffe sind sie – ich betone dies noch einmal – nicht nur sprachlich zu verstehen, sondern als sprachliche Fixierungen sichtbarer und denkbarer, jedenfalls aber lesbar gemachter Formen und Formverhältnisse. Diese, wie man sagen könnte, ästhetische Fundierung der systematischen Zusammenhänge unterscheidet die platonische Form der Philosophie von einem ethischen, nicht auf einer systematischen Ordnung von Formverhältnissen gründenden Welt- und Selbstverständnis, wie wir dies etwa in der Tradition des jüdischen Denkens vorfinden.

Mit der Systematisierung des Denkens wird ein eigenes Reich von Begriffsverhältnissen geschaffen, das von nun an der Bereich sein wird, in dem über die Wahrheits- und überhaupt Geltungsansprüche zu entscheiden sein wird. Erst wenn eine Behauptung ihre Bestätigung im Reich dieser Begriffsverhältnisse gefunden hat und ihr damit das Siegel ihrer begrifflichen Richtigkeit zuerkannt worden ist, kann sie einen Anspruch auf Wahrheit, auf die Wahrheit im vollen

---

52 Ebd. 135d-136c.
53 Ebd. 136c.

Sinne, erheben. So lässt Platon denn auch im Kratylos den Sokrates die Unterscheidung treffen zwischen einer Darstellung – er selbst spricht von einer Nachahmung – in Bildern und Wörtern, die er richtig oder unrichtig nennt, und einer Darstellung nur in Wörtern, die er darüber hinaus auch als wahr oder falsch auszeichnet.[54] Wahrheit und Falschheit im vollen Sinne werden damit zu innersystematischen Ordnungsfeststellungen, zum Ausweis oder zur Mangelanzeige der richtigen Form in einem Reich der Formverhältnisse.

6 Folgen der Verschriftung

Man kann nun weitere Folgen der Verschriftung des Denkens namhaft machen und in ihrer Wirkung auf die Formen des Denkens registrieren. Tatsächlich ist dies in der inzwischen reichhaltigen Literatur geschehen. In unserem Zusammenhang könnte man vor allem darauf hinweisen, dass mit der Verschriftung des Denkens jedenfalls folgende Strukturveränderungen verbunden sind:

1. Das Gewicht sprachlicher Äußerungen wird von der Performanz, d. i. der Ausdruckskraft der Sprecher, auf die Textstruktur der Äußerungen verlagert.
2. Die Autorität, die sich in der mündlichen Situation des Aug' in Auge Einander-Gegenüberstehens aufbaut, wird von der Kritik, die in der Distanz des Schreibens oder gar dessen Anonymität so viel leichter fällt, aufgelöst.
3. Aus dem Verhältnis zwischen Personen, wie es sich in den Situationen der mündlichen Rede ergibt, entwickelt sich ein Verhältnis der Logik im Sinne des Bezugs von Texten und insbesondere von Argumentationen aufeinander.
4. Aus dem klaren Anfang und Ende der Textäußerung ergibt sich auch eine Endgültigkeit der Formulierungen: Die These ist geboren.
5. Mit der Schärfe der These wird ein Anspruch auf Ausschließlichkeit über die Situationen der Äußerung hinaus in die Texte sozusagen hineingebunden, die die ebenso scharfe und Ausschließlichkeit beanspruchende Gegenthese herausfordert und damit eine Bewegung des geschriebenen Disputs erzeugt, die schon aufgrund ihres strukturellen Antagonismus, der ihr Prinzip ausmacht, nicht enden kann.
6. Die Identität des Gesehenen und Gedachten – und dies scheint mir nun die tiefgreifendste Veränderung zu sein – wird zur Identität des Symbolisierten und schließlich zur Identität des Symbols.
7. Die Kenntnis der Schrift zieht eine scharfe kulturelle Grenze zwischen denen, die das Schreiben und Lesen beherrschen, und denen, die das nicht tun.

Es sind dies Veränderungen, die sich der Verschriftung des Denkens verdanken. Sie sind grundlegend für unser Denken, für unser Weltverhältnis, für unsere Kultur und unsere Lebensformen. Gleichwohl möchte ich sie hier nicht ins Zentrum meiner Überlegungen stellen. Denn es geht mir vor allem anderen, wie be-

---

54 Platon, *Kratylos* 430d.

reits gesagt, um den besonderen Zusammenhang zwischen der Verschriftung des Denkens und einem Formdenken, das nicht schon mit der Verschriftung als solcher verknüpft ist. Eine Verschriftung, die in diesem Formdenken gründet, führt zur Systematisierung des Denkens.

Das zeigt sich übrigens in einer Variante der letztgenannten Veränderung, die ich in meiner Liste angeführt habe, der Grenze zwischen den Schriftkundigen und -unkundigen. Wir interpretieren diese Grenze zumeist auch als die Grenze zwischen Hochkultur und Volkskultur. Tatsächlich mag man diese zweite Grenze allein innerhalb einer Schriftkultur interpretieren. In unserer kulturellen Tradition geht diese Interpretation aber weiter. Sie umfasst auch unser Verhältnis zur Form. Denn die Hochkultur in unserer Tradition definiert sich nicht alleine durch die Beherrschung der Schrift, sondern auch durch eine Beherrschung der Form, die unser Leben insgesamt durchzieht: einer Form unseres Lebens wie aller unserer Äußerungen, die zumeist mit einer Distanz – nämlich der Personen zueinander – verbunden ist und die sich in einer „Bildung" verkörpert, in der sich die Präsentation der kulturell etablierten Formen vollendet. Die Volkskultur auf der anderen Seite ist demgegenüber geradezu dadurch charakterisiert, dass es in ihr an Form und Distanz mangelt, dass sie nicht nur keiner Bildung bedarf, sondern diese vielfältig auch zum Gegenstand einer ungezügelten Spottlust macht. Unterscheidungstitel, die hier fällig sind, wären z. B. die Gegensätze zwischen Kanonisierung und Unmittelbarkeit, zwischen Komposition und Improvisation, zwischen Regeln und Impulsivität und schließlich auch zwischen Mäßigung und Zügellosigkeit.

Einer der Wege zur Entdeckung einer Schriftkultur, die nicht durch ein Formdenken getragen wird, führt gerade über den Versuch einer perspektivischen Subtraktion: nämlich die Schriftkultur ohne eine Hochkultur zu sehen, also als eine Schriftkultur, in der sich auch die Elemente dessen, was wir der Volkskultur zurechnen, in einer selbstverständlichen Präsenz behaupten. Die Betrachtung der Rolle des Wortes mag uns hier wenigstens zu einer Andeutung verhelfen.

Das Wort, auch das geschriebene, braucht sich in einer systematisierten Weltordnung nicht mehr der Unmittelbarkeit einer Erfahrung, eines Gefühls, einer Situation auszusetzen, in der es dann zum Urteil, zum Spruch und damit zugleich zur Handlung und zur Haltung wird. In der Systematik der Form- und Begriffsverhältnisse hat das Wort eine Vermittlungsinstanz gefunden, die es in seinem Anspruch absichert, die ihm die Autorität der Folgerung verleiht oder die der Stimmigkeit. Zugleich mit der systemgestützten Folgerichtigkeit und Stimmigkeit gewinnt dieses Wort seine gemeinsame und einem in diesem Sinne allgemeine Verwendungsmöglichkeit. Weil man jederzeit und im übrigen öffentlich über es verfügt, kann man sich jederzeit und öffentlich auf es berufen. Die Verwendung der folgerichtigen und stimmigen Wörter wird zum allgemein verfügbaren Kampfmittel, und damit zu einem Kampfmittel, das – weil es im Prinzip jedermann in die Hand gegeben ist – zur politischen Gegenkraft gegen und für wen und was auch immer genutzt werden kann und nicht immer nur, wie Platon es gerne eingeschränkt hätte, für „die Wissenschaft der freien Menschen" gegen das Diktat der bloßen Macht.

7 Das Ereignis: Die ausgeblendete Alternative

In der Ambivalenz der verschrifteten Systematik bzw. der systematisierten Verschriftung besteht auch die Ambivalenz des Platonischen Erbes. Am ehesten lässt sich diese Ambivalenz für die Philosophie wohl als die Ambivalenz der Metaphysik charakterisieren. Denn die Metaphysik ist es, die eine allumfassende und in sich systematisch geordnete Erklärung sei es unserer Erfahrung, sei es der Weltzusammenhänge anstrebt und vorzulegen behauptet – und die dies doch zugleich nur tun kann, indem sie der Prägnanz ihrer Begriffe alles andere der Umgebungen und der Hintergründe opfert. Denn ohne die Prägnanz der Begriffe – insbesondere ihrer Disjunktivität, die sich als Steigerung aus der Diskontinuität der Gegenstandsformen herausgebildet hat – wäre die systematische Eindeutigkeit und wären damit Folgerichtigkeit und Stimmigkeit nicht erreichbar. Metaphysik ist das philosophische Unternehmen, das als solches dogmatisch ist. Das ist die eine Seite. Metaphysik ist das philosophische Unternehmen, das als solches zugleich These und Kritik und eben darin zutiefst ambivalent ist. Das ist die andere Seite.

Was noch fehlt, ist die Benennung einer dritten Seite, der Seite nämlich, die auf das Formdenken verzichtet, die sich nicht als Philosophie der Form zur Metaphysik verwandeln lässt. Auf das Denken der Form verzichten, heißt, dem Ereignis verbunden bleiben. Ein solches alternatives Denken aber bleibt aus dem Platonischen Erbe ausgeschlossen. Und es gibt auch keinen Weg, es ohne Erschütterungen diesem Erbe einzuverleiben. Denn der von diesem Erbe allein geebnete Weg ist der über die Bewegung von These und Gegenthese. Wie aber sollen sich Thesen und Gegenthesen ohne den Ausweis ihrer Folgerichtigkeit und Stimmigkeit bewähren? Die kritische Bewegung von These und Gegenthese bleibt eine Bewegung im Reich der Formen.

Auch hier mag ein letzter Hinweis auf ein verschriftetes Denken ohne Formdenken, auf ein Denken des Ereignisses, wie wir es z. B. aus der jüdischen Tradition kennen, hilfreich sein. Diesem Denken geht es nicht um das Reich der Formen, die denkend gebildet – die neuzeitliche Philosophie redet hier gerne von „gesetzt" – werden. Es geht ihm vielmehr um ein sich Aussetzen gerade an das, was noch oder überhaupt keine symbolische Identität besitzt, an das nicht Klassifizierte in welcher Form auch immer. Dieses Denken sucht nicht die Integration in die Ordnung des Systems und damit nicht die Identität des Anderen mit dem Eigenen. Dieses Denken sucht das Aufspüren der Andersheit des Anderen und sieht gerade im Erkennen und Anerkennen dieser Andersheit das Ereignishafte unseres Lebens, das unserem Leben seine Lebendigkeit gibt und erhält – und zwar nicht dadurch, dass es dieses Leben auf den Boden der Setzungen stellt und ihm so seinen Halt und Stand gibt, sondern dadurch, dass es dieses Leben dazu bringt, sich immer wieder auszusetzen und es bei der Differenz zum Anderen zu belassen.

Das Ereignis, um das es dabei geht, muss nicht nur in der Dramatik existentieller Entscheidungen gesehen werden. Das Ereignis können wir vielmehr in einem undramatischen Sinne als durchaus alltäglich erfassen, als jederzeit mögliches Moment unserer Gestaltungs- bzw. Bildungsversuche. Selten ist es – und muss es wohl auch bleiben – ein Gesamterleben. Als jederzeit mögliches Moment unseres Lebens scheint es mir allerdings in eine Lebensform aufnehmbar, die ihre innere Vorläufigkeit als Moment in sich behält und sich immer wieder auf die Öffnung für die Andersheit des Anderen einlässt.

Aus einer solchen Lebensform, die das Ereignis der Form nicht unterordnet, kann es zu einem Lebens- und Erfahrungsfeld werden, auf dem eine Reflexion auf den immanenten Charakter unserer philosophischen Tradition des Formdenkens zu einer Selbstrelativierung führt und weiter zu einer Erkenntnis anderer Denkweisen und zu einer Öffnung ihnen gegenüber. In einer Weltsituation, in der wir diesen anderen Denkweisen immer weniger aus dem Wege gehen können, wäre dieser Prozess der Selbstrelativierung, Erkenntnis und Öffnung nicht mehr nur eine akademische Aufgabe, sondern auch und vor allem eine weltgesellschaftliche Chance.

8 Exkurs: Ereignis und Form.
Die Davoser Disputation zwischen Martin Heidegger und Ernst Cassirer

Wie bereits angekündigt, sollen die alternativen Denkformen, wie sie durch die Zentralbegriffe von Ereignis und Form charakterisiert werden können, noch einmal in einem philosophischen Ereignis gespiegelt werden, nämlich in der Davoser Disputation zwischen Martin Heidegger und Ernst Cassirer.[55]

Diese Disputation hat viele Kommentare auf sich gezogen und insbesondere immer wieder zu einer Antwort auf die Frage gereizt, wer denn als „Sieger" aus dieser Disputation hervorgegangen ist. Bekanntlich gab es für die damaligen Teilnehmer eine einhellige und eindeutige Antwort: Das neue Denken Heideggers hat dem althergebrachten und in den Augen der Zuhörer auch veralteten Neukantianismus Cassirers seine Grenzen überdeutlich aufgezeigt. Der gern zitierte Mehlstaub, den der damalige Cassirer-Mime Emmanuel Lévinas aus seiner Perücke und aus seinen Hosen rieseln ließ, sollte eindrücklich das Unzeitgemäße der Cassirerschen Philosophie in einem Bild einfangen, das die Bildungs- und Kulturphilosophie eines Neukantianers zu belächeln erlaubte.[56]

Die Versuchung liegt nahe, die Sieger-Frage noch einmal zu stellen und sie — mit den historischen Erfahrungen insbesondere des Nationalsozialismus im Rücken und der Suche nach einer Orientierung im vielfach angesagten „Kampf der

---

55 Vgl. dazu die Beiträge in: Dominic Kaegi/Enno Rudolph (Hg.), *Cassirer – Heidegger. 70 Jahre Davoser Disputation*. Cassirer-Forschungen Band 9. Hamburg [Felix Meiner Verlag] 2002.

56 Vgl. dazu den vorläufigen Bericht, den Karlfried Gründer von diesem Ereignis in seinem Beitrag *Cassirer und Heidegger in Davos 1929* gibt. Erschienen in: Hans-Jürg Braun/Helmut Holzhey/Ernst Wolfgang Orth (Hg.), *Über Ernst Cassirers Philosophie der symbolischen Formen*. Frankfurt am Main [Suhrkamp Verlag] 1988, S. 290-302. Die Szene, auf die ich mich beziehe, wird kurz auf S. 300 dargestellt.

Kulturen" vor Augen – radikal anders zu beantworten. Tatsächlich führt der Versuch einer Neubewertung der Davoser Disputation wahrscheinlich schnell dazu, die Frage nach einem Sieger und einem Besiegten aufzugeben und statt dessen nach den gedanklichen Motiven zu forschen, an die wir trotz der polemischen oder apologetischen Einordnungen Heideggers und Cassirers anknüpfen können. Mir scheint, dass wir eine solche Erforschung noch vor uns haben und dass noch längst nicht geklärt ist, welche zukunftsfähigen Motive wir aus den philosophischen Konzeptionen der beiden Kontrahenten herauslösen können.

Mit Absicht rede ich vom „Herauslösen" der Motive. Ist es doch die Festigkeit der Kontexte, in die die beiden philosophischen Entwürfe eingeordnet werden oder sich selbst einordnen, welche deren aktive und weiterführende Rezeption in vielfacher Weise erschwert. Bei Heidegger mögen es vor allem der heroische oder auch elitäre Solipsismus und die damit verbundene Diffamierung der Kulturgeschichte als Verfallsgeschichte sein, die den von ihm selbst betonten Kontext liefern, in dessen Rahmen sich sein Denken zugleich als einzigartig und in sich abgeschlossen vorstellt. Bei Cassirer hingegen lädt die Loyalität seiner philosophischen Stilistik dazu ein, ihn überhaupt nicht als einen selbständigen Denker wahrzunehmen, sondern in ihm lediglich einen Interpreten oder Vertreter des Neukantianismus und damit einen zwar prominenten und gelehrten, im übrigen aber wenig originären Schulphilosophen zu sehen, den man nur unter höchsten Anstrengungen und mit geradezu verfälschenden Umdeutungen für Gegenwartsfragen fruchtbar machen kann.

Löst man diese beiden Kontexte, die man in der Tat einer persönlichen Stilistik der philosophischen Selbstdarstellung zurechnen kann, auf und verhält sich in dieser Weise eklektisch, so lassen sich bei beiden Denkern Grundmotive unserer geistigen Traditionen finden, die man – je nach der Perspektive, in der man sie in den Blick nimmt – als einander entgegengesetzt oder einander ergänzend und jedenfalls in einer lebendigen Spannung zueinander verstehen kann. Das Aufbrechen der Kontexte ist für Heidegger längst versucht worden. Für Cassirer steht es noch weitgehend aus. Für Heidegger scheint mir die Ablösung von seinen Kontexten besonders gelungen, die in den das „Ereignis" umkreisenden Versuchen und Entwürfen von Jean-François Lyotard, aber auch in den gleichsam nachbarschaftlichen Werken von Emmanuel Lévinas und Jacques Derrida unternommen worden ist. Ernst Cassirer hingegen muss man vor allem aus seiner neukantianischen Stilistik und, wie mir scheint, Missinterpretation herauslösen, um die Motive verdeutlichen zu können, die eine Wiederaufnahme der Davoser Disputation im Sinne ihrer Weiterführung lohnend machen.

8.1 Heidegger und die Philosophie des Ereignisses

Beginnen wir bei Heidegger. In der Gegenüberstellung zu Cassirer lassen sich zwei ambivalente Motive namhaft machen. Das erste, das Heidegger selbst unter dem eher akademischen Titel der „Endlichkeit" präsentiert, ist das Verbleiben im

Ereignis. Mit diesem Denkmotiv fügt sich Heidegger übrigens in eine Tradition ein, die dem 20. Jahrhundert vor allem durch Henri Bergson[57] lebendig erhalten und in einer provokativen Radikalität mitgegeben worden ist.

Heideggers Aufnahme dieses Motivs ist nicht weniger radikal. Sie ist in gewissem Sinne sogar eine Steigerung der Bergsonschen Kritik an der Verräumlichung, die mit einer jeglichen Verbegrifflichung[58] von Bewusstseins-, Handlungs- und Lebensereignissen verbunden sei. Heideggers Kritik lässt sich reformulieren als eine umfassende Kritik am Übergang vom Ereignis zur Form. Denn wenn ich, auf welche Weise auch immer, die Darstellung eines Ereignisses versuche, bewege ich mich aus dem Ereignis selbst hinaus und schaffe statt dessen eine neue Realität, eine neue Art von Wirklichkeit, die in sich anders strukturiert ist als die Ereignis-Wirklichkeit. Diese neue Wirklichkeit der Darstellung besitzt vor allem nicht den Ereignischarakter, den Charakter des Auftretens und Verschwindens, des Übergehens und sich in sich selbst Veränderns – also den besonderen Charakter, der in der Philosophie Heideggers unter dem Titel der „Zeitlichkeit" thematisiert worden ist.

Die Darstellung ist als solche ein Selbes, auf das ich mich immer wieder beziehen kann. Und von dieser ihrer eigenen Identität aus versucht sie, im Bezug auf das durch sie dargestellte Ereignis auch diesem Ereignis eine Identität zuzuweisen. Die so entstehenden Identitätszuweisungen bilden ein Netz von Verweisungen, in dem sich die Welt für uns ordnet, in dem sie überschaubar wird, in dem wir unser Handeln planen und unserem Leiden seinen Ort geben können. Wir geben dadurch der Welt ihre Form und formen zugleich damit uns selbst zu den Wesen, die eine Identität – eine kollektive und individuelle Identität – ausbilden und einander zusprechen. Die neue Wirklichkeit der Darstellungen können wir so auch als die Wirklichkeit der Form charakterisieren. Die Form ist das, was über die Ereignisse und ihre innere Zeitlichkeit hinausreicht, die als das immer wieder identifizierbare eine bleibende Identität gewinnt und in diesem Sinne die Endlichkeit unserer in den Ereignissen unseres Lebens im wörtlichen Sinne ablaufenden Existenz überwindet.

---

57 Dass Heidegger Bergson durchaus zur Kenntnis genommen hat, zeigen seine Hinweise z. B. in *Sein und Zeit* (*Gesamtausgabe*. I. Abteilung: *Veröffentlichte Schriften 1914-1970*. Band 2. Frankfurt am Main [Vittorio Klostermann] 1977, S. 24 und 571 (Anm.). Heidegger nutzt diese kurzen Hinweise allerdings nur, um sich vom Zeitverständnis Bergsons abzusetzen. Welche Rolle Henri Bergson in der Philosophie des 20. Jahrhunderts tatsächlich spielt, wird in künftigen Untersuchungen noch herauszufinden sein. Vgl. jetzt dazu die bahnbrechende Arbeit von Mirjana Vrhunc *Bild und Wirklichkeit. Zur Philosophie Henri Bergsons*. München [Wilhelm Fink Verlag] 2002. Für Ernst Cassirer ist Henri Bergson übrigens einer der zentralen Autoren, mit denen er sich auseinandersetzt. So ist im sogenannten „Vierten Band" der Philosophie der symbolischen Formen Bergson der Autor, der mit 52 Nennungen am häufigsten erwähnt wird. Allerdings geht es dabei zumeist um eine Kritik des Bergsonschen Verständnisses der Intuition.

58 Auch wenn Bergson an manchen Stellen pauschal von Versprachlichung und sogar von Symbolisierung überhaupt spricht, zeigen doch seine Hinweise auf die Kunst und nicht zuletzt auch seine eigenen philosophischen Darstellungen, dass er de facto an bestimmte Formen der begrifflichen Verallgemeinerung, die mit einer Homogenisierung des begrifflich Dargestellten verbunden sind, denkt.

Heidegger besteht darauf, dass wir diesen Schritt vom Ereignis zur Form ins Auge fassen und dabei sehen, wie wir uns aus der Wirklichkeit unserer zeitlichen Existenz hinausstehlen. Wir haben uns dann zurückzuwenden auf das Geschehen unserer Existenz, auf unser Dasein als „das eigentliche Grundgeschehen, in dem das Existieren des Menschen und damit alle Problematik der Existenz selbst wesentlich wird".[59] Erst dann können wir die Aufgabe der Philosophie erfüllen, nämlich „aus dem faulen Aspekt eines Menschen, der bloß die Werke des Geistes" – also die Begriffe, die Bilder oder sonstige Formen der Darstellungen – „benutzt, gewissermaßen den Menschen zurückzuwerfen in die Härte seines Schicksals."[60]

Die Radikalität, mit der Heidegger hier das Reich der Formen als den „faulen Aspekt eines Menschen" diffamiert, zeigt auf der einen Seite eine Hellsichtigkeit für die Differenz aller Formen zur Wirklichkeit der Ereignisse und für die Beruhigung, die durch dieses Reich der Formen der unruhigen Seele des Menschen zuteil wird – eine Beruhigung, die die Kultur oder eben „die Werke des Geistes" als eine kollektive Gedankenlosigkeit, als Symptome des bloßen „Man", sehen lässt. Auf der anderen Seite aber wird damit Kulturkritik zu einem Pauschalunternehmen, das keinerlei Differenzierungen in Bezug auf gelungene oder misslungene, angemessene oder unangemessene Formen mehr benötigt. Es ist dies eine Kritik an der Kultur schon als solcher, die bloße Behauptung der Differenz ohne Differenzierungen.

Eine solche Kritik lässt sich jederzeit und überall und damit gegen jedermann richten, der sich überhaupt um einen Aufbau von Wissen und Verstehen, eine Ausbildung des Könnens, eine Abwägung des Urteilens bemüht. Seine philosophische Schärfe gewinnt dieser kritische Gestus alleine durch den ausdrücklichen Selbstbezug auf seine Radikalität. Denn mit ihm lässt sich jederzeit sagen, all die anderen Bemühungen der anderen seien nicht radikal genug. Nicht zuletzt die rhetorische Wucht, die solch radikalen Anwürfen zu eigen ist, mag viele Leser Heideggers mitgerissen und überzeugt haben – eben auch in Davos. Es ist dies eine Rhetorik des „nur dies und nichts anderes". Nichts anderes kann gelten, weil es nicht radikal genug gedacht ist. Radikal ist eben nur dies, was Heidegger mit dem Anspruch seiner Radikalität vorträgt.

Man kann Heideggers Kritik allerdings aus dieser mangelnden Bestimmtheit, in der sie zum reinen Gestus zu verkommen droht, hinausführen und ihr z. B. jene Bestimmtheit verleihen, die Lyotard ihr zukommen lässt. Macht Lyotard doch darauf aufmerksam, dass es sehr wohl einen allgemeinen Charakterzug gibt, den das Formdenken schon als solches aufweist. Es ist dies der Zug zu einer sich selbst abschließenden Totalität, zum Systemdenken. Dieses Denken beruft sich auf seine innere Folgerichtigkeit und auf die Vollständigkeit seiner Folgerungsmöglich-

---

59 So im Anhang zu Martin Heidegger, *Gesamtausgabe*. I. Abteilung: *Veröffentlichte Schriften 1910-1976*. Band 3. *Kant und das Problem der Metaphysik*. Frankfurt am Main [Vittorio Klostermann] 1991, S. 289.

60 Ebd., S. 291.

keiten. Für ein solches Denken ist etwas wahr oder überzeugend schon dann, wenn es sich innerhalb der Folgerungsmöglichkeiten des Systems zwingend ergibt – also, wie die traditionelle Formulierung lauten könnte, aus begrifflichen oder logischen Gründen wahr ist. Ein solches, wie Cassirer sagen würde, „metaphysisches"[61] System erzeugt seine Begründungen intern und besteht zugleich darauf, dass die Momente, die ihm extern bleiben, keine Wahrheit beanspruchen können. Dieser behaupteten und praktizierten Ausschließlichkeit wegen nennt Lyotard ein solches System eine Totalität. Und weil diese Totalität sich durch ihr Begründungsdenken definiert, spricht er von einer „logischen Totalität" und ihren Legitimationen.

Dem Formdenken wird diese Totalitarisierung angelastet, weil mit dem Übergang vom Ereignis zur Form in der sprachlichen oder überhaupt symbolischen Darstellung des Ereignisses allseitige Verknüpfungen und Verknüpfungsformen ausgebildet werden, die jedes dargestellte Ereignis von vornherein in einen bestimmten Verknüpfungs- oder, wie Lyotard sagt, „Verkettungszusammenhang" zwingen. Ein solcher Verkettungszusammenhang fesselt den Blick dadurch, dass er alles als etwas im System, in seiner Totalität, zeigt. Der in die Totalität der Verkettungszusammenhänge hineingezwungene Blick sieht aber nicht mehr nach außen. Wahrheit wird eine innere Angelegenheit, in die man niemanden sich einmischen lässt. Wahrheit wird zum Eigentum desjenigen, der das System beherrscht. Dies ist die auf den Nationalsozialismus hin artikulierte Fortführung einer Kritik des Formdenkens, das sich auf Heidegger berufen kann, wenn man Heideggers Totalitätsanspruch aufbricht.

Ein zweites Motiv, das aus dem Heideggerschen Kontext herauszulösen sich lohnt, wird von Heidegger mit der Kantischen Rede von der „exhibitio originaria" in Verbindung gebracht. Diese „exhibitio", die Kant im Zusammenhang mit der „Einbildungskraft des Schematismus" erwähnt, wird von Heidegger in ihrer Bedeutung ausgeweitet als die „Originalität [...] des freien Sichgebens, worin eine Angewiesenheit auf ein Hinnehmen liegt." Es ist dieses Sichgeben und Hinnehmen, das Heidegger betont. Darin zeigt sich für ihn die Endlichkeit des Menschen: „Der Mensch ist nie unendlich und absolut im Schaffen des Seienden

---

61 Vgl. dazu die Bemerkung Cassirers über die Philosophie, die sich angesichts der Erwartung, als „höchste Einheitsinstanz" unseres Wissens wie überhaupt unserer geistigen Orientierungen aufzutreten, zu einer „dogmatischen Metaphysik" entwickelt: „Aber die dogmatischen Systeme der Metaphysik befriedigen diese Erwartung und Forderung nur unvollkommen. Denn sie selbst stehen zumeist noch mitten *in* dem Kampfe [...] sie vertreten trotz aller begrifflichen Universalität, nach der sie streben, nur *eine* Seite des Gegensatzes, statt diesen selbst in seiner ganzen Weite und Tiefe zu begreifen und zu vermitteln. Denn sie selbst sind zumeist nichts anderes als metaphysische Hypothesen eines bestimmten logischen oder ästhetischen oder religiösen Prinzips. Je mehr sie sich in die abstrakte Allgemeinheit dieses Prinzips einschließen, um so mehr schließen sie sich damit gegen einzelne Seiten der geistigen Kultur und gegen die konkrete Totalität ihrer Formen ab." (Ernst Cassirer, *Philosophie der symbolischen Formen*. Erster Teil: *Die Sprache*. A.a.O., S 11 f.)

selbst, sondern er ist unendlich im Sinne des Verstehens des Seins.“[62] Und dieses Verstehen des Seins ist im Sinne eines Sichgebens und Hinnehmens zu lesen.

Mit diesem Aspekt des Endlichkeitsmotivs stellt sich Heidegger gegen die philosophische Tradition, in der die Welt- und Selbsterzeugung bzw. die Welt- und Selbstsetzung das, was den Menschen als geistiges Wesen ausmacht, zuinnerst bestimmt. Hier ist nicht nur an Fichte zu denken. Die neuzeitliche Philosophie, soweit sie die menschliche Existenzform zu begreifen versucht, lässt sich insgesamt – vom *cogitans sum* Descartes' angefangen über die idealistische Subjektphilosophie bis hin zur Philosophie der „freien Persönlichkeit“ bei Ernst Cassirer – als eine Philosophie verstehen, in der die Selbstgestaltung, die Selbstsetzung sowohl die besondere Möglichkeit dieser Existenzform charakterisiert als auch deren Aufgabe und Ziel vorgibt. Cassirer bringt es auf die Formel: „Sie [die freie Persönlichkeit] ist nur dadurch Form, daß sie sich selbst ihre Form gibt“.[63] Und selbst da, wo – wie in der Substanzphilosophie – nicht die menschliche Existenzform, sondern der Seinscharakter aller Dinge das Thema der philosophischen Frage vorgibt, ist der Gedanke der Selbstsetzung als ein Grundmotiv unserer philosophischen Tradition zu finden. Der bis auf die Stoa zurückgehende Lehrsatz Spinozas, nach dem die „wirkliche Wesenheit des Dinges selbst“ (ipsius rei actualis essentia) in dem „conatus“ besteht, „quo unaquaeque res in suo esse perseverari conatur“,[64] bringt dieses Motiv in eine einprägsame Formel.

Heideggers Punkt lässt sich – in einer ebenfalls formelhaften Weise – durch die Unterscheidung zum Ausdruck bringen, dass wir unserem eigentlichen Seinkönnen nicht dadurch gerecht werden, dass wir uns, in welcher Form auch immer, selbst setzen, sondern nur dadurch, dass wir uns dem Anderen unserer selbst aussetzen. Dabei ist allerdings auch zu sehen, dass dieses Andere im Kontext der Heideggerschen Philosophie, nicht *der* Andere ist, sondern *das* Andere. Heidegger entwirft nicht eine auf den anderen Menschen bezogene Philosophie, keine Philosophie der Selbstwerdung angesichts des anderen Menschen, dessen Anspruch mir schon, wie dies vor allem Emmanuel Lévinas hervorhebt,[65] in seiner Existenz und seinem Antlitz entgegentritt. Er selbst belässt das Andere, dem ich mich auszusetzen habe, in der Unbestimmtheit des Ereignisses, insofern dieses mich überhaupt aus der Alltäglichkeit des In-der-Welt-Seins heraushebt. Auch hier wäre der Heideggersche Kontext wieder aufzulösen und für eine Philosophie der menschlichen Andersheit, der konkreten Begegnung mit dem anderen Menschen – und zwar durchaus in der Alltäglichkeit unserer Lebenszusammenhänge – zu öffnen.

---

62 Martin Heidegger, *Gesamtausgabe*. I. Abteilung: *Veröffentlichte Schriften 1910-1976*. Band 3. *Kant und das Problem der Metaphysik* A.a.O., S. 280.

63 Ernst Cassirer, *Naturalistische und humanistische Begründung der Kulturphilosophie*. A.a.O., S. 249.

64 Spinoza, *Ethica Ordine Geometrico Demonstrata*. Pars Tertia, Propositio VII.

65 Vgl. dazu auch Paul Ricœur, *Das Selbst als ein Anderer*. Aus dem Französischen von Jean Greisch in Zusammenarbeit mit Thomas Bedorf und Birgit Schaaff. München [Wilhelm Fink Verlag] 1996 (Titel der französischen Originalausgabe: *Soi-même comme un autre*. Éditions du Seuil 1990). Eine intensive Auseinandersetzung mit Emmanuel Lévinas findet sich dort S. 403-409.

Das grundlegende Motiv Heideggers, dass nämlich eine Selbstwerdung nicht als Selbstsetzung, sondern als ein sich selbst der Andersheit des Anderen Aussetzen zu begreifen und alleine zu erreichen ist, bleibt gleichwohl ein zentraler Punkt gegenüber Cassirer.

8.2 Cassirers Philosophie der Form

Denn tatsächlich kann man Cassirers Philosophie insgesamt als eine Philosophie der Form und der Formung – der Formwerdung, der Formgebung und der Selbstformung – charakterisieren.[66] Cassirer selbst gibt denn auch auf die Frage Heideggers in Davos, welchen Weg der Mensch zur Unendlichkeit habe und wie die Art sei, auf die der Mensch an der Unendlichkeit teilhaben kann, eine entschiedene Antwort:

> „Nicht anders als durch das Medium der Form. Das ist die Funktion der Form, daß der Mensch, indem er sein Dasein in Form verwandelt, d. h. indem er alles, was Erlebnis in ihm ist, nun umsetzen muß in irgend eine objektive Gestalt, in der er sich so objektiviert, daß er damit radikal von der Endlichkeit des Ausgangspunktes zwar nicht frei wird (denn dieses ist ja noch bezogen auf seine eigene Endlichkeit), aber indem es aus der Endlichkeit erwächst, führt es die Endlichkeit in etwas Neues. Und das ist die immanente Unendlichkeit. Der Mensch kann nicht den Sprung machen von seiner eigenen Endlichkeit in eine realistische Unendlichkeit. Er kann aber und muß die Metabasis haben, die ihn von der Unmittelbarkeit seiner Existenz hineinführt in die Region der reinen Form. Und seine Unendlichkeit besitzt er lediglich in dieser Form."[67]

Aber auch hier sind Kontexte aufzulösen – allerdings eher Kontexte, in die Cassirer hineingerückt wird und die er selbst in seinem Denken nicht – oder eben nur durch seine sprachliche Assimilation an sie – entwickelt hat. Hier denke ich, wie gesagt, vor allem an den Kontext des Neukantianismus, der die Rezeption der Cassirerschen Philosophie als einer eigenständigen Konzeption bisher wohl am stärksten behindert hat. Trotz seiner sprachlichen Nähe zu Formulierungen und Formeln der Kantischen und Neukantianischen Philosophie sollte man Cassirer weder als Neukantianer noch als Kantianer lesen. Eine aufmerksame Lektüre der Cassirerschen Philosophie hat sich deren eigene Kontexte zu erschließen und insbesondere die Bedeutungsverschiebungen wahrzunehmen, die sich darin ergeben. Ich nenne nur vier Punkte.
(1) Für Cassirer ist es nicht ein universell identisches, ein überall und jederzeit in jedem Erkenntnisprozess identisches, transzendentales Subjekt, das unsere Erkenntnis konstituiert und deren Objektivität garantiert. Unsere Erkenntnis entwickelt sich für ihn vielmehr in den historischen Bemühungen der Individuen,

66 Diese Charakterisierung habe ich zum Leitmotiv meines Cassirer-Buches gewählt: Oswald Schwemmer, *Ernst Cassirer. Ein Philosoph der europäischen Moderne.* A.a.O. 1997.
67 Martin Heidegger, *Gesamtausgabe.* I. Abteilung: *Veröffentlichte Schriften 1910-1976.* Band 3. *Kant und das Problem der Metaphysik* A.a.O., S. 286.

die ihrerseits in ihren symbolischen Welten leben und denken. Die Universalität von Erkenntnis ist dabei durchaus ein Ziel – aber eines, das zu erreichen nicht garantiert ist und das sich im übrigen nur der individuellen Anstrengung, nämlich der Arbeit an der Sache und der Auseinandersetzung mit den anderen Erkenntnissen anderer, verdanken kann. Universalität als Ziel, Individualität als Weg – dies wäre eine Formel, die Cassirers Sicht prägnant fassen könnte. Cassirer selbst sagt:

> „Das Allgemeine, das sich uns im Bereich der Kultur, in der Sprache, in der Kunst, in der Religion, in der Philosophie enthüllt, ist daher stets zugleich individuell und universell. Denn in dieser Sphäre läßt sich das Universelle nicht anders als in der Tat der Individuen anschauen, weil es nur in ihr seine Aktualisierung, seine eigentliche Verwirklichung finden kann."[68]

(2) Ein zweiter Punkt betrifft eine benachbarte Frage, nämlich die nach der Einheit der Vernunft. Tatsächlich bieten die entsprechenden Äußerungen Cassirers ein verwirrendes Bild: Auf der einen Seite betont Cassirer unmissverständlich:

> „Jede echte geistige Grundfunktion hat mit der Erkenntnis den einen entscheidenden Zug gemeinsam, daß ihr eine ursprünglich bildende, nicht bloß eine nachbildenden Kraft innewohnt. [...] sie schließt eine selbständige Energie des Geistes in sich, durch die das schlichte Dasein der Erscheinung eine bestimmte ‚Bedeutung‘, einen eigentümlichen ideellen Gehalt empfängt. Dies gilt für die Kunst, wie es für die Erkenntnis gilt; für den Mythos wie für die Religion. [...] Keine dieser Gestaltungen geht schlechthin in der anderen auf oder läßt sich aus der anderen ableiten, sondern jede von ihnen bezeichnet eine bestimmte geistige Auffassungsweise und konstituiert in ihr und durch sie zugleich eine eigene Seite des ‚Wirklichen‘."[69]

Auf der anderen Seite hat Cassirer aber ebenso deutlich „auf ein allgemeines Problem hingewiesen: auf die Aufgabe nämlich einer *allgemeinen Systematik der symbolischen Formen*."[70] Er spricht von einem „System der symbolischen Formen"[71], von einer „philosophische[n] Systematik des Geistes"[72], von einem „System der

---

68 Ernst Cassirer, *Naturalistische und humanistische Begründung der Kulturphilosophie*. A.a.O., S. 249 f.

69 Ernst Cassirer, *Philosophie der symbolischen Formen*. Erster Teil. In: ECW Band 11. A.a.O., S. 7. Vgl. dazu auch die Formulierung in der Studie *Die Begriffsform im mythischen Denken* von 1922: „Die Sprache und die Religion, die Kunst und der Mythos besitzen je eine selbständige, von anderen geistigen Formen charakteristisch unterschiedene *Struktur* – sie stellen jede eine eigentümliche ‚Modalität‘ der geistigen Auffassung und der geistigen Formung dar." Jede dieser „Modalitäten" erweist sich „als ein eigentümliches Organ des Weltverständnisses und gleichsam der ideellen Weltschöpfung, das neben der theoretisch-wissenschaftlichen Erkenntnis und ihr gegenüber seine besondere Aufgabe und sein besonderes Recht hat." (In: ECW Band 16: Aufsätze und kleinere Schriften 1922-1926. Text und Anmerkungen bearbeitet von Julia Clemens, Hamburg [Felix Meiner Verlag] 2003, S. 8)

70 Ernst Cassirer, *Der Begriff der symbolischen Form im Aufbau der Geisteswissenschaften* (1923). In: ECW Band 16. A.a.O., S. 78.

71 Ernst Cassirer, *Zur Logik der Kulturwissenschaften. Fünf Studien*. Darmstadt [Wissenschaftliche Buchgesellschaft] 1971, S. 18.

72 Ernst Cassirer, *Philosophie der symbolischen Formen*. Erster Teil. *Die Sprache*. In: ECW Band 11. A.a.O., S. 12..

mannigfachen Äußerungen des Geistes"[73] oder auch von einer „Grammatik der symbolischen Funktion".[74] Liest man allerdings Cassirers Äußerungen zu der philosophischen Systematik oder Grammatik der symbolischen Funktion oder auch der symbolischen Formen in ihrem Zusammenhang, dann zeigt sich, dass Cassirer gerade nicht an eine theoretisch erzeugte Einheit denkt, die in einem philosophischen System geschaffen wird. Eine solche Einheit lehnt er mit dem Blick auf Hegel ausdrücklich ab.[75] Eine Einheit entsteht vielmehr alleine dadurch, dass alle „Gestaltungen" des Geistes Formen der Symbolisierung sind. Durch die Symbolisierung wird der Geist aber an historisch gewordene und höchst unterschiedliche Medien der Artikulation gebunden. Die Gemeinsamkeit dieser Medien besteht daher gerade in ihrer Historizität und Pluralität. Die Einheit der Vernunft kann daher weder wie bei Kant in der Einheit eines transzendentalen Subjekts gegründet noch wie bei Hegel in der Einheit eines dialektischen Systems erreicht werden. Will man überhaupt von einer Einheit der Vernunft reden, so muss man sie als einen Titel für die Möglichkeit und die Aufgabe verstehen, von einer symbolischen Form zu einer anderen überzugehen, sie dadurch kritisch und konstruktiv aufeinander zu beziehen, ohne sie in ihrer bleibenden Unterschiedlichkeit aufheben zu wollen.

(3) Damit erreichen wir einen dritten Punkt, der möglicherweise die größte Verwirrung gestiftet hat: die Hervorhebung des Handlungscharakters in unserer Erkenntnis, die wir sowohl bei Kant als auch bei Cassirer finden. Wo aber Kant von Verstandeshandlungen redet, meint Cassirer ein wirkliches Handeln in der Welt. Verstandeshandlungen sind für Kant normativ definierte und daher genau geregelte Formen unseres Denkens, die hinsichtlich ihres richtigen oder falschen Ablaufs nichts von historischer Kontingenz an sich haben. Das wirkliche Handeln in der Welt ist demgegenüber von seinem Anfang bis zu seinem Ende von Kontingenz durchdrungen. Zu behaupten, dass Cassirer darum schon als ein Kantianer gesehen werden sollte, weil auch er seine Philosophie auf dem Handeln des Menschen aufbaut, übersieht diesen fundamentalen Unterschied zwischen einer normativen und einer historischen Handlungskonzeption.

(4) Der vierte Punkt erscheint mir so offensichtlich, dass es schwerfällt zu verstehen, warum er nicht längst als ein entscheidender Unterschied zwischen der Philosophie Cassirers und den verschiedenen Spielarten des Kantianismus registriert worden ist. Wird Cassirer doch nicht müde zu betonen, dass am Ende „alles Denken wie alles sinnliche Anschauen und Wahrnehmen [...] auf einem ur-

---

73 Ebd., S. 19.
74 „Gelänge es, einen systematischen Überblick über die verschiedenen Richtungen dieser Art des Ausdrucks zu gewinnen – gelänge es, ihre typischen und durchgängigen Züge, sowie deren besondere Abstufungen und inneren Unterschiede aufzuweisen, so wäre damit das Ideal der ‚allgemeinen Charakteristik', wie Leibniz es für die Erkenntnis aufstellte, für das Ganze des geistigen Schaffens erfüllt. Wir besäßen alsdann eine Art Grammatik der symbolischen Funktion als solcher, durch welche deren besondere Ausdrücke und Idiome, wie wir sie in der Sprache und in der Kunst, im Mythos und in der Religion vor uns sehen, umfaßt und generell mitbestimmt würden." (Ebd., S. 16 f.)
75 Vgl. dazu ebd., S. 13-15.

sprünglichen Gefühlsgrund" ruht[76] und sieht er doch die Quelle der Kultur und damit aller symbolischen Formungen in dem Ausdrucksleben des Menschen, im ersten Augenblick der Umwandlung eines überwältigenden Eindrucks in die Form eines Ausdrucks. Immer wieder versucht Cassirer, diesen Augenblick in einer geradezu dramatischen Vergegenwärtigung zu fassen:

> „Indem der bloß tierische Schrecken zum Staunen wird, das sich in doppelter Richtung bewegt, das aus entgegengesetzten Zügen, aus Furcht und Hoffnung, aus Scheu und Bewunderung gemischt ist, indem auf diese Weise die sinnliche Erregung zum erstenmal einen Ausweg und einen *Ausdruck* sucht, steht der Mensch damit an der Schwelle einer neuen Geistigkeit."[77]

> „Wenn das Ich auf der einen Seite ganz einem momentanen Eindruck hingegeben und von ihm ‚besessen' ist, und wenn auf der anderen Seite die höchste Spannung zwischen ihm selbst und der Außenwelt besteht, wenn das äußere Sein nicht einfach betrachtet und angeschaut wird, sondern wenn es den Menschen jählings und unvermittelt, im Affekt der Furcht oder Hoffnung, im Affekt des Schreckens oder des befriedigten und gelösten Wunsches, überfällt, dann springt gewissermaßen der Funke über: die Spannung löst sich, indem die subjektive Erregung sich objektiviert, indem sie als Gott oder Dämon vor den Menschen hintritt. Hier stehen wir vor jenem mythisch-religiösen Urphänomen, das Usener durch den Begriff und Ausdruck des ‚Augenblicksgottes' festzuhalten versucht hat."[78]

Diese emotionale und expressive Fundierung unserer geistigen Leistungen und unserer Kultur fügt den Kantischen Erkenntnisdimensionen der Anschauung und der Begriffe nicht nur eine dritte Dimension hinzu, sondern verändert durch diese Hinzufügung die gesamte Konzeption: bricht sie auf durch die Einbeziehung in die emotionalen und expressiven Schichten unserer Existenz. In diesem Sinne kann Cassirer denn auch sagen:

> „Die Philosophie der symbolischen Formen richtet ihren Blick nicht ausschließlich und nicht in erster Linie auf das rein wissenschaftliche, exakte Welt*begreifen*, sondern auf alle Richtungen des Welt*verstehens*. Sie sucht dieses letztere in seiner Vielgestaltigkeit, in der Gesamtheit und in der inneren Unterschiedenheit seiner Äußerungen zu erfassen."[79]

Dies ist nun wahrlich kein Neukantianismus mehr!

Was sein Verhältnis zu Kant angeht, so hat Cassirer selbst in einem visuellen Arrangement eine Formel geprägt, die man auch auf sein Verhältnis zum Neukantianismus übertragen kann. Sein Kant-Buch beginnt mit eben diesem Arrangement, mit dem Blick Goethes auf Kant:

---

76 Ernst Cassirer, *Philosophie der symbolischen Formen. Zweiter Teil. Das mythische Denken.* In: ECW Band 12. A.a.O., S. 112.

77 Ebd., S. 93.

78 Ernst Cassirer, *Sprache und Mythos. – Ein Beitrag zum Problem der Götternamen* (1925). In: ECW Band 16. A.a.O., S. 257.

79 Ernst Cassirer, *Philosophie der symbolischen Formen.* Dritter Teil: *Phänomenologie der Erkenntnis.* In: ECW Band 13. A.a.O., S. 14.

„Goethe hat einmal im Hinblick auf Kant das Wort gesprochen, daß alle Philosophie geliebt und gelebt werden müsse, wenn sie für das Leben Bedeutsamkeit gewinnen wolle."[80]

Es ist dieser Blick Goethes auf Kant, der auch Cassirers Blick ist. Es ist der Blick
auf eine Philosophie, die das ganze Lieben und Leben des Menschen zu erfassen
versucht und die sich daher auch den emotionalen und expressiven Dimensionen
dieses Lebens zuwendet.

8.3 Ereignis und Form.
Der Davoser Disput in fortführender Perspektive

Damit sind wir bei dem Motiv, das – und zwar auch hier nicht ohne Ambivalenz
– Cassirers Philosophie in die Davoser Disputation einbringt und das von Heidegger nicht verstanden wurde, weil er in Cassirer nur den Neukantianer sah.
Während Heidegger als der Philosoph des Ereignisses gelesen werden kann, kann
man Cassirer als den Philosoph der Form verstehen. Für Heidegger heißt Philosophie der Form von vornherein: Philosophie der Versteinerung, der Verfestigung, der Selbstbestimmung und bleibenden Bestimmtheit, die sich gegenüber
dem eigentlichen Seinkönnen verschließt. Tatsächlich gibt es die Formulierungen, in denen Cassirer von „Halt und Dauer",[81] von „Ruhe-"[82] oder „Stützpunk-
ten"[83] redet, die durch die Symbolisierung geschaffen werden, und auch davon,
dass „sich [...] aus dem Strom des Bewußtseins bestimmte gleichbleibende
Grundgestalten teils begrifflicher, teils rein anschaulicher Natur heraus[heben]"
und dass „an die Stelle des verfließenden Inhalts [...] die in sich geschlossene und
in sich beharrende Einheit der Form" tritt.[84]
        Für Cassirer ist aber diese „in sich geschlossene und in sich beharrende Einheit
der Form" nicht ein Abschluss gegen Veränderungen und gegen das Eingehen auf

---

80 Ernst Cassirer, *Kants Leben und Lehre* (1918). In: ECW Band 8. Text und Anmerkungen bearbeitet von Tobias Berben. Hamburg [Felix Meiner Verlag] 2001, S. 1.
81 Ernst Cassirer, *Philosophie der symbolischen Formen. Dritter Teil. Phänomenologie der Erkenntnis.*
   In: ECW Band 13. A.a.O., S. 120: „Die Kraft der *Sprache* erst ist es, was seinen [sc. des Mythos]
   Gebilden Halt und Dauer verleiht. [...] Erst die Sprache gibt jene Möglichkeit des Wiederfindens
   und Wiedererkennens [...]."
82 Ernst Cassirer, *Philosophie der symbolischen Formen. Erster Teil. Die Sprache.* In: ECW Band 11.
   A.a.O., S. 44 f.: „Alles Bewußtsein stellt sich uns in der Form des zeitlichen Geschehens dar –
   aber mitten in diesem Geschehen sollen sich nun bestimmte Bereiche von ‚Gestalten' herausheben. [...] Alle diese Gebilde erscheinen gleichsam noch dem lebendigen, sich ständig erneuernden
   Prozeß des Bewußtseins unmittelbar angehörig: und doch herrscht in ihnen zugleich das geistige
   Bestreben, in diesem Prozeß bestimmte Halt- und Ruhepunkte zu gewinnen. So bewahrt in ih-
   nen das Bewußtsein den Charakter des stetigen Fließens; – aber es verfließt dennoch nicht ins
   Unbestimmte, sondern gliedert sich selbst um feste Form- und Bedeutungsmittelpunkte."
83 Ernst Cassirer, *Philosophie der symbolischen Formen. Zweiter Teil: Das mythische Denken.* In:
   ECW Band 12. A.a.O., S. 39.
84 Ernst Cassirer, *Philosophie der symbolischen Formen. Erster Teil: Die Sprache.* In: ECW Band 11.
   A.a.O., S. 20.

Anderes, sondern vielmehr gerade die Bedingung dafür. Dies ist eine der Heideggerschen Philosophie, insbesondere aber auch der Lebensphilosophie Simmels
und ihrer Klage über die „Tragödie der Kultur",[85] diametral entgegensetzte Konzeption. Auch wenn Heideggers Philosophie sicher nicht der Lebensphilosophie
zuzurechnen ist, teilt sie mit dieser doch die Überzeugung, dass die geistigen und
kulturellen Formen, insofern und weil sie uns „Ruhe- und Stützpunkte" bieten,
uns gegenüber unserem eigentlichen Seinkönnen bzw. den Möglichkeiten, die
das erlebende Durchleben unseres Lebens uns eröffnet, verschließen.

Demgegenüber sieht Cassirer überhaupt erst dort, wo etwas zur Form geworden ist, die Möglichkeit zu gestalten, ein Leben des Geistes zu führen, Neues zu
schaffen und in all dem zur Freiheit einer verantworteten Selbstbestimmung zu
gelangen. Denn mit der Schaffung eines Formreiches, das für Cassirer immer ein
Reich der symbolischen Formen ist, kann das Leben des Geistes beginnen. Es
können neue Konfigurationen geschaffen und aufgelöst, miteinander in Verbindung gebracht und gegeneinander abgesetzt werden. Das Leben ohne Form bleibt
sich selbst verborgen.

> „Eine Selbst*erfassung* des Lebens ist nur möglich, wenn es nicht schlechthin in sich
> selbst *verbleibt*. Es muß sich selber Form geben; denn eben in dieser ,Andersheit'
> der Form gewinnt es, wenn nicht seine Wirklichkeit, so doch erst seine
> ,Sichtigkeit'."[86]

Oder mit einer anderen Formulierung:

> „Als der Grundzug alles menschlichen Daseins erscheint es, daß der Mensch in der
> Fülle der äußeren Eindrücke nicht einfach aufgeht, sondern daß er diese Fülle bän-
> digt, indem er ihr eine bestimmte *Form* aufprägt, die letzten Endes aus ihm selbst,
> aus dem denkenden, fühlenden, wollenden Subjekt herstammt."[87]

Diese Formbildung nimmt eine, wie Cassirer sagt, „Richtung auf das Unendli-
che",[88] kommt nie zu einem Ende und hält uns damit in einer geistigen Lebens-
bewegung, die nie abgeschlossen wird und sich nie gegenüber dem Neuen ab-
schließt. Es ist diese Unendlichkeit, die Cassirer in seiner Berufung auf die „immanente Unendlichkeit" des Menschen[89] Heidegger entgegenhält und deren Bewegung durch Heideggers Philosophie für Cassirer abgebrochen wird. Dabei ist

---

85 Vgl. dazu den Essay Georg Simmels *Der Begriff und die Tragödie der Kultur*. In: Georg Simmel,
Philosophische Kultur. Gesammelte Essais (1911). Jetzt in: Ders., *Hauptprobleme der Philosophie.
Philosophische Kultur*. Hg. von Rüdiger Kramme und Otthein Rammstedt. Gesamtausgabe. Hg.
von Otthein Rammstedt. Band 14. Frankfurt am Main [Suhrkamp Verlag] 1996, S. 385-416.
Cassirer äußert sich zu diesem Aufsatz Simmels in *Zur Logik der Kulturwissenschaften*. A.a.O.,
Fünfte Studie. Die „Tragödie der Kultur", S. 103-127.

86 Ernst Cassirer, *Philosophie der symbolischen Formen*. Dritter Teil: *Phänomenologie der Erkenntnis*.
In: ECW Band 13. A.a.O., S. 45.

87 Ernst Cassirer, *Naturalistische und humanistische Begründung der Kulturphilosophie*. A.a.O.,
S. 247.

88 Ebd., S. 248.

89 Martin Heidegger, *Gesamtausgabe*. I. Abteilung: *Veröffentlichte Schriften 1910-1976*. Band 3.
Kant und das Problem der Metaphysik A.a.O., S. 286.

diese Unendlichkeit für Cassirer nicht im Sinne einer immer weiter fortgeführten Selbstermächtigung oder Selbststeigerung (in welcher Form auch immer) zu verstehen:

> „Was der Mensch vollzieht, ist die *Objektivierung*, die Selbstanschauung auf Grund der theoretischen, der ästhetischen, der ethischen Formung. Sie stellt sich schon in den ersten Äußerungen der Sprache dar, und sie entfaltet sich immer reicher und vielfältiger in der Poesie, in der bildenden Kunst, in der religiösen Anschauung, im philosophischen Begriff. All dies drückt die eigentümliche Fähigkeit und Fertigkeit des Menschen aus, seine ‚capacitas infinita‘, um es mit einem Wort des Comenius zu bezeichnen. Aber diese ‚capacitas infinita‘, diese Richtung auf das Unendliche, schließt zugleich eine strenge Selbstbegrenzung in sich. Denn alle Form verlangt ein bestimmtes Maß und ist in ihrer reinen Erscheinung an dasselbe gebunden. Das Leben kann rein aus sich heraus, als bloßes frei dahinströmendes Leben, keine Form erzeugen; es muß sich zusammenfassen und sich gewissermaßen in einen bestimmten Punkt zusammennehmen, um der Form teilhaftig zu werden."[90]

Was Cassirer hier einigermaßen abstrakt und formelhaft zum Ausdruck bringt, führt uns zu dem in meinen Augen tiefsten Motiv seines Denkens überhaupt und damit auch zu der entscheidenden Differenz zu Heidegger. Die Selbstbegrenzung, von der Cassirer redet, ist auf der einen Seite ein inneres Moment der Selbstgestaltung und gehört in diesem Sinne zum Begriffsfeld der Selbstsetzung, gegen das Heidegger auf das freie Sichgeben und Hinnehmen als den Weg zum eigentlichen Seinkönnen hinweist. Auf der anderen Seite gründet die Selbstbegrenzung im Verhältnis der Personen zueinander und in den wechselseitigen Ansprüchen, die in und mit diesem Verhältnis entstehen. Diese zweite Seite ist es, auf die es hier ankommt.

Cassirer bezeichnet es in der Davoser Disputation selbst als seinen entscheidenden Punkt – und übrigens als das gemeinsame Zentrum in den gegensätzlichen Positionen von Martin Heidegger und ihm selbst –, dass in der „Welt des objektiven Geistes", also der Welt der Formen, die der Mensch geschaffen hat und in der er sein geistiges Leben führt, eine „Brücke von Individuum zu Individuum geschlagen ist. [...] Vom Dasein aus spinnt sich der Faden, der durch das Medium eines solchen objektiven Geistes uns wieder mit anderem Dasein verknüpft. Und ich meine, es gibt keinen anderen Weg von Dasein zu Dasein als durch diese Welt der Formen."[91]

Im Rahmen der Disputation spricht Cassirer von diesem Weg lediglich als dem Weg des Sichverstehens. In seinem philosophischen Gesamtkonzept aber[92]

---

90 Ernst Cassirer, *Naturalistische und humanistische Begründung der Kulturphilosophie.* A.a.O., S. 248.

91 Martin Heidegger, *Gesamtausgabe.* I. Abteilung: *Veröffentlichte Schriften 1910-1976.* Band 3. *Kant und das Problem der Metaphysik* A.a.O., S. 292 f.

92 Die drei Bände seiner *Philosophie der symbolischen Formen* (1923, 1925, 1929) sind zum Zeitpunkt der Disputation geschrieben und erschienen, dazu auch *Individuum und Kosmos in der Renaissance* (1928). Teile seiner Auseinandersetzung mit der Lebensphilosophie sind ebenfalls geschrieben oder konzipiert, wenn auch noch nicht veröffentlicht. Vgl. hier vor allem die unter dem Titel *Zur Metaphysik der symbolischen Formen* 1928 geschriebenen Texte ‚Geist‘ und ‚Leben‘

ist das Sichverstehen eingebunden in einen grundlegenderen Zusammenhang, nämlich in den Zusammenhang des Verhältnisses, in dem wir als Personen zueinander stehen und in dem wir einander begegnen. Auch dieses Personenverhältnis wird über das Reich der Formen vermittelt. Indem wir etwas zum Ausdruck bringen, präsentieren wir uns in diesem Ausdruck den anderen gegenüber. Das, was wir als Personen anderen gegenüber sind, ist das, was wir ihnen gegenüber zum Ausdruck gebracht haben. Allgemein formuliert Cassirer es als „Grundregel, die alle Entwicklung des Geistes beherrscht: daß der Geist erst in seiner *Äußerung* zu seiner wahrhaften und vollkommenen Innerlichkeit gelangt."[93]

Die Beziehung auf andere, die in dieser Grundregel nicht thematisiert wird, bringt eine zusätzliche Dimension ins Spiel. Es ist dies die Dimension des Versprechens, in der sich Moral und Recht entwickeln. Weil die Formen, in denen wir uns präsentieren, unser Sein für andere sind, sind sie auch das, woran andere sich alleine halten können, wenn sie sich auf uns beziehen. Mit unseren Präsentationsformen stellen wir uns auf der einen Seite den anderen vor, geben wir uns auf der anderen Seite ihnen aber auch preis. Was wir einmal gesagt oder getan haben, bleibt ein Teil unseres Seins für andere, auch wenn es vergeben oder vergessen werden sollte. Mit unseren Präsentationsformen sagen wir, wer wir sind. In diesem Sinne sind diese Präsentationsformen ein Versprechen, dass wir das sind, was wir zum Ausdruck gebracht haben, und dass wir daher auch als diejenigen, als die wir uns zum Ausdruck gebracht haben, in Anspruch genommen werden können.[94]

Mit diesem Wechselverhältnis von Versprechen und Anspruch ist eine Beziehung zwischen Personen gegeben, die letztlich in unserem Personsein als solchem gründet. Denn nur, weil wir Personen sind und nicht Dinge, können wir etwas versprechen und können wir aneinander Ansprüche stellen. Cassirer zitiert hier Nietzsche: „*Nietzsche* [...] hat einmal gesagt, die rechte Erklärung des Menschen sei die, daß der Mensch ein Tier sei, das *versprechen* kann."[95] Schon in unserem Personsein als solchem gegründet, gehört diese Beziehung zur Form zu unserer personalen Existenz, ist sie ein Formverhältnis zwischen Personen. Damit ist

---

und *Das Symbolproblem als Grundlage der philosophischen Anthropologie* (in: ECN Band 1. A.a.O., S. 3-109) und den Aufsatz „*Geist*" und „*Leben*" in der Philosophie der Gegenwart (1930); jetzt in: Ernst Cassirer, *Geist und Leben. Schriften zu den Lebensordnungen von Natur und Kunst, Geschichte und Sprache*. Hg. von Ernst Wolfgang Orth. Leipzig [Reclam Verlag] 1993, S. 32-60)

93 Ernst Cassirer, *Philosophie der symbolischen Formen*. Zweiter Teil: *Das mythische Denken*. In: ECW Band 12. A.a.O., S. 231.

94 Vgl. dazu die ausführlichere Darstellung in Oswald Schwemmer, *Ernst Cassirer. Ein Philosoph der europäischen Moderne*. A.a.O., S. 153 ff.

95 Ernst Cassirer, *Vom Wesen und Werden des Naturrechts* (1932). In: ECW Band 18: *Aufsätze und kleinere Schriften (1932-1935)*. Text und Anmerkungen bearbeitet von Ralf Becker. Hamburg [Felix Meiner Verlag] 2004, S. 223. Cassirer spielt hier auf Nietzsches Schrift *Zur Genealogie der Moral* an. Dort heißt es am Anfang der zweiten Abhandlung „*Schuld*", „*Schlechtes Gewissen*" und *Verwandtes*: „Ein Tier heranzuzüchten, das *versprechen darf* – ist das nicht gerade jene paradoxe Aufgabe selbst, welche sich die Natur in Hinsicht auf den Menschen gestellt hat? ist es nicht das eigentliche Problem *vom* Menschen?" (Friedrich Nietzsche: *Werke in drei Bänden*. Hg. von Karl Schlechta. Zweiter Band. München [Carl Hanser Verlag] 1966, [7]1973, S. 799.

nicht gemeint, dass dieses Verhältnis immer und überall, wo Menschen aufeinander treffen, verwirklicht ist. Gemeint ist vielmehr, dass wir dieses Verhältnis verwirklichen müssen, wenn wir unser Menschsein als ein Personsein verstehen und leben wollen. Die Erkenntnis dieses Zusammenhangs begründet für Cassirer sowohl unsere moralischen Einsichten als auch unsere rechtlichen Normen. Diese Erkenntnis können wir gewinnen, wenn wir sehen, dass die Formen, die wir unserem Leben geben, die Ausdrucks- oder Präsentationsformen von Personen gegenüber Personen sind und dass wir unser Personsein nur – bis zur Ausbildung einer „freien Persönlichkeit" – entwickeln können, wenn und insofern wir unserem Leben eine Form geben. So sieht Cassirer denn auch als den höchsten Imperativ im Reiche der Moral den „Imperativ der reinen Form".[96]

Fügt man Cassirers Rede von der Selbstbegrenzung in dieses Formverständnis ein, das letztlich in den Formverhältnissen zwischen Personen gründet, dann löst sie ihre einseitige Zuordnung zur Haltung des sich selbst Setzens gegenüber der Haltung des sich selbst Aussetzens. Die Selbstbegrenzung wie die Selbstgestaltung überhaupt sind beides, Formen der Selbstpreisgabe und damit des sich Aussetzens und Formen des Selbstgewinns und auch der Selbsthabe, die in der Dichotomie von Setzen und Aussetzen der Seite der Setzung zugeteilt werden. Es zeigt sich hier aber, dass zumindest für Cassirer diese Dichotomie die Einseitigkeit bedeutet, die zu überwinden ist. Die Selbstgestaltung, die in den Formverhältnissen zwischen Personen geleistet und gelebt wird, kann als (versprechende) Setzung seiner selbst nur im sich Aussetzen gegenüber den (Ansprüchen der) anderen gelingen, und das sich Aussetzen kann nur dort zu einer Begegnung zwischen Personen werden, wo die Setzungen in der Präsentation dieser Personen vollzogen sind.

Schließlich wird damit auch ein Weg sichtbar, Ereignis und Form zusammen zu denken. Ist doch für Cassirer gerade die Formung – die Formung des eigenen Handelns, des eigenen Ausdrucks, der eigenen Werke und des eigenen Lebens – das Ereignis, in dem alleine die Formverhältnisse zwischen Personen ihre Wirklichkeit gewinnen – und zwar ein Ereignis in einem Sinne, in dem auch Jean-François Lyotard und mehr noch Emmanuel Lévinas von ihm reden könnten. Dass diese Zusammenführung Heideggerscher und Cassirerscher Motive keine glättende Einebnung radikaler Positionen und in diesem Sinne ein fauler Kompromiss ist, zeigt der nochmalige Blick auf die Formverhältnisse zwischen Personen, auf das Verhältnis von Versprechen und Ansprüchen und auf die Arbeit und Anstrengung, die die Formleistungen erfordern, über die alleine diese Versprechen und Ansprüche entstehen können.

Die Formverhältnisse zwischen Personen sind der Ausdruck einer Strenge, die sich das Gesagte und Getane nicht ausreden, sich daran messen und in Anspruch nehmen lässt, daran aber auch selbst misst und in Anspruch nimmt. Diese Strenge ist im übrigen nicht mit einer Starrheit zu verwechseln, mit der man ein für allemal in seinen Ansprüchen an dem einmal Gesagten und Getanen festhält. Sie

---

96 Ernst Cassirer, ECN Band 1. A.a.O., S. 192.

lässt sich als ein Prinzip verstehen in dem Sinne, dass der mit dem Personsein verbundene Charakter des Versprechens und der darauf bezogenen Ansprüche – die man unter dem traditionellen Begriffen der Würde auf der einen und der Achtung auf der anderen Seite fassen könnte – niemals übergangen werden darf. Diese Strenge ist durchaus verträglich mit der Anerkennung, ja mit der Erwartung, dass jeder Mensch immer neue Möglichkeiten hat, sich zu verändern. Denn auch dies bedeutet ja Personsein, dass mit diesem Sein ein Seinkönnen gemeint ist, welches sich in der Freiheit der eigenen Lebensführung entfaltet. So ist denn auch innerhalb dieser Strenge sehr wohl eine Vergebung nicht nur möglich, sondern sie findet in ihr sogar erst ihren Sinn als Ausdruck der Anerkennung des Personseins der Menschen, die als Personen fehlen und bereuen, sich gleich bleiben und sich verändern können.

Cassirer selbst liefert in seinem Text *Über Basisphänomene*, der in diesem Zusammenhang der entscheidende der bislang veröffentlichten Texte ist, einen Hinweis für ein Verständnis der Formverhältnisse zwischen Personen in diesem offenen Sinne, der auch die Vergebung und überhaupt die Veränderung in der Schätzung einer Person und in dem Verhalten ihr gegenüber mit einschließt. So sieht Cassirer die Existenz des Menschen in drei „Stufen" zu einem geistigen Leben herausgefordert – Heidegger würde hier von einem „Gerufensein" reden können –, das erst dann, wenn es alle Stufen durchschritten hat, seine Ganzheit finden kann. Die erste Stufe ist mit dem Urphänomen des Ich benannt als dem auf sich selbst gewendeten Bewusstsein, wie es in der Bewusstseinsphilosophie von Descartes bis Fichte thematisiert worden ist. Die zweite Stufe wird mit der Wendung „nach aussen, gegen andere" erreicht: „Dem Urphaenomen des Ich tritt das Urphaenomen der Liebe zur Seite [...]: das erkennt andere Wesen ‚neben' sich, ‚ausser' sich [...] an und setzt sich zu ihnen in ein tätiges Verhältnis [...] In diesem Bezug auf *andere* gewinnt der Mensch die erste Klarheit *über sich selbst*".[97] Auf der dritten Stufe schließlich findet die Objektivierung des Lebens im Werk statt: „Wie werden wir *andern* kenntlich? Nicht durch *uns selbst*, nicht durch das, was wir leben oder sind, sondern nur durch [...] das ‚Werk', das wir schaffen [...] und zwar als Handlung und Tat, als Wort und Schrift".[98]

Für den Zusammenhang unserer Überlegungen findet sich in dieser Konzeption der Basis- oder Urphänomene der entscheidende Hinweis darin, dass die beiden für sich selbst entweder in der Innerlichkeit des Bewusstseins oder in der Äußerlichkeit der Dinge und Geschehnisse abgeschlossenen Dimensionen unserer geistigen Existenz in der „mittleren" Dimension der Liebe, des Ich-Du-Verhältnisses, aufgebrochen und miteinander in Verbindung gebracht werden. Dass Cassirer nicht nur dem Umgang miteinander und auch nicht nur das Verstehen, sondern die Liebe als das Paradigma des Ich-Du-Verhältnisses anführt, lese ich als einen Hinweis darauf, die Strenge der Formverhältnisse zwischen Personen als offen für die Anerkennung des jeweils eigenen und damit anderen Selbstseins des

---

97 Ebd., S. 124.
98 Ebd., S. 125.

anderen Menschen und für das Belassen dieses anderen Selbstseins, die auch die Vergebung mit einschließt, zu verstehen.

Die Strenge, die den Formverhältnissen zwischen Personen zu eigen ist, bleibt gerade durch diese Öffnung auf Vergebung hin eine radikale Sicht – in einem Sinne von Radikalität allerdings, die sich in der Alltäglichkeit unseres Lebens verwirklicht und keinesfalls den solipsistischen Weg in die „Vereinzelung" gehen muss, wie er im „Vorlaufen zum Tode" von Heidegger gewiesen wird. Dass Cassirers Philosophie überhaupt mit einer radikalen Sicht in Verbindung gebracht werden kann, mag zunächst überraschen. Eine solche Sicht zeigt aber, dass der Versuch sich lohnt, die Davoser Disputation noch einmal aufzunehmen und neu zu führen: nämlich als eine verknüpfende Weiterführung der sie bewegenden Motive außerhalb des polemischen Kontextes, in dem es um die jeweils eigene Position und damit letztlich um den Sieg oder die Niederlage ging.

KAPITEL 5: FORM UND SINN

In den ersten Kapiteln unserer Überlegungen haben wir uns dem begrifflichen Rahmen gewidmet, in dem eine spezifisch kulturtheoretische Perspektive entwickelt und die Thematik der Kulturphilosophie ausgegrenzt werden kann. Die dabei gebildeten Rahmenbegriffe – Artikulation, Medium, Symbol und Form – stehen für einen jeweils charakteristischen Aspekt der Kultur, insofern diese zum Gegenstand einer besonderen wissenschaftlichen und philosophischen Untersuchung werden kann.

1 Der operative Aspekt der Kulturphänomene

Will man über diese Besonderheit des Zugangs zum vielfältigen Phänomen der Kultur eine Leitlinie der kulturtheoretischen Arbeit gewinnen, so bieten sich dafür als hervorstechende Merkmale ein eher operativer, d. i. auf das methodische Vorgehen bezogener, und ein eher signifikativer, d. i. auf die angezielten Gegenstände und Gegenstandsbereiche bezogener, Aspekt an. In diesem zweiten Teil unserer Überlegungen soll der operative Aspekt in den Blick gerückt werden.

Der operative Aspekt ergibt sich aus dem produktiven und produzierten Charakter der Kulturphänomene: Es gibt kein Kulturphänomen, das ohne die formende Tätigkeit eines Menschen entstanden ist. Diese Einsicht weist die Kulturphänomene als Artikulationsleistungen aus, nämlich als menschliche Äußerungen, die sich zu einer Form verdichten, über die sie für unser Erfassen und Verhalten eine Identität gewinnen. Und weiterhin gehört zu diesem produktiven und produzierten Charakter der Kulturphänomene, dass sie den Menschen in einer eigenen Form von Dinglichkeit gegenüber treten, dass sie – wie wir im zweiten Kapitel hervorgehoben haben – in den Medien der Artikulation eine eigene dingliche Existenz gewinnen.

Wendet man sich dem operativen Aspekt der Kulturphänomene zu, so rückt man damit die technische Seite der Formerzeugung ins Blickfeld: nämlich die Formprinzipien in den Artikulationsprozessen der Menschen. Der Weg der kulturtheoretischen Forschung führt daher nicht direkt zu den Artikulationsformen selbst, sondern zunächst einmal zu den verschiedenen Herstellungsweisen dieser Formen.

2 Das vorbewusste Formenreich

Hinter dieser indirekten Zugangsweise zu den Kulturphänomenen steht die
Überzeugung, dass noch vor allem explizierten und reflektierten Sinnzusammenhängen, vor aller Interpretation durch propositionale oder überhaupt symbolische
Explikationsformen sich schon längst ein Reich von Formen entwickelt hat, das
die Grundlage all unserer Orientierungs- und Artikulationsleistungen liefert. Dieses Formenreich ist nicht nur vorsprachlich, sondern auch vorbewusst. Wir bewegen uns in ihm und nutzen es, ohne es als ein eigenständiges Formenreich überhaupt zu bemerken. Susanne Langer spricht in diesem Zusammenhang von einem unbewussten Sinn für Formen, einer Tendenz, „das sensorische Feld in
Gruppen und bestimmte Muster von Sinnesdaten zu gliedern, Formen wahrzunehmen statt eine Flut von Lichteindrücken." Und sie nennt diesen Sinn für
Formen „die primitive Wurzel aller Abstraktion, die ihrerseits der Schlüssel zur
Rationalität ist"[1]:

> „Unsere reine Sinneserfahrung ist bereits ein Prozeß der Formulierung. Die Welt,
> die den Sinnen wirklich begegnet, ist ja keine Welt von ‚Dingen', an denen wir Tat-
> sachen entdecken sollen, sobald wir die dazu erforderliche logische Sprache kodifi-
> ziert haben; die Welt der reinen Sinnesempfindung ist so komplex, fließend und
> reich, daß bloße Reizempfindlichkeit nur das antreffen würde, was William James
> ‚eine blühende, schwirrende Konfusion'[2] genannt hat. Aus diesem Chaos müssen
> unsere Sinnesorgane bestimmte vorherrschende Formen auswählen, wenn sie Dinge
> und nicht bloß sich auflösende Sinnesempfindungen melden sollen. Auge und Ohr
> müssen ihre Logik [...] haben. Ein Objekt ist kein Sinnesdatum, sondern eine durch
> das sensitive und intelligente Organ gedeutete Form, eine Form, die gleichzeitig ein
> erlebtes Einzelding und ein Symbol für dessen Begriff, für diese Art von Ding ist."[3]

Worauf Susanne Langer hier hinweist, ist uns so vertraut, dass es auch für die
Philosophie zu dem üblicherweise Übersehenen gehört. Dass wir bereits in einem
Reich der Formen leben, bevor wir anfangen, überhaupt eine Form bewusst und
geplant zu erzeugen, zeigt sich in den alltäglichen Zusammenhängen unseres Lebens ständig und überall. Dass z. B. das Ablesen von Messergebnissen eine eigene
Formbildungsleistung ist, dürfte in keiner wissenschaftstheoretischen Abhandlung jemals der Erwähnung für Wert gehalten worden sein. Dass wir die Dinge
und Geschehnisse, die uns begegnen, nicht „an sich selbst" oder in ihrem „Wesen" erkennen, sondern zunächst einmal und jedenfalls immer auch als sinnlich
erfasste Konfigurationen, als Muster oder auch figürliche Abstraktionen wahrnehmen, hat zwar die Gestalttheorie hervorgehoben, verschwindet aber immer
wieder aus dem Kreis unserer alltäglichen Aufmerksamkeit.

---

1 Susanne K. Langer, *Philosophie auf neuem Wege. Das Symbol im Denken, im Ritus und in der Kunst.* A.a.O., S. 96.
2 William James, *Some Problems of Philosophy. A Beginning of an Introduction to Philosophy* (1911). New York [Greenwood Press] 1968, S. 50.
3 Susanne K. Langer, *Philosophie auf neuem Wege. Das Symbol im Denken, im Ritus und in der Kunst.* A.a.O., S. 95.

3 Die Methodik der Leiblichkeit

Das vorbewusst aufgebaute Formenreich entwickelt sich aus unserem leiblichen Weltverhältnis. Die vielfach verschränkte körperliche Bewegungsdynamik – angefangen von den Bewegungen unseres Körpers über unsere Gestik bis hin zu den feinmotorischen Bewegungen etwa unserer Hände oder den minimalen Bewegungskaskaden unserer Augen – lässt eine Vielfalt von Sinneseindrücken entstehen, die sich als noch gegenwärtige Erinnerungsspuren mit ihren Folge-Eindrücken verbinden und für unsere Wahrnehmung zu Formelementen oder Formen zusammenwachsen. Ohne hier den Einzelheiten dieses vielfach in der Philosophie und Psychologie untersuchten Phänomens nachzugehen, mag mit einer generellen Formulierung festgestellt werden, dass es ein zeitliches Gewebe, die vielschichtige Verknüpfung von Zeitmomenten ist, woraus sich in der „blühenden, schwirrenden Konfusion" der Welteindrücke ein zusammenhängendes Phänomen, ein Wahrgenommenes, herausbildet.

Dieses zeitliche Gewebe besitzt seine eigene Rhythmik, seine eigenen Strukturprinzipien, die vor allem in der Neurobiologie untersucht werden.[4] Aber auch dem unbewaffneten Blick des Phänomenologen zeigen sich die verschiedenen Variationen der wiederholenden Verstärkung oder der abbrechenden Abschwächung, der dadurch erzeugten Kontinuierung oder Kontrastierung, über die sich Formen entwickeln: Formen, die uns zum Wahrnehmen und überhaupt zum Erfassen von etwas befähigen. Damit wird die Art der jeweiligen zeitlichen Folgeverhältnisse zum formerzeugenden Grund in unserer sinnlichen Wahrnehmung und unserem leiblichen Weltverhältnis überhaupt. Wolf Singer spricht in diesem Zusammenhang von „einem synchron schwingenden Ensemble" der Nervenzellen, in dem sich die „Systemarchitektur" des Gehirns selbst organisiert.[5]

Diese zeitlichen Folgeverhältnisse, die wir von ihrer phänomenalen Seite her z. B. als Wiederholung oder Abbruch, als Variation oder Umkehrung beschreiben können, erzeugen eine eigene, sozusagen in der Methodik unserer Leiblichkeit angelegte Strukturierung des Wahrnehmens und des Wahrgenommenen. In der Sprache der Logik können wir diese Strukturierung durchaus im Sinne einer – und zwar einer sinnlichen – Abstraktion verstehen. Eben dies hat Susanne Langer, die übrigens vom Entwurf einer Logik der Formen her ihr philosophisches Konzept entwickelt hat, hervorzuheben versucht.

---

4 Wolf Singer, *Der Beobachter im Gehirn. Essays zur Hirnforschung.* Frankfurt am Main [Suhrkamp Verlag] 2002. Ders., *Ein neues Menschenbild? Gespräche über Hirnforschung.* Frankfurt am Main [Suhrkamp Verlag] 2003
5 Wolf Singer, *Ein neues Menschenbild? Gespräche über Hirnforschung.* A.a.O., S. 57 f.

4 Sinnliche Abstraktion und mittlere Allgemeinheit

Mit der Rede von einer sinnlichen Abstraktion und einer Methodik der Leiblichkeit ist ein Grundproblem der Erkenntnistheorie berührt, das in der philosophischen Tradition als Frage nach dem Verhältnis zwischen dem Besonderen und dem Allgemeinen immer wieder thematisiert worden ist. Immer wieder wurde dabei der Weg von der sinnlichen Wahrnehmung des konkreten Einzelnen bis zur Bildung von Allgemeinbegriffen beschritten und als die geistige Erzeugung einer immer weiter reichenden Verallgemeinerung dargestellt. Von Aristoteles[6] bis hin zur Entwicklungspsychologie Jean Piagets galt es dabei im allgemeinen als ausgemacht, dass die Wegrichtung unserer Welterkenntnis vorgezeichnet sei und es nur diese eine Richtung vom Besonderen zum Allgemeinen, vom konkreten Individuellen zum abstrakten Generischen gäbe. Und selbst der idealistische Protest gegen ein zu einfaches, nämlich in dieser Weise lineares Verständnis des Verhältnisses zwischen Besonderem und Allgemeinen suchte gewöhnlich den Beginn seines komplexeren Denkweges in der sinnlichen Gewissheit des konkreten Einzelnen – auch wenn das Bewusstsein dieser sinnlichen Gewissheit, wie bei Hegel, sich nur bis einem abstrakten Dieses, das ist, artikuliert.[7] Dass das konkrete Einzelne gerade nicht das Erste ist, was wir erkennen, sondern ein, wie man sagen könnte, mittleres Allgemeines, formulierte mit großer Hellsichtigkeit Henri Bergson bereits 1896 in seinem Buch über Materie und Gedächtnis:

> „Es scheint also demnach, daß wir weder mit der Wahrnehmung des Individuums noch mit der begrifflichen erfassenden Art anfangen, sondern mit einer dazwischen liegenden Erkenntnis, mit einem verworrenen Gefühl der *hervorstechenden Eigenschaft* oder der Ähnlichkeit: dieses Gefühl, gleichweit entfernt von der völlig begriffenen Allgemeinheit wie von der deutlich wahrgenommenen Individualität, erzeugt sie beide durch eine Dissoziation. Die gedankliche Analyse läutert es zum Allgemeinbegriff; das unterscheidende Gedächtnis verdichtet es zur Wahrnehmung des Individuellen.
> [...] Es ist das Gras *im Allgemeinen*, das den Pflanzenfresser anzieht: die Farbe und der Duft des Grases, als Kräfte gefühlt und erlebt (wir gehen nicht soweit zu sagen: als Eigenschaften oder Arten gedacht), sind die einzigen unmittelbaren Begebenheiten seiner äußeren Wahrnehmung."[8]

---

6 Vgl. dazu etwa den Anfang der Metaphysik. Aristoteles schreibt dort, dass die Sinneswahrnehmungen „die bestimmteste Kenntnis des Einzelnen" geben (Aristoteles, *Metaphysik* 981b13) und es dann der Kunst zufällt, „aus vielen durch die Erfahrung gegebenen Gedanken eine allgemeine Annahme über das Ähnliche" zu bilden (ebd., 981a6f.). Die „ersten Ursachen und Prinzipien" hat dann die Weisheit herauszufinden.

7 Vgl. dazu Georg Wilhelm Friedrich Hegel, *Phänomenologie des Geistes* (A.) *Bewußtsein. I. Die sinnliche Gewißheit, das Dieses und das Meinen.*

8 Henri Bergson, *Materie und Gedächtnis. Eine Abhandlung über die Beziehung zwischen Körper und Geist.* Mit einer Einleitung von Erik Oger. Text als Nachdruck der 1919 in Jena [Eugen Diederichs Verlag] erschienenen Übersetzung von Julius Frankenberger. Hamburg [Felix Meiner Verlag] 1991, S. 154.

In einem großen Bogen, den Bergson „vom Mineral zur Pflanze, von der Pflanze zu den einfachsten bewussten Wesen" und schließlich auch „vom Tier zum Menschen" spannt, fasst er noch einmal zusammen:

> „Kurz, wir können [...] vom Tier zu Menschen die Entwicklung des Prozesses verfolgen, durch den die Dinge und die Wesen aus ihrer Umgebung herausgreifen, was sie anzieht, was sie praktisch interessiert, ohne daß sie es nötig hätten zu abstrahieren, einfach weil die übrige Umgebung sie nichts angeht: diese Identität der Rückwirkung auf Wirkungen, die nur oberflächlich verschieden sind, ist der Keim, welchen das menschliche Bewußtsein zu Allgemeinbegriffen entwickelt."[9]

Was Bergson hier im intuitiven Vorgriff formuliert, wird vor allem durch die Gestaltpsychologie und – deutlich später – durch sprachtheoretische und -psychologische Untersuchungen wie etwa durch die Prototypentheorie von Eleanor Rosch[10] empirisch fundiert. Das anschauliche Welterfassen zeigt sich in diesen Untersuchungen als ein aktives Gestalten, als ein ständiger Prozess der Konfiguration, der Musterbildung und Mustererfassung. Im Wechselverhältnis zwischen den verschiedenen – physischen, sozialen und symbolischen – Umgebungen der Menschen und der konfigurierenden Erfassung dieser Umgebungen bilden sich Muster heraus, die uns das Wahrgenommene identifizieren lassen. Ob diese Musterbildung, wie Bergson meint, sich einer praktischen Interessenlage verdankt, mag hier dahingestellt bleiben. Für unsere Überlegungen ist entscheidend, dass die wahrgenommene Welt sich für uns über ein Gewebe anschaulicher Muster erschließt.

5 Primäre Formbildung

Dass sich uns die Welt über eine Mustererkennung erschließt, soll nicht heißen, dass wir unsere Weltwahrnehmung einfach hin als Mustererkennung beschreiben können. Vielmehr ist zu sehen, dass die Mustererkennung ein notwendiges Element jeglicher Wahrnehmung darstellt, nicht aber die ganze Wahrnehmung ausmacht. Am ehesten wird man die Mustererkennung als die übliche Form alltäglicher Weltzuwendung darstellen können, die ohne eine besondere Aufmerksamkeit unser alltägliches Wahrnehmungsleben charakterisiert. Es ist die anonyme Form unseres Wahrnehmens, die uns vor aller Aufmerksamkeit auf besondere Einzelheiten oder auch Konfigurationen in unserem – räumlichen und zeitlichen – Wahrnehmungsfeld die anschauliche Weltwirklichkeit gegenwärtig hält. Von ihr spricht Bergson, wenn er darauf hinweist, dass zunächst „das Gras im Allgemeinen" und damit „die Farbe und der Duft des Grases" im Allgemeinen wahr-

---

9 Henri Bergson, op.cit., S. 155.
10 Vgl. z. B.: Eleanor Rosch, *Principles of Categorization*. In: Eleanor Rosch/Barbara L. Lloyd (eds.), *Cognition and Categorization*. Hillsdale, N. J. [Lawrence Erlbaum Associates] 1978, S. 27-48. Eine informative Zusammenfassung der Prototypentheorie findet sich in: George Lakoff, *Women, Fire, and Dangerous Things. What Categories Reveal about the Mind*, Chicago/London [The University of Chicago Press] 1987, S. 58-67.

genommen wird, bevor – und hier kann das menschliche Bewusstsein seine Differenz zur tierischen Wahrnehmung realisieren – die besondere Tönung der Farben und der Düfte, das besondere Bild, das sich daraus ergibt, sich für die Aufmerksamkeit einer verweilenden Betrachtung öffnet.

Beides, die detaillierende Betrachtung der Einzelheiten und die komponierende Erfassung von anschaulichen Verhältnissen zwischen diesen Einzelheiten, ist von der anfänglichen Mustererkennung her zu leisten. Es ist so nicht nur eine Richtung, in die der Weg zu einer individuellen Artikulation unserer Weltwahrnehmung führt. Vielmehr wird diese Artikulation in zwei Richtungen erreicht: einmal in der Beachtung von Nuancen und dem Erkennen von Einzelheiten und zum anderen in der Entdeckung von Strukturen und anschaulichen Zusammenhängen.

In einer nur auf den Allgemeinheitsgrad ausgerichteten Betrachtung führen diese beiden Wege in entgegengesetzte Richtungen. Tatsächlich zeigt ein Blick auf unsere Wahrnehmung aber, dass mit einer stärkeren Nuancierung auch eine deutlichere Strukturierung möglich wird und dass umgekehrt durch eine strukturierende Sicht viele Nuancen überhaupt erst entdeckt werden. Dieses Verhältnis von Nuance und Struktur, von Detail und Ganzem wird uns im nächsten Kapitel noch beschäftigen. Für die gegenwärtige Darstellung der anonymen Formbildung in der anfänglichen Mustererkennung in unserer Wahrnehmung können wir festhalten, dass wir vor aller individueller Artikulation, die wir als eine eigene Leistung zu erbringen haben, in einem ständigen Prozess der Formbildung leben. Durch diese anonyme Formbildung wird unsere Weltwahrnehmung vor aller besonderen Aufmerksamkeit bereits durch ein Reich der Formen orientiert.

Diese Form des Orientiertwerdens durch die, wie wir sagen können, primäre Formerzeugung in unserer Wahrnehmung wird von Susanne Langer eindringlich beschrieben:

„Es zeigt sich also, daß die Bedingungen der Rationalität tief in unserer rein animalischen Erfahrung liegen – in unserer Wahrnehmungsfähigkeit, in den elementaren Funktionen unserer Augen, Ohren und Finger. Das geistige Leben beginnt schon mit unserer physiologischen Konstitution. Ein wenig Nachdenken macht einsichtig, daß, da jede Erfahrung einmalig ist, die sogenannten ‚wiederholten‘ Erfahrungen in Wirklichkeit analoge Vorkommnisse sind, die sämtlich in eine Form passen, welche durch Abstraktion bei der ersten Gelegenheit gewonnen wurde. Die Vertrautheit von Phänomenen ist nichts weiter als die Eigenschaft, daß etwas sehr genau in die Form einer früheren Erfahrung paßt. Unsere angeborene Gewohnheit, Eindrücke zu hypostasieren, Dinge und nicht Sinnesdaten zu sehen, beruht, glaube ich, darauf, daß wir prompt und unbewußt aus jeder Sinneserfahrung eine Form abstrahieren und uns dieser bedienen, um die Erfahrung als ein Ganzes, als ‚Ding‘ zu begreifen."[11]

---

11 Susanne K. Langer, *Philosophie auf neuem Wege. Das Symbol im Denken, im Ritus* und *in der Kunst.* A.a.O., S. 96.

Die Beziehung zwischen den Sinnesdaten und dem Ding, die durch die Formerzeugung in unserer Wahrnehmung hergestellt wird, ist die in der philosophischen Diskussion immer wieder thematisierte Beziehung zwischen „Wort und Gegenstand", durch die in der referenztheoretischen Konzeption die Bedeutung eines Eigennamens und letztlich auch eines Begriffs definiert wird. So formuliert Susanne Langer denn auch:

> „Bedeutung aber wächst wesentlich *Formen* zu [...]. Wenn die Gestaltpsychologen nicht recht hätten in ihrer Überzeugung, daß Gestaltung zur Natur der Wahrnehmung selbst gehört, so wüßte ich nicht, wie der Hiatus zwischen Wahrnehmen und Begreifen, sinnlichem und geistigem Organ, chaotischem Reiz und logischer Antwort, je überbrückt und geschlossen werden sollte. Ein Geist, der in erster Linie mit Bedeutungen arbeitet, muß Organe haben, die ihn in erster Linie mit Formen versorgen."[12]

6 Sinn und Verweisung

Über diese Bedeutungsdimension hinaus wird mit der primären Formbildung noch eine weitere Dimension eröffnet, die ich die Sinndimension nennen möchte. Denn mit der Erzeugung von Formen in den verschiedenen Sinnesfeldern ergibt sich auch eine Beziehung zwischen diesen Formen und den je nach dem jeweiligen Wahrnehmungssinn verschiedenen Formbereichen. Diese Beziehungen lassen sich auf vielfache Weise und jedenfalls als Verhältnisse der Einheitlichkeit oder Verschiedenheit, der Ähnlichkeit oder Unähnlichkeit beschreiben.

Jede Form lässt sich auf diese Weise in einer Beziehung zu allen anderen Formen sehen und steht damit in einem Gefüge von Verweisungen zwischen den Formen. Eben dieses Verweisungsgefüge ist ein Sinngefüge, ein Gefüge unabschließbarer Verweisungen, die die jeweilige Form, auf die unsere Wahrnehmung gerichtet ist, in ein Spiel möglicher Ordnungsverhältnisse bringt. Dieses Spiel der Verweisungsmöglichkeiten reichert unsere Wahrnehmung in verschiedenen Dimensionen an. Nicht nur das einzelne umgrenzte Phänomen wird wahrgenommen, sondern die Wahrnehmung eines einzelnen Phänomens ist vernetzt mit allen möglichen und den in ihren Spuren noch präsenten Wahrnehmungen der Vergangenheit und den daraus sich entwickelnden Wahrnehmungserwartungen für die unmittelbare Zukunft. Edmund Husserl hat diese Wahrnehmungsstruktur immer wieder als eine „kontinuierliche Synthese"[13] analysiert und beschrieben:

> „Das Wahrnehmen ist [...] ein Gemisch von wirklicher Darstellung, die das Dargestellte in der Weise originaler Darstellung anschaulich macht, und leerem Indizieren, das auf mögliche neue Wahrnehmungen verweist. [...]

---

12 Ebd.
13 Edmund Husserl, *Analysen der passiven Synthesis*. Aus Vorlesungs- und Forschungsmanuskripten 1918-1926. Hg. von Margot Fleischer. *Husserliana* Bd. XI. Den Haag [Martinus Nijhoff] 1966, S. 3.

> Das Wahrgenommene in seiner Erscheinungsweise ist, was es ist, in jedem Momente des Wahrnehmens [als] ein System von Verweisen, mit einem Erscheinungskern, an dem sie ihren Anhalt haben [...]. Diese Hinweise sind zugleich Tendenzen, Hinweistendenzen, die zu den nicht gegebenen Erscheinungen forttreiben. Aber es sind nicht einzelne Hinweise, sondern ganze Hinweissysteme, Strahlensysteme von Hinweisen, die auf entsprechende mannigfaltige Hinweissysteme deuten. [...] Mit anderen Worten: alles eigentlich Erscheinende ist nur dadurch Dingerscheinendes, daß es umflochten und durchsetzt ist von einem intentionalen Leerhorizont, daß es umgeben ist von einem Hof erscheinungsmäßiger Leere. Es ist eine Leere, die nicht ein Nichts ist, sondern eine auszufüllende Leere, es ist eine bestimmbare Unbestimmtheit. [...] Seinen Sinn hat dieser Bewußtseinshof, trotz seiner Leere, in Form einer Vorzeichnung, die dem Übergang in neue aktualisierende Erscheinungen eine Regel vorschreibt."[14]

Mit Husserl gesprochen, kann man die Wahrnehmung in ihrer Bildung von Formen und Formverhältnissen als ein mehrdimensionales Geschehen sehen, das sich in verschiedene Richtungen entwickelt. Die verschiedenen Dimensionen und Richtungen ergeben sich daraus, dass in der Wahrnehmung (1) die Spuren vergangener Wahrnehmungen als Formverweise (unterschiedlich stark) präsent sind, (2) die aus diesen Spuren und Formverweisen entstandenen Strukturprinzipien als ein, wie Husserl sagt, Bewusstseinshof das Geschehen der jeweils aktuellen bzw. sich aktualisierenden Wahrnehmung in ein Gewebe erwarteter Formverhältnisse einspannen und (3) die sich selbst formende Dynamik des Wahrnehmens als eigenständiger Faktor der Formbildung das Geschehen der Wahrnehmung individuieren kann. Dabei ist allerdings zu sehen, dass diese verschiedenen Dimensionen aus Formspuren, Formerwartungen und Formerzeugung in deutlich verschiedenen Verhältnissen zueinander stehen können, und zwar insbesondere mit dem Blick auf die unterschiedliche Aufmerksamkeit, mit der etwas wahrgenommen wird.

Sinn, das können wir festhalten, ist ein Verweisungsphänomen. Und auf eine vorbewusste und vorintentionale Weise ergibt sich Sinn, ein reiner Formsinn, aus dem mehrdimensionalen Gefüge von Formverweisungen, das in den – erinnernd und erwartend – miteinander verknüpften Wahrnehmungen ausgebildet worden ist.

Keine Form, kein Ding, kein Ereignis, das wir in der Formgebung der Wahrnehmung identifizieren, bleibt in diesen Verweisungsverhältnissen ein isoliertes Einzelnes. Alles irgendwie nur Wahrgenommene gewinnt als Form im Gewebe dieser Verweisungsverhältnisse sein Eigensein gerade durch die Rückverweisungen von den anderen Formen, den anderen Dingen und Ereignissen unserer Wahrnehmungswelt her. Metaphorisch gesprochen ist Sinn in diesem Verständnis ein figuratives Spiegelungs- oder Resonanzphänomen: Weil sich alles, was wir wahrnehmen, auch als Anspielung auf anderes Wahrnehmbares und Wahrgenommenes präsentiert und damit sich auch selbst in diesen Anspielungshorizont

---

14 Edmund Husserl, op.cit., S. 5 f.

einfügt, in dem ein ständiges Wechselverhältnis von Formspiegelungen und -resonanzen entsteht.

In der Dynamik dieses Wechselverhältnisses stützt das unthematisch Bekannte das zu Erkennende, fügen sich Formen und damit Dinge und Ereignisse in einen vertrauten Zusammenhang und entwickelt sich insgesamt auch im Wechsel der Wahrnehmungen ein diese Wahrnehmungen umschließendes Verweisungs- und also Sinngefüge, das vor all unserem Fragen und Forschen, Versichern und Bezweifeln in einem allgemeinen Sinne – nämlich im Sinne der mittleren Allgemeinheit, mit der wir zunächst die Welt wahrnehmen – das, was wir sehen oder hören oder sonst auf eine Weise wahrnehmen, als ein prinzipiell Vertrautes, nämlich sich in das Verweisungs- und Sinngewebe der Wahrnehmungsformen Einfügendes wahrnehmen lässt.

7 Zwischenbilanz

An diesem Punkt unserer Überlegungen zum Verhältnis von Form und Sinn mag eine Zwischenbilanz versucht und zugleich mit der Konzeption weiterführender Aspekte verbunden werden:

1. *Sinn entsteht durch Form.* Die Entstehung von Formen in unserem Wahrnehmungsleben – wie überhaupt in unseren Welt- und Selbstverhältnissen – ist die grundlegende Bedingung für jedwede Orientierung und damit auch für jegliche Form der Erkenntnis.

2. *Die grundlegenden Formen und damit die anfängliche Sinnwelt entwickeln sich vor aller bewusst und gezielt ausgerichteten Tätigkeit.* Sie verdanken sich einem „unbewussten Sinn für Formen" und liefern uns eine primäre Orientierung in unserer Welt.

3. *Die primäre Orientierung in unserer Welt bewegt sich auf einem Formniveau der mittleren Allgemeinheit.* Diese mittlere Allgemeinheit macht und hält uns die wahrgenommene Welt gegenwärtig als ein Umfeld, das durch seine ständige Präsenz unser Erkennen immer wieder und immer mehr zu einem Wiedererkennen befestigt.

4. *Das wiedererkennende Erkennen ist eher ein Geschehen als ein Vollzug.* Zum Wiedererkennen wird das Erkennen, weil in ihm allgemeine Formen erzeugt, reproduziert und aufeinander bezogen werden und damit nicht die einmalige konkrete Individualität, sondern eine immer wieder identifizierbare allgemeinere Form das ausmacht, was sich unserer Wahrnehmung als das Wahrgenommene einprägt. Das Wiedererkennen verdankt sich daher einer gewissen Pauschalisierung unseres Welterfassens einer zunächst noch allgemeinen Gliederung, die jederzeit einer weiteren Differenzierung zugänglich ist.

5. *Die kulturelle Artikulation beginnt in einem vorreflexiv entstandenen Reich von Formen, mit denen bereits eine primäre Sinnwelt erzeugt worden ist.* Kultur ist in einem gewissen Sinn ein, wie man mit Niklas Luhmann sagen könnte, „Anschlussphänomen". Die erste Artikulationsleistung, die erste Ausdrucksform

und ihr Erfassen aber auch die erste technische Unterstützung und Erweiterung unseres Handelns – alle diese Leistungen an der Schwelle zur Kulturentwicklung finden in einer bereits besiedelten Sinnwelt von Formen statt, die sich schon in der Wahrnehmung als solche ausgebildet haben. Kulturleistungen sind daher schon in ihrer anfänglichen Entwicklung orientierte Leistungen.

6. *Kulturleistungen lassen sich durch ihren Bezug auf die vorreflexiv entstandenen Wahrnehmungsformen als eine besondere Sinnform charakterisieren.* Der Versuch einer solchen Charakterisierung wird das Leitmotiv für diesen zweiten Teil der kulturphilosophischen Überlegungen liefern.

8 Symbolische Prägnanz (Ernst Cassirer)

Dass Susanne Langer diese primäre Orientierung in einem Sinnreich der Formen und über einen „unbewussten Sinn für Formen" so deutlich hervorgehoben und in ihrem zentralen Kapitel über diskursive und präsentative Formen vorgestellt hat, ist kein Zufall. Auch wenn ihr Buch *Philosophie auf neuem Wege* ihrem „großen Lehrer und Freund" Alfred North Whitehead gewidmet ist, ist der wahre Referenzautor doch Ernst Cassirer. Es ist Cassirers Philosophie der symbolischen Formen, auf deren Grundlage Susanne Langer – übrigens höchst eigenständig und systematisch weiterführend – ihre Konzeption vom Prozess der Symbolisierung entwickelt hat.

Im Zentrum der Cassirerschen Philosophie steht, wie John Michael Krois zuerst gezeigt hat,[15] ein Begriff, dessen ausdrücklicher Darstellung zwar nur ein kurzes Kapitel in der dreibändigen Philosophie der symbolischen Formen von Ernst Cassirer gewidmet ist,[16] der aber gleichwohl das tragende Fundament für die theoretische Konstruktion Cassirers liefert. Es ist dies der Begriff der symbolischen Prägnanz. Mit diesem Begriff markiert Ernst Cassirer den gedanklichen Ort, an dem der Prozess der Symbolisierung seinen Ausgang nimmt und der damit die Schwelle zur Kulturentwicklung zeichnet. Wegen dieser zentralen systematischen Bedeutung für die Kulturphilosophie mag daher Cassirers Konzeption der symbolischen Prägnanz wenigstens in einem Überblick vorgestellt werden.[17]

Die Rede von der symbolischen Prägnanz wird von Ernst Cassirer in seiner Philosophie der symbolischen Formen mit einer zugleich berühmten und schwierigen „Definition" eingeführt:

---

15 Vgl. dazu John Michael Krois, *Cassirer. Symbolic Forms and History.* New Haven/London [Yale University Press] 1987, S. 52 ff.

16 Ernst Cassirer, *Philosophie der symbolischen Formen.* Dritter Teil: *Phänomenologie der Erkenntnis.* In: ECW Band 13. A.a.O., S. 218-233. Das sind (in der zitierten Ausgabe) 16 Seiten in einem dreibändigen Gesamtwerk von 1176 Seiten!

17 Vgl. dazu auch Oswald Schwemmer, *Ernst Cassirer. Ein Philosoph der europäischen Moderne.* A.a.O., S. 69-125.

„Unter ‚symbolischer Prägnanz‘ soll also die Art verstanden werden, in der ein Wahrnehmungserlebnis, als ‚sinnliches‘ Erlebnis, zugleich einen bestimmten nicht-anschaulichen ‚Sinn‘ in sich faßt und ihn zur unmittelbaren konkreten Darstellung bringt.“[18]

Mit dieser Formulierung wird der symbolischen Prägnanz die Verbindung zwischen Sinnlichkeit und Sinn zugewiesen. Wie Sinn im sinnlichen Erleben entsteht, erläutert Cassirer im weiteren. Dabei ist es nicht so, dass Sinn zusätzlich zur abgeschlossenen Wahrnehmung eigens geschaffen werden müsste:

„Vielmehr ist es die Wahrnehmung selbst, die kraft ihrer eigenen immanenten Gliederung eine Art von geistiger ‚Artikulation‘ gewinnt – die, als in sich gefügte, auch einer bestimmten Sinnfügung angehört. In ihrer vollen Aktualität, in ihrer Ganzheit und Lebendigkeit, ist sie zugleich ein Leben ‚im‘ Sinn. Sie wird nicht erst nachträglich in diese Sphäre aufgenommen, sondern sie erscheint gewissermaßen als in sie hineingeboren. Diese ideelle Verwobenheit, diese Bezogenheit des einzelnen, hier und jetzt gegebenen Wahrnehmungsphänomens auf ein charakteristisches Sinn-Ganzes, soll der Ausdruck der ‚Prägnanz‘ bezeichnen.“[19]

Mit wenigen Worten umreißt hier Cassirer eine Theorie der Sinnerzeugung: In unserer Wahrnehmung bilden sich Formen und Formzusammenhänge aus, die einer „Sinnfügung“ angehören, also Sinn erzeugen. Wahrnehmung, so ist weiter zu sagen, ist Formbildung. Ohne Form ist überhaupt keine Wahrnehmung möglich.

Und Formbildung ist zugleich die Bildung von Formverhältnissen. Man kann nicht nur eine Form bilden, ohne zugleich – im Prinzip – alles andere auf sie identifizierend oder differenzierend zu beziehen. Die mit einer jeden Form erzeugten Formverhältnisse sind daher Verweisungsverhältnisse, die sich auf alles überhaupt beziehen lassen und damit ein Ordnungsnetz durch die Welt legen. Eben dies ist dann eine „Sinnfügung“, ein Gewebe der aufeinander bezogenen Formen und Formverhältnisse, durch die hindurch wir die Welt wahrnehmen.

Und auch dies gilt: dass diese Formbildung in der Wahrnehmung als solche zwar „eine Art geistiger Artikulation“ ist, aber noch nicht diese geistige Artikulation selbst. Denn die der Wahrnehmung immanente Formbildung ist weder eine intendierte noch überhaupt eigens in Gang gesetzte Tätigkeit. Sie ist ein leibliches Geschehen, das abläuft und bereits durch unser leibliches Verhalten in seinem Ablauf bestimmt wird. Anders gesagt: Die der Wahrnehmung immanente Formbildung ist ein leibliches Geschehen, das – als Gliederung, als Bildung von Formen und Formverhältnissen – zugleich Sinnzusammenhänge erzeugt wie die Artikulation, wie jegliche kulturelle und also geistige Ausdrucksleistung.

Dabei gilt auch, das unser Wahrnehmen eine unterschiedliche Intensität besitzt. Von einem unaufmerksamen und eher zerstreuten oder müden Erfassen der jeweiligen Umgebungen bis hin zur angespannten Aufmerksamkeit einer Hin-

---

18 Ernst Cassirer, *Philosophie der symbolischen Formen*. Dritter Teil: *Phänomenologie der Erkenntnis*. In: ECW Band 13. A.a.O., S. 231.
19 Ebd.

wendung zur Welt, zu einem besonderen Hinsehen oder Hinhören, verändert sich unser Wahrnehmen und mit ihm das Wahrgenommene. Das Erfassen von Details und Gesamtzusammenhängen, von Nuancen und Konfigurationen gelingt erst in einer gesteigerten Aufmerksamkeit, durch die unser Wahrnehmen zu einer bewusst und reflektiert vollzogenen Tätigkeit wird.

Cassirer sieht in dieser Steigerung der Aufmerksamkeit auch eine Steigerung der Lebensvollzüge überhaupt. Leben im vollen Sinne und damit Wahrnehmen in seiner „vollen Aktualität", in seiner „Ganzheit" und „Lebendigkeit" ist für ihn erst die Sinnerzeugung im vollen Sinne. Die zerstreute und unaufmerksame Wahrnehmung bildet in sich zwar ebenfalls Formen und Formverhältnisse aus, aber eben nur in undeutlicher Figuration und in fragmentarischen Bezügen zu anderen Formen. Zerstreut und unaufmerksam wissen wir oft nicht einmal, was wir wahrgenommen haben – bis hin zu der Feststellung, dass wir nicht wissen, ob wir überhaupt etwas bestimmtes wahrgenommen haben. Ein Sinngefüge mit bestimmten Formen und umfassenden Formverhältnissen entwickelt sich erst in der bewusst durchlebten, der aufmerksamen Wahrnehmung. Erst dann ist sie in ihrer „vollen Aktualität" verwirklicht und kann sie, wie Cassirer sagt, zu einem „Leben im Sinn" werden.

Eine auf diese Weise lebendige Wahrnehmung ist ein Beziehungsgeschehen, das prinzipiell unbegrenzt unsere Wahrnehmungswelt strukturiert und uns in ihr orientiert. Sie ist die Herstellung einer „ideellen Verwobenheit" all dessen, was überhaupt von jemandem wahrgenommen wird. Durch diese Verwobenheit ist die Wahrnehmung ein strukturiertes, „ein charakteristisches Sinn-Ganzes".

9 Prägnanzbildung und Verallgemeinerung

Es ist erstaunlich, wie Cassirer hier in höchster sprachlicher Verdichtung seine Konzeption der symbolischen Prägnanz vorstellt: nicht als schrittweise entwickeltes Konzept, sondern als eine auf einmal präsentierte Gesamtgestalt, die dann in verschiedenen Richtungen der Nachfrage und Reflexion auszudeuten ist.

Eine Richtung in diesem Sinne wird durch die Frage nach den Methoden der Entfaltung von Beziehungen vorgegeben. In seinen Antworten bewegt sich Cassirer im wesentlichen in traditionellen Denkmustern, die über die Relationen der Zentrierung und Gruppenbildung relativ abstrakte Formationsprinzipien ins Spiel bringen. Auch seine Beschreibung der Formerzeugung als Fixierung fließender Eindrücke oder eines Bewusstseinsstromes ist trotz der metaphorischen Ausdrucksweise eine abstrakte Darstellung, die letztlich an der sprachlichen Ausdrucksbefestigung orientiert ist. Im Zusammenhang mit seiner Darstellung der Prägnanzbildung begegneten uns bereits seine entsprechenden Formulierungen,[20]

---

20 Vgl. Kapitel 4 Abschnitt 8.3.

mit denen er auf „Halt und Dauer",[21] auf „Ruhe-"[22] oder „Stützpunkte"[23], auf eine „geschlossene und in sich beharrende Einheit der Form"[24] in unserem Bewusstsein abzielte.

Die Hauptrichtung, in der Cassirer denkt, wird durch die Entwicklung der Formerzeugung zur Gegenstandsbildung gewiesen. Cassirer beschreibt diese Entwicklung als die Befestigung eines Wahrnehmungsphänomens als eben dieses, als etwas, das aus seinen wechselnden Umgebungen herausgelöst und als dieses für uns identisch Bleibende immer wieder identifiziert werden kann.

Den Weg zur Gegenstandsbildung sieht Cassirer nicht als eine Entwicklung der Beziehung zwischen der Form, die das Phänomen in unserer Wahrnehmung gewinnt, und diesem Phänomen – also einer Vorform der Beziehung zwischen Wort und Gegenstand –, sondern er führt für ihn über eine Art der selbstbezüglichen Verallgemeinerung: Das wahrgenommene Einzelne wird zugleich als Fall eines Formverhältnisses wahrgenommen, das durch dieses Einzelne exemplifiziert wird. Zur Erläuterung zieht Cassirer das Beispiel einer Farbnuance, und zwar der Farbnuance Rot, heran: Die „einzelne Farbnuance", die wir in einem bestimmten Augenblick wahrnehmen, versteht er als „einer Gesamtreihe von Rot-Nuancen derart eingebettet, daß sie ihr zugehörig und zugeordnet erscheint, und daß sie, kraft dieser Zuordnung, die Totalität dieser Reihe zur Darstellung bringt. Ohne diese Beziehung wäre nicht einmal der Eindruck, als ,eben dieser', als tóde ti im Aristotelischen Sinne, bestimmt."[25]

Seine Identität als ein bestimmtes Wahrnehmungsphänomen, auf das wir uns auch außerhalb seines aktuellen Auftretens beziehen können, gewinnt ein individuelles momentanes Phänomen für Cassirer damit aus der Exemplifikation eines allgemeinen Verhältnisses „als Exemplar einer Spezies, die durch es vertreten wird".[26]

Dieser Gedanke erscheint schwierig, weil er im Grunde die begriffliche Verallgemeinerung bereits vorauszusetzen scheint. Denn während wir mit dem Blick auf Henri Bergson und Susanne Langer die anfängliche mittlere Allgemeinheit als Charakteristikum der vor-aufmerksamen Wahrnehmung gesehen haben und auch die dabei für unsere Wahrnehmung sich einstellenden Formverhältnisse als etwas verstanden wurden, das sich im Wahrnehmungsgeschehen ergibt und sich

---

21 Ernst Cassirer, *Philosophie der symbolischen Formen. Dritter Teil. Phänomenologie der Erkenntnis.* In: ECW Band 13. A.a.O., S. 120. In dem hier entfalteten Zusammenhang bezieht sich diese Wendung allerdings auf eine höhere Stufe der Symbolisierung, nämlich die Sprache. Der Sache nach kann man diese Formulierung aber auch auf anschauliche Prägnanzbildung anwenden.
22 Ernst Cassirer, *Philosophie der symbolischen Formen. Erster Teil. Die Sprache.* In: ECW Band 11. A.a.O., S. 44 f.
23 Ernst Cassirer, *Philosophie der symbolischen Formen. Zweiter Teil: Das mythische Denken.* In: ECW Band 12. A.a.O., S. 39.
24 Ernst Cassirer, *Philosophie der symbolischen Formen. Erster Teil: Die Sprache.* In: ECW Band 11. A.a.O., S. 20.
25 Ernst Cassirer, *Philosophie der symbolischen Formen. Dritter Teil: Phänomenologie der Erkenntnis.* In: ECW Band 13. A.a.O., S. 151 f..
26 Ebd.

nicht einer eigens vollzogenen Leistung verdankt, scheint die Rede vom „Exemplar einer Spezies" oder von einer „Gesamtreihe" eine Leistung zu erfordern, die sich bereits als eine Art Begriffsbildung, und zwar im Sinne der logischen Verallgemeinerung, darstellt. Insbesondere die Rede von einer Reihenbildung legt diese Interpretation nahe.

10 Passive Synthesis (Edmund Husserl)

Tatsächlich lässt sich die Formulierung Cassirers aber auch im Sinne der Husserlschen eidetischen Phantasie lesen, in der es anschauliche Verallgemeinerungen gibt. Husserl weist diese Verallgemeinerungen einer „passiven Synthesis" zu:

> „In der Sphäre bloßen Erfahrens fehlen übrigens als erfahrene auch nicht gewisse Allgemeinheiten [...]. Durchlaufen wir rein erfahrend mehrere Bäume, so ist jeder einzeln erfahren, es ist auch die Gruppierung, die Gruppe als Gruppe erfahren; endlich im Durchlaufen findet passiv eine Überschiebung der Wahrnehmungsgegebenheiten statt, und eine jede wird passiv als Einzelnes eines sinnlich-passiv Gemeinsamen bewußt. Aber nur synthetische Aktivität des Vergleichens, des Zur-Kongruenz-bringens, des Scheidens von identisch Gemeinsamen und Differentem ergibt synthetisch konstituierte Allgemeinheiten und logische Allgemeinbegriffe. [...]
> Indem wir beständig pure Erfahrung als Boden haben, aber immerzu als einstimmig zusammenpassende Einheit eines wirklichen oder möglichen Dinges, und einer wirklichen Welt als konsequent einstimmig erfahrbarer uns vor Augen stellend, leitet uns also beständig jene passive Synthesis, in der eben Mannifaltigkeit der Erfahrung Einheit des Erfahrungsgegenstandes als konsequent Daseiendes ergibt. Die passive Synthesis, die in ihren verschiedenen Gestalten zur Erfahrung selbst gehört und prinzipiell ihre Einheit ist, ist für uns überall die Unterlage für das Ins-Spielsetzen der Aktivitäten des beziehenden, logisch verallgemeinernde Allgemeinbegriffe und -sätze konstituierenden Tuns."[27]

Und ähnlich wie Cassirer bei der Erläuterung der symbolischen Prägnanz betont Husserl die Immanenz eines geistigen Sinnes in der sinnlich erfahrenen Gestalt:

> „Aber nun müssen wir auch beachten, daß Dinge, auch leblose Dinge, wenn wir sie nehmen, so wie sie von uns erfahren sind, eine Vergeistigung in sich tragen können, in sich gewissermaßen inkorporiert haben können, während es eben doch leblose Dinge sind, also nicht Leiber, in denen Geistiges in Gestalt der eigentlichen Beseelung einverleibt ist. Die allermeisten Dinge unserer Lebenswelt, als der Welt, die uns beständig als unsere Erfahrungswelt umgibt, können uns als Beispiel dienen, Büchertische und sonstige Möbel, Häuser, Felder, Gärten, Werkzeuge, Bilder usw. Sie werden von uns ganz unmittelbar als geistig bedeutsame Dinge erfahren; sie werden nicht als bloß physische gesehen, sondern in ihrer sinnlich erfahrenen Gestalt, in ihrer räumlichen Form und jeder Windung dieser Form, in ihren sonstigen

---

27 Edmund Husserl, *Phänomenologische Psychologie*. Vorlesungen Sommersemester 1925 (Text nach Husserliana, Band IX). Hg. und eingeleitet von Dieter Lohmar, Hamburg [Felix Meiner Verlag] 2003, S. 98 f.

sinnlichen Zügen drückt sich ein geistiger Sinn aus. Dieser, in seinem oft sehr viel-gliedrigen geistigen Aufbau, hat sein Gegenbild in dem Aufbau der Formungen und Gliederung der sinnlich erfahrenen Körperlichkeit, in der er sich ausdrucksmäßig verkörpert. Der ausgedrückte Sinn liegt nicht neben dem ausdrückenden Körperli-chen, sondern beides in eins ist konkret erfahren. Vor Augen steht uns so eine [...] zweiseitige körperlich-geistige Gegenständlichkeit."[28]

11 Eine Kontinuitätstheorie der symbolischen Artikulation?

Sowohl Husserl als auch Cassirer betonen auf ihre Weise, nämlich in ihrer Spra-che, die vorintentionale und vorreflexive Formbildung in der Wahrnehmung und die dadurch erzeugten Sinnzusammenhänge. Beide artikulieren diese Sinnerzeu-gung in der Terminologie der Reihen- und Gruppenbildungen, und beide sehen die begriffliche Verallgemeinerung als eine bruchlose Steigerung dieser Tendenz.

Die sprachliche Begriffsbildung und logische Verallgemeinerung setzen in die-sem Verständnis die Verallgemeinerungsleistungen der Wahrnehmung lediglich fort, ohne eine eigene neue Richtung der Formbildung gegenüber dem Wahr-nehmungsgeschehen einzuschlagen. Eine solche kontinuitätstheoretische Kon-zeption des Verhältnisses zwischen Anschauung und Begriff fällt jedoch hinter die Einsicht zurück, dass am Anfang unseres Wahrnehmungslebens die Erfassung un-serer Weltumgebungen in einer mittleren Allgemeinheit steht und sowohl die aufmerksame Wahrnehmung als auch deren begriffliche Artikulation in beiden Richtungen, in der der Nuancierung und in der der Konfigurationserfassung, ei-ne neue Qualität gewinnt.

Außerdem verstellt sich diese kontinuitätstheoretische Konzeption den Blick auf den besonderen medialen Charakter unserer Artikulationsleistung und damit auch die besondere kulturtheoretische Perspektive auf all unserer Ausdrucks- und Orientierungsleistungen. Denn durch die mediale Verfassung unserer Artikulati-on entstehen ja die Eigenstrukturen, die sich – wie in der gesprochenen Sprache, in der Schrift, in unseren ornamentalen und bildlichen Welten und selbst schon in den gestischen und mimischen Bewegungsformen – in den Medien der Arti-kulation entwickeln. Die dabei entstehenden Strukturprinzipien bewahren zwar durchaus einen Bezug zu den Formbildungen in unserer Wahrnehmung. Aber dieser Bezug ergibt sich nicht über eine analoge oder sogar isomorphe Anwen-dung dieser Formbildungsprinzipien auf einen erweiterten Bereich, sondern über eine Transformation dieser Prinzipien – entsprechend der Eigendynamik der je-weiligen Medien.

Schließlich führt die kontinuitätstheoretische Konzeption auch zu einer An-thropologisierung der Kulturtheorie. Denn mit der Annahme einer bloß fortset-zenden bzw. steigernden Aufnahme der leiblich-organischen Formbildung in der Wahrnehmung durch die begrifflichen oder sonstigen symbolischen Form- und

---

28 Edmund Husserl, *Phänomenologische Psychologie*. A.a.O, S. 111.

Sinnbildungen homogenisiert man die kulturellen Artikulationsformen und muss sie letztlich als gleichartige Fortsetzungen anthropologischer Konstanten interpretieren. Dass gerade eine solche Folgerung dem Cassirerschen Entwurf einer Philosophie der symbolischen Formen diametral entgegensteht, ist offensichtlich. Es ist daher zu fragen, ob Cassirers Verständnis der symbolische Prägnanz auch ein anderes, auf die Medialität unserer Artikulation ausgerichtetes Verständnis zulässt.

12 Reiner Formsinn und symbolischer Sinn

Fragt man nach den Ursachen für diese Ambivalenz in Cassirers Denken, so kommen mehrere Aspekte zur Geltung. Der erste ergibt sich daraus, dass Cassirer so gut wie nie – und wenn überhaupt, dann nur am Rande – eine Aufmerksamkeit für den materialen Charakter der Artikulationsmedien entwickelt. Cassirer fragt regelmäßig nach der Funktion, die bestimmten Medien in unterschiedlichen Artikulationsleistungen, in unterschiedlichen symbolischen Formen, zukommt, hält im Prinzip aber die jeweilige Materialität der Medien für substituierbar, ohne dass die Funktion dadurch berührt wird. Eine solche idealistische Position verführt dazu, die jeweiligen Verfahren der Form- und Sinnbildung zu übersehen und sich sogleich auf die bereits gebildeten Sinnformen und ihre Interpretation zu konzentrieren.

Dies zeigt sich im übrigen auch in dem berühmten Beispiel des Linienzugs, mit dem Cassirer seine Auffassung von der symbolischen Prägnanz verdeutlichen will. Dabei weist er vor allem darauf hin, dass z. B. „ein Erlebnis der optischen Sphäre" niemals nur „aus den optischen Qualitäten von Helligkeit und Farbe zusammengesetzt" sei, sondern „als sinnliches Erlebnis immer schon Träger eines Sinnes" ist, und zwar eines Sinnes der „verschiedene Sinn-Welten vorstellig machen" kann:

> „Wir können ein optisches Gebilde, wie etwa einen Linienzug, nach seinem reinen Ausdruckssinn nehmen. Indem wir uns in die zeichnerische Gestaltung versenken und sie für uns aufbauen, spricht uns in ihr zugleich ein eigener physiognomischer ‚Charakter' an. In der rein räumlichen Bestimmtheit prägt sich eine eigentümliche ‚Stimmung' aus: das Auf und Ab der Linien im Raume faßt eine innere Bewegtheit, ein dynamisches Anschwellen und Abschwellen, ein seelisches Sein und seelisches Leben in sich. Und hierbei fühlen wir nicht nur unsere eigenen inneren Zustände in subjektiv-willkürlicher Weise in die räumliche Form hinein: sondern sie selbst gibt sich uns als beseelte Ganzheit, als selbständige Lebensäußerung. Ihr stetes und ruhiges Dahingleiten oder ihr unvermitteltes Abbrechen, ihre Rundung und Geschlossenheit oder ihre Sprunghaftigkeit, ihre Härte oder Weichheit: das alles tritt an ihr selbst, als Bestimmung ihres eigenen Seins, ihrer objektiven ‚Natur', heraus. Aber all dies tritt nun alsbald zurück und erscheint wie vernichtet und ausgelöscht, sobald wir den Linienzug in einem anderen ‚Sinne' nehmen – sobald wir ihn als mathematisches Gebilde, als geometrische *Figur* verstehen. Er wird nunmehr zum bloßen Schema, zum Darstellungsmittel für eine allgemeine geometrische *Gesetzlichkeit*. Was nicht der Darstellung dieser Gesetzlichkeit dient, was bloß als individuelles

Moment in ihm mitgegeben ist, das sinkt jetzt mit einem Schlage zur völligen Be-
deutungslosigkeit herab – es ist wie aus dem geistigen Blickfeld geschwunden. Nicht
nur die Farben und Helligkeitswerte, sondern auch die absoluten Größen, die in der
Zeichnung auftreten, werden von dieser Vernichtung betroffen: sie sind für den Linienzug als geometrisches Gebilde schlechthin irrelevant. Seine geometrische Bedeutung hängt nicht von diesen Größen als solchen, sondern nur von ihren Beziehungen, von ihren Relationen und Proportionen ab. Wo uns zuvor das Auf und Ab
einer Wellenlinie und in ihr das Gleichmaß einer inneren Stimmung entgegentrat
– da erblicken wir jetzt die graphische Darstellung für eine trigonometrische Funktion, da haben wir eine Kurve vor uns, deren gesamter Gehalt für uns zuletzt in ihrer analytischen *Formel* aufgeht. Die räumliche Gestalt ist nichts anderes mehr als
das Paradigma für diese Formel; sie ist nur noch die Hülle, in die sich ein an sich
unanschaulicher mathematischer Gedanke kleidet. [...] Und wieder in einem völlig
anderen Gesichtskreis stehen wir, wenn wir den Linienzug als mythisches *Wahrzei-*
chen oder wenn wir ihn etwa als ästhetisches *Ornament* nehmen. Das mythische
Wahrzeichen faßt als solches den mythischen Grundgegensatz, den Gegensatz des
,Heiligen' und ,Profanen', in sich. Es ist aufgerichtet, um diese beiden Gebiete voneinander zu trennen, um zu warnen und zu schrecken, um dem Uneingeweihten die
Annäherung an das Heilige oder seine Berührung zu wehren. Und es wirkt hierbei
nicht nur als bloßes Zeichen, als Merkmal, an dem das Heilige *erkannt* wird; sondern es besitzt auch eine ihm sachlich innewohnende, eine magisch-zwingende und
magisch-abstoßende Macht. Von einem solchen Zwange weiß die ästhetische Welt
nichts. Als Ornament betrachtet erscheint die Zeichnung ebensowohl der Sphäre
des ,Bedeutens', im logisch-begrifflichen Sinne, wie der des magisch-mythischen
Deutens und Warnens entrückt. Sie besitzt in sich selbst ihren Sinn, der sich nur
der reinen künstlerischen Betrachtung, der ästhetischen ,Schau' als solcher, erschließt."[29]

Ob als ausdrucksstarke Wellenlinie, als Sinuskurve, als Ornament oder als mythisches Zeichen: In jedem dieser Fälle sehen wir nicht nur einen Linienzug, sondern eine kulturell entstandene Sinnform, die ihre Identifizierbarkeit aus ihrer
Zugehörigkeit zu einer symbolisch artikulierten Sinnwelt gewinnt. Und Cassirer
lässt es dabei nicht bewenden. Uns stellt sich nicht nur das einzelne Wahrnehmungsphänomen, also der Linienzug, in einem Sinnzusammenhang dar, sondern
zugleich damit auch dieser Sinnzusammenhang selbst. So betont Cassirer bei der
Wahrnehmung des Linienzugs als einer geometrischen Figur, dass nicht nur ein
allgemeiner, in sich nicht weiter differenzierter Bezug zu geometrischen Figuren
hergestellt ist, sondern dass sich die immanente Struktur geometrisch konstruier-
ter Gegenständlichkeit selbst darstellt. Wenn ich den Linienzug etwa als Sinuskurve erkenne, vergegenwärtigen sich mir auch die räumlichen Zusammenhänge, denen sich die Konstruktion der geometrischen Figuren verdankt. In dem
Linienzug, wenn wir ihn als geometrischer Figur wahrnehmen,

„stellt sich eine umfassendere Gesetzlichkeit, die Gesetzlichkeit des Raumes
schlechthin, dar. Jedes einzelne geometrische Gebilde ist, auf Grund dieser Gesetzlichkeit, mit der Allheit der anderen möglichen Raumgestalten verknüpft. Es gehört

---

29 Ernst Cassirer, *Philosophie der symbolischen Formen. Dritter Teil: Phänomenologie der Erkenntnis.*
In: ECW Band 13. A.a.O., S. 228-230.

einem bestimmten *System* – einem Inbegriff von ‚Wahrheiten‘ und ‚Sätzen‘, von ‚Gründen‘ und ‚Folgen‘ – an, und dieses System bezeichnet die universelle Sinnform, durch die jede besondere geometrische Gestalt erst möglich, erst konstituiert und erst ‚verständlich‘ wird.“[30]

Was Cassirer hier beschreibt, ist die in allen Sinn-Dimensionen eines Phänomens entfaltete Wahrnehmung, die Wahrnehmung im „Gesamthorizont“, dem es „angehört“, den es „für uns aufschließt“ und in den es – wie „in einer bestimmten Atmosphäre“ – nicht nur vom Wahrnehmenden hineingerückt wird, um es in seiner Besonderheit zu identifizieren, sondern in dem es auch erst seine innere Gliederung als sinnvolle Struktur gewinnt, in dem es „gleichsam lebt und atmet.“[31]

Indem Cassirer hier ein voll entfaltetes Sehen vorstellt, nimmt er eine sozusagen synthetische Perspektive ein. Es geht ihm nicht darum, die einzelnen Sinnschichten, in der eine solche Wahrnehmung sich ausbildet, voneinander zu unterscheiden und in ihrer jeweiligen Eigenstruktur zu analysieren, sondern darum, die volle Komplexität der entfalteten Wahrnehmung zu erfassen und auf die wechselseitigen Bezüge der verschiedenen Aspekte hinzuweisen, durch die diese Komplexität erzeugt wird. Demgegenüber sollen hier in einer analytischen Perspektive die verschiedenen Sinndimensionen in einer Wahrnehmung, ob sie nun als entfaltete Leistung oder nur als Geschehen auftritt, unterschieden und in ihrer besonderen Struktur verstanden werden.

In dieser Perspektive wird vor allem der reine Formsinn – also die Verweisungsverhältnisse, die sich alleine aus den Formen und Formverhältnissen der Wahrnehmung ergeben – zu einem eigenen Gegenstand der Betrachtung. Gerade dieser reine Formsinn gerät aber in der synthetischen Perspektive zumeist aus dem Blick. Dies entspricht übrigens durchaus unserer alltäglichen Erfahrung. Denn diese ist ja für uns das, was sich an Wahrgenommenem als Ergebnis unseres Wahrnehmens ergibt: das Wahrgenommene in seiner vollen Komplexität als Einheit einer Wahrnehmung. Die analytische Trennung verschiedener Sinnschichten bleibt dieser Erfahrung gewöhnlich verborgen. Haben sich doch für unsere bewusste Wahrnehmung diese Sinnschichten längst durch ihre wechselseitigen Verbindung zu einem Gesamtgewebe verflochten. Dieses Gewebe macht die erfahrene Einheit der Wahrnehmung aus und legt sich zugleich wie eine Art Schleier vor das reine Formsehen oder überhaupt -wahrnehmen, vor die dadurch unsichtbar gewordene anfängliche Formbildung unseres Wahrnehmens.

Aber nur dadurch, dass unsere Wahrnehmung zu dieser Einheit des Wahrgenommenen führt, können wir – in der Komplexität der entfalteten Wahrnehmung – etwas *als* etwas wahrnehmen. Wir nehmen dann den Linienzug wahr, allerdings nicht nur als Linienzug, sondern auch und vor allem als geometrische Figur, als Ornament oder als mythisches Zeichen. Und selbst in dem Erfassen des Ausdruckscharakters, den der Linienzug als schwingende Wellenlinie zeigt, sehen

---

30 Ebd., S. 233.
31 Ebd., S. 234.

wir den Linienzug als etwas, nämlich als Verkörperung eines dynamischen Verhältnisses.

In einem gewissen Sinn ist dieses Sehen-als ein Hindurchsehen durch das anschaulich Wahrgenommene hindurch. Denn die Form des Linienzugs als solche verliert sich unter dem, als was der Linienzug gesehen wird. Die Form, so könnte man Susanne Langer – in einer allerdings komplementären Sinnrichtung – paraphrasieren, verschwindet hinter deren Bedeutung. Der besondere Formcharakter des Wahrgenommenen liefert nur noch den Hinweis auf das Element eines Bedeutungssystems, das über symbolische Operationen erzeugt worden ist und sich gerade nicht in der Wahrnehmung selbst ergibt.

Dies zeigt sich darin, dass die wahrgenommene Form auf mehrere Sinnwelten bezogen werden kann und daher als dieses aber auch jenes, nämlich etwas in dieser Sinnwelt oder in jener Sinnwelt gesehen werden kann. Wenn das anschaulich in der Wahrnehmung Präsente, der Formcharakter des Linienzugs, aus dem Blick verschwindet und zum Träger von Ausdruck und Bedeutung in einer symbolischen Sinnwelt wird, dann verliert das Wahrgenommene auch seinen eigentlichen anschaulichen Charakter, seinen Bildcharakter, und wird zum Zeichen für etwas anderes, zum Bildzeichen. Eben dieser Übergang vom Bild zum Bildzeichen markiert die Bruchstelle, die zwischen der sinnlichen Anschauung und dem Sehen-als, dem Sehen einer symbolischen Sinnform entsteht.

Cassirer scheint diese Bruchstelle immer schon hinter sich gelassen, sie sozusagen übersprungen zu haben. Für ihn gibt es kein Formverhältnis außerhalb einer symbolischen Sinnwelt. Ein reiner Formsinn, der noch vor aller kulturell entwickelten und symbolisch fixierten Sinnzuschreibung, also vor aller Interpretation auf einen kulturellen Sinn hin, bloß als sinnlich erfasstes – und erzeugtes – Formverhältnis ein immanentes Verweisungsgefüge entfaltet, ist für ihn nicht denkbar.

Tatsächlich soll die Rede von einem reinen Formsinn nicht mit der Behauptung verbunden werden, es gäbe als reales Wahrnehmungsgeschehen immer erst ein uninterpretiertes Formverhältnis, das dann auf seinen kulturellen Sinn hin interpretiert würde. Wenngleich ich nicht ausschließen möchte, dass diese Reihenfolge durchaus auftreten kann – und es im übrigen der Wahrnehmungspsychologie überlasse, einen entsprechenden Befund zu überprüfen –, gehe ich davon aus, dass zumindest beim erwachsenen Menschen die Formumgebung seiner Lebenswelt und damit ein kultureller Sinn ständig gegenwärtig sind und dadurch auch seine Wahrnehmung von Anfang an durchdringen.

Behauptet werden soll vielmehr etwas anderes: dass nämlich in unserer Wahrnehmung eine eigenständige Strukturierung stattfindet, eine Musterbildung, die sich in verschiedenen interpretierenden Sinnzuschreibungen durchhält – und dies auch dann, wenn sie nicht oder sogar niemals ohne diese Sinnzuschreibungen auftritt, sondern sich gleichzeitig mit ihrem Entstehen in eine kulturelle Sinnwelt einfügt.

Dass sich die reinen Formverhältnisse in unserer Wahrnehmung auch bei wechselnden Sinnzuschreibungen durchhalten, zeigt bereits unsere Alltagserfahrung. So werden die Formverhältnisse bei den sogenannten Vexierbildern ja nicht verändert. Denn das Liniengefüge etwa bei der Standardfigur, in der unser Blick entweder den Umriss eines Kelches oder zwei einander zugewandte Gesichter im Seitenprofil erkennen kann – und nie beides zugleich –, bleibt, ebenso wie in Cassirers Beispiel vom Linienzug, dasselbe. Gleichwohl nehmen wir gewöhnlich das jeweils Wahrgenommene – den Kelch oder die Profile – als etwas verschiedenes wahr.

13 Der reflektierte Blick und der Weg über die geistigen Bildwelten der Kultur

Wie Cassirer in seinen Bemerkungen zum Linienzug überspringt unsere Wahrnehmung damit ebenfalls die reinen Formverhältnisse als ein eigenständiges Phänomen. Cassirer formuliert daher unsere alltägliche Bewusstseinslage und beruft sich auf sie. Wollen wir unseren Blick auf die anfängliche Formbildung richten, die uns durch diese Bewusstseinslage verstellt wird, so haben wir gegen die Plausibilität zu argumentieren, die unsere Wahrnehmung ebenfalls, und zwar zugleich mit ihrer anfänglichen Formbildung, erzeugt. Wir haben unsere Blickrichtung umzukehren und diesen reflektierten Blick – der hier exemplarisch für unsere Wahrnehmung insgesamt stehen mag – auf unser Sehen zu richten.

Wenn wir unseren Blick auf das Sehen richten, überlassen wir uns nicht länger der „passiven Synthesis" der beiläufigen Wahrnehmung, sondern richten wir unser Sehen aktiv aus, und zwar auf das, was wir im alltäglich beiläufigen Sehen gewöhnlich übersehen. Wir machen damit das, wodurch wir überhaupt etwas sehen oder wahrnehmen, zum Gegenstand unseres Sehens oder Wahrnehmens. Die orientierende Formbildung unserer Wahrnehmung, die „Methodik der Leiblichkeit", wird damit zum Thema der reflektierten Wahrnehmung.

Wie aber können wir das Wahrnehmen wahrnehmen, das Sehen sehen? Der Weg in ein sich selbst transparentes Bewusstsein, das sich denkend und wahrnehmend selbst wahrnimmt, ist uns jedenfalls verschlossen. Eine Identität von „Sein und Sehen", die für Fichte die „Intelligenz"[32] definierte und die als Selbstgewissheit des „cogitans sum" seit Descartes die Grundlage aller Erkenntnis liefern sollte, entbehrt jeder phänomenalen Grundlage und kann nur als historische These von Interesse sein. Eine solche Identität wäre, wie Cassirer feststellt, „das Paradies der Mystik, das Paradies der reinen Unmittelbarkeit", das für die Philosophie ein für allemal verschlossen ist. Und Cassirer gibt mit dieser Feststellung zugleich auch die Richtung des philosophischen Denkens vor:

---

32 Vgl. hierzu Fichtes berühmte Formulierung: „[Denn die] Intelligenz, als solche, sieht sich selbst zu; und dieses sich selbst Sehen geht unmittelbar auf alles, was sie ist, und in dieser unmittelbaren Vereinigung des Seins und des Sehens besteht die Natur der Intelligenz." Johann Gottlieb Fichte: *Erste Einleitung in die Wissenschaftslehre* (1797). In: Ders., *Ausgewählte Werke in sechs Bänden.* Hg. von Fritz Medicus. Darmstadt [Wissenschaftliche Buchgesellschaft] 1962, Zweiter Band, S. 20.

„Wenn alle Kultur sich in der Erschaffung bestimmter geistiger Bildwelten, bestimmter symbolischer Formen wirksam erweist, so besteht das Ziel der Philosophie
nicht darin, hinter all diese Schöpfungen zurückzugehen, sondern vielmehr darin,
sie in ihrem gestaltenden Grundprinzip zu verstehen und bewußt zu machen."

Ein solcher Versuch, hinter die Bildwelten der symbolischen Formen zurückzugehen und eine unmittelbare Schau des geistigen Lebens zu erreichen, wäre eine
„Negation der symbolischen Formen" und würde „die geistige Form zerstören",
die es doch zu begreifen gilt.

„Geht man dagegen den umgekehrten Weg, faßt man sie [sc. die geistigen Wirk-
lichkeiten] [...] als Funktionen und Energien des Bildens, so lassen sich an diesem
Bilden selbst, so verschieden und ungleichartig die *Gestalten* sein mögen, die aus ihnen hervorgehen, doch gewisse gemeinsame und typischen Grundzüge der *Gestaltung* selbst herausheben."[33]

Was Cassirer hier darzulegen versucht, ist die Einsicht, dass die Reflexion auf unser Sehen – und Wahrnehmen überhaupt – nur über die Betrachtung nicht nur
des Gesehenen, sondern auch des sichtbar Gemachten führt: über die Betrachtung der „geistigen Bildwelten", die in einer Kultur geschaffen worden sind. Entgegen der bewusstseinsphilosophischen (Über-) Forderung, nur auf sich selbst zu
merken, seinen Blick von allem, was einen umgibt, abzukehren und nur in sein
Inneres zu wenden,[34] geht Cassirer damit einen Weg, der einer Bewusstseinsphilosophie nur als Umweg erscheinen kann: den Weg über die symbolische Artikulation, über die Äußerung des Geistes:

„Es bewährt sich hierin aufs neue die Grundregel, die alle Entwicklung des Geistes
beherrscht: daß der Geist erst in seiner *Äußerung* zu seiner wahrhaften und vollkommenen Innerlichkeit gelangt. Die Form, die sich das Innere gibt, bestimmt
auch rückwirkend sein Wesen und seinen Gehalt."[35]

Nach dieser „Grundregel" können wir unsere geistigen Leistungen niemals über
den Weg in die „Innerlichkeit" des Bewusstseins erfassen, sondern nur über die
kulturellen Artikulationsformen, mit denen wir leben. Man kann diese „Grundregel", wie im ersten Kapitel schon angeführt, daher geradezu als das Grün-
dungsprinzip einer kulturphilosophischen Betrachtung des Menschen verstehen.
Mit Cassirer sollen in den nächsten Kapiteln unter einem Interesse an dem operativen Aspekt unserer Artikulationsformen verschiedene „geistige Bildwelten"
vergegenwärtigt werden.

---

33 Ernst Cassirer, *Philosophie der symbolischen Formen.* Erster Teil. In: ECW Band 11. A.a.O.,
   S. 49.
34 „Merke auf dich selbst: kehre deinen Blick von allem, was dich umgibt, ab, und in dein Inneres:
   ist die erste Forderung, welche die Philosophie an ihren Lehrling tut. Es ist von nichts, was außer
   dir ist, die Rede, sondern lediglich von dir selbst." Mit dieser programmatischen Forderung beginnt Johann Gottlieb Fichte seine *Erste Einleitung in die Wissenschaftslehre.* (Johann Gottlieb
   Fichte, *Ausgewählte Werke in sechs Bänden.* A.a.O., Dritter Band, S. 6)
35 Ernst Cassirer, *Philosophie der symbolischen Formen.* Zweiter Teil. *Das mythische Denken.* In:
   ECW Band 12. A.a.O., S. 231.

KAPITEL 6: SINN UND BILD

Der Weg über das wahrnehmbar und insbesondere sichtbar Gemachte zur Reflexion der Wahrnehmung und des Sehens führt zu einer Sicht auf das Wahrnehmen von den Werken her, die für die Wahrnehmung geschaffen worden sind. Wie hängen diese Werke mit der Formbildung der Wahrnehmung zusammen, und wie – so kann man eine zweite Frage zur Präzisierung der ersten Frage anschließen – hängt die Formbildung in den Werken mit der Formbildung der Wahrnehmung zusammen? In diesem Kapitel soll diese Frage an dem Verhältnis zwischen unserem Sehen und den Bildern, die wir sehen, und zwischen dem Sehen und dem Malen erörtert werden.

1 Das Rätsel des Bildes

Das sichtbare Gemachte sehen wir gewöhnlich als ein Bild, und zwar nicht als ein Vorstellungsbild („image"), sondern als ein dinglich existierendes Bild, als ein, wie man auch sagen könnte, Bildding („picture"). Beginnen wir daher mit einer scheinbar einfachen Frage: Was ist – in diesem Sinne des Bilddings – ein Bild?[1]

Die Antwort könnte zunächst geradezu trivial erscheinen. Sind wir doch umgeben von Bildern und brauchen wir daher doch nur hinzuweisen auf all die Bilder, die wie eine Flut fast immer und überall, wo wir uns bewegen, auf uns einzudringen scheinen und die Rede von einer Bilderflut zu einem Gemeinplatz befördert haben. Konfrontiert mit einer nahezu unvermeidbaren Gegenwart von Bildern, wissen wir doch, was Bilder sind: Gemälde und Fotos sozusagen als Prototypen, aber auch Installationen, Filme oder Filmsequenzen und Computersimulationen als Weiterentwicklungen der klassischen Bildformen.[2]

Aber sind diese exemplarischen Aufzählungen eine Antwort auf die Frage nach dem Bild? Schon zwischen einem Gemälde und einem Foto bestehen doch auch für den alltäglichen Blick erhebliche Unterschiede, und diese steigern sich, wenn wir die digitalen Bildformen hinzunehmen. Auf der anderen Seite scheinen Bilder welcher Art auch immer insgesamt und in diesem Sinne als etwas Einheitliches den Begriffen gegenüber zu stehen. Und diese Differenz ist in der Philosophie oft genug ein zentrales Thema gewesen, wenn nämlich zwischen einem bildlichen

---

1 Gottfried Boehm (Hg.), *Was ist ein Bild?* München [Wilhelm Fink Verlag] 1994, ³2001.

2 Aufschlussreiche Überlegungen zu diesen vom Foto her entwickelten bildlichen Präsentationsformen finden sich in: Lambert Wiesing, *Die Sichtbarkeit des Bildes. Geschichte und Perspektiven der formalen Ästhetik.* Reinbek bei Hamburg [Rowohlt] 1997, S. 168-192.

und einem begrifflichen Denken oder einer bildlichen und einer begrifflichen Darstellung unterschieden wurde.

Diese Grundunterscheidungen legen ein allgemeines Bildverständnis nahe, das sich zumindest über den Gegensatz zur Begrifflichkeit artikulieren lassen sollte. Wie aber können wir diese der Begrifflichkeit entgegengesetzte Bildlichkeit in einer allgemeinen, nämlich selbst begrifflichen Form fassen? Wie können wir die Bildlichkeit des Bildes definieren?

Wer hofft, dazu in einem entsprechenden Lexikon eine bündige Antwort zu finden, wird enttäuscht werden. Im allgemeinen werden ihm zirkuläre Definitionsfragmente oder – wie oben – exemplarische Aufzählungen angeboten. In einigen Fällen wird erst gar nicht versucht, eine Definition anzugeben, sondern es wird sogleich über Formen der „Bildtheorie" in ihrer historischen Entwicklung oder ihrer systematischen Ordnung Auskunft gegeben – und zwar manchmal auch schon unter diesem Eintrag und ohne überhaupt einen eigenen Artikel zu „Bild" auszuweisen.[3] Gerade weil das Bildverständnis sich auf elementare Gewissheiten stützt, scheint es – wie die Augustinische Zeit[4] – so schwer zu sein, das Bildverständnis noch einmal mit einer Definition zu objektivieren. Wir scheinen damit vor einem Rätsel des Bildes zu stehen.

Versucht man gleichwohl, zumindest einige konvergente Ausdrucksformen in den Bild-Artikeln auszumachen, so findet sich im Sinne einer Kombination der häufigsten Erwähnungen am ehesten die Rede vom Bild als einer anschaulichen Darstellung. Das erscheint zunächst zirkulär. Könnte man statt von anschaulich doch auch gleich von bildhaft reden und unter einer Darstellung jegliche Form der Vergegenwärtigung von was auch immer verstehen. Die Rede von einer bildhaften Vergegenwärtigung lässt sich in der Tat nur schwerlich als eine Erläuterung den Bildbegriffs akzeptieren. Dagegen führt aber die Explikation der Konnotationen, die mit der Rede von einer anschaulichen Darstellung im Kontext der Unterscheidung vor allem zwischen Bildern und Begriffen verknüpft sind, einen Schritt weiter.

---

3 So z. B. Edmund Braun/Hans Radermacher (Hg.), *Wissenschaftstheoretisches Lexikon*, Graz/Wien/Köln [Verlag Styria] 1978. Andere speziell der Wissenschaftstheorie gewidmete Lexika nehmen „Bild" erst gar nicht als Stichwort auf: so Helmut Seiffert/Gerard Radnitzki (Hg.), *Handlexikon zur Wissenschaftstheorie*, München [Ehrenwirth Verlag] 1989, [Deutscher Taschenbuch Verlag] 1992, und Josef Speck (Hg.), *Handbuch wissenschaftstheoretischer Begriffe*, Band 1 (A-F), Göttingen [Vandenhoeck & Ruprecht] 1980.

4 Natürlich denke ich hier an die berühmte Paradoxie des Augustinus: „Was ist also die Zeit? Wenn niemand mich danach fragt, weiß ich es, wenn ich es aber einem, der mich fragt, erklären sollte, weiß ich es nicht; mit Zuversicht jedoch kann ich wenigstens sagen, dass ich weiß, daß, wenn nichts verginge, es keine vergangene Zeit gäbe, und wem nichts vorüberginge, es keine zukünftige Zeit gäbe. Jene beiden Zeiten also, Vergangenheit und Zukunft, wie kann man sagen, dass sie sind, wenn die Vergangenheit schon nicht mehr ist und die Zukunft noch nicht ist?" („Quid est ergo tempus? Si nemo ex me quaerat, scio; si quaerenti explicare velim, nescio. Fidenter tamen dico scire me quod, si nihil praeteriret, non esset praeteritum tempus, et si nihil adveniret, non esset futurum tempus, et si nihil esset, non esset praesens tempus. Duo ergo illa tempora, praeteritum et futurum, quomodo sunt, quando et praeteritum iam non est et futurum nondum est?") Augustinus, *Bekenntnisse* (*Confessiones*), XI, 14.

Dass eine Darstellung anschaulich ist, heißt dabei nicht nur, dass sie über-haupt sichtbar ist, sondern auch, dass ihr Sinn sich in ihrer Sichtbarkeit vollen-det. Das von ihr sichtbar Gemachte oder Gezeigte ist genau das, was dargestellt wird. Sie verweist nicht – wie z. B. ein Text – auf einen zusätzlichen Sinn, für den sie dann nur eine symbolische Präsentation wäre. Mit anderen Worten: Sie geht auf in dem, was sie sichtbar macht. Beschreibt man dieses Sichtbare, dann wird man eine Darstellung der sichtbaren Formverhältnisse liefern und bei dieser Dar-stellung bleiben müssen. Der Bildsinn erschließt sich in der besonderen Konfigu-ration dieser Formverhältnisse – und zeigt nicht einen Hintersinn an, für den die-se Formverhältnisse als Zeichen dienten. Das schließt nicht aus, dass Bilder gleichwohl als Zeichen verwenden können. Aber diese Verwendung macht nicht ihren Charakter als Bilder, macht nicht ihre Bildlichkeit aus. Wir werden darauf noch zurückzukommen haben.

Dass vom Bild als einer Darstellung die Rede ist, hebt hervor, dass das Bild ei-gens angefertigt worden ist. Eine Darstellung ist nicht nur überhaupt etwas Sichtbares, sondern auch ein sichtbar Gemachtes.

Fasst man diese beiden Charakteristika einer anschaulichen Darstellung zu-sammen, so ergibt sich im Sinne eines ersten begrifflichen Rahmens für ein Bild-verständnis folgende Definitionsskizze: Ein Bild ist eine eigens angefertigte Kon-figuration sichtbarer Formverhältnisse.

Wie man sogleich bemerkt, trifft diese Definitionsskizze, und das kann man schon als eine Einschränkung verstehen, nur die objektive Seite einer anschauli-chen Darstellung.

Die Rede von der Anschaulichkeit einer Darstellung konnotiert aber auch eine subjektive Seite. Kennen wir doch die besondere Fasslichkeit anschaulicher Dar-stellungen, wie sie durch bildliche oder auch diagrammatische Elemente und selbst durch tabellarische Gliederungen erreicht werden kann. Viele Zusammen-hänge werden erst dann erfasst und behalten, wenn man ein „Bild" von ihnen im Kopf hat, wenn es also gelingt, eine anschauliche, eine figurative Prägnanz zu er-zeugen.

In der Philosophie ist diese besondere Fasslichkeit anschaulicher Darstellungen durchaus ambivalent eingeschätzt worden. Während sie auf der einen – nämlich der logischen und begriffsanalytischen – Seite eher als eine Verführung durch die Suggestivkraft der Bilder verurteilt oder doch wenigstens durch misstrauische Nachfragen kritisch relativiert worden ist, lieferte sie anderen – nämlich phäno-menologisch orientierten – Konzeptionen die Grundlage der philosophischen Reflexion. Paradigmatisch fordert etwa Edmund Husserl gegen Kant, sich im Philosophieren „nicht einer mythisch konstruktiv schließenden [sc. Methode], sondern einer durchaus anschaulich erschließenden, anschaulich in ihrem Aus-gang und in all dem, was sie erschließt," zu bedienen.[5]

---

5 Edmund Husserl, *Die Krisis der europäischen Wissenschaften und die transzendentale Phänomeno-logie. Eine Einführung in die phänomenologische Philosophie.* Hg. von Walter Biemel. Den Haag [Martinus Nijhoff] [2]1962, S. 118.

Worauf Husserl hier abzielt, ist eine Kritik an Argumentationsformen, die sich allein auf die immanenten Folgerungsbeziehungen einer Begriffssystematik stützen. Auch Husserl baut seine Begrifflichkeit auf. Aber er versucht, sie als eine Ordnung des anschaulich Erfassten auszuweisen. In Abwandlung der Kantischen Formulierung kann man diese methodische Grundeinstellung durch ein wechselseitiges Verhältnis von Anschaulichkeit und Begrifflichkeit charakterisieren: Nur das anschaulich Erfasste liefert einer begrifflichen Ordnung das Fundament, auf dem dann allerdings diese begrifflichen Ordnungen ein Gefüge unserer Weltorientierungen aufzubauen haben.

Will man auch diesen subjektiven Aspekte der Fasslichkeit in das Bildverständnis aufnehmen, so kann die Anschaulichkeit nicht nur auf eine Angabe von Sichtbarkeitsmerkmalen zielen, also nicht nur auf die Grade und die Verteilung der Farbigkeit, des Liniengefüges, der figürlichen oder abstrakten Präsentation und auch nicht auf den Gegenstand des Dargestellten. Sondern es geht dann auch um das Sehen und Sehenkönnen: Über die Sichtbarkeit, über das sichtbar Gemachte hinaus ist auch danach zu fragen, was und wie etwas gesehen wird und gesehen werden kann. Es geht nicht nur um das Gezeigte, sondern auch um das Erblickte und insbesondere um das, was durch die Art des Zeigens erblickt werden kann.

Eine um den subjektiven Aspekt erweiterte Definitionsskizze hat das Bild als eine eigens angefertigte Konfiguration von Formverhältnissen zu bestimmen, die sich dem Blick von Betrachtern als eine besondere Form von Sehverhältnissen präsentieren. Das Bild ist in diesem Verständnis ein Korrespondenzverhältnis von Gezeigtem und Erblicktem oder Erblickbaren.

2 Die individuelle Sonderexistenz des Bildes

In seiner historisch besonders wirkungsmächtigen Form hat sich dieses Korrespondenzverhältnis im Tafelbild dokumentiert. Im Tafelbild zeigt sich die für die europäische Bildtradition prägende und für sie paradigmatische Grundform aller – ich muss hinzufügen: aller gemalten – Bilder. Natürlich ist mir bewusst, dass ich damit gegen die Regeln des aktuellen und modernisierten Bild-Disputs verstoße. Der modernisierte Blick grenzt sich nicht ein auf das Tafelbild oder das Kunstbild. Er sieht die Tätowierung ebenso als Bild wie die Vorstellungsbilder und überhaupt die figurativen Motive und Elemente in unserer alltäglichen Erfahrungswelt. In einem anthropologischen Interesse[6] etwa am figurativen im Unterschied zum begrifflich-logischen Denken ist diese Blickausweitung nachvollziehbar. Eine solche Blickausweitung hat für meine Überlegungen aber den Nachteil, dass sie die Binnendifferenzen in der Art, wie Bilder präsentiert und rezipiert werden, und insbesondere die Differenz zwischen dem Kunst- und dem

6 Vgl. dazu die entsprechende Konzeption in Hans Belting, *Bild-Anthropologie. Entwürfe für eine Bildwissenschaft*. München [Wilhelm Fink Verlag] 2001.

Gebrauchsbild bzw. – da es hier meist um Werbung geht – dem Kunst- und dem Kommerzbild in eine Ferne rückt und sie so unserer Wahrnehmung entzieht oder zumindest bagatellisiert. Um eben diese Binnendifferenzen und vor allem um die Differenz von Kunstbild und Gebrauchsobjekt geht es mir aber, und so beharre ich denn auf dem altmodischen Beginn beim Tafelbild.

Zunächst einmal dieses: Das Tafelbild hat – zumindest in seiner klassischen Form – gewöhnlich einen Rahmen. Der Rahmen des Bildes markiert seine Trennung von der Welt des sonst noch Sichtbaren, seine Herauslösung aus dieser Welt zu einem individuellen Eigensein, zu einer anderen, nur ihm eigenen Form der Sichtbarkeit. Und auch das ungerahmte Bild setzt sich durch seine begrenzte Bildfläche von seiner Umgebung ab und ist zudem durch die besondere Stofflichkeit seines Bildträgers von der Wand, an der es hängt, als eine figurative Besonderheit von seinem Hintergrund abgehoben. Noch bevor ich das Bild selbst in seiner koloristischen oder linearen Komposition, noch bevor ich also das Bild als Bild betrachte, nehme ich es daher als etwas wahr, das meinem Blick durch seine Hervorhebung aus seiner Umwelt eine Akzentuierung vorgibt, das diesem Blick durch sein Rahmenarrangement eine zusätzliche Bedeutungsdichte signalisiert und ihn so geradezu unwiderstehlich auf sich zieht.

Das Bild in seinem Rahmen – und damit meine ich jetzt allgemein: das Bild in seiner durch ein physisches Arrangement von seiner Umwelt getrennten Existenz – besitzt ein Eigensein, das nur ihm zukommt. Und da diese Trennung jedem einzelnen Bild eignet, kommt ihm sein Eigensein in seiner Individualität als dieses Bild zu. In dieser seiner individuellen Sonderexistenz verbleibt es selbst dann, wenn es im übrigen das Einzelbild einer Bildserie ist oder ein Entwurf unter vielen. Was immer in der Umgebung des Bildes geschieht, es behält seine individuelle Sonderexistenz und verbleibt in der Identität seiner Bildlichkeit oder, wie Max Imdahl formuliert, seiner planimetrischen Komposition[7] und des darin realisierten koloristischen Systems. Diese bleibende Identität der Präsentation von Sichtbarem auf einer Bildfläche verschafft dem Bild seinen eigenen Raum, nämlich einen in der Fläche des Bildes komponierten Raum, und seine eigene Zeit, nämlich die bleibende, stets gegenwärtige Gleichzeitigkeit all seiner Elemente – einer Gleichzeitigkeit, in der sich gleichwohl ganze Erzählungen mit ihrem Nacheinander der Ereignisse bildnerisch komponieren lassen.

Noch deutlicher lässt sich diese individuelle Sonderexistenz des Bildes hervorheben, wenn man bedenkt, dass die Rolle des Rahmens für die Ausgrenzung des Bildes eine kontingente Entwicklung in der universalen Geschichte der Bildlichkeit darstellt. Ich habe meine Überlegungen mit ihm nur begonnen, weil er als ein eigenes und zudem meist noch aufwendig gestaltetes Ding die Sonderexistenz

---

7 Max Imdahl hat in vielen Arbeiten die planimetrische Bildkomposition, d. i. die Darstellung räumlicher Sichten in einer bestimmten Perspektive durch ein figurative Ordnung auf der Bildfläche, an Beispielen analysiert. Exemplarisch genannt seien hier nur die beiden Aufsätze *Überlegungen zur Identität des Bildes* und *Kontingenz – Komposition – Providenz. Zur Anschauung eines Bildes von Giotto.* Beide Aufsätze in: Max Imdahl, *Gesammelte Schriften*, Band 3: *Reflexion, Theorie, Methode*. Frankfurt am Main [Suhrkamp Verlag] 1996, S. 381-423, 464-500.

des Bildes auf geradezu überdeutliche Weise anschaulich macht. Aber auch ohne einen Rahmen präsentiert sich das Bild in seiner Sonderexistenz: durch seine Begrenzung, durch seine besondere Stofflichkeit und durch die besondere Identität, nämlich die gerade angedeuteten besonderen Formverhältnisse seiner Bildlichkeit.

Was allerdings als Bildfeld und Umgebung und damit auch überhaupt als ein durch seine Ausgrenzung aus dieser Umgebung definiertes Bild anzusehen ist, ist in verschiedenen Epochen und Traditionen unterschiedlich aufgefasst worden. So weist Meyer Schapiro darauf hin, dass „man erst im späten zweiten Jahrtausend v. Chr. (allenfalls) an einen zusammenhängenden, isolierenden Rahmen, an eine homogene Einfassung, die wie eine Stadtmauer das ganze Bild umschloss", gedacht hat.[8] Und in manchen Epochen, Meyer Schapiro nennt hier das Mittelalter, erscheint der Rahmen „nicht als Einfassung, sondern als bildhafte Umgebung des Gemäldes." Oder man malt umgekehrt einen „Rahmen, der sich krümmt und nach innen ins Bildfeld wendet, um die Figuren zusammenzupressen und zu verstricken."[9] Und schließlich können wir auch eine grundlegend andere Wahrnehmung von Figur und Bildgrund feststellen:

> „In China, wo die Malerei eine angesehene Kunst war, zögerte der Besitzer nicht, bei einer feingemalten Landschaft auf die unbemalte Fläche einen kommentierenden Vers oder Prosasatz zu schreiben oder seinen Stempel der Bildfläche an prominenter Stelle aufzudrücken.[10] Der Bildgrund wurde kaum als Teil des Zeichens selbst empfunden; Figur und Grund bildeten für das Auge keine untrennbare Einheit."[11]

Wie immer man das Verhältnis zwischen Bildfeld und Umgebung im einzelnen und sogar das Binnenverhältnis zwischen Figur und Grund auffassen mag, gibt es auf jeden Fall eine individuelle Sonderexistenz des Bildes gegenüber seiner Umgebung, das sich in dem Bildfeld selbst, in den besonderen Formverhältnissen des Bildes zeigt.

3 Die Präsenz der Bildfläche

Man kann diese besonderen Formverhältnisse in einer ersten Annäherung durch ihre Paradoxie charakterisieren. Der Raum in der Fläche und die Ereignisse in der Gleichzeitigkeit ihrer Präsentation füllen diese Paradoxie im gegenständlichen Bild aus. Im ungegenständlichen Bild wird diese Paradoxie noch einmal ver-

---

8 Meyer Schapiro, *Über einige Probleme in der Semiotik der visuellen Kunst: Feld und Medium beim Bild-Zeichen*. In: Gottfried Boehm (Hg.), *Was ist ein Bild?* A.a.O., S. 257.

9 Ebd., S. 259.

10 Vgl. dazu die Besitzerstempel auf den Bildern der chinesichen Kaiser, wie sie in der eindrucksvollen Ausstellung „Schätze der Himmelssöhne" zusammengestellt worden sind. Dokumentiert im Ausstellungskatalog *Schätze der Himmelssöhne. Die Kaiserliche Sammlung aus dem Nationalen Palastmuseum, Taipeh. Die Großen Sammlungen.* Bonn [Hatje Cantz Verlag] 2003.

11 Meyer Schapiro, op. cit., S. 256.

schärft. Wenn das Bild nur noch eine Konfiguration von Linien oder eine Komposition von Farben sein will, verzichtet es auf jede Perspektive und Tiefensicht, besteht es auf seiner Selbstpräsentation als Fläche, als Fläche ohne Tiefe. Es präsentiert sich und nur noch sich selbst ohne etwas anderes zu repräsentieren. Als eine solche Präsentation ohne Repräsentation ist das ungegenständliche Bild, historisch gesehen, zunächst die Verweigerung einer Seherwartung, die das Dargestellte sucht. Zugleich geht es auf in seiner reinen Präsenz, die eine Präsenz der Bildfläche ist.

Die Gleichzeitigkeit und die Flächigkeit des Präsentierten verleihen dem Bild, gleich ob es nun gegenständlich ist oder nicht, ein eigene Existenzform figurativer Verhältnisse: In diesem seinem Eigensein setzt es sich gegen seine Umgebung ab. Im ungegenständlichen Bild aber wird dieses Eigensein, das Sein der reinen Präsentation ohne jegliche Repräsentation, noch einmal eigens herausgestellt. Es gibt in einem solchen Bild nicht mehr als diese reine Präsentation, und daher kann ein solches Bild auch nur als Präsentation, also alleine in seinen figurativen Verhältnissen gesehen werden. Wer mehr sieht oder sehen will, unterwirft das Bild einer Art Rorschach-Test, der uns nach dem fragt, was wir in irgendwelchen Klecksen sehen, wenn wir sie nicht nur als Kleckse sehen. Dass dieser Test so leicht und eingängig funktioniert, zeigt die geradezu als natürlich empfundene Neigung, Bilder als Abbilder zu sehen: eine Neigung, der sich die ungegenständlichen Bilder als programmatische Gegenprojekte entziehen und entgegenstellen.

Der besondere Charakter des Bildes, seine Bildlichkeit, scheint so im ungegenständlichen Bild deutlicher hervorzutreten als im gegenständlichen Bild. Denn dieses lädt dazu ein, die gemalten Gegenstände und ihr Arrangement, die dargestellten Szenen und ihren erzählerischen Zusammenhang zu sehen und damit nicht die Bildlichkeit des Bildes sondern seine Abbildlichkeit. Tatsächlich galt über Jahrhunderte und – wenn man bei der perspektivischen Darstellung und anderen „realistischen" Darstellungsformen etwa von Größenverhältnissen Abstriche macht – sogar über Jahrtausende das Abbilden als Hauptaufgabe und auch als Gütesiegel eines Bildes. Leonardos Rat, das Spiegelbild des gemalten Gegenstands mit dem Bild zu vergleichen und die Malerei dann für gut zu befinden, wenn sie aussieht, „wie ein Gegenstand der Natur, den man in einem großen Spiegel sieht",[12] bringt eine Selbstverständlichkeit auf den Begriff, die nicht nur

---

12 Leonardo da Vinci, *Sämtliche Gemälde und die Schriften zur Malerei*. Hg, kommentiert und eingeleitet von André Chastel. Aus dem Italienischen und Französischen übertragen von Marianne Schneider. München [Schirmer/Mosel] 1990, S. 206. Chastel macht darauf aufmerksam, dass die kritische Überprüfung der Werke im Spiegel schon von Leon Battista Alberti – er denkt dabei wohl an den Traktat *Della Pittura* von 1436 (dem 1435 eine lateinische Erstversion *De Pictura* vorausging) – empfohlen wurde. Martin Kemp weist aber darauf hin, dass schon 1413 in einem Brief von Filippo Brunelleschi, der von seinem (wahrscheinlichen) Biographen Antonio Manetti mitgeteilt wird, eine Vorrichtung beschrieben wird, mit der man durch ein Guckloch von der Rückseite des Gemäldes her auf einen Spiegel schauen und so die perspektivische Qualität des Gemäldes prüfen kann. (Martin Kemp, *The Science of Art. Optical Themes in Western Art from Brunelleschi to Seurat*. New Haven, Mass./London, England [Yale University Press] 1990, S. 12 f., 344 f.

für die Renaissance das Leitbild der Malerei definierte. Und so kann Leonardo denn auch fordern:

> „Der Geist des Malers muß dem Spiegel ähnlich werden, der, ständig wechselnd, die Farbe dessen annimmt, das vor ihm steht und sich mit ebensoviel Abbildern füllt, wie er Gegenstände vor sich hat. Du weißt also, Maler, daß du nur gut sein kannst, wenn du, als universaler Meister, alle mannigfaltigen Formen nachahmst, die die Natur hervorbringt, was dir aber nicht gelingen wird, wenn du sie nicht vorher ansiehst und in deinem Geiste abbildest."[13]

Was mit dieser Auffassung der Malerei als einer Kunst, die die Natur nachahmt, aber auch verbunden wird, ist ein Verständnis des Sehens und damit auch des Verhältnisses von Sehen und Malen. Das Sehen wie das Malen werden von Leonardo, von dem übrigens detaillierte Untersuchungen über das Auge und das Sehen dokumentiert sind, gleichermaßen als ein Abbilden oder auch Spiegeln der Natur vorgestellt. Und diese Gleichsetzung wird auch nicht durch das – von Leonardo in dramatischer Zuspitzung so genannte – „göttliche Wesen der Wissenschaft des Malers" beeinträchtigt, der „frei schaltend und waltend [...] zur Erschaffung mannigfacher Arten verschiedener Tiere, Pflanzen, Früchte [schreitet], von Dörfern, Land, herabstürzenden Bergen, angst- und schreckenerregenden Orten, die dem Betrachter Grauen einjagen, und auch von angenehmen, lieblichen und reizenden Wiesen mit bunten Blumen, die von sanften Lüften leicht gewellt dem von ihnen scheidenden Wind nachblicken", und der in der von ihm geradezu gottgleich erschaffenen Welt die Stürme und das Meer toben und einen zerstörerischen Kampf der Elemente wüten lässt.[14] Denn auch dieses Schöpfertum des Malers imaginiert die gespiegelte Natur und komponiert sie auf eine wiederum natürliche Weise. Und in diesem Sinne lässt sich auch Leonardos Feststellung lesen:

> „Der Maler streitet und wetteifert mit der Natur."[15]

4 Sehen und Malen

Auf der anderen Seite liefert der Hinweis auf das Schöpfertum des Malers den Hinweis auf einen bedeutenden Unterschied zwischen Sehen und Malen. Schließlich verdankt sich das Bild des Malers nicht nur seiner Imagination oder seinem Sehen, sondern das Imaginierte und Gesehene muss auch noch gemalt werden, muss durch die malende Hand, die den Spachtel, den Pinsel oder den Stift führt, auf die Leinwand, den Karton – oder was sonst als Malfläche benutzt werden mag – gebracht werden. Das Bild gewinnt seine besondere Form, so können wir sagen, in einem Wechselverhältnis zwischen dem Auge und der Hand des Malers.

---

13 Leonardo da Vinci, *Sämtliche Gemälde und die Schriften zur Malerei*. A.a.O., S. 164.
14 Ebd., S. 165 f.
15 Ebd., S. 162.

4.1 Die Prägnanz des Sehens

Unser Wahrnehmen ist, wie wir bereits gesehen haben, durch Präganzerzeugung geprägt. Wir sehen, hören, schmecken, riechen, ertasten unsere Umwelt über die Verstärkung von Differenzen zu Kontrasten und die gleichzeitige Konfigurierung der Kontraste zu Formen und Qualitäten. Darauf, dass dabei jeweils unterschiedliche „Grammatiken der Sinneswelten" diese Kontrastierung und Konfigurierung prägen, ist hingewiesen worden. Die kontrastierenden Konfigurationen verleihen unserem Wahrnehmen seine Orientierung. Wir verlieren uns nicht in der unüberschaubaren Mannigfaltigkeit von Einzelreizen, sondern fassen sie zu Formen und Qualitäten, zu Formelementen und Qualitätsmerkmalen zusammen.

Diese Orientierung, und dies war das Thema des letzten Kapitels, ergibt sich aus einer Formbildung, die in jeglicher Wahrnehmung stattfindet und diese als einen Prozess der Musterbildung und -anwendung ausweist. Der Aspekt, den es dabei nun zu beachten gilt, zeigt sich, wenn wir nach den Quellen dieser Form- und Musterbildung fragen. Denn wenn wir auch feststellen können, dass die Formverhältnisse, die die Muster in unserer Wahrnehmung ausmachen, als eine „immanente Gliederung" der Wahrnehmung auftreten, so heißt dies doch nicht, dass sie nicht zugleich durch die Umwelt, in der wir leben, geprägt sind.

Erinnern wir uns an die Darstellung des Menschen als eines Zwischenwesens. Die Prägnanzbildung folgt den Mustern, die uns in unserer Umwelt entgegentreten. In eine grobe Formel gebracht, konnte wir sagen, dass in dem, was wir sehen, die Bilder, die wir gesehen haben und die zu unserer Lebensumgebung gehören, lebendig werden. Wir sehen sozusagen durch die Bilder unserer Bildwelten hindurch, was wir sehen. Wir hören durch die Werke unserer Tonwelten und übrigens auch unserer Geräusch- und Lautwelten hindurch, was wir hören. Und so können wir fortfahren und diese Formulierung für alle unsere Sinne in der entsprechenden sinnesspezifischen Variation wiederholen. Die Orientiertheit und Eindeutigkeit unserer Wahrnehmungen, so können wir weiter sagen, ergibt sich aus den Formen der Prägnanzbildung, den Formbildungsformen, denen wir begegnet sind und begegnen. Man kann diese Formbildungsformen als bestimmte Prägnanzprofile, als die Prinzipien der Prägnanzbildung, analysieren.

4.2 Die kulturellen „Gegebenheiten"

Durch ihr jeweiliges Prägnanzprofil und damit durch das, was zur selbstverständlichen Orientierung, zur Welt von „Gegebenheiten" geworden ist, kann man eine Kultur charakterisieren. Dabei ist zu sehen, dass diese „Gegebenheiten" nicht nur im Bereich der Wahrnehmungen verbleiben, sondern auch deren symbolische Darstellung in unseren Sprach- und Bildwelten durchziehen und sich so zu allgemeinen kulturellen „Gegebenheiten" erweitern. Als solche bieten unsere alltäglichen Orientierungen einen umfassenden Rahmen, bestärken uns in der Sicherheit, mit der wir etwas wahrnehmen oder einen Ausdruck finden, und geben uns

zudem die Möglichkeit, uns wechselseitig in dieser unserer Sicherheit auch zu erhalten. Sollte diese Sicherheit angegriffen werden, so bilden sie den gemeinsamen
Boden, auf dem wir uns zur Verteidigung und womöglich zum Gegenangriff versammeln können. Dieser Boden besitzt eine solche Festigkeit, dass er durch Argumente gewöhnlich nicht ins Wanken gebracht werden kann. Die Argumente
seiner Kritiker verlieren sich für diejenigen, die auf ihm stehen, in die geistige
Unerheblichkeit von Spitzfindigkeiten, auf die man sich nicht einzulassen
braucht und denen man allein mit einer allgemein geteilten Empörung zu begegnen hat.

In diesem Sinne der sich selbst befestigenden kulturellen „Gegebenheiten" er-
zeugen die Prägnanzprofile ein totalitäres Moment aller Kultur, dogmatische Akzente, die eine Tendenz bestärken, die anderen kulturellen „Gegebenheiten" der
Anderen nur in ihrer Differenz zur eigenen kulturelle Identität wahrzunehmen.
In den meisten Kulturen werden die kulturellen „Gegebenheiten" über die alltäglichen Lebensformen, also über die alltäglichen Wahrnehmungs-, Ausdrucks- und
Verhaltensformen, hinaus durch eine eigene Tradition kanonisierter Werke und
Werte stabilisiert und damit auch mit einem stets verfügbaren Reservoir von allgemein einsetzbaren Argumenten versehen und gegenüber jeglicher Kritik sozusagen auf einer zweiten Ebene, nämlich der einer expliziten Auseinandersetzung,
immunisiert.

4.3 Kunst als kreative Prägnanzverschiebung

Die Kunst, so kann man allgemein sagen, ist nun ein Ort in unserer Kultur, an
dem diese Geschlossenheit aufgelöst und die kulturellen „Gegebenheiten" durch
eine Verschiebung der Prägnanzprofile mit Visionen des Utopischen – im wörtlichen Sinne des Ortlosen in der Kultur – durchsetzt werden. Denn die Kunst tut
etwas grundsätzlich anderes als wir in unserem Alltag zumindest gewöhnlich und
jedenfalls dann tun, wenn wir uns in den kulturellen „Gegebenheiten" der jeweiligen Prägnanzprofile bewegen. Die Kunst verschiebt diese Prägnanzprofile, indem sie die Grenzen zwischen dem Hervorgehobenen und Zurückgedrängten,
zwischen Figuren und Hintergründen und überhaupt zwischen dem Identischen
und dem davon Differenten verschiebt. Und da es sich bei diesen Verschiebungen um Verwerfungen des Bodens handelt, auf dem wir Identität und Differenz
erst gründen, ist hier jede Verschiebung schon eine Umkehrung, eine Revolution
im Wortsinn.

Kehren wir wieder zum Sehen zurück. Was wir sehen, ist im allgemeinen – bei
ausreichendem Licht, in nicht zu großer Entfernung und freier Sicht – von hoher
Prägnanz. Nicht zuletzt diese Prägnanz des Sehens mag dazu beigetragen haben,
dass das Sehen immer wieder als Musterbeispiel auch der gedanklichen Orientierung im ganzen – z. B. als Einsicht und Einleuchten, als Klarheit und Deutlichkeit der Gedankenführung und nicht zuletzt als Aufklärung – gewählt worden ist.
Seit Platon ist unsere Tradition beherrscht von einer Metaphorik des Sehens, die

unserem Denken die Orientierung vorzeichnen will. Und auch die Rede von einer Orientierung, die uns ja dem Osten, wo die Sonne aufgeht, zukehren soll, nutzt eine visuelle Metapher.

Gerade das aber, was die Prägnanz des Sehens ausmacht, illustriert den Zusammenhang zwischen der klaren und deutlichen Strukturierung des Gesehenen auf der einen und der eben dadurch erzeugten Unaufmerksamkeit im Umgang mit dem überhaupt Sichtbaren auf der anderen Seite. Man kann dies auch in der Formel zusammenfassen: *Sehen ist Übersehen.* Mit dem übersehenden Sehen arbeiten wir das in sich verwobene und sich ständig verwandelnde und uns umschließende Feld des Sichtbaren um zu einem in sich gegliederten und vor uns sich ausbreitenden Sehbild,[16] in dem es identifizierbare Komplexe – die wir etwa als Gegenstände, z. B. als Personen oder Dinge, sehen – und vielfältige Beziehungen zwischen ihnen und eine Umgebung um sie herum gibt.

Ohne hier auf weitere Details einzugehen, mögen die wenigen Bemerkungen bereits genügen, um die Umkehrung deutlich werden zu lassen, die das gemalte Bild gegenüber dem Sehbild vollzieht. Diese Umkehrung hängt mit dem Malen als solchem zusammen und ist nicht nur an verfremdende Darstellungen des Gesehenen etwa in surrealistischen Bildern oder an den Verzicht auf einen Gegenstandsbezug überhaupt in abstrakten Bildern gebunden. Auch die „realistischen" gegenständlichen Bilder etwa der Renaissance oder der Genremalerei sind Umkehrungen unserer Sehbilder. Nicht darum, *was* und *wie* gemalt wird, ist hier entscheidend, sondern die bloße Tatsache, *dass* überhaupt gemalt und nicht nur gesehen wird. Denn: Malen ist nicht Sehen.

4.4 Sehbild und Malbild: die unaufhebbare Differenz

Dieser überaus einfache Unterschied zwischen dem Malen, an dem unsere Hand – mit ihrem Gebrauch von Pinsel, Stift, Farben und all den übrigen Materialien auf einem geeigneten Maluntergrund – beteiligt ist, und dem Sehen, das von unserem Auge geführt wird – auch wenn die anderen Sinne und unsere Erinnerung das ihre dazu beisteuern – ist erstaunlich wenig thematisiert worden.[17] Dabei ist dieser Unterschied grundlegend für das Verständnis der Umkehrung, die im, wie ich es auch nennen möchte, Malbild gegenüber dem Sehbild geschieht.

---

16 Von einem Sehbild rede ich, um es von einem gemalten Tafelbild, aber auch von einem Vorstellungsbild zu unterscheiden. Das Sehbild ist das Gesehene, das im Prozess des Sehens entsteht. Als eine solche Aktualität des Gesehenen bleibt es übrigens in einer strukturellen Differenz zu jedweder Form der nachträglichen Vergewisserung. In welcher Weise auch immer wir uns auf das aktuell Gesehene beziehen: Es bleibt dieser Bezug eine Rekonstruktion, die niemals mit einer bloßen Replikation verwechselt werden darf.

17 Eine geradezu kämpferisch vor allem gegen Ernst H. Gombrich gewendete Thematisierung findet sich in: Norman Bryson, *Das Sehen und die Malerei. Die Logik des Blicks.* Aus dem Englischen von Heinz Jatho. München [Wilhelm Fink Verlag] 2001 (Englische Originalausgabe: *Vision and Painting. The Logic of the Gaze.* London [MacMillan Press LTD] 1983)

Der in meinen Augen wichtigste Unterschied ergibt sich aus der unterschiedli-chen Wertigkeit, die in unseren Sehbildern und in den Malbildern den gesehenen Gegenständen auf der einen und ihrem Hintergrund, ihrer Umgebung und den Zwischenräumen zwischen ihnen auf der anderen Seite zukommt. Für unsere Sehbilder gilt die Prägnanzformel, dass unser Sehen ein Übersehen ist: Wir sehen die Gegenstände, weil wir ihren Hintergrund, ihre Umgebung und die Zwischen-räume zwischen ihnen, wenn auch in unterschiedlicher Weise, übersehen. Dass wir all dies übersehen, heißt dabei nicht, dass wir es überhaupt nicht sehen. Vielmehr können wir an die Doppeldeutigkeit der Rede vom Übersehen an-knüpfen und sagen, dass wir das Übersehene nur in der Art einer unthematischen Übersicht, als eine Art ortendes Umfeld für das thematisch Gesehene, sehen.

Das Verhältnis dieser Wertigkeit ändert sich in den Malbildern grundlegend. Für den Maler besitzen die Gegenstände, die er in seinem Bild, wenn es denn überhaupt gegenständlich ist, im Prinzip keine höhere Wertigkeit für sein Malen als der Hintergrund, die Umgebung und die Zwischenräume. Denn beides muss er malen, weil beides zum Bild gehört. Und beides muss er im Prinzip mit der gleichen Sorgfalt malen. Und selbst wenn er den Gegenständen eine differenzier-tere Darstellung zuteil werden lässt als dem Hintergrund, der Umgebung und den Zwischenräumen, entbindet ihn dies nicht davon, auch diesen in der Sehbe-deutung, d. h. in der Wertigkeit für das Auge des Betrachters, sekundären Bild-teilen seine Gestaltungsarbeit zukommen zu lassen. Sogar dann, wenn der Maler auf deren bloße Hintergrund-, Umgebungs- oder Zwischenraumwertigkeit, also auf ihr Übersehenwerden vom Betrachter, aus ist, muss er diese Wertigkeit als unthematische Bildteile in seinem Malen und also eigens gestaltend erst herstel-len.

Zwischen der Hand des Malers und dem Auge des Betrachters tut sich eine Kluft auf, die zum Teil absichtlich aufgerissen wird. Diese Kluft birgt das Ge-heimnis der Kunst, ihr Rätsel und ihren Reichtum. Und sie birgt auch die Kraft des anderen Sehens, die unsere Sicht der Dinge aufzustören und neu zu beleben vermag. Sie birgt die Verlockung, die unseren Blick anzieht, und die Verstrickung unseres Blicks in die Ränder des Lebens, die wir längst ausgeblendet hatten und überwunden glaubten. Sie birgt die Möglichkeit des „kranken" Blickes und der Erschütterung unserer gesund gesehenen Welt:

> „Der Kranke, der die Tapete seines Zimmers betrachtet, sieht sie plötzlich sich ver-ändern, wie wenn das Muster und die Figur zum Hintergrund werden, während das, was für gewöhnlich als Hintergrund angesehen wird, zur Figur wird. Das Aus-sehen der Welt würde für uns erschüttert, wenn es uns gelänge, die Zwischenräume zwischen den Dinge als *Dinge* zu sehen – zum Beispiel den Raum zwischen den Bäumen auf der Straße – und umgekehrt die Dinge selbst – die Straßenbäume – als Hintergrund."[18]

---

18 Maurice Merleau-Ponty, *Das Kino und die neue Psychologie.* A.a.O. In: Ders., *Das Auge und der Geist. Philosophische Essays.* A.a.O., S. 30, und in: Ders., *Sinn und Nicht-Sinn.* A.a.O., S. 66.

Was Merleau-Ponty hier beschreibt, lässt sich als Blick des Malers beim Malen charakterisieren. Es ist dies der Blick, der das Übersehene wie das zu Übersehende im alltäglichen Sehen zum Gegenstand nimmt. Dieser Blick richtet sich nicht nur auf die Gegenstände, die wir zu sehen gewohnt sind. Er richtet sich auf die Verhältnisse, in denen sie zueinander und zu ihrer Umgebung stehen. So kann auch in einem gegenständlichen Bild nicht nur die Tatsache, dass sich in einem Haus Fenster z. B. in einer bestimmten Anzahl und Größe befinden, als „Gegenstand" dieses Bildes, als das, was der Maler in seinem Bild zur Sichtbarkeit bringt, registriert werden, sondern der Rhythmus oder die Konfiguration, in der diese Fenster angeordnet sind und ein „Bild" ergeben.

Der Blick des Malers richtet sich auf das, was er durch sein Malen sichtbar macht. Das sind die Verhältnisse der Sichtbarkeit auf einer Oberfläche. Und diese Verhältnisse schaffen eine Art visueller Gleichberechtigung zwischen allem, was überhaupt sichtbar gemacht wird, seien es nun die Gegenstände unseres alltäglichen Sehens oder seien es die Zwischenräume, die Umgebung oder der Hintergrund. Alle Momente im Bild gewinnen im Blick des malenden Malers ihre Bedeutung. Das Bild des Malers besitzt dadurch eine Bedeutungsdichte: Es gibt keinen Hintergrund, keine Umgebung, keinen Zwischenraum, der nicht die gleiche Bedeutungskraft besäße wie jede andere gegenständliche Stelle des Bildes.[19] Im Bild des Malers wie in seinem Blick wird sozusagen eine Basisdemokratie des überhaupt Sichtbaren errichtet, in der die Herrschaft der Gegenstände aufgehoben ist und das durch unser alltäglich übersehendes Sehen visuell Entrechtete und Vergessene wieder zum Vorschein gebracht wird.

In diesem Sinne der visuellen Gleichberechtigung aller Bildmomente sind auch die gegenständlichen Bilder ungegenständlich. Es geht überhaupt nicht um die Gegenstände unseres Sehens. Es geht um die Verhältnisse, in denen sie stehen und in die sie eingefügt sind. Es geht um das, durch dessen Übersehen sie überhaupt zu dem werden konnten, was sie sind, nämlich Gegenstände. Die Prägnanz unseres alltäglichen Sehens wird mit dem Malen eines Bildes gleichsam rückgängig gemacht. Sie wird nicht nur von einer gegenständlichen Sichtweise zu einer anderen verschoben. Sie wird in ihrer Struktur verschoben: vom gegenständlichen Sehen zum Sehen ihrer Verhältnisse oder, wie Merleau-Ponty es sagt, zum Sehen der Zwischenräume. Es ist die *strukturelle Prägnanzverschiebung*, die den Blick des Malers leitet und den Charakter der Kunst ausmacht.

---

19 Ich lehne mich hier an Goodmans Rede von einer durchgängigen syntaktischen (und entsprechend auch einer semantischen) Dichte an. „Ein Schema ist syntaktisch dicht, wenn es unendlich viele Charaktere bereitstellt, die so geordnet sind, dass es zwischen jeweils zweien immer ein drittes gibt. Solch ein Schema weist immer noch Lücken auf, etwa wenn die Charaktere allen rationalen Zahlen entsprechen, die entweder kleiner als 1 sind oder nicht kleiner als 2. In diesem Fall wird die Einfügung eines Charakters, der der 1 entspricht, die Dichte zerstören. Wenn keine Einfügung weiterer Charaktere an ihrer normalen Stelle auf diese Weise die Dichte zerstört, dann weist das Schema keine Lücken auf und kann *durchgängig dicht* genannt werden." Nelson Goodman, *Sprachen der Kunst. Entwurf einer Symboltheorie*. Frankfurt am Main [Suhrkamp Verlag] 1995, S. 133. (Amerikanische Originalausgabe: *Languages of Art: An Approach to a Theory of Symbols*. Indianapolis [Hackett Publishing Company] 1985)

5 Paradoxien der Bildlichkeit

Die Grunddifferenz zwischen Sehbild und Malbild oder zwischen Sehen und
Malen – die übrigens, wenn sie beim Malen nicht ernst genommen wird, zum
Kitsch führt – legt sich in weiteren Differenzen aus, die in der Literatur vielfach
als Paradoxien der Bildlichkeit hervorgehoben worden sind.[20]

5.1 Transparenz und Opazität

Da ist die Differenz zwischen Transparenz und Opazität, die dadurch entsteht,
dass auch das Malen des Durchsichtigen – des Himmels, eines Fensters oder
überhaupt eines Durchblicks – ein Malen mit Farben, die undurchsichtig sind,
ist. Das Entsprechende würde auch gelten, wenn jemand die Durchsicht durch
Freilassen der Leinwand oder des Papiers darstellen wollte, die durch ihre Materialität die Opazität bewahren. Letztlich entsteht diese Differenz aus der Grunddifferenz des Sehens – nämlich des Hindurchsehens – und Malens – also des Be-
deckens von materiellen Flächen mit materiellen Farben.

5.2 Fläche und Tiefe

Nur das Bild kennt – und auf diese Differenz haben wir bereits hingewiesen – die
Gleichzeitigkeit von Fläche und Tiefe. Diese Möglichkeit der „Integration des
Inkompatiblen"[21] gründet im Sehen: im Verhältnis vom fokussierenden und be-
gleitenden Wahrnehmen auf der einen Seite und im Verhältnis vom Sujet bzw.
Gegenstand und Rahmenwerk auf der anderen Seite. Wo das Bild das Sichtfeld –
und manchmal auch nur das Bildfeld wie bei den Flaggenbildern von Jasper
Jones – total ausfüllt, fehlt die gründende, die referierende Orientierung. Das im
begleitenden Wahrnehmen erfasste ortende Umfeld[22] und die Begrenzung des
Bildes nimmt der auf das Bild gerichteten fokussierenden Wahrnehmung ihre
Selbsterfassung als Bildwahrnehmung. Das Bild ist für sie dann nicht mehr nur
Bild, sondern auch das Insgesamt des Gesehenen. In dieser Gesamtsicht kann
sich das Bild gleichsam auflösen, kann es, wie Michel Polanyi in seiner Analyse
des Freskos von Andrea Pozzo an der Decke von San Ignazio in Rom eindrucksvoll zeigt,[23] in einem mit der Veränderung der Sehpositionen bewegten Sehen
zum Moment einer lebendigen Raumwahrnehmung werden und als abgegrenztes

---

20 Vgl. zum folgenden vor allem den Sammelband von Gottfried Boehm (Hg.), *Was ist ein Bild?*
A.a.O. Viele Beiträge dieses Bandes können geradezu als Thematisierung dieser Differenzen gelesen werden.
21 Michael Polanyi, *Was ist ein Bild?* In: Gottfried Boehm (Hg.), *Was ist ein Bild?* A.a.O., S. 155.
22 S. oben Abschnitt 4.4.
23 Michael Polanyi, *Was ist ein Bild?* A.a.O., S. 148-162.

Bild verschwinden. Die Begrenzung der Bildfläche gegenüber dem Wahrnehmungsraum und den realen Flächen dieses Raumes gehört aber zum Begriff des Bildes, wenn denn Bild überhaupt von Wirklichkeit unterschieden werden soll. Anders gesagt: Zum Bild gehört ein „Rahmen-Effekt"[24], der seine Identität als Bild gegenüber den ineinander fließenden Momenten der umgebenden Wirklichkeit sichern muss – und dies unabhängig davon, ob es einen Rahmen als eigens verfertigten Gegenstand gibt oder nicht.

Auch hier wird man wieder eine Prägnanzverschiebung erkennen können: allerdings eine Prägnanzverschiebung besonderer Art. Denn in dieser Prägnanzverschiebung wird nicht etwas *im* Bild – sei es der Hintergrund oder die Umgebung eines Sujets, sei es dieses Sujet selbst – sondern das Bild selbst umgewertet: zu etwas, das nicht mehr als ein besonderer Gegenstand wahrgenommen wird, sondern als unabgegrenztes Moment in der Gesamtsicht eines Raumes aufgeht.

5.3 Bild und Abbild

Immer wieder wird das Bild auch dem Abbild gegenüber gestellt. Schon bei der ersten Frage nach dem Rätsel des Bildes stellten wir das Bild als eine Präsentation ohne Repräsentation vor und damit die Bildlichkeit der Abbildlichkeit entgegen. Im Zusammenhang der Paradoxien der Bildlichkeit ist noch einmal zu betonen, dass das Bild als Abbild im Sinne des Sehbildes kein gemaltes Bild wäre. Als gemaltes kann das Bild nicht Abbild sein. Es würde die ihm eigene Bildlichkeit, seinen Bildsinn, verlieren. Es würde zu einem Teil der gesehenen Welt werden müssen, zu einem räumlich perspektivierten und zeitlich sich entwickelndem Feld der uns umgebenden Wirklichkeit.

Es wäre daher auch hier die das ganze Bild betreffende Prägnanzverschiebung festzustellen, die wir schon für die Differenz von Fläche und Tiefe bemerken konnten. Tatsächlich handelt es sich in beiden Fällen ja auch um den illusionistischen Charakter mancher „realistischer" Bilder, die nicht mehr Bilder sein wollen, sondern ein Teil der Realität selbst – und damit als solche illusionistischen Bilder ihre eigene Bildlichkeit abstreifen wollen.[25]

---

24 Michel Polanyi übernimmt diesen Terminus von Ivor Armstrong Richards, der ihn seinerseits als einen poetischen Effekt vorstellt, der die Künstlichkeit des Kunstwerks sichern und es dadurch „von den Zufällen und Trivialitäten der alltäglichen Existenz" isolieren soll. (Michel Polanyi, *Was ist ein Bild?* A.a.O., S. 156)

25 Auf den ikonoklastischen Charakter der Abbildtheorie des Bildes weist vor allem Gottfried Boehm immer wieder hin. So stellt er im Zusammenhang mit der Analyse des Realismus der perspektivischen Bilder an die Malerei der Renaissance die Frage: „Ob sie deswegen perfekte Abbilder schaffen wollte? Wäre es darum, um ein illusionsstiftendes Bild gegangen, das sich idealenfalls von der Realität, die es darstellte, gar nicht mehr unterscheiden ließe, das *Bild* würde sich mit der Erreichung dieses Ziels *selbst aufheben*. Man müßte sagen: Bild soll nicht sein, Realität soll sein, genauer: das Bild soll Realität werden. Denkt man diesen Gedanken zu Ende, stellt man überrascht fest, dass die vollendete Abbildlichkeit, d. h. der *Illusionismus*, mit der perfekten *Ikonokla-*

5.4 Die „Ansichtigkeit" des Bildes: Bild und Skulptur

Schließlich stellt uns eine weitere Eigenschaft des Bildes, die es als Bild vor anderen bildnerischen Kunstwerken, vor allem gegenüber der Skulptur, auszeichnet, vor eine weitere Herausforderung. Es ist dies, wieder mit einem Ausdruck Max Imdahls gesagt, die „Ansichtigkeit des im Bilde zu Sehenden".[26]

Eine Skulptur muss umschritten werden und zeigt sich dabei in vielen Ansichten. Ein Bild hingegen zeigt sich (im Prinzip) in nur einer Ansicht – wenn auch manche Effekte etwa perspektivischer Bilder sich mit der Stellung des Betrachters zum Bild verändern. Mit seiner Hervorhebung der „Ansichtigkeit des im Bilde zu Sehenden" weist Max Imdahl auf die ebenfalls schon besprochene Gleichzeitigkeit in der Präsentation von Ereignisfolgen oder eben auf die Tatsache hin, dass das Bild alles, was in ihm sichtbar ist, „ein und für allemal" und „zur Gänze" zeigt.[27]

Diese, wie man sie auch nennen könnte, „Einansichtigkeit" des Bildes ist nicht mit einer Gesamtansicht zu verwechseln. Die Gesamtansicht kann uns die Struktur eines Bildes erfassen lassen, nicht aber zugleich auch den Reichtum seiner Details. Die „Einansichtigkeit" des Bildes ist daher im umgekehrten Sinn zu lesen: Sie ist eine Werkeigenschaft, die darin besteht, dass sie einem Betrachter in einem Augenblick – also ohne dass er sich bewegen und das Bild umschreiten müsste – alles, was im Bilde sichtbar ist, „auf einmal" *zeigt*. Der Betrachter aber kann dies alles nicht auch auf einmal *sehen*. Er hat den Wechsel der Sichten zu vollziehen, damit er der Prägnanzverschiebung im Bild folgen kann. Aber dieser Wechsel geschieht allein in seinem Sehen: allein in einem Sichtwechsel, der keinen Wechsel der Ansicht von einer bestimmten Position aus erfordert, sondern in ein und derselben Ansichtsposition vollzogen werden kann.

Auf der Fläche des Bildes zeigt sich – anders als bei der Skulptur – die Totalität der Sichten und – anders als bei der Erzählung – die Simultaneität der Ereignisse. Da aber das, was sich „einansichtig" zeigt, erst in der Zeit des Sehens erfasst werden muss, entsteht eine Spannung zwischen der „auf einmal" dargebotenen Totalität der Sichten und Simultaneität der Ereignisse auf der einen und dem nur in seiner Sehzeit sich entwickelnden Sichtwechsel auf der anderen Seite. Durch diese Spannung wird das Bild zu einem Medium von einzigartig ineinander verschränkten Zeitformen: einer werkimmanenten Darbietung von möglichen Sichtwechseln in der Sehzeit, die als eine solche Darbietung vor bzw. außerhalb dieser Sehzeit ihren Bestand hat, und dem Vollzug dieser Sichtwechsel in der jeweils eigenen Sehzeit des Betrachters.

---

stik konvergiert. Mitten im gelungenen Abbild nistet eine bildaufhebende Kraft." (Gottfried Boehm, *Die Bilderfrage*. In: Gottfried Boehm (Hg.), *Was ist ein Bild?* A.a.O., S. 336.

26 Max Imdahl, *Ikonik. Bilder und ihre Anschauung*. In: Gottfried Boehm (Hg.), *Was ist ein Bild?* A.a.O., S. 319.

27 Ebd., S. 323.

6 Detail und Ganzes

Einer weiteren Differenz, die man auch in die Reihe der besprochenen Differenzen als Paradoxie aufnehmen könnte, kommt eine besondere Bedeutung zu. Daher soll sie hier auch eigens betrachtet werden. Es ist dies die Differenz zwischen den Details und dem Ganzen eines Bildes. Schon Alfred North Whitehead hat diese Differenz zur Charakterisierung von Kunstwerken überhaupt genutzt und sie ins Zentrum seiner Überlegungen zum Verhältnis von Wahrheit und Schönheit gerückt:

> „Genau das ist es, was uns in aller großen Kunst begegnet. In ihr wird jedes Detail der Komposition intensiv und aus eigenem Recht lebendig. Jede Einzelheit erhebt Anspruch auf ihre eigene Individualität und leistet dennoch ihren Beitrag zu dem Ganzen. Auf jedes Detail fällt der Glanz des Ganzen, und dennoch manifestiert sich in ihm eine Individualität, die schon für sich unsere Aufmerksamkeit in Anspruch nehmen darf.
>
> Betrachten wir z.B. nur einmal, wie sich bei einer gotischen Kathedrale – etwa der von Chartres – die Skulpturen, Pfeiler und die Aufgliederung des Mauerwerks in die Harmonie des Ganzen einfügen! Sie führen unseren Blick aufwärts zum Gewölbe und vorwärts, zu ihrem erhabensten Symbol, dem Altar. Jedes Detail ist so schön, daß es unsere Aufmerksamkeit voll in Anspruch nehmen könnte, und doch entzieht es sich ihr wieder, indem es unser Auge anleitet, die Bedeutung des Ganzen zu begreifen. Das aber könnten sie gar nicht, wenn nicht jeder dieser Teile ein Individuum aus eigenem Recht wäre, das eine Fülle von Gefühlen in uns wachruft. Jedes Detail darf für sich den Anspruch auf eine dauerhafte Existenz[28] erheben; aber es gibt ihn wieder auf, um sich dem Ganzen einzuordnen."[29]

Dieses Konzept der individualisierten Ganzheit und einer gleichzeitig ganzheitlichen Individualisierung lässt sich nach Whitehead im übrigen auch für dissonante Verhältnisse charakterisieren:

> „Aber auch der Wert, den Dissonanzen haben können, beruht auf der kraftvollen Individualität der widerstreitenden Details. Die Dissonanz hebt den Charakter des Ganzen, wenn sie dazu beiträgt, der Individualität seiner Teile mehr Substanz zu geben. Sie vermittelt dann um so nachdrücklicher das Gefühl, daß jeder dieser Teile einen Anspruch auf eine Existenz aus eigenem Recht hat, und sie bewahrt das Ganze zumindest vor der Zahmheit einer bloß qualitativen Harmonie."[30]

---

28 Unter einer dauerhaften (meist „enduring", in diesem Fall: „permanent") Existenz versteht Whitehead die Verbindung von Qualitäten zu einer individuellen Konfiguration, die diese Konfiguration aus dem Hintergrund der Gesamterfahrung unverwechselbar heraushebt und ihr eine bleibende Identität verleiht. Die Prägnanz dieser individuellen Identität ist für Whitehead mit einer hohen emotionalen Wertigkeit für uns verbunden. Vgl. dazu die Ausführungen zum Prinzip der Individualität in Alfred North Whitehead, *Abenteuer der Ideen*. Einleitung von Reiner Wiehl. Aus dem Englischen von Eberhard Bubser. Frankfurt/Main [Suhrkamp Verlag] 1971, S. 486-491. (Amerikanische Originalausgabe: *Adventures of Ideas* (1933). New York [The Free Press. A Division of the Macmillan Publishing Co., Inc.] London [Collier Macmillan Publishers] 1967, S. 279-283)

29 Ebd., S. 490 (Amerikanische Originalausgabe, S. 282).

30 Ebd., S. 490 f. (Amerikanische Originalausgabe S. 282 f.) Eine bloß qualitative Harmonie besteht in der „inneren Verträglichkeit" (ebd., S. 455 (S. 261)) der Qualitäten in einem Objekt,

Gottfried Boehm hebt die Differenz von Detail und Ganzem, wenn auch ohne weitere Ausführungen und damit eher beiläufig, als die grundlegende „ikonische Differenz" hervor:

> „Das Verhältnis zwischen dem anschaulichen Ganzen und dem, was es an Einzelbestimmungen (der Farbe, der Form, der Figur etc.) beinhaltet, wurde vom Künstler auf irgendeine Weise optimiert. Die Regeln dafür sind historisch veränderlich, von Stilen, Gattungsordnungen, Auftraggebern usw. geprägt. Bilder – wie immer sie sich ausprägen mögen – sind keine Sammelplätze beliebiger Details, sondern Sinneinheiten. Sie entfalten das Verhältnis zwischen ihrer sichtbaren Totalität und dem Reichtum der dargestellten Vielfalt. Das historische Spektrum möglicher Wechselbestimmungen dieser ikonischen Differenz ist ausgesprochen reich."[31]

Die Spannung, die durch dieses Verhältnis erzeugt wird, ist in gewissem Sinne ebenfalls eine Paradoxie – jedenfalls in einer an logischer Konsistenz orientierten sprachlichen Darstellung. Das Einzelne hat bis in die letzte Faser hinein ein Eigenrecht seiner Darstellungsfunktion, eine Eigengestalt, die nicht angetastet werden darf. Gleichwohl fügt es sich selbst mit den anderen eigengestaltigen und eigenrechtlichen Einzelnen zum Ganzen, das seinerseits ein eigenes Recht und eine Gestalt besitzt und nur in dieser Individualität das Werk ist.

7 Die „Tendenz zum Unendlichsein"
im verweilenden Blick

Die Differenz zwischen Detail und Ganzem wird zwar nicht erst durch das Bild erzeugt, sondern findet sich auch im Sehen. Auch in unserer Weltwahrnehmung mag unser Blick von Detail zu Detail wandern, sich vom Detail zum Ganzen einer Sicht hinwenden und das Ganze wieder in einem Detail gegründet sehen. Tatsächlich ist ein solches Sehen nicht das flüchtige Sehen, mit dem wir um der

---

nicht aber auch in der besonderen – und gespannten – individuellen Ausformung, die wir als solche wahrzunehmen in der Lage sind (s. dazu Whiteheads Ausführungen über „das Erfassen einer Individualität als solcher". (Ebd., S. 457 f. (S. 262 f.))

31 Gottfried Boehm, *Die Wiederkehr der Bilder*. In: Gottfried Boehm (Hg.), *Was ist ein Bild?* A.a.O., S. 30. In seiner eigenen Anmerkung bemerkt Gottfried Boehm: „Der Begriff der ikonischen Differenz ist dem des ikonischen Kontrastes eng verwandt. Er ist allerdings geeignet, die wechselseitige Bestimmung, die im Kontrast liegt und Unterschiedenheit auf Einheit zurückbezieht, genauer zu bestimmen – in Analogie zur ‚ontologischen Differenz' (Heidegger)." (Ebd.) In einem neueren Beitrag charakterisiert Gottfried Boehm die ikonische Differenz im Sinne der oben angestellten Überlegungen zur Prägnanzverschiebung. „Die ‚ikonische Differenz' vergegenwärtigt eine Regel der Unterscheidung, des visuellen Kontrastes, in der zugleich ein Zusammensehen angelegt ist." (Gottfried Boehm, *Jenseits der Sprache? Anmerkungen zur Logik der Bilder*. In: Christa Maar/Hubert Burda (Hg.), *Iconic Turn. Die neue Macht der Bilder*. Köln [DuMont] 2004, S. 41) Zusammengesehen wird danach die materielle Gegenständlichkeit des Bildes und eine sinnhafte Konfiguration, die diese – im Blick des Betrachters – als „den Gehalt" des Bildes entstehen lässt, Dieser „Gehalt [...] meint etwas Abwesendes", das in der Anwesenheit des, wie ich selbst sagen möchte, Bilddinges gesehen wird. (Ebd., S. 32) „Wir sehen das eine im anderen." (Ebd., S. 40)

alltäglichen Orientierung willen unsere Umgebung erfassen, sondern ein verweilendes Betrachten, ein besonderes Hinsehen auf und Ansehen von etwas.

Eben dieses verweilende Betrachten ist für Paul Valéry die Grundlage für den „künstlerischen Schaffensprozess".[32] In ihm sieht Valéry ein „unendliches" Sehen: ein Sehen mit dem Charakter einer besonderen „Unendlichkeit", die er zum Ursprungsort aller Kunst erklärt:

> „Sehen, Tasten, Riechen, Hören, Bewegung verleiten uns gelegentlich dazu, im Empfinden zu verweilen, zu handeln, um die Eindrücke, die sie in uns hinterlassen, hinsichtlich Intensität und Dauer zu steigern [...]: der *Sinneseindruck* steigert die *Erwartung* seines Auftretens und reproduziert sie, ohne daß irgendeine deutliche Grenze, irgendeine alles entscheidende Handlung diesen Effekt der wechselseitigen Reizung unmittelbar aufheben könnte."[33]

Dieses Streben nennt Valéry den „Unendlichkeitsfaktor in der Ästhetik".[34] Durch die „Tendenz zum Unendlichsein"[35] schafft die Kunst eine eigene Welt, die wir im übrigen schon durch äußere Abgrenzungen wie den Rahmen eines Bildes, die Bühne des Theaters, aber auch besondere Räume wie die Konzertsäle und Opernhäuser, die Theater und Museen vor der Intervention mit den alltäglichen Angelegenheiten unseres Lebens zu bewahren versuchen.

> „Die Gesamtheit der Auswirkungen mit der *Tendenz zum Endlichen* konstituiert die *Ordnung der Dinge, die dem Bereich des Praktischen zugehören*."

Und als ein der französischen Kultur geschuldetes (und durch sie geschultes) Beispiel für die Unterschiedlichkeit der beiden Tendenzen und Bereiche fügt Paul Valéry an:

> „Wenn ein Mensch Hunger hat, wird dieser Hunger ihn veranlassen, das Nötige zu tun, um ihn schnellstens zu stillen; wenn aber die Speise ihm köstlich erscheint, wird diese Köstlichkeit *in ihm* weiterdauern, sich fortsetzen oder neu entstehen *wollen*."[36]

Pointiert könnte man mit Valéry feststellen, dass die Kunst zu einer Welt gehört, die nicht den praktischen Bedürfnissen des alltäglichen Lebens gewidmet und in diesem Sinne nutzlos ist. Das Thema der Nutzlosigkeit, der bloßen Dekorationsfunktion, des illusionären Fassadenzaubers und des luxuriösen Ausstattungsaufwandes, ist bleibend aktuell. Es begleitet und verfolgt die Künstler über die Jahrtausende hinweg bis heute. Und es ist ein Thema, das greift und einen Punkt trifft, der die Kunst von der Lebensfristung, die Imagination von der Produktion zutiefst unterscheidet.

---

32 Paul Valéry, *Der künstlerische Schaffensprozess*. (1928) In: Ders., op.cit., S. 162-177.

33 Paul Valéry, *Zum allgemeinen Begriff von Kunst* (1935). In: Ders., op.cit., S. 209.

34 Paul Valéry, *Der Unendlichkeitsfaktor in der Ästhetik*. (1934) In: Ders., op.cit., S. 178-181. S. auch in dem Vortrag *Überlegungen zur Kunst*. A.a.O., S. 191-195.

35 Paul Valéry in *Der Unendlichkeitsfaktor in der Ästhetik*. A.a.O., S. 179, und in *Überlegungen zur Kunst*. A.a.O., S. 193.

36 Ebd., S. 178f. und S. 192.

„Das offensichtlichste Merkmal eines *Kunstwerks* lässt sich mit dem Wort *Nutzlosigkeit* wiedergeben", ist eine der Grundthesen, die Paul Valéry der Ästhetik widmet.[37] Für Valéry heißt dies, dass der künstlerische Gegenstand „keinem physiologischen Lebensbedürfnis entspricht; wenigstens nicht den physiologischen Funktionen, die allen gemein sind, deren Vollzug einigermaßen konstant ist, deren Anforderungen den Regeln entsprechen."[38] Diese Nutzlosigkeit ist allerdings noch kein Privileg des Kunstwerkes:

> „Die meisten Eindrücke und Wahrnehmungen, die wir über unsere Sinne empfangen, spielen im Funktionsablauf, der für die Erhaltung des Lebens wesentlichen Apparate keine Rolle. Sie bewirken darin manchmal gewisse Störungen oder gewisse Änderungen des normalen Verhaltens, sei es durch ihre Intensität, sei es, daß sie uns als *Zeichen* motivieren oder in Erregung bringen; jedoch stellt man unschwer fest, daß von den zahllosen unablässig sich unseren Sinnen aufdrängenden Reizen nur ein bemerkenswert schwacher, gleichsam unendlich kleiner Teil für unsere physiologische Existenz notwendig und verwendbar ist. Das Auge eines Hundes sieht die Sterne; doch dieser Anblick bleibt für das kreatürliche Sein dieses Tieres folgenlos: es tilgt ihn sofort. Das Ohr dieses Hundes nimmt einen Laut war, der ihn sich aufrichten und unruhig werden lässt; das Sein des Hundes aber nimmt von dem Laut nur das in sich auf, was notwendig ist, um ihn durch eine unmittelbare und völlig determinierte Handlung zu ersetzen. Das Sein des Hundes verharrt nicht in der Wahrnehmung."[39]

Der flüchtige Blick bleibt nur auf das Prägnante bezogen, sei es für den verweilenden Blick ein Ganzes oder ein Detail, bleibt in seine Tendenz zum Endlichen eingespannt, in die Zwänge eines unentwegten Besorgens und Erzeugens von Lebensnützlichem und -notwendigem. Das Verweilen aber in dem, was uns die Welt und uns selbst erschließt, was den bleibenden Blick auf die Sterne erlaubt und den Blick für die Welt auch jenseits der Bedürfnisse und der Besorgungen und damit auch auf uns selbst und unser Verhältnis zur Welt öffnet – all dieses Verweilen wäre dem praktischen Menschen bloß Zeitverschwendung. Und das ist die Wahrheit der Sinnumkehr gegenüber dem praktischen Blick: Nur dem Verschwender öffnet sich die Unendlichkeit. Nur wer mit und in seiner Zeit auch sich selbst verschwendet, gewinnt Zugang zum Reich, in dem es sich verweilen lässt.

7.1 Exkurs: Platon und die Nutzlosigkeit der Künstler

Das Thema der Nutzlosigkeit, die man der Kunst attestieren zu können glaubt, hat Tradition. Die Gründung auch dieser Tradition kann man mit Platon beginnen lassen, mit seiner Aussperrung der Maler, Dichter und Sänger aus dem Kreis des wirklichen Lebens, nämlich der nützlichen Bewältigung der wirklichen Pro-

---

37 Paul Valéry, *Zum allgemeinen Begriff der Kunst*. A.a.O., S. 207. Vgl. auch *Überlegungen zur Kunst*. A.a.O., S. 190 ff.
38 Paul Valéry, *Überlegungen zur Kunst*. A.a.O., S. 190.
39 Paul Valéry, *Zum allgemeinen Begriff von Kunst*. A.a.O., S. 207 f.

bleme des Lebens. Bekanntlich wollte Platon in seinem Staat die Künstler, vornehmlich die Dichter, unter „Aufsicht" stellen,[40] sie „nötigen", im richtigen, nämlich politisch korrektem Sinne „ihre Reden einzurichten"[41] und im übrigen ihre Erzählungen, in denen Schlechtes über die Götter berichtet würde, gar nicht erst zuzulassen, „mag nun ein verborgener Sinn darunterstecken oder auch keiner."[42]

„[W]enn einer [...] die Schicksale der Niobe[43] oder der Pelopiden[44] oder die troischen[45] oder anderes dergleichen dichten will, so lasse man sie ihn entweder gar nicht als Gottes Taten erzählen; oder wenn als solche, dann muß er die Rede ungefähr dafür auffinden, die wir jetzt suchen, und sagen, daß Gott nur, was gerecht und gut war, getan hat und sie Nutzen gehabt haben von der Strafe; daß aber die Strafeleidenden unselig sind und doch, der sie ihnen angetan hat, Gott war, das muß man den Dichter nicht sagen lassen. Allein wenn sie es sagen wollten, daß als Unselige die Bösen die Strafe bedurft hätten und dadurch, daß sie Strafe litten, ihnen von Gott geholfen worden sei, dies kann man lassen. Zu behaupten aber, daß Gott irgend jemandem Ursache des Bösen geworden ist, da er doch gut ist, dies muß man auf alle Weise abwehren, daß es nicht jemand sage in seinem Staat, wenn er gut soll regiert werden, noch auch jemand höre, weder jung noch alt und weder in gemessener Rede noch in ungemessener vorgetragen, weil es weder fromm wäre, wenn es einer sagte, noch uns zuträglich, noch auch mit sich selbst übereinstimmend."[46]

Hier haben wir ein wahrhaft klassisches Manifest zum Verhältnis von Politik und Dichtung vor uns, das Platon auch auf andere Künste, vor allem die Malerei, überträgt und dabei zugleich noch radikalisiert, indem er es in einer noch grundsätzlicheren Weise behandelt. So sieht er in dem Maler gegenüber dem „Werkbildner und Verfertiger desselben" – es geht übrigens um ein Bettgestell – lediglich einen „Nachbildner". Als ein „Nachbildner" kann er aber nur „das Erscheinende, wie es erscheint", niemals aber „das Seiende, wie es sich verhält", nachbilden.[47] Und eben dies gilt auch vom Dichter. Auch er versteht sich nur auf Nachbildungen und bemerkt nicht einmal, „dass diese um das Dreifache von der Wahrheit abstehen", weil auch die Dichter „Erscheinungen dichten, nicht Wirkliches".[48]

40 Platon, *Politeia* 377b.
41 Ebd. 378d.
42 Ebd.
43 Weil Niobe mit ihren 14 Kindern geprahlt hatte, wurde sie von Apoll und Artemis getötet. (Anmerkung übernommen aus Platon, *Werke* in acht Bänden. Griechisch und Deutsch. Herausgegeben von Gunther Eigler. Vierter Band: *Πολιτεία - Der Staat*. Bearbeitet von Dietrich Kurz. Griechischer Text von Émile Chambry. Deutsche Übersetzung von Friedrich Schleiermacher. Darmstadt [Wissenschaftliche Buchgesellschaft] 1971, S. 165)
44 Der Fluch, der von den Göttern auf Tantalos lag, pflanzte sich auch auf die Nachkommen seines Sohnes Pelops, u. a. Atreus, Thystest, Agamemnon, fort. (Anmerkung übernommen wie oben)
45 Auch der Fall Trojas ist nach der Sage durch die der Stadt feindlich gesinnten Götter verursacht worden. (Anmerkung übernommen wie oben)
46 Platon, *Politeia* 380a-c.
47 Ebd. 597d-598b.
48 Ebd. 599a.

Und dann holt Platon zu der Frage aus, die auch heute zu erwarten wäre:

> „Lieber Homeros, wenn du denn, was Tugend anlangt, nicht der [...] von der Wahrheit abstehende Verfertiger des Schattenbildes bist, [...] sondern doch [...] wirklich zu erkennen vermochtest, durch welche Bestrebungen die Menschen besser werden oder schlechter im häuslichen Leben sowie im öffentlichen, so sage uns doch, welche Stadt denn durch dich eine bessere Einrichtung bekommen hat, wie Lakedaimon durch den Lykurgos und so viele andere große und kleine Städte durch andere mehr?"[49]

Diese Frage traf den Befragten wie ein Schlag und würde dies auch heute noch tun. Und als ob Platon ganz sicher gehen wollte, lässt er es damit nicht genug sein, sondern geht endgültig zum Angriff über, und zwar frontal und stufenweise. Dabei kommt die Malerei zwar nicht ungeschoren, aber vergleichsweise noch einigermaßen glimpflich davon. Zwar hat auch sie „mit dem von der Vernunft Fernen in uns Verkehr", weil sie eben nichts Wirkliches und also „in großer Ferne von der Wahrheit ihr Werk zustande bringt".[50] Aber mehr als diese Täuschung über ihr Werk kann ihr nicht vorgeworfen werden. Die Dichter dagegen haben einen weit wirksameren Zugang zu unserer Seele. Ihre Erzählungen nämlich richten sich an unsere „gereizte und wechselreiche Gemütsstimmung", weil diese, anders als „die vernünftige und ruhige Gemütsfassung" leicht nachzubilden und leicht zu verstehen ist, „zumal für eine große Versammlung und die verschiedenartigsten Menschen, wie sie sich vor den Schaubühnen zusammenfinden."[51] Man könnte dies auch als das Zugeständnis lesen, dass das Vernünftige und Ruhige bzw. das Vernünftige als das Ruhige in unserer Seele ziemlich langweilig erscheint und schon darum keine Darstellung auf sich zieht.

Aber Platon kennt noch einen anderen Grund. Weil wir als vernünftige Menschen das Weinen und Klagen „mit Gewalt zurückgehalten und es so gleichsam ausgehungert" haben, bricht es sich bei der bewegenden Schilderung unglücklicher Ereignisse durch die Dichter seine Bahn[52] und macht uns am Ende selbst zu Menschen, die sich ihren Gefühlen hingeben und der Dichtung mitempfindend folgen.[53] Und auf eben diese Weise verführt uns die Komödie dazu, selbst zu Possenreißern und Spaßmachern zu werden.[54] Und die dichterische Schilderung der Lust bringt uns unter die Herrschaft der Begierde: „Denn sie nährt und begießt alles dieses, was doch ausgetrocknet werden sollte".[55]

So muss denn die Dichtkunst aus der Stadt verwiesen werden – es sei denn, sie könne etwas anführen, „weshalb auch ihr ein Platz zukomme in einem wohlverwalteten Staate". Dann würden wir sie, so Platon für die Staatslenker, „mit Freu-

---

49 Ebd. 599d-e.
50 Ebd. 603a-b.
51 Ebd. 604e.
52 Ebd. 606a-b.
53 Ebd. 605d.
54 Ebd. 606c.
55 Ebd. 606d.

den aufnehmen". Bei ihrer Verteidigung wolle man übrigens „unbefangen und wohlmeinend zuhören", ihr dabei sogar „wohlwollend helfen".[56]

Es ist frappierend, mit welcher Präzision Platon hier den Kreis der politischen Formeln und die Aussperrung der Kunst, insbesondere der Dichter und ihrer „Schaubühne", aus diesem Kreis mit allen Motiven und rhetorischen Finessen in einer geradezu brutalen Direktheit ausleuchtet. Unverhohlene Zensur und die Prämierung politisch korrekter, rundum positiver Beiträge, in denen auch Unglück und Strafe schön geredet werden, sind auch heute noch Instrumente der politischen Disziplinierung. Sie bilden aber nur die Oberfläche des Misstrauens gegen die Kunst.

Darunter versteckt sich das Ressentiment der Praktiker, dass das Theater, die Dichtung und die Kunst insgesamt im Vergleich zu den nützlichen Dingen minderwertig sind. Dieses Ressentiment wird von Platon in eine philosophische Theorie eingebunden und zu begründen beansprucht. Die Bilder der Maler wie die Erzählungen der Dichter sind als Nachbildungen zu begreifen, schöner Schein oder auch bloßer Widerschein der wirklichen Dinge. In unserem wirklichen Leben geht es um wirkliche Dinge, nicht um deren noch so kunstvolle Spiegelungen, geht es um ein Wissen von diesen wirklichen Dingen und um die Wahrheit. Maler und Dichter mögen unterhaltsam sein. Letztlich aber sind sie nutzlos und im Prinzip überflüssig. Sie beteiligen sich nicht am Aufbau des Staates oder an der Herstellung der wirklichen, der wirklich nützlichen und notwendigen Dinge. Sie produzieren Dekor, auf das man ebenso verzichten kann wie auf sie selbst.

Doch das ist noch nicht alles. Am Ende droht Platon mit seinem schärfsten Anklagepunkt: Der Künstler und vorab wieder der Dichter ist ein Unruhestifter. Nicht ums Verweilen geht es in der Kunst, sondern ums Aufregen und Aufrühren, ums Leiden und Lachen, um Begierde und Lust. All dies ist nicht nur zur Verführung der Menge und der Menschen, „die sich vor der Schaubühne versammeln", geeignet, sondern ist „imstande, auch die Wohlgesinnten, einige gar wenige ausgenommen, zu verderben", und „das ist doch arg."[57]

Was Platon selbst als seine „größte Anklage" ankündigt und im Namen der Polis gegen die „Tragödiendichter"[58] vertritt, reicht in seiner Bedeutung bis ins Wurzelwerk unserer geistigen Tradition hinab. Insbesondere lässt es sich nicht mehr nur mit moralischen Argumenten ausschöpfen. Die moralische Argumentation Platons mit ihrem Bezug auf das Gute und das Schlechte ist daher auch eher ein Oberflächenspiel über den geistigen Gründungen, die seit und nicht zuletzt durch Platon die Denktradition unserer europäischen Kultur bestimmen.

Wie wir im Kapitel über Symbol und Form gesehen haben, wird mit der Platonischen Philosophie ein Formdenken etabliert, in der dem Unveränderlichen

---

56 Ebd. 607c-608a.
57 Ebd. 605c.
58 Ebd.

als solchem der maßstäbliche Status der Ideen zugeschrieben wird. Alle vergänglichen Dinge gewinnen einen Wert nur durch ihre Teilhabe an diesen unveränderlichen Ideen. Diese Weltordnung wird aber getrübt, wenn sich veränderliche Dinge so in unsere Wahrnehmung und unser Denken und überhaupt in unsere Orientierungen einnisten, dass wir in ihnen verweilen. Wir verlieren uns dann in einer vergänglichen Welt der Abbildlichkeit, einer sterbenden und finsteren Welt, in der wir das Licht der Ideen nur noch in den abbildlichen Schatten der Dinge erblicken.

Gerade die Künstler führen uns in diese Welt mit dem geliehenen Glanz ihrer Werke und verführen uns durch deren zauberische Anziehungskraft, mit der sie sich uns darbieten. Nur als Abbild des Göttlichen, als Abbild der Ideenwelt und ihrer Ordnung kann die Kunst in Platons Staat ein Bleiberecht erringen. Der im Zeitlichen verweilende Blick ist nur ein Zustand der Verblendung, die über die begriffliche Ordnung des Formdenkens, über die Entfaltung der überzeitlichen Ideen aufzulösen ist.

8 Die Zeitformen des Bildes

8.1 Die Überzeitlichkeit des Werkes

Tatsächlich scheint das Bild – ich denke hier wieder an das Tafelbild – wie kein anderer symbolischer Gegenstand aus der Zeit heraus zu treten und so die Platonische Überzeitlichkeit zu repräsentieren. Wir sprachen schon von der besonderen „Ansichtigkeit" des Bildes, in der es sich „ein für allemal" und „zur Gänze" dem Blick des Betrachters darbietet.

Aus den Ereignissen des Malens ist das Bild als eine bleibende Form hervorgegangen, die nun ihre eigene Existenz gewonnen hat und in dieser Existenz ein Werk geworden ist, das sich aus der Geschichte des Künstlers herauslöst und zu einem Fixpunkt der Rezeptions- und Interpretationsgeschichte wird. Und dies gilt auch für die auf den ersten Blick ereignisförmigen Installationen, Happenings und für andere, meist mediale, Inszenierungen, mit denen mancherorts das „Ende der Kunst" festgestellt wurde. Auch sie sind durchaus identifizierbare Formen, wenn auch als Konfigurationen von Abläufen und nicht von einmal auf einen Bildträger gebrachten festgefügten Formverhältnissen. Ob man sie nun Werke nennen will oder nicht, sie gewinnen – einmal vorgeführt und ausgeführt – eine bleibende Identität als bestimmte Formen: nämlich als feste Formen – wie man in Anlehnung an Wolf Vostells Fluxus-Bewegung sagen kann – „flüssiger" Formverhältnisse.

8.2 Die Zeitlichkeit der Sicht

Spricht man gleichwohl über die Zeitform des Bildes, so geht es um eine andere Dimension. Es geht um das Verhältnis zwischen der „Ansichtigkeit" des Bildes und der Sicht auf das Bild. Was „ein für allemal" und „zur Gänze" der Sicht des Betrachters dargeboten wird, kann nicht auf einmal, in einem Augenblick gesehen werden. Die vielfach miteinander verschränkte Prägnanzverschiebung, die sich in den Paradoxien der Bildlichkeit entfaltet, erschließt sich nicht schon dem flüchtigen und – im doppelten Wortsinn – übersehenden Blick. Es verlangt den unendlichen Blick, von dem Valéry spricht. Denn jeder Blick auf das Bild ist der Augenblick eines Sehens, das sich seine Prägnanzformen aufbaut, anderes im Bild abtönt oder, wie Husserl sagen könnte, abschattet. Die Betrachtung des Bildes verlangt den ständigen und somit unmöglichen Wechsel der Akzentuierung des Sehens. Es sind strukturelle Gründe, die das Sehen eines Bildes unabschließbar, die Differenz zwischen unseren Sehbildern und dem Malbild unaufhebbar machen.

Diese Differenz erzeugt die besondere Zeitform des Bildes. Das Bild zeigt sich in seinem Bildsinn nur, indem es sich jedem einzelnen Augenblick entzieht. Man kann ein Bild nicht auf einmal sehen. Das Bild, wie immer wir es anschauen, ist immer zugleich nur in Aspekten da. Und es sind Aspekte, die sich nicht einfach komplettieren, sondern die in polaren Spannungsverhältnissen verbleiben, die jeweils Umkehrungen des Blickes erfordern, um sich zu zeigen. Das Bild wird somit zum Tableau einer unaufhörlichen Selbstaufhebung, in der alleine sein Bildsinn geschieht. Die Identität seines Bildsinns wird durch den Wandel des Sehens, den Wechsel der Augenblicke, den Übergang der Akzente – und damit in einer inneren, dem Bild strukturell zueigenen Zeitlichkeit –, also niemals in ihrer Vollständigkeit gewonnen.

Der in der Gesamtsicht verweilende und zugleich von Detail zu Detail wandernde und in seiner Sicht auf das Ganze und auf das Detail wechselnde Blick ist in dieser seiner besonderen Zeitform und Aufmerksamkeit der Blick, mit dem die Differenz zwischen Sehbild und Malbild zwar nicht aufgehoben wird, in dem aber das Sehen dem Malen zuarbeiten kann. Denn durch sein Wandern und Wechseln im Verweilen öffnet sich dieser Blick dem, was man sonst nicht sieht und jedenfalls nicht im flüchtigen Blick erkennen kann: nicht nur die Konfigurationen und Zwischenräume, sondern überhaupt das, was zwischen den Gegenständen und dem Gegenständlichen Verhältnisse ausmacht und dem flüchtigfesten Blick auf das, was man erkennen muss, um sich zurechtzufinden, unsichtbar bleibt. In diesem Blick verwandelt sich die Sicht des prägnanten Sehens in eine Bildform, die der Maler in einem gemalten Bild zur Wirklichkeit eines Werkes umgestalten oder auch „verklären"[59] kann.

---

59 Unter diesen Titel stellt Arthur C. Danto bekanntlich seine Philosophie der Kunst insgesamt: Arthur C. Danto, *Die Verklärung des Gewöhnlichen. Eine Philosophie der Kunst.* Frankfurt am

Die Differenz zwischen dem Detail und dem Ganzen bietet unserem Blick daher mehr und etwas anderes als die übrigen erwähnten Differenzen. In ihr wird eine Bildform geboren, die über sich hinausdrängt in ein Bild. In ihr entwickelt sich ein dynamisches Potential nicht nur zum Bildlichen, sondern auch zum Bildnerischen, zum Schaffen eines Bildes. Vom alltäglich flüchtigen und prägnanten Sehen über ein verweilendes, Detail und Ganzes vielfach ineinander verwebendes Betrachten führt diese Differenz zum Anfang des Malens.

Mit ihr gewinnt daher die kreative Prägnanzverschiebung vom Sehen zum Malen ein zeitliche Wirklichkeit, wird sie zu einem schöpferischen – und dokumentierbaren – Prozess, in dem am Ende die Bilder entstehen.

Zusammenfassend lässt sich sagen: Das Bild erhält seine überzeitliche Werkform dadurch, dass es „immer wieder" seinen Bildsinn für den Blick des Betrachters bereit hält. Im Blick des Betrachters baut sich ein Wechsel und damit eine besondere Zeitform der Sichten auf. Die verschiedenen Bildsichten verschiedener Betrachter verknüpfen sich zu Betrachtungs- und Deutungsgeschichten, die zwar nicht konvergieren müssen, aber von der bleibenden Identität der Bildkonfiguration – von der bleibenden Identität der Formverhältnisse im Bild – ausgehen. Auch wenn die Entwicklung dieser Betrachtungs- und Deutungsgeschichten nicht nur von der Identität der Bildkonfiguration abhängt, sondern auch von dem – gegenständlich oder literarisch verbürgten – Außensinn des Bildes, ist es gleichwohl das Bild in seiner Bildlichkeit, in seinem Formcharakter, das – wenn auch im Medium seines Außensinns – die jeweilige Betrachtungs- und Deutungsgeschichte in Gang setzt und prägt.

Da auf diese Weise der Formcharakter des Bildes jederzeit oder eben immer wieder – und d. h. auch: in unterschiedlichen Sinnumgebungen – Geschichten zur Bildsinn-Entwicklung anstößt, hebt sich das Bild in seiner sichtbaren Bildlichkeit über den Wechsel der verschiedenen Sinnumgebungen hinaus. Die Überzeitlichkeit des Bildes besagt daher nicht, dass es keine Geschichte des Bildsinns gibt. Sie besagt vielmehr, dass gerade in der Identität der Formverhältnisse die bleibenden Binnendifferenzen des Bildes immer neue Sichten ermöglichen, die eine strukturelle Unvollständigkeit des Bildsinns mit sich bringen. Das Bild bleibt daher niemals in einer bestimmten Zeit gefangen und ist in diesem und nur in diesem Sinne überzeitlich.

8.3 Die virtuelle Zeit der möglichen Bilder

Am Ende unserer Betrachtung zu den Zeitformen des Bildes mag ein Aspekt zur Sprache gebracht werden, der über den Rahmen des bisher Vorgetragenen hinausführt und damit ein „offenes Ende" anbietet, das zugleich den Anfang einer neuen Betrachtung in anderer Perspektive vorgeben könnte.

Main [Suhrkamp Verlag] 1991. (Originalausgabe: *The Transfiguration of the Commonplace. A Philosophy of Art.* Cambridge, Mass./London, England [Harvard University Press] 1981)

Bisher sind wir von den Zeitformen des gemalten Bildes ausgegangen, von einer fertigen Konfiguration figurativer Formverhältnisse. Im gemalten Bild findet der künstlerische Schaffensprozess zwar eine Form der Verwirklichung, nicht notwendigerweise aber auch schon seine einzige. Denn obwohl jedes Bild eine unverwechselbare Individualität besitzt und schon die kleinste Änderung die Gesamtspannung zwischen Detail und Ganzem grundlegend verändern kann, muss eine Änderung das Bild nicht zerstören, sondern kann sie auch ein neues Bild hervorbringen, das ebenfalls eine Verwirklichung des künstlerischen Schaffensprozesses ist, der zum ersten Bild geführt hat.

Wer sich etwas genauer mit dem Schaffensprozess von Kunstwerken beschäftigt, weiß von den kleinen und großen Änderungen, die die meisten Werke hinter sich hatten oder denen sie noch unterworfen wurden, ohne sogleich ihren künstlerischen Rang zu verlieren. Man denke etwa an die vielfachen Übermalungen der Gemälde von der Renaissance bis zu Claude Monets späten Seerosentableaus und Mark Rothkos Farbflächenbildern, an die im Parodieverfahren genutzte Vervielfältigung der Werke eines Johann Sebastian Bach und die geradezu unglaublich kreative Wiederverwendung musikalischer Substanz bei Georg Friedrich Händel, an die Überschreibung ganzer Passagen im Werk von Thomas Mann. Jeder, der all dies und mehr zur genussvollen Kenntnis genommen hat, weiß, dass es angesichts dieser zahllosen kleinen und großen Änderungen sogar schwierig ist, das eine Werk zu bestimmen. Ich gehe so weit zu behaupten, dass es auch oder gerade für den Künstler selbst im allgemeinen nicht nur *eine* Realisierung eines Werkes gibt. Die jeweils entstandenen Werke lassen sich näher am künstlerischen Schaffensprozess verstehen, wenn man in ihnen Dokumente dieses Schaffensprozesses in seiner letztlich unabschließbaren Entwicklung sieht.

> „Zu jedem Kunstwerk, das physisch verwirklicht wird, gibt es viele unausgeführte Varianten."[60]

Im allgemeinen können wir davon ausgehen, dass jedes Bild von einem Hof weiterer Bilder umgeben ist, die auf dem Wege zu dem Bild nicht gemalt wurden oder gerade durch ihr Gemaltwordensein zu weiteren Bildmöglichkeiten geworden sind.

Marianne Werefkin sieht sogar in diesen möglichen Bildern, im „Nichtvorhandenen", den „Daseinsgrund" der Kunst:

> „Das Große der Kunst liegt nicht in dem schon Geschaffenen, sondern in allem, was noch zu schaffen ist ... Es ist das ‚Nichtvorhandene', das jedes Künstlers Seele ins Leben hineindichtet. [...] Dieses ungreifbare Element der Kunst ist aber ihr ganzer Daseinsgrund, es ist das Prisma, das alle Farben des Lebens unter diesem oder

---

60 „For each work of art that becomes physical there are many variations that do not." Sol LeWitt, *Sentences on Conceptual Art*, Sentence 12. Zuerst veröffentlicht 1969, hier zitiert nach der Wiedergabe des Sentences im Internet unter www.altx.com/vizarts/conceptual.html. Die Übersetzung findet sich in: Ursula Perucchi-Petri (Hg.), *Amerikanische Zeichnungen und Graphik. Von Sol LeWitt bis Bruce Naumann*. Aus den Beständen der Graphischen Sammlung der Kunsthauses Zürich. Kunsthaus Zürich [Cantz Verlag] 1994, S. 8.

jenem Winkel in der Seele des Künstlers bricht. Es ist der Fantast, der die bestehenden Formen auflöst, um statt ihrer Gebilde aufzubauen, die jeder Hauch verschont, die aber jede Willensbildung weiter aufbauen kann. Und die Welten, die aufeinanderstürzen, verwehen, um wieder zu entstehen. Das ist die Fata-Morgana, die jeder echte Künstler mit sich führt, durch die verhindert wird, das wahre, sachliche Leben zu sehen. Treu und rechtschaffen seine Visionen in Wort und Form, in Laut und Farbe wiederzugeben, sich aus Leibeskräften zu bemühen, ihnen näher und näher zu kommen, darin liegt das ganze künstlerische Schaffen. Hieraus versteht sich, wie tief, wie unüberwindbar der Abgrund ist, der zwischen der Alltagsauffassung des Lebens und dessen künstlerischer Deutung liegt."[61]

Im Bezug auf die möglichen Bilder – deren meiste, wenn auch durchaus nicht alle, bloß möglich bleiben und gleichwohl die Bildfantasie des Malers und der Betrachter auf je eigene Weise durchziehen können – gewinnt das Bild eine neue Zeitform, nämlich die einer virtuellen Zeit, einer Zeit der vorstellbaren Bildereignisse, die unabhängig bleiben von ihrer Realisierung und doch in die Realität der gemalten und noch zu malenden Bilder hineinwirken. Die virtuelle Zeit der möglichen Bilder ist eine Zeitform der uneindeutigen Bildfantasie, in deren autoritätsfernem Reich die Bilder letztlich – sei es durch die Hand des Malers, sei es durch das Auge des Betrachters – entstehen.

9 Das Bild als Kunstwerk

Führt man die bisherigen Überlegungen zum Verhältnis von Sinn und Bild – zum Sehen und Malen, zu den Paradoxien der Bildlichkeit und zu den Zeitformen des Bildes – zusammen, so können wir sie als den Versuch lesen, das Bild als ein Kunstwerk zu verstehen. Dieser Versuch ist in dem vollen Bewusstsein unternommen worden, dass mit der Konzentration auf den Kunstcharakter des Bildes nur ein Teilbereich der Bildkultur – und d. h. hier nicht mehr als das Auftreten und die Rolle von Bildern in einer Kultur, wie immer man diese Bilder näher verstehen mag – bedacht wird.

Der Grund für diese Eingrenzung auf das Bild als Kunstwerk liegt darin, dass überhaupt die Rolle der Kunst in einer Welt der Bilder und insbesondere in einem, wie Walter Benjamin sagt, Zeitalter der technischen Reproduzierbarkeit[62] verständlich werden soll. Wird doch ein Bild nicht dadurch zum Kunstwerk, dass es – wie z. B. Leonardos Mona Lisa oder Abendmahl – durch seine ständige Reproduktion als gleichsam allgegenwärtiges Zeichen in das Bildbewusstsein einer ganzen Kultur eingebrannt wird, sondern durch einen doppelten Prozess der In-

---

61 Marianne Werefkin, *Briefe an einen Unbekannten 1901-1905*. Hg. von Clemens Weiler. Köln [DuMont] 1960, S. 33 f.; hier zitiert nach Bernd Fäthke, *Marianne Werefkin*. München [Hirmer Verlag], 2001, S. 72.

62 Walter Benjamin, *Das Kunstwerk im Zeitalter seiner technischen Reproduzierbarkeit* (1936). In: Ders., *Gesammelte Schriften*, Band I, 2. Hg. von Rolf Tiedemann und Hermann Schweppenhäuser. Frankfurt am Main [Suhrkamp Verlag] 1977, S. 431-469, 471-508.

dividualisierung. Zum Kunstwerk wird ein Bild dadurch, dass sowohl in ihm selbst ein künstlerischer Schaffensprozess sich individualisiert hat und zu seinem – man kann da übrigens immer hinzufügen: vorläufigen – Ende gekommen ist als auch unserem Sehen ein solcher Prozess der Individualisierung abgefordert wird.

Die Spannung zwischen den Details – weniger gegenstandsbezogen können wir auch sagen: zwischen den Nuancen – und dem Ganzen, zwischen Nuancierung und Konfigurierung, kann nur durch eine konkrete Leistung erzeugt werden. Die Nuancierung ist als solche eine Konfigurierung. Und die Konfigurierung ergibt sich durch die Nuancierung, so wie die Nuancierung ohne die gleichzeitige Konfigurierung das Bild in Einzelheiten zerfallen ließe. Man kann sich diesen wechselseitigen Bezug geradezu experimentell vor Augen führen, indem man Verschiebungen und Ersetzungen in einem Bild anbringt – natürlich nur in der Reproduktion eines Bildes. Selbst die geringste Veränderung, sei es in der Konfiguration, sei es in der Nuancierung, verändert das Bild in seinem Charakter. Meist verliert es seine innere Spannung, die als eine „gegenstrebige Harmonie", wie sie Heraklit am Bild von den Saiten des Bogens und von der Leier veranschaulicht,[63] das Ineinander von Nuancierung und Konfigurierung in ein Bild fasst.

Eine augenfällige Demonstration liefert übrigens Max Imdahl mit der Verschiebung der Christusfigur im Bildfeld des Centurioblattes im Codex Egberti.[64] Nur in der Stellung, in der die Christusfigur tatsächlich in das Bild gerückt ist, gewinnt sie ihre überragende Bildbedeutung.

Diese Spannung einer „gegenstrebigen Harmonie" besteht in einem, wie Oskar Becker immer wieder betont, fragilen Gleichgewicht. Diese „Fragilität des Ästhetischen"[65] besteht in der „extreme[n] Empfindlichkeit gegen (gedachte) Änderungen":[66]

„Genau so und nicht anders muß das Werk oder das erwachsene ‚Ding' sein, damit es das Niveau seiner Schönheit halten kann; irgendeine noch so kleine Änderung in irgendeiner Richtung würde es rettungslos verderben: der kleinste Schritt vom steil aufragenden Gipfel führt in den Abgrund. In diesem Sinn ist es ‚vollendet'."[67]

Wenn man die Formulierungen Oskar Beckers auch als ein wenig dramatisierend empfinden mag, bringt er mit ihnen doch etwas zum Ausdruck, das der Rede von

---

63 Heraklit, *Fragment* 51: „Sie begreifen nicht, dass es [das All-Eine], aueinanderstrebend, mit sich selber übereinstimmt: widerstrebende Harmonie wie bei Bogen und Leier." Vgl. dazu auch *Fragment* 8: „Das Widerstrebende vereinige sich und aus den entgegengesetzten (Tönen) entstehe die schönste Harmonie, und alles Geschehen erfolge auf dem Wege des Streites." Hier zitiert nach *Die Vorsokratiker. Die Fragmente und Quellenberichte*. Übersetzt und eingeleitet von Wilhelm Cappelle. Stuttgart [Alfred Kröner Verlag] 1968, S. 134.

64 Max Imdahl, *Bildsyntax und Bildsemantik. Zum Centurioblatt im Codex Egberti*. In: Max Imdahl, *Gesammelte Schriften*, Band 2: *Zur Kunst der Tradition*, Frankfurt am Main [Suhrkamp Verlag] 1996, S. 86-93.

65 Vgl. z. B. Oskar Becker, *Dasein und Dawesen. Gesammelte philosophische Abhandlungen*. Pfullingen [Neske] 1963, S. 16 ff.

66 Ebd., S. 17.

67 Ebd., S. 17, s. auch S. 108 und Oskar Becker, *Grundprobleme existenzialen Denkens* (Ms.) § 57.

der Individualisierung einen tieferen Sinn gibt. Die „Fragilität des Ästhetischen" verleiht dem Kunstwerk den Charakter des Ereignisses. Die „Vollendung"[68] ergibt sich nur in einem Augenblick. Sie ist nicht einfach ein Zustand, sondern die gebliebene Spur eines in sich gespannten Zusammentreffens von Wahrnehmung und Ausdruck, das beide, die Wahrnehmung und den Ausdruck, zu einem Neuen, zum Werk, werden lässt. Thomas Mann spricht hier von der „schmerzliche[n] Sensibilität der Beobachtung, deren Erscheinung und Ausdruck" eine „kritische Prägnanz der Bezeichnung" erzeugen kann. Und er fügt hinzu:

> „Die einzige Waffe aber, die der Reizbarkeit des Künstlers gegeben ist, um damit auf die Erscheinungen und Erlebnisse zu reagieren, sich ihrer damit auf schöne Art zu erwehren, ist der Ausdruck, ist die Bezeichnung, und diese Reaktion des Ausdrucks, die, mit einigem psychologischen Radikalismus geredet, eine sublime *Rache* des Künstlers an seinem Erleben ist, wird desto heftiger sein, je feiner die Reizbarkeit ist, auf welche die Wahrnehmung traf. Dies ist der Ursprung jener kalten und unerbittlichen Genauigkeit der Bezeichnung, dies der zitternd gespannte Bogen, von welchem das *Wort* schnellt, das scharfe, gefiederte Wort, das schwirrt und trifft und bebend im Schwarzen sitzt".[69]

Auch wenn man diesen Bemerkungen und insbesondere dem scharfen, gefiederten Wort, das zitternd vom gespannten Bogen schnellt, den polemischen Anlass anmerkt, gelingen Thomas Mann doch Formulierungen, die den Ereignischarakter des gelungenen Ausdrucks festhalten. Wie bei allen Zeugnissen, die ich herangezogen habe, lässt sich die Spannung des Gelingens, das im übrigen – wie Thomas Mann als Künstler bezeugt – durchaus schmerzlich sein kann und der Strenge und Schärfe nicht entbehren muss, in einem Augenblick erreichen und erhalten. Der Augenblick des Gelingens ist erfüllt von der Neuheit des Neuen, das vorher nicht Besitz noch Erwartung war und nachher zum wenigstens einmal Gewussten und Gekonnten absinkt und dadurch seine Neuheit verloren hat.

Helmuth Plessner sieht in diesem Augenblick des Gelingens einen „glücklichen Griff", der nicht vorweggenommen werden kann, sondern sich erst in seiner Realisierung ergibt: im Ereignis der „Einheit von Vorgriff und Anpassung", die „allein echte Erfüllung heißen" darf.[70] Und eben weil dieser „glückliche Griff" Ereignis ist und nicht Zustand bleibt, wird zugleich mit dem gelungenen Werk auch die Diskrepanz zwischen Erreichtem und Erstrebtem zum Ereignis. „Und da

---

68 Man muss diese „Vollendung" im übrigen nicht als Ausschluss von Veränderungen durch den Künstler lesen. S. dazu oben Abschnitt 8.3 über die virtuelle Zeit der Bilder. Als „vollendet" kann man ein Werk dann ansehen, wenn es ein fragiles Gleichgewicht in der Spannung zwischen Nuancierung und Konfigurierung erreicht hat – und dies ist auf verschiedene Weise möglich.

69 Thomas Mann, *Bilse und ich* (1906). In: Thomas Mann, *Große kommentierte Frankfurter Ausgabe. Werke – Briefe – Tagebücher.* Band 14.1: *Essays I 1893-1914.* Frankfurt am Main [S. Fischer Verlag] 2002, S. 107 f.

70 Helmuth Plessner, *Die Stufen des Organischen und der Mensch. Einleitung in die philosophische Anthropologie.* Berlin/New York [Walter der Gruyter, Sammlung Göschen] 1975, S. 336: „Die ursprüngliche Begegnung des Menschen mit der Welt, die *nicht* zuvor verabredet ist, das Gelingen der Bestrebung im glücklichen Griff, Einheit von Vorgriff und Anpassung, darf allein echte Erfüllung heißen."

das Streben nicht aufhört und nach Realisierung verlangt, kann ihm das Gewordene *als* Formgewordenes nicht genügen. Der Mensch muss sich erneut an's Werk machen."[71] Und so stellt Plessner am Ende denn fest: „Aus dieser Grundbewegung ergibt sich die Geschichte."[72]

Nachdem das Werk geschaffen ist, ist nicht nur der Betrachter, sondern auch der Künstler von diesem Augenblick getrennt. Beide müssen in dem Ausdruck des Augenblicks, die im Werk geblieben ist, dem Ereignis des Gelingens nachspüren. Dieses Nachspüren verlangt ein besonderes Hinsehen, verlangt Aufmerksamkeit und Arbeit. Die Kunst im Werk ergibt sich nicht dem flüchtigen Blick. Dem flüchtigen Blick zeigt sich kein Bild. Um ein Bild zu erkennen, bedarf es des aufmerksamen, des im Bild verweilenden Blicks.

10 Die Grammatik der Formverhältnisse, die Arbeit des Bildlesens und die neue Sicht

Die Betonung des Augenblicks darf nicht als eine isolationistische Herauslösung des Augenblicks aus seiner Zeit missverstanden werden. Das Ereignis des Gelingens ist eingebettet in eine Grammatik der Formverhältnisse, in der überhaupt erst die Spannungen der fragilen Einheit von Nuancen und Konfiguration entstehen können. Zwar scheint es so, dass Bilder und Kunstwerke sich im allgemeinen durch ihre Sinnespräsenz – durch ihre immanenten Gliederungsformen in der sinnlichen Wahrnehmung und im sinnlichen Ausdruck – unserem Sinn für Formen eindrücklicher und eingängiger präsentieren als diskursive – begrifflich entwickelte und logisch geordnete – Analysen und Argumente und daher auch über die kulturellen Prägnanzprofile hinweg eine Fasslichkeit erzeugen können.

Eine vertiefte Erfassung ihrer besonderen Spannungsformen ist aber selbst bei den durch ihre Anschaulichkeit uns manchmal geradezu unmittelbar ansprechenden Bildern nur möglich, wenn wir uns die kulturellen und individuellen Kontexte des jeweiligen Bildschaffens und Bildsehens – durch eine Arbeit an der Erfassung der in den Bildern aufgenommenen Formbildungsformen – erschlossen haben. Denn nicht jede Form der Nuancierung und Konfiguration erschließt sich

---

71 Ebd., S. 337 f.: „Die Vorwegnahme der Form, ihre Berechnung ist nur da möglich, wo der Mensch über die Wirklichkeit schon Bescheid weiß und seinen Intentionen die Erfüllungen garantiert sind. Die Form dagegen, von der als dem Abstand zwischen Zielpunkt der Intention und Endpunkt der Realisierung die Rede ist, lässt sich eben deshalb nicht vorwegnehmen, vom Inhalt wegnehmen und auf den Inhalt stülpen, sie *ergibt* sich in der Realisierung. Sie widerfährt dem Inhalt, der nur das während der Realisierung durchgehaltene Ziel des Bestrebens ist. Eben deshalb hat es [sc. das Subjekt] ein Recht und die Pflicht, das Gelingen *von Neuem* zu versuchen. [...] Erst am gelungenen Werk, an der realisierten Gebärde und Rede merken wir den Unterschied. Realisiert, bricht es auch schon in das Was und Wie auseinander. Die Diskrepanz zwischen dem Erreichten und dem Erstrebten ist Ereignis geworden. [...] Und da das Streben nicht aufhört und nach Realisierung verlangt, kann ihm das Gewordene *als* Formgewordenes nicht genügen. Der Mensch muss sich erneut an's Werk machen."
72 Ebd., S. 339.

sofort und jederzeit. Beides, Nuancen und Konfigurationen, entwickeln sich in Kontexten, in einer Grammatik der Verweisungen und Gewichtungen, die sie lesbar macht.

Die Aufmerksamkeit des verweilenden Blicks muss daher auf eine Arbeit des Lesens zurückgreifen können. Ob ich etwa ein Bild von Cy Twombly lediglich als Gekritzel wahrnehme oder als symbolische Gesten, die den Anfang der Sinnbildung in eine Bildform zwischen Kritzeln, Malen und Schreiben bringen,[73] hängt von meiner Fähigkeit ab, einen Kontext für das Bildereignis aufzubauen. Aber auch die scheinbar so vertrauten und uns unmittelbar zugänglichen Bilder Leonardos erschließen sich in ihrem inneren Bildsinn erst dem geschulten Blick, der die Arbeit des Lesens geleistet hat.

Der aufmerksame und geschulte Blick steht am – wiederum immer nur vorläufigen – Ende einer Arbeit, einer Übung im Lesen der Bilder. Dass dieser Blick dann aber gelingt, dass sich ihm die Innenspannung der Nuancen und der Konfiguration, die der Maler zu seinem Werk geformt hat, zeigt, ist das nicht erzwingbare Ereignis einer neuen Sicht.

Die neue Sicht ist nicht einfach eine andere Sicht. Die neue Sicht ist in einem doppelten Sinn mit einem Ereignischarakter verbunden. Denn einmal lässt sich das Bild sehen als Spur des Ereignisses, in dem der Maler sein Werk geformt hat, und damit als Spur eines künstlerischen Individuationsprozesses. Zum anderen formt dieses Sehen sich selbst zu einem Ereignis, in dem sich die Sicht des Betrachters individualisiert.

Die sich individualisierende Form, sei es die des Malers oder sei es die des Betrachters, ist zunächst eine *Abweichung* vom Üblichen, von dem in diesem Sinne Generellen. Nicht jede Abweichung werden wir aber als eine gelungene Individualisierung anerkennen. Vielmehr gehört dazu eine Zusammenführung der abweichenden Momente zu einer *Form*, die als eine wie immer geartete und insbesondere wie immer gespannte *Einheit* erfasst werden kann. Maurice Merleau-Ponty fasst diese Einheit als Kohärenz und charakterisiert den sich individualisierenden Stil eines Künstlers durch *eine „kohärenten Verformung".*[74]

Etwas in diesem Sinne Neues – malend oder betrachtend – zu erreichen, ist nur in einer komplementären Spannung und Steigerung ereignishafter Momente und kontextueller Faktoren möglich. Denn was auch immer der Mensch artikuliert – und zwar sowohl in seiner Wahrnehmung als auch in seinem Ausdruck –, artikuliert er in einer Welt bereits ausgebildeter, miteinander verbundener und aufeinander verweisender Formen, die sowohl die Bedingung als auch den Rahmen für alles von ihm selbst Artikulierte darstellen.

---

73 Ich zitiere hier aus dem Klappentext meines Buches *Die kulturelle Existenz des Menschen*. A.a.O., für dessen Titelseite ich ein unbetiteltes Bild von Cy Twombly (1967) gewählt habe. Vgl. auch den vollständigen Text in: *Cy Twombly* (Ausstellungskatalog). A.a.O., S. 62 mit dem Bild *Untitled 1967*, S. 63-64.

74 Maurice Merleau-Ponty: *Die Prosa der Welt*. A.a.O., S. 78f.

„[A]uch der originellste Mensch kann das neue Wort nur als Folge des schon Gesagten aussprechen."[75]

Die Wurzeln des Neuen reichen weit über das Ereignis seines Auftretens hinaus
in die historische Tiefe der kulturellen Form- und Sinnwelten und in die biographische Geschichte der persönlichen Artikulationsarbeit.

10.1 Exkurs: Das Ereignis der neuen Sicht und die befestigte Form

Die Erörterung des Zusammenhangs zwischen der individualisierenden Artikulation, die sich im Malen und Sehen eines Bildes ereignen kann, und dem Auftreten einer neuen Sicht fordert zu einem anthropologischen Exkurs heraus, in dem
das Ereignis der neuen Sicht und deren Befestigung in einer Form sich als ein
Charakteristikum der menschlichen Existenz erweist.

Die symbolischen Form- und Sinnwelten, die der Mensch sich schafft und in
denen er sich artikuliert und seine Form gewinnt, sind aber nicht nur Bedingung
und Rahmen für die Artikulation des Neuen. Sie sind selbst aus den Ereignissen
neuer Sichten entstanden und erhalten sich – als Anregungsfelder des Neuen – in
den immer neuen Artikulationsereignissen für neue Sichten. Sie sind in ihrer inneren Dynamik auf ein jeweils Neues ausgerichtet.[76]

„Sagen, was niemals gesagt ist, ist der Grund aller künstlerischen Schöpfung."[77]

Dass sich über die historischen Sedimentierungen des Neuen gleichwohl ein bestimmter Stil, eine bestimmte Charakteristik der Ausdrucksformen ausbildet und
zum Signum sowohl einer bestimmten Kultur als auch einer individuellen Persönlichkeit werden kann, widerspricht dieser Bedeutung des Neuen nicht. Denn
als eine historische Tatsache bleibt auch eine solche Sedimentierung für ihre eigene Umwandlung oder Erneuerung offen. Und dies zeigt sich sowohl in den
großen Epochenbrüchen unserer kulturellen Tradition als auch in den lebensge-
schichtlichen Wandlungen und „Kehren" einer persönlichen Biographie.

Und damit sind wir zu dem Punkt geführt, der das Ereignis einer neuen Sicht
mit der Existenz des Menschen zusammenbindet: Obwohl uns die symbolischen
Welten mit immer neuen Formen und Konfigurationen konfrontieren, bieten sie
zugleich die Grundlage für die Ausbildung und Bewahrung unseres Selbstseins.
Denn mit den symbolischen Welten werden uns Artikulationsformen angeboten,

---

75 *Marianne Werefkin zum 20. Todesjahr.* Texte zusammengestellt und verfasst von Diego Hart-
mann, Julius Schmidbauer und Alexander Werefkin. M.S. (Maschinenschrift), Sinzig/Zürich
1958; hier zitiert nach Bernd Fäthke, op. cit, S. 52.

76 Vgl. zu einem solchen umfassenden Konzept des Neuen und der allgemeinen Bedeutung des
Neuen für das geistige Leben des Menschen William James, *Some Problems of Philosophy. A Beginning of an Introduction to Philosophy.* A.a.O. Die letzten fünf Kapitel IX bis XIII sind verschiedenen Aspekten der „Novelty" gewidmet.

77 Marianne Werefkin, *Briefe an einen Unbekannten 1901-1905.* A.a.O., S. 32; zitiert nach Bernd
Fäthke, op. cit., S. 63.

die unseren Imaginationen, die unser Bewusstsein durchziehen, und den mit ihnen verbundenen Emotionen durch die Möglichkeit ihrer Artikulation eine
Identität verschaffen. Wir können uns auf sie und damit auch auf uns selbst beziehen. Man kann unsere Kultur insgesamt als den groß angelegten und immer
wieder neu aufgenommenen Versuch ansehen, Artikulationsformen zu entwikkeln, die den imaginativen Wirbel und den emotionalen Aufruhr unseres Bewusstseins zu einer Form zusammenbinden.

Das Ereignis der neuen Sicht ist in diesem Verständnis der Augenblick eines
doppelten Übergangs – eines Übergangs aus dem Anregungsfeld der symbolischen Welten in dieses Ereignis und eines Übergangs des Ereignisses in ein weiteres Formverhältnis im Anregungsfeld unserer kulturellen Umgebung. Die Gewalt
der Bildereignisse, die als eine Gewalt der Imaginationen und der damit verbundenen Gewalt der Emotionen auftritt, wird gebannt durch die Kraft der Form,
durch die Befestigung der Bildereignisse in Bildwerken und überhaupt durch alle
Taten der Form.[78]

Auf der einen Seite wird durch diese „Taten der Form" eine Welt der Symbole
geschaffen, die von nun an dem Artikulationswillen der Menschen geformte
Möglichkeiten, geordnete Bahnen bietet. Der Mensch muss nicht mehr untergehen in den Wirbeln und Strömen seiner imaginativen und emotionalen Unheimlichkeiten, er kann vielmehr an den in der neuen Welt entwickelten Artikulationsformen seinen Halt und Stand gewinnen und dadurch in dieser Welt heimisch werden.

Unser Selbstsein, so können wir wiederholen, ist das Produkt einer historischen Entwicklung, die über unsere Biographie hinausreicht bis in unsere kulturellen Traditionen hinein. Und in diesen Traditionen – sie in sich aufnehmend
und zugleich sich mit ihnen auseinandersetzend und von ihnen absetzend – erhält
sich unser Selbstsein im steten Wandel, in einem schöpferischen Gestaltungsprozess sich zugleich – wie man es in der Sprache der klassischen Philosophie sagen
kann – „setzend"[79] und immer Neuem und Anderem aussetzend.

Denn auch die Verhältnisse zu den Anderen werden von Anfang an mit den
„Taten der Form" in neue Bahnen gelenkt. Die Verknüpfung von Neuem und

---

78 Vgl. zum ganzen auch Oswald Schwemmer, *Die kulturelle Existenz des Menschen*. A.a.O., insbesondere Kapitel I -III.
79 Der Begriff der Setzung ist für die deutsche idealistische Philosophie von Kant bis Hegel grundlegend. Dabei ist *der* klassische Philosoph der Selbstsetzung Johann Gottlieb Fichte. So sagt er:
   „wenn das Ich in der intellektuellen Anschauung [d. i. das Ich, allein in seinem überindividuellen
   Vernunftcharakter betrachtet und nicht auch in seiner leiblichen Verfassung] *ist*, *weil* es ist, und
   ist, *was* es ist: so ist es insbesondere *sich selbst setzend*, schlechthin selbständig und unabhängig."
   (Johann Gottlieb Fichte, *Rezension des Aenesidemus*. In: Ders., *Ausgewählte Werke in sechs Bänden*.
   A.a.O. Erster Band., S. 150) „*Dasjenige, dessen Sein (Wesen) bloß darin besteht, daß es sich selbst als
   seiend setzt*, ist das Ich, als absolutes Subjekt. So wie es sich *setzt*, *ist* es; und so wie es *ist*, *setzt* es
   sich [...]." (Johann Gottlieb Fichte, *Grundlage der gesamten Wissenschaftslehre*. In: Ebd., S. 291)
   „Aber das Ich *ist*, weil es *sich setzt*, und es *setzt sich*, weil es *ist*. Demnach ist *Sich-Setzen*, und *Sein*
   Eins und ebendasselbe. Aber der Begriff des *Sich-Setzens* und der *Tätigkeit* überhaupt sind wieder
   Eins und ebendasselbe. Also – alle Realität ist *tätig*: und alles *Tätige* ist Realität." (Ebd., S. 329)

den Anderen ergibt sich zunächst über den dinglichen und dadurch öffentlichen Charakter der Symbole. Mit unseren Äußerungen bringen wir Gegenstände hervor, die von nun an Teile einer gemeinsamen Welt sind, zu der im Prinzip jedermann einen Zugang hat und die in diesem Sinne *öffentlich* sind. Andere können sie ebensogut herstellen wie wir. Andere vernehmen sie ebensogut wie wir. Sie sind im Miteinanderhandeln und -reden der Menschen gegründet. Und zugleich damit tragen und prägen sie dieses Miteinanderhandeln und -reden.

Auch in dieser Beziehung auf die Anderen mag die Bedeutung des Neuen eigens hervorgehoben werden. Sie zeigt sich auf eine negative Weise, wenn wir an die Rede vom Setzen anschließen. Die Tradition dieser Rede verdankt sich zum großen Teil einem Verständnis der menschlichen Existenz als einer Aufgabe zur zugleich autarken und autonomen Selbstgestaltung. Gegen diese Auffassung des Menschen hat vor allem Martin Heidegger Einspruch erhoben.

Dieser Einspruch artikuliert sich als ein Denken des reinen Ereignisses, d. i. eines Ereignisses, das nur in seiner unüberbrückbaren Differenz zur Form gedacht und gelebt werden soll. Jegliche Überführung in eine Form, in einen Ausdruck unterwirft das reine Ereignis, in dem allein das Neue und Andere seine ungetrübte Wirklichkeit finden kann, der Herrschaft des bereits Geformten und damit Eingeordneten. Neues kann unter dieser Herrschaft nicht mehr entstehen, und die Andersheit des Anderen, aber auch das Andere in uns selbst kann nur noch über die Aneignung des Anderen, über seine Angleichung an das Eigene wahrgenommen werden. Die Befestigung in einer Form und damit auch ein Leben im Sinne der Selbstgestaltung ist nach diesem Verständnis in Wahrheit nichts anderes als Konformismus.

Einem solchen Denken ist entgegenzuhalten, dass es als radikales Ereignisdenken zu einer sprach- und ratlosen Überforderung führt. Schließlich darf es sich keiner verallgemeinernden Abmilderung durch die Sprache ausliefern. Es muss auf der Unsäglichkeit seiner singulären Lebensaugenblicke bestehen – und damit am Ende mit sich alleine bleiben: als seine, wie Martin Heidegger es formuliert, „eigenste, unbezügliche und unüberholbare Möglichkeit". Martin Heidegger meint damit den Tod des Menschen.[80] In einem solchen Denken ist das Neue des reinen Ereignisses das nur noch Neue, das als Neues nicht mehr in eine Beziehung zum Alten gesetzt werden kann, das nur noch Andere, von dem man nicht einmal mehr weiß, ob es überhaupt ein Etwas ist, da es sich der Form verweigert.

---

80 „Der Tod ist eine Seinsmöglichkeit, die je das Dasein selbst zu übernehmen hat. Mit dem Tod steht sich das Dasein selbst in seinem *eigensten* Seinkönnen bevor. In dieser Möglichkeit geht es dem Dasein um sein In-der-Welt-sein schlechthin. Sein Tod ist die Möglichkeit des Nicht-mehr-dasein-könnens. Wenn das Dasein als diese Möglichkeit seiner selbst sich bevorsteht, ist es *völlig* auf sein eigenstes Seinkönnen verwiesen. So sich bevorstehend sind in ihm alle Bezüge zu anderem Dasein gelöst. Diese eigenste, unbezügliche Möglichkeit ist zugleich die äußerste. Als Seinkönnen vermag das Dasein die Möglichkeit des Todes nicht zu überholen. Der Tod ist die Möglichkeit der schlechthinnigen Daseinsunmöglichkeit. So enthüllt sich der *Tod* als die *eigenste, unbezügliche, unüberholbare Möglichkeit.*" (Martin Heidegger: *Sein und Zeit.* A.a.O., S. 333)

11 Das Bild als Ereignis und das Bild als Form: das Erhabene

11.1 Das Erhabene und das Ereignis des Bildes

Diese Radikalität der philosophischen Analyse ist nicht zu verwechseln mit dem zunächst ähnlich klingenden Bildverständnis, wie es Jean-François Lyotard unter Berufung auf Barnett Newman[81] und in Anlehnung an Kants Rede vom Erhabenen[82] artikuliert. Für Lyotard geht es zwar darum, die Differenz zwischen der Unausdrückbarkeit des reinen Geschehens und jeglicher Form einer Darstellung in aller Strenge aufrecht zu erhalten. Aber das Bild hat – wie übrigens „jede andere Expression" – „vom Unausdrückbaren Zeugnis abzulegen":

> „Das Unausdrückbare ist nicht in einem Jenseits, einer anderen Welt oder einer anderen Zeit beheimatet, sondern darin, *daß es geschieht, daß etwas geschieht*. In der bildenden Kunst ist das Unbestimmte, das *Es geschieht*, die Farbe, das Bild. Die Farbe, das Bild ist als Vorkommnis, als Ereignis nicht ausdrückbar, und davon hat sie [sc. die bildende Kunst] Zeugnis zu geben.
> Um dieser Verschiebung, in der vielleicht der ganze Unterschied zwischen der Romantik und dem modernen Avantgardismus liegt, die Treue zu halten, wäre *The Sublime is Now* nicht zu übersetzen mit: *Das Erhabene ist nun*, sondern mit: *Nun, das ist das Erhabene*. Nicht anderswo, nicht da oder dort, nicht früher oder später oder ein anderes Mal, sondern: hier, jetzt geschieht es, daß ..., und das ist dies Bild. Daß hier und jetzt dies Bild ist, und nicht vielmehr nichts, das ist das Erhabene."[83]

Im Bild, so können wir sagen, geht „das Bild als Vorkommnis, als Ereignis" in das Bild als Konfiguration, als Form auf. Die Form sagt nicht, was das Ereignis war. Aber es hat ein „Zeugnis abzulegen" von diesem Ereignis. Und dies kann es dadurch, dass es als Spur dieses Ereignisses – im Blick des Betrachters – präsent wird: und dies immer wieder, in immer wieder neuen Ereignissen der Sicht. Die neue Sicht gibt es nur als Ereignis, ebenso wie das Erreichen der Form im Malen des Bildes.

11.2 Das Erhabene und die „Ideen der Vernunft"

Die „Analytik des Erhabenen" in Kants Kritik der Urteilskraft, deren Lektüre Lyotard seine vielschichtigen und auf vielen Seitenwegen der Interpretation sich bewegenden „Kant-Lektionen" gewidmet hat,[84] führt übrigens in eine andere

---

81 Barnett Newman, *The Sublime Is Now*. In: The Tiger's Eye, no. 6 (December 1948): *The Ideas of Art*: 6 *Opinions on What Is Sublime in Art?*, S. 51-53.

82 Immanuel Kant, *Kritik der Urteilskraft* §§ 23-29, B 74-131.

83 Jean-François Lyotard, *Das Erhabene und die Avantgarde*. In: Merkur. Deutsche Zeitschrift für europäisches Denken. 38. Jahrgang, Heft 2. Stuttgart [Klett–Cotta] 1984, S. 154.

84 Jean-François Lyotard, *Die Analytik des Erhabenen. (Kant-Lektionen, Kritik der Urteilskraft §§ 23-29)*. Aus dem Französischen von Christine Pries. München [Wilhelm Fink Verlag] 1994. (Origi-

Richtung als der Verweis auf das Bildereignis. Für Kant präsentiert sich im Erhabenen nicht das Vorkommnis oder Ereignis eines Bildes, sondern das Übersinnliche der Ideen:

> „Das Erhabene besteht bloß in der Relation, worin das Sinnliche in der Vorstellung der Natur für einen möglichen übersinnlichen Gebrauch desselben als tauglich beurteilt wird."[85]
> „Erhaben ist das, was durch seinen Widerstand gegen das Interesse der Sinne unmittelbar gefällt."[86]
> „Man kann das Erhabene so beschreiben: es ist ein Gegenstand (der Natur), dessen Vorstellung das Gemüt bestimmt, sich die Unerreichbarkeit der Natur als Darstellung von Ideen zu denken."[87]

Erhaben ist die sinnliche Darstellung in ihrer prinzipiell unangemessene Verweisung auf die Ideen und zugleich *als* sinnliche Darstellung dieser Unangemessenheit:

> „denn das eigentlich Erhabene kann in keiner sinnlichen Form enthalten sein, sondern trifft nur Ideen der Vernunft: welche, obgleich keine ihnen angemessene Darstellung möglich ist, eben durch diese Unangemessenheit, welche sich sinnlich darstellen läßt, rege gemacht und ins Gemüt gerufen werden."[88]

Sieht man nur auf diese sinnliche – wir können hier auch sagen: bildliche – Darstellung der Unangemessenheit der sinnlichen bzw. bildlichen Darstellung, sieht man in diesem Sinne also nur auf die formale Struktur des Erhabenen, so lassen sich Kants und Lyotards Verständnis des Erhabenen miteinander verbinden. Geht es beiden doch um die paradoxe Struktur, dass das Bild immer auch etwas darstellt oder auch nur bezeugt, was es nicht zeigt und was in diesem Sinne ein unbildlicher Gehalt im Bild ist. Die Differenz zwischen Lyotards und Kants Verständnis des Erhabenen ergibt sich dann mit der jeweiligen Deutung dieses unbildlichen Gehalts. Für Lyotard scheint dieser unbildliche Gehalt die – dargestellte – Unfähigkeit zu sein, in den von und in ihm präsentierten Formverhältnissen das Ereignis der Formfindung oder „Bildwerdung" zu zeigen. Kant dagegen sieht in der immanenten Unbildlichkeit des Bildes dessen Verweis auf die „Ideen der Vernunft".

11.3 Die neue Formwirklichkeit des Bildes

Während Lyotards Deutung im Grunde über den Hinweis auf eine allgemeine Charakteristik jeglicher symbolischen Darstellung nicht hinauszugehen scheint, gibt Kants Verständnis des Erhabenen Rätsel auf.

---

nalausgabe: *Leçons sur l'Analytique du sublime (Kant, Critique de la faculté de juger, §§ 23-29)*. Paris [Édition Galilée] 1991)
85 Immanuel Kant, *Kritik der Urteilskraft* B 113 f.
86 Ebd. B 114.
87 Ebd. B 115.
88 Ebd. B 76 f.

Auf der einen Seite können wir festhalten, dass das Bild die Unfähigkeit, sein eigenes Werden zur Form in seinen Formverhältnissen unmittelbar zum Ausdruck zu bringen, mit jeder symbolischen Darstellung teilt. Gründet sich diese Unfähigkeit doch in der Differenz von Ereignis und Form, von Prozess und Repräsentation, die wir überall finden, wo wir überhaupt Formen und Repräsentationen finden, und die als solche kaum dazu taugt, die Rede vom Erhabenen zu begründen.

Auf der anderen Seite kommt dem Bild eine Sonderstellung unter den symbolischen Formen zu, auf die bereits mehrfach hingewiesen wurde. Diese Sonderstellung gründet sich auf die besondere Präsenz des Bildes. Das Bild, das sich zur Gänze und auf einmal zeigt, erzeugt eine neue Form des Augenblicks, eine neue Form des Ereignisses sowohl der Ansicht als auch des Sehens. Denn dadurch, dass es sich zur Gänze und auf einmal zeigt, legt sich seine Ansichtigkeit nicht in viele verschiedene Teilansichten auseinander und teilt sich die Sicht auf das Bild nicht in Teilsichten auf, die sich dann zur Bildsicht zu summieren hätten.

Die Sicht auf das Bild ist in diesem Sinne auch kein Bildlesen, obgleich wir diese Metaphorik – und dies mit einem gewissen Recht – benutzt haben. Mit Recht haben wir sie benutzt, insofern die Schulung des Blickes durch die Einbeziehung der symbolischen oder auch sozialen und sogar physischen Kontexte tatsächlich über eine Abfolge von Teilsichten führt. Schritt für Schritt sind charakteristische Details zu studieren, die die Zuordnung des Bildes zu bestimmten Kontexten erlauben. Dieses studierende Sehen ist aber nicht die Sicht auf das Bild. Der über die Details der Kontexteinflüsse belehrte Blick mag gleichwohl blind für die Individualität des Bildes sein, für die in ihm präsent gemachte Spannung der Formverhältnisse. Und der sehende Blick auf das Bild mag seine Schulung vermissen lassen. Bildlesen und Bildsehen sind verschiedene Formen der Bilderfassung, die sich gleichwohl aufeinander beziehen und einander fördern. Das Vergnügen an den Entdeckungen, die dem belehrten Blick vorbehalten sind, steigert gewöhnlich auch den Sinn für die besonderen Formverhältnisse eines Bildes. Es erzeugt dann eine gesteigerte Empfindlichkeit und Empfänglichkeit für die Nuancen und Konfigurationen, die die Formverhältnisse des Bildes ausmachen.

Entscheidend für die Sicht auf das Bild ist aber, dass der Blick das Bild immer in seiner Gänze erfasst. Auch dies scheint vorangegangenen Überlegungen zu widersprechen, nämlich der Hervorhebung der kreativen Prägnanzverschiebung im Bild und der Sichtwechsel, die in den Paradoxien der Bildlichkeit angelegt sind. Dieser Widerspruch löst sich in einem weiteren Paradox auf. Denn die Sichtwechsel des Bildsehens sind kein schrittweises Aufbauen von Teilansichten. Sie sind ein Wechsel von Sichten, deren jede eine Sicht auf das Bild in seiner Gänze ist – aber in unterschiedlicher Akzentuierung, in einer jeweils unterschiedlichen Gewichtung und Thematisierung der Formverhältnisse im Bild. Dieses Bildsehen bleibt auch in seinem Sichtwechsel ein ereignishaftes Sehen.

Die neue Form des Ereignisses, die mit dem Bild in die Wirklichkeit tritt, besteht darin, dass das Bild mehr ist als es zeigt und zeigen kann. Auf der einen Seite ist das Bild die Spur des Malens, das Dokument eines schöpferischen Prozesses. Auf der anderen Seite und zugleich ist es ein neues Gebilde aus eigenem Recht. Es ist nicht nur Spur, sondern auch – und dies von dem Augenblick an, in dem es ein Bild geworden ist – Ding und Wirklichkeit von Formverhältnissen, die in sich selbst und eben nicht nur als Spur ein Bildereignis sind.

Die Verwirklichung des künstlerischen Schaffensprozesses im Werk des Bildes und damit die Individuation des Künstlers in seinem Werk ist zugleich das Auftreten einer neuen individuellen Wirklichkeit, einer Wirklichkeit allerdings von anderer Art und mit einem anderen Sinn. Das Bild ist keine Handlung und kein schaffender Künstler. Das Bild ist – man möchte hier wohl hinzufügen: nur – ein Ding. Als Ding ist das Bild ein dinglich fixiertes und gewöhnlich kein historisch sich entwickelndes Formverhältnis.

Dabei schließt die dingliche Fixierung eine immanente Prozessualität des Bildes nicht aus. So verändern sich etwa einige Bilder Sigmar Polkes sowohl mit dem Lichteinfall als auch mit dem Blickwinkel.[89] Sigmar Polkes Wandmalerei mit hygroskopischer Farbe im Deutschen Pavillon in Venedig 1986, deren Farbigkeit sich mit der Luftfeuchtigkeit veränderte,[90] aber auch seine „Schüttbilder"[91] und Fotografien, die als Vergrößerungen über einen methodisch „unprofessionell" betriebenen chemischen Entwicklungsprozess zustande kamen,[92] sind eindrucksvolle Beispiele für die Aufnahme natürlicher Wirkungsprozesse in das Bild.[93] Diese natürliche Prozessualität macht die Eigenstruktur der Bilder augenfällig, erhebt einen sonst nur theoretisch formulierten Zusammenhang zur sinnlich erlebbaren Prägnanz und Fasslichkeit. Jedenfalls aber ist die natürliche Prozessualität, das „Wirken der Natur" in Polkes Bildern eine Eigenschaft in den Grenzen der gesetzmäßigen Wirkzusammenhänge dinglicher Verhältnisse und keine historische Entwicklung.

Gerade dies aber kann man als das Besondere des Bildes ansehen: dass mit dem Bild in der Dinglichkeit seiner Formverhältnisse und damit in der Ablösung vom Schaffensprozess des Künstlers eine neue Formwirklichkeit entstanden ist, die mit dem, was sie zeigt, über sich hinausweist und in diesem Sinne „erhaben" ist.

Anders als das an mich gerichtete Wort gehört das Werk, das Bildding nicht zu einem Dialog. Es besitzt daher auch nicht die Verständlichkeit der sprachlichen Hinwendung in der Rede, die sich aus der Situation des Umgangs miteinander oder einer Begegnung ergibt. Das Werk – und zwar nicht nur das Bild-

---

89 Es handelt sich um die Bilder *Negativwerte I-III* (*Alkor, Mizar, Aldebaran*), die 1982 entstanden sind. Reproduktionen finden sich in Sigmar Polke, *Die drei Lügen der Malerei*, Ostfildern-Ruit [Cantz Verlag] 1997, S. 221-223.
90 Ebd., S. 254, 255.
91 Ebd., S. 76, 213.
92 Sigmar Polke, *Photoworks: When Pictures Vanish*. Los Angeles, California [The Museum of Contemporary Art] 1995.
93 Zum Ganzen vgl. dazu die inspirierende Darstellung von Martin Hentschel *Solve et Coagula. Zum Werk Sigmar Polkes*. In: Sigmar Polke, *Die drei Lügen der Malerei*. A.a.O, S. 41-95, insbes. den Abschnitt *Wirkungen des Zufalls – Wirkung der Natur*, S. 71-79.

sondern auch das Textwerk – steht zwischen dem Künstler und dem Rezipienten als eine eigene Wirklichkeit, die, wie Paul Valéry sagt, „undurchdringlich" ist.[94]

Die „Undurchdringlichkeit" des Werkes, das zwischen den Künstler und den Rezipienten tritt, verdankt sich seiner dinglichen Identität, die es – auch wenn sie eine prozessuale Dynamik besitzt – über den Wechsel der Situationen hinweg bewahrt. Zugleich bietet es sich in eben dieser Identität den Blicken dar, die in immer neuer Sicht seine Formverhältnisse erfassen können. Anders gesagt: Im Unterschied zu dem an mich gerichteten Wort ist das dingliche Werk nicht auf die Endlichkeit eines abschließenden Verstehens etwa im Übergang zu einer Handlung aus. Es ist offen für eine unbegrenzte Wiedervergegenwärtigung und neue Deutungen. Es ist in seinem Werksinn unerschöpflich. In dieser Unerschöpflichkeit seines Sinns ist es erhaben, verweist jede Sicht, in der wir es erfassen, auf Sinnvarianten – auf Verschiebungen und Umkehrungen in einen anderen Sinn –, die ihrerseits wieder neue und noch unerfasste Sinnmöglichkeiten erzeugen.

12 Bilder und Bildzeichen

In der Hervorhebung des Werkcharakters von Bildern ist eine These versteckt. Diese These besagt, dass nur im Kunstwerk sich die Möglichkeiten des Bildes für unser Formerfassen und damit für unsere Fähigkeit zeigen, überhaupt für Sinn und Sinnzusammenhänge empfänglich zu werden.

Tatsächlich sind wir aber nicht nur von Kunstwerken, von Kunstbildern, umgeben. Vielmehr begegnen uns in der Alltagswelt nahezu überall Bilder und bildhafte Elemente, die als Hinweise in unsere Orientierung eingehen und keinerlei Anspruch auf einen Kunstcharakter erheben. In der vielsprachigen modernen Welt kann man sogar beobachten, dass die bildlichen Anzeigen die früheren sprachlichen Hinweise mehr und mehr ersetzen und darüber hinaus sich überhaupt in unsere Welt der Gebrauchsgegenstände und Sichtflächen sozusagen bis in die letzten Winkel hinein verbreiten. Sie umwerben den Blick und erzeugen dadurch eine ständige Sehbereitschaft der Menschen, die sich vom Gezeigten in einer schnellen und prägnanten Weise orientieren lassen. Es stellt sich die Frage, in welcher Form diese geradezu inflationären Bildangebote sich von den Sichtverhältnissen des Kunstbildes unterscheiden und welche Rolle die dem Kunstbild eigene Bildpräsenz zukommen kann.

Bildhaft reden wir von dieser Gegenwart der Bilder als von einer Bilderflut. Die Rede von einer Bilderflut, in der wir versinken, hat inzwischen einen sprichwörtlichen Rang erreicht. Aber nicht nur die Rede von einer Bilderflut kann sich auf ein allgemeines Einverständnis stützen, auch diese Bilderflut selbst braucht sich als eine allgemeine Tatsache nicht mehr auszuweisen. Bieten sich die Bilder zumindest im urbanen und kommerzialisierten Bereich der Werbeflächen und

---

94 Paul Valéry, *Überlegungen zur Kunst.* A.a.O., S. 186.

Fernsehspots doch mit einer derart massiven Unübersehbarkeit selbst dem beiläufigen Alltagsblick dar, dass die Metapher von der Flut eine unanfechtbare Be-
rechtigung beanspruchen kann.

Höchstens bei der Rede vom Versinken in dieser Flut mag sich da ein Über-
treibungsverdacht einstellen. Denn die stets präsenten Bildreize in unseren All-
tagsumgebungen stumpfen unseren Blick doch eher ab als dass sie ihn verwirren
oder gar in einer Sichtlosigkeit versinken lassen. Statt vom Versinken in einer
Flut wäre daher das Bild von einem ständigen Anspülen gegen unsere Sinne eher
am Platze, einem Anspülen, in dem sich die Konturen abschleifen und sich die
Bilder zu bloßen Bildreizen anonymisieren.

Tatsächlich bietet diese Beobachtung den Anlass zu einer Rückfrage: Ist die
viel beschworene Bilderflut wirklich eine Flut der *Bilder*? Sind das überhaupt
noch Bilder, die da unseren Blicken angeboten und aufgedrängt werden? Oder
haben wir es mit etwas anderem zu tun: mit visuellen Assoziationsanreizen etwa,
mit Auslösern für unsere Fantasie und im übrigen nicht nur für unsere Bildfantasie?

Eine erste Antwort scheint trivial. Natürlich, so wird man sagen, sind es Bilder, die uns da gezeigt und auch zugemutet werden: Fotos, Filmsequenzen und
Videoclips, digitale Bilder, Computersimulationen und manchmal auch allbe-
kannte Gemälde wie die schon erwähnte Mona Lisa. Die Antwort stützt sich auf
Offensichtliches und scheint damit unwiderleglich. Und als Feststellung wird
man sie schwerlich erschüttern können. Gleichwohl trifft sie unsere Frage, trifft
sie deren Pointe nicht.

Richtet man nämlich sein Bildverständnis am Bild als Kunstwerk aus, dann
gibt es keine Bilderflut und kann es auch keine geben. Was es gibt, ist nicht eine
Flut von Bildern, sondern von Bildzeichen. Denn auf all dies, was wir als charakteristisch für das Bild angeführt haben, kommt es in dieser Flut gerade nicht
an. Selbst wenn es Bilder sind, die da gezeigt werden, oder wenigstens Reproduktionen von Bildern, soll unser Blick darauf nicht verweilen. Es soll keine Spannung der Formverhältnisse aufgebaut, im Betrachten des Dargebotenen soll ein
Ereignis, ein Augenblick des individualisierten Sicht nicht einmal zugelassen werden. Das, was in der Form von Bildern unserem Blick dargeboten wird, sind in
der Tat nur Reize, die zum Anreiz werden sollen. Indem es den Blick auf sich
zieht, sich ihm aber als Bild verweigert, wirkt es als Verweis auf etwas anderes als
es selbst, ist es ein Zeichen, ein Bildzeichen.

Bildzeichen verändern unser Sehen. Sie müssen sich wiederholen, um wirken
zu können. Damit erzeugen sie für sich selbst eine Art von All- und Dauerprä-
senz. Und sie stehen nicht für sich selbst, sondern erreichen uns im Verband der
Verweisungen, eben als Zeichen, und arbeiten Zeichen für Zeichen, Blick für
Blick eine eigene Welt der Assoziationen aus. Sie verschmelzen mit anderen Zeichen zu einem Komplex von Verweisungen, der irgendwann so festgefügt sich in
die Blicke einnistet, dass er emblem- oder logofähig wird.

An diesem Punkt greift die Kulturkritik ein. Sie hätte zu zeigen, wie die Reduktion der Bilder auf Bildzeichen und die differenzierungsblinde Verschmelzung

der Bildzeichen zu Emblemen und Logoformen die Individuationsmöglichkeiten durch pauschale Identifikationsangebote überdeckt. Die traditionsgemäß melancholische Antwort dieser Kulturkritik könnte dann lauten: Nachdem wir dabei sind, unsere Lesefähigkeit zu verlieren und uns auf die digital gesteuerte Visualisierung zu verlassen, sind wir nun durch die Reduktion der Bilder auf Bildzeichen dabei, uns auch unserer Sehfähigkeit – der Fähigkeit, wirklich Bilder zu sehen – zu berauben. Nicht nur einer „Invasion der Barbaren"[95] sind wir ausgesetzt, sondern es hat die Unterwanderung auch längst stattgefunden. Und so wäre denn von einer – zudem noch als lustvoll und interessant propagierten und empfundenen – Mutation zu Barbaren zu reden – einer Mutation, die in der „Dialektik der Aufklärung" der Kulturindustrie angelastet wird.[96]

13 Die Rolle der Kunst in der Bilderflut

In dieser kulturkritischen Perspektive mag man noch in vielen weiteren Feldern fündig werden und vieles andere anführen, was als Verfall, Selbsttäuschung und auch als Selbstauflösung einer Bildkultur zu vermerken wäre. Wonach aber hier gefragt werden soll, ist die Rolle der Kunst, also des Bildes als eines Kunstwerks, in dieser emblem- und logofähigen Welt der vervielfältigten Bildzeichen.

Die Antwort soll sich dabei nicht von vornherein der Kulturkritik verschreiben und dabei vor allem nicht den Versuch unternehmen, die Dialektik der Aufklärung[97] in einer resignativen Sichtung der internen Verfallsdynamik jeglicher Pop-Kultur, um die es ja meist dabei geht, noch zu überbieten. Statt dessen mag man auf die Rolle der Kunst vertrauen, auf ihre subversive Kraft und ihre unverhoffte List. Da kann man auf Pop Art und Junk Culture, auf Noveau Realisme und Common Object Painting, auf Neo Dada und New Vulgarism, auf Antikunst und Know-Nothing-Genre[98] hinweisen und immer neue Kunstrichtungen ausmachen: Ihnen allen ist gemeinsam, die unser Leben durchspülenden Bildzeichen in die Kunst einzubauen, sie zu Elementen von Bildern zu machen.

---

95 Verwiesen sei hier auf den – durchaus ambivalent gemeinten – Titel des Filmes von Denys Arcand.

96 Dies wäre ein Teil der Antwort, die Max Horkheimer und Theodor W. Adorno geben. Vgl. Max Horkheimer/Theodor W. Adorno, *Dialektik der Aufklärung. Philosophische Fragmente* (1944). Frankfurt am Main [Fischer Taschenbuchverlag] 1988, vor allem das Kapitel *Kulturindustrie. Aufklärung als Massenbetrug*, S. 128-176.

97 Das Erstaunliche an diesem kulturkritischen Buch ist die völlig rückwärts gewandte Ästhetik, die glaubt, Werbung („Reklame") und Pop, Jazz und überhaupt jede Form des Trivialen und des „Amusements" bzw., wie wir heute sagen würden, einer „Spaßkultur", verdammen und bekämpfen zu müssen. Geradezu bizarr mutet dieser Kampf an, wenn er nicht mit den kanonischen Verallgemeinerungen der Kritischen Theorie, sondern über Analysen der inkriminierten Kunst- bzw., wie es kritisch korrekt heißen müsste, Unterhaltungsformen geführt wird, z. B. gegen den Jazz – „und ewig stampft die Jazzmaschine" (op.cit., S. 157) –, der durch sein „Prinzip der Synkope [...] das Stolpern zugleich verhöhnt und zur Norm erhebt." (Op.cit., S. 162)

98 Diese Aufzählung habe ich übernommen aus Martin Hentschel, *Solve et Coagula. Zum Werk Sigmar Polkes*. A.a.O., S. 41.

Wie kaum jemandem sonst ist Sigmar Polke das, wie es schien, eigentlich Unmögliche gelungen. Er bestückt seine Bilder mit den Symbolen der bürgerlichen Trivialkultur – mit Palmen und Nierentischen, mit strahlenden Schönheitsklischees und dem Dürerschen Hasen –, mit den photographisch dokumentierten Schrecksymbolen von Krieg und Vertreibung, malt per Hand Rasterbilder, die nicht wie gemalt aussehen, füllt ein Bild mit Handtüchern oder Hemden, benutzt transparente Bildträger, die er von beiden Seiten bemalt, oder als Bildträger auch Stoffe, die man sonst vors Fenster hängt oder zur Kleidung verwendet. Martin Hentschel bringt diese mit dem Witz zusammen:

> „Er ist der Künstler, der das gesamte Schwemmland unseres kulturellen Erbes beackert und dabei auch den Kulturschutt mit aufliest. Er tut dies mit Witz. Denn der Witz ist ein kombinatorischer Geist, wie Friedrich Schlegel sagt. Er besteht in dem ,Vermögen', die Ähnlichkeiten zwischen Gegenständen aufzufinden, die sonst sehr unabhängig, verschieden und getrennt sind [...]'. Wie die Alchemie, so bewirkt der Witz eine Zersetzung geistiger Stoffe und ist gleichermaßen chemisch bindendes Prinzip. Dergestalt ist er von einer überraschenden Zufälligkeit, unvordenklich, ,ein Blitz aus der unbewußten Welt, die für uns immer neben der bewußten besteht, und stellt auf diese Weise den *fragmentarischen Zustand unseres Bewußtseins* sehr treffend dar."[99]

Ob es nun der Witz oder auch die Ironie, die Martin Hentschel an anderer Stelle erwähnt, sind, mit der der Einbau der Bildzeichen in die Bilder oder – besser gesagt – die Transfiguration der Bildzeichen bzw. die Verklärung des Gewöhnlichen[100] zum Bild in Polkes Werk erreicht wird, mag dahingestellt bleiben. Was in dem hier vorgestellten Zusammenhang bemerkenswert erscheint, ist die Rede von der unvordenklichen überraschenden Zufälligkeit, vom Blitz aus der unbewussten Welt, der uns trifft, und vom fragmentarischen Zustand unseres Bewusstseins. Damit sind fast wörtlich die Beschreibungsformen für den Ereignischarakter des Kunstwerks genutzt. Der Witz, von dem Martin Hentschel redet, ist der Funke des Aufeinandertreffens von Verschiedenem, sogar voneinander Unabhängigem, von – ich steigere die Distanz – einander Fremdem.

Eben dies ist die Rolle der Kunst in der sogenannten Bilderflut: Sie, diese Bilderflut, wird ins Bild gebannt – mit dem Bannzauber des Augenblicks der gelingenden Form, dieses zusätzlich zu all den Überlegungen und Konzeptionen, den Vorarbeiten und der souveränen Routine des arbeitenden Künstlers unvordenkliche Aufblitzen im Werk.

Es ist schon wahr: Diese Transfiguration, dieser Bildzauber ändert nichts an der Bilderflut. Aber warum auch? Ändert sich doch unser Blick auf sie. Die Bilderflut durch die Bilder der Kunst betrachtet bleibt nicht mehr nur ein Anspülen von Bildreizen. Sie wird zur Anregung des Sehens. Durch die Bilder der Kunst hindurch können wir sie zu einem Anregungsfeld der Nuancierung und Konfigu-

---

99 Ebd., S. 90. Beide Binnenzitate stammen von Friedrich Schlegel und sind entnommen aus Otto F. Best, *Der Witz als Erkenntnis und Formprinzip*. Darmstadt [Wissenschaftliche Buchgesellschaft] 1989, S. 79, 76.

100 Ich paraphrasiere hier noch einmal den Buchtitel von Arthur C. Danto.

rierung, zum Material eines sich selbst gestaltenden Sehens objektivieren und sie so mit Ironie und hoffentlich auch ein wenig Witz als Beitrag zur Arbeit am Bild nutzend wahrnehmen. Das eigentlich Heitere an dieser Haltung wäre das Quentchen Freiheit, das wir dadurch gewinnen. Und das ist nicht wirklich wenig.

KAPITEL 7: BILD UND BEGRIFF

1 Philosophie als Arbeit am Begriff

Im philosophischen Diskurs der europäischen Tradition ist der Bildung von Begriffen und der Klärung der Verhältnisse zwischen ihnen eine zentrale Bedeutung zugewiesen worden. Man könnte die Philosophie in ihrem Gründungssinn geradezu dadurch charakterisieren, dass man sie insgesamt als ein Unternehmen darstellt, das der Arbeit am Begriff gewidmet ist. Der immer wieder beschworene Weg vom Mythos zum Logos bestünde dann darin, die Erzählungen und Bilder der Mythen durch Erklärungen und Unterscheidungen in einer Begriffswelt abzulösen.

Wie wir schon im Kapitel *Symbol und Form* – vor allem in dem Abschnitt *Verschriftung und Formdenken* – gesehen haben, entstehen mit einer begrifflichen Ordnung, z. B. mit einer tabellarischen Kombinatorik und logischen Systematik, neue Formen der gedanklichen Orientierung, die von da ab zum Bestand der kulturellen Artikulationsformen gehören. Nachdem wir die Sinnbildung durch Formverhältnisse im allgemeinen und in der Bildlichkeit im besonderen erörtert haben, sind nun die begrifflich erzeugten Formverhältnisse – und ist damit der begriffliche Sinn – in seiner besonderen Charakteristik darzustellen.

Schließt man diese Darstellung an die Differenzierungen an, die sich im Lauf der Geschichte entwickelt haben und die sich inzwischen zu einer Theorie der Begriffsbildung und des Begriffsgebrauchs befestigt haben, so gerät man in ein Dickicht aus unterschiedlichen Sichten, Entwürfen und Unterstellungen, denen häufig der Rang begrifflicher – und damit einer kritischen Nachfrage entzogener – Aspekte zugewiesen ist. Grundlegende Unterscheidungen wie etwa die zwischen Extension und Intension, zwischen Umfang und Gehalt, zwischen Vorstellungen und Zeichen, zwischen Erfahrungs- und Verstandesbegriffen erschließen sich nur in bestimmten Kontexten, in denen sich jeweils ein besonderes Verständnis des Verhältnisses von Weltwirklichkeit, Bewusstsein und sprachlicher Darstellung ausgebildet hat.

So scheint die Unterscheidung zwischen der Extension und der Intension, ähnlich wie die benachbarte Unterscheidung zwischen dem Umfang und dem Gehalt eines Begriffs auf den ersten Blick eine klare Entgegensetzung festzuhalten, mit der man problemlos arbeiten kann. Tatsächlich zeigt ein zweiter Blick die Unschärfe der Grenzziehung. Denn wenn die Extension bzw. der Umfang eines Begriffs in der Klasse der Gegenstände besteht, denen der Begriff zugesprochen werden kann, dann stellt sich die Frage, wie wir diese Klasse bilden sollen. Müssen wir doch schon bestimmte Gemeinsamkeiten der Gegenstände ausgemacht haben, um diese Gegenstände in einer Klasse zusammenfassen zu können.

Wie immer wir diese Gemeinsamkeiten bestimmen – z. B. über bestimmte Kriterien etwa der Verwendbarkeit, über phänomenale Merkmale oder strukturelle Ei-
genschaften –, sind wir auf einen Bezug zu qualitativen Gehalten angewiesen, die
zur intensionalen Bedeutung eines Begriffs gehören.

Geht man dieser Verschränkung des extensionalen und intensionalen Aspekts
der Begriffsbedeutung weiter nach, so wird man zu allgemeinen Überlegungen
geführt, die sich den Strukturen unserer Welterfassung zu widmen und damit das
Verhältnis von Weltwirklichkeit, Bewusstsein und sprachlicher Darstellung zu
thematisieren haben. Damit würden wir aber von der medientheoretischen Perspektive, die wir als konstitutiv für unsere kulturphilosophischen Überlegungen
auszuweisen versucht haben, zu einer allgemeineren erkenntnistheoretischen Perspektive wechseln, die den operativen Aspekt der – in einem dinglichen und historisch entwickelten Medium sich realisierenden – Formbildungsprozesse der
begrifflichen Darstellungen (zumindest in ihrer bisherigen Tradition) höchstens
am Rande und im Sinne eines allgemeinen Bezugs etwa zur Schriftlichkeit[1] der
Begriffsordnungen wahrzunehmen erlaubt.

In einer medientheoretischen Perspektive stellt sich vor allen Versuchen, durch
die Einführung von Unterscheidungen das Verständnis begrifflicher Darstellungen zu klären, die Frage, welche Artikulationsformen überhaupt im Medium von
Begriffen erzeugt werden.

2 Die disjunktive Identität der Schriftzeichen

Als erstes ist in dieser Perspektive festzuhalten, dass von Begriffen erst dort die
Rede sein kann, wo wir es mit einer verschrifteten Sprache zu tun haben. Denn
erst die schriftliche Fixierung einer Wortsprache lässt eine situations- und kon-
textübergreifende Identität entstehen: die Identität der Zeichengestalt, die sich
über deren Wiedererkennung und Wiedererzeugung als dieses jeweilige Zeichen
ergibt.

Ein Schriftzeichen ist in seinem Ursprung ein Liniengefüge, das sich als Ein-
zelzeichen in verschiedenen Zeichenverbindungen wiederholt. Als Liniengefüge
soll es eine besondere Prägnanz besitzen, durch die eine Linie als gedachte Ideal-

---

1 So beginnt Aristoteles seine Abhandlung *Peri Hermeneias* mit einer Feststellung über das Verhältnis von schriftlichen Wortzeichen, Vorstellungen („seelischen Widerfahrnissen") und Dingen.
Dabei entspricht ein Begriff aber nicht dem stimmlichen oder schriftlichen Zeichen. Diese sind
vielmehr die Äußerung eines Gedankens, einer Vorstellung oder eben eines Begriffs: „Nun sind
die (sprachlichen) Äußerungen unserer Stimme ein Symbol für das, was (beim Sprechen) unserer
Seele widerfährt [ἐν τῇ ψυχῇ παθημάτων σύμβολα], und das, was wir schriftlich äußern, (ist wiederum ein Symbol) für die (sprachlichen) Äußerungen unserer Stimme. Und wie nicht alle (Menschen) mit denselben Buchstaben schreiben, so sprechen sie auch nicht alle dieselbe Sprache. Die
seelischen Widerfahrnisse aber, für welche dieses (Gesprochene und Geschriebene) an erster Stelle
ein Zeichen ist, sind bei allen (Menschen) dieselben." (Aristoteles, *Peri Hermeneias* 16a 3-9, hier
zitiert nach der Ausgabe in: Aristoteles, *Werke in deutscher Übersetzung*, Band 1, Teil II. Übersetzt
und erläutert von Hermann Weidemann, Berlin [Akademie Verlag] 1994, S. 3)

figur definiert ist: Es gibt für die (gedachte) Linie keine Zwischentöne. Jede Stelle in dem Bereich, den die Linie durchzieht, gehört entweder zur Linie oder zu deren Umgebungsfeld. Es gibt kein Mehr oder Weniger des Dazugehörens. Jede Stelle ist eindeutig Linie oder Feld. Die Prägnanz der Liniengestalt ist eine Prägnanz der disjunkten Zuordnung oder – bildlich gesprochen – der scharfen bzw. eindeutigen Konturierung. Ich möchte daher im folgenden auch von der *disjunktiven Identität* der Schriftzeichen reden.

Die Rede von der gedachten Linie soll auf den „geometrischen Charakter" der Schriftzeichen hinweisen. Werden die Schriftzeichen doch im allgemeinen – d. h. wenn es ums Lesen und nicht um eine ästhetische Wahrnehmung geht – wie auch die geometrischen Figuren nicht in ihrer tatsächlichen Gestalt, sondern als mehr oder weniger gute Realisierungen einer Idealgestalt aufgenommen. Wo z. B. die konkrete Form eines Buchstaben sowohl als ein „a" als auch als ein „d" wahrgenommen werden könnte, muss der Leser die Entscheidung treffen, welche Idealgestalt diese konkrete Form realisieren soll. Das Liniengefüge eines Schriftzeichens wird daher in seiner idealen Gestalt immer mitgedacht, wenn wir Geschriebenes lesen wollen. Und daher unterstellen wir eine disjunktive Identität der Schriftzeichen auch dort, wo ihre konkreten Formen als graduelle Abweichungen von einer Idealgestalt oder als Annäherungen an an sie und insbesondere auch als Gestalten in einer Reihe zwischen zwei Idealgestalten wie „a" und „d" gesehen werden können.

Die Konturschärfe eines Liniengefüges, die diesem in seiner Idealgestalt eignet, steigert seine Wiedererkennbarkeit als genau dieses Zeichen. Seine Wiederholung in wechselnden Verbindungen befestigt die Wiedererkennbarkeit im kollektiven Bewusstsein seiner Benutzer. Selbst wo Unsicherheiten z. B. auf Grund einer nachlässigen Schrift auftreten, sichert die kollektive Zuordnungskompetenz und die damit verbundene Korrektur im allgemeinen die gemeinsame Lesart. Die Identität des Zeichen wird daher auch durch deren Gebrauch erhalten.

Dadurch verliert denn auch die Tatsache, dass jede einzelne Realisierung einer bestimmten Zeichengestalt in ihren konkreten Formverhältnissen ein Individuum bleibt, ihre identitätsgefährdende Bedeutung. Hinzu kommt, wie wir im Kapitel über *Form und Sinn* gesehen haben, dass wir das, was wir wahrnehmen, zugleich in eine bestimmte Form bringen und diese Form zunächst auf einer Ebene der mittleren Allgemeinheit wahrnehmen, auf der sie für uns eine identische Form darstellt. So erzeugen unsere Wahrnehmung, die besondere Prägnanz der Zeichengestalt und der kollektiv sich korrigierende Gebrauch miteinander immer wieder die disjunktive Identität der Schriftzeichen – und zwar eine Identität, die für ihre Benutzer gewöhnlich eine ständig sich bestätigende Selbstverständlichkeit bedeutet.

In unserem Welt- und Selbstverhältnis etabliert sich die Sprache als ein System von Perspektiven auf die Welt und uns selbst. Es sind nicht einfach Gegenstände, auf die sich etwa die Eigennamen oder Unterscheidungswörter beziehen. Vielmehr werden mit diesen Wörtern – denen man insgesamt die syntaktischen Verknüpfungswörter gegenüber stellen kann – Sichten artikuliert, in denen sich dann auch gegenständliche Momente und Gegenstände für unsere Wahrnehmung herausheben.[2]

Eine gegenständliche Identität entsteht, wie wir feststellen konnten, bereits in unserer Wahrnehmung. Diese bildliche oder, allgemeiner formuliert, figurative Identität bleibt aber stärker in den Wechsel der Situationen und Kontexte eingebettet als die sprachliche Perspektivierung unserer Wahrnehmung und die darin sich ausbildende gegenständliche Gliederung unseres Welt- und Selbstverständnisses. Denn die mit der sprachlichen Darstellung erzeugten Perspektiven werden durch diese Form ihrer Darstellung symbolisch fixiert und gewinnen so eine eigene – nämlich dingliche und öffentliche – Realität.

Die Perspektivierung von Welt und Selbst wird damit zu einer öffentlichen Tatsache, die vor den Äußerungen einzelner Personen bereits besteht und diesen ihre perspektivierenden Artikulationsformen als einen Rahmen für die einzelne Äußerung vorgibt – wobei allerdings auch zu berücksichtigen bleibt, dass jede einzelne Äußerung im Prinzip auch diesen Rahmen wieder beeinflusst. In einer Sprache zu sprechen, heißt damit immer auch, sich im Rahmen vorgegebener – und zugleich beeinflussbarer – Perspektivierungen und Vergegenständlichungen bzw. Objektivierungen zu artikulieren.

Dieser Rahmen erhält damit eine Kontinuität der kollektiven Welt- und Selbstwahrnehmungsmöglichkeiten, die über eine bloße Wahrnehmungskontinuität hinausgeht. Gleichwohl bleibt in der gesprochenen Sprache dieser Artikulationsrahmen in die Entwicklung der historischen Situationen und deren Darbietung in den kollektiv wahrgenommenen und erzählten Geschichten eingebunden. Dadurch verschiebt er sich mit dem dabei sich jeweils ausbildenden kollektiven Welt- und Selbstverständnis. Kurz gesagt: Mit den Geschichten verschiebt sich auch die Sicht auf die Gegenstände und also die symbolische Identität der Gegenstände selbst.

Dort aber, wo die sprachliche Darstellung und damit die Sicht auf die Gegenstände durch die disjunktive Identität der Schriftzeichen und damit durch eine dingliche und öffentliche Realität befestigt wird, entsteht eine eigene Kontinuität der sprachlichen Darstellungsformen, die sich über die Verschiebung des historischen Situationen hinaus durchhält. Denn die disjunktive Identität der Schrift ist erlebnisfern. Sie bindet sich nicht an den Wechsel des Gesagten und Geschriebenen. Wo sie überhaupt einem Wechsel unterliegt, gründet dies in der Veränderung eines formalen Verhältnisses: in einer geänderten Auffassung formaler Aspekte im Verhältnis von Sprach- und Zeichenstruktur. Diese Aspekte ergeben sich zwar in historischen Erfahrungen, verbleiben im allgemeinen aber in der unreflektierten Gewissheit eines selbstverständlichen Gebrauchs. Erst wenn Diskrepanzen – z. B. als strukturelle Divergenzen zwischen dem Gesprochenen und Ge-

---

2 Eine begrifflich sorgfältige und empirisch belegte Rekonstruktion des Entwicklungsprozesses von
gerichteter Aufmerksamkeit und sprachlicher Darstellung bietet Michael Tomasello, *Die kulturelle Entwicklung des menschlichen Denkens. Zur Evolution der Kognition*. Frankfurt am Main
[Suhrkamp Verlag] 2002, vor allem in den Kapiteln 3 bis 6, S. 71-232.

schriebenen oder als strukturelle Differenzen zu anderen Formen der Verschriftung – erlebt und als solche bemerkt werden, verliert dieses Verhältnis von Sprach- und Zeichenstruktur seine Selbstverständlichkeit und entsteht damit auch ein – zumeist „modernisierender" – Änderungswille.[3]

3 Die Logik der Begriffe

Die besondere Prägnanz ihrer disjunktiven Identität bringt eine neue Form der Eindeutigkeit und Ordnung in die Sprache, die in der mündlichen Sprache alleine nicht erreicht werden kann. Dabei ist zu sehen, dass diese Eindeutigkeit und Ordnung zunächst nur Formverhältnisse auf der Oberfläche, auf der Schreibfläche für die Zeichen sind. Diese „oberflächliche" Disjunktivität der Zeichen betrifft daher auch nur ihre sichtbare – wenn auch auf ihre Idealform bezogene – Gestalt und nicht ihre Bedeutung: nicht die Perspektivierung und Objektivierung, die mit ihrer sprachlichen Darstellung notiert werden. Dass die besondere Prägnanz der Disjunktivität auf die sprachliche Darstellung übertragen wird, ist eine Rückwirkung von der Zeichengestalt auf die Bedeutung.

Diese Rückwirkung entspricht offensichtlich einer inneren Tendenz der Verschriftung. Kommt doch mit der schriftlichen Fixierung des Gesagten oder des zu Sagenden ein Prozess an sein Ende, der mit der Äußerung als solcher beginnt. Von ihrem Beginn bis zu ihrem Ende kann man eine Äußerung von verschiedenen Seiten betrachten.

Am Anfang steht der Drang, etwas zum Ausdruck zu bringen oder überhaupt etwas zu artikulieren, und sei es nur um der Artikulation als solcher willen. Diesen Ausdrucksdrang erleben wir an uns und anderen als eine allgegenwärtige Gegebenheit, als ein, wie Ernst Cassirer es nennt, „Urphänomen"[4] der menschlichen Existenz. Die Rede von einem Ausdrucksdrang soll dabei nicht unterstellen, dass wir zunächst einen Drang, etwas bereits in sich bestimmtes auszudrücken, annehmen, der dann seine Ausdrucksform finden muss. Vielmehr ist auch hier wieder an „die allmähliche Verfertigung der Gedanken beim Reden" bzw. der Ausdrucks im Prozess seiner Artikulation zu denken. Der Ausdrucksdrang, von dem hier die Rede ist, reicht von einer durchaus bestimmten und sprachlich explizierten Ausdrucksabsicht über die verschiedensten Formen fragmentarisch und figurativ gegenwärtiger Ausdrucksimpulse bis hin zu dem unbestimmten Drang, sich überhaupt in einer bestimmten Situation zum Ausdruck zu bringen und nicht in stummer Sprachlosigkeit zu verharren.

---

3 Eine prägnante Darstellung solcher Diskrepanzen und Differenzen zeigt Jens Heise vor allem für die bereits entwickelte japanische Sprache, insofern sie die ebenfalls bereits entwickelte chinesische Schrift benutzt. Vgl. Jens Heise, op. cit., insbes. Kapitel VII: *Sprache und präsentative Form*, S. 201-230.

4 Ernst Cassirer, *Philosophie der symbolischen Formen*. Dritter Teil: *Phänomenologie der Erkenntnis*. In: ECW Band 13. A.a.O., S. 82, vgl. auch ebd., S. 98, 104, 112; Ernst Cassirer, ECN Band 1. A.a.O., S. 24, 37.

Der Ausdruck als Artikulationsprozess vollzieht sich als ein – wie wiederum Ernst Cassirer formuliert – „Werden zur Form"[5], als die Herausbildung einer neu vollzogenen, wenn auch nicht immer neu erfundenen, Verknüpfung, einer Synthese, in einem bereits geformten Reich sprachlicher Ausdrucksverhältnisse. Das „Werden zur Form" ist bereits als solches eine Kontrast- und Konturenbildung, eine Verschärfung bzw. Steigerung der Differenzierungen, an die dieses Werden anknüpft. Das „Werden zur Form", so können wir wiederum mit Ernst Cassirer sagen, ist eine Prägnanzbildung.

Während in unserer Wahrnehmung diese Prägnanzbildung an bestehende Differenzierungen – nämlich des Wahrgenommenen – anschließt, müssen in unserem Ausdruckshandeln solche Differenzierungen erst erzeugt werden. Unsere Mimik, unsere Gesten und Körperhaltungen sind wie die Laute, die wir hervorbringen, Stilisierungen, die sich in einem bestimmten sozialen Umfeld aus elementaren körperlichen Bewegungs- und Verhaltensformen herausgebildet und eingebürgert haben. Sie sind damit Prägnanzbildungen über einer körperlichen Bewegungs- und Verhaltensdynamik, die sich in den alltäglichen Weltverhältnissen ständig neu herstellen und erhalten muss.

Diese ihre dynamische – und damit potentiell auch historische – Fundierung verschafft der Prägnanzbildung in unserem Ausdruckshandeln gegenüber der Wahrnehmungsprägnanz von vornherein eine höhere Plastizität: einen größeren Spielraum, der sich im Rahmen der wechselvollen Spannungsverhältnisse zwischen natürlichen Gegebenheiten und kulturellen Praktiken[6] ergibt. Aus dem Bewegungs- und Verhaltenspotential des Menschen heraus entwickeln sich in wechselseitiger Abstimmung besondere und besonders prägnante Formen der Artikulation, die gleichsam als eine Nebenwelt neben der weltbearbeitenden Bewegungs- und Verhaltenswelt ein eigenes Reich bilden.

Als eine solche Nebenwelt entwickeln diese Artikulationsformen ihre eigenen Strukturen, die sich – wie die Geschichte zeigt – immer stärker in sich selbst differenzieren und damit zugleich auch immer weiter von den ursprünglichen Bewegungs- und Verhaltensformen, als deren Stilisierung sie anfänglich vielfach auftraten, entfernen. Nicht mehr figurative Analogien zu Formverhältnissen unserer Weltwahrnehmung, sondern die immanente Selbstgliederung unserer Artikulation zu prägnanten Ausdrucksformen strukturiert diese Neben- und Eigenwelt. Es geht in ihr nur noch um Prägnanz als solche und damit, wenn es sich um die Verschriftung der Sprache handelt, um die disjunktive Identität der Formen.

Die disjunktive Identität der Schriftzeichen sichert dem mit ihnen notierten Wort ebenfalls eine eindeutige Identifizierbarkeit – und dies über den Wechsel der Situationen und Kontexte hinaus. Damit gewinnt das geschriebene Wort seinen begrifflichen Charakter oder auch – wie man allgemeiner sagen kann – seine

---

5 Ebd., S. 15. Zum sachlichen Zusammenhang vgl. Oswald Schwemmer, *Ernst Cassirer. Ein Philosoph der europäischen Moderne.* A.a.O., S. 122-125.

6 Von kulturellen Praktiken soll hier abkürzend in einem weiten Sinne die Rede sein, der die verschiedensten Bereiche der symbolisch vermittelten Praktiken umfassen soll: also technische, soziale und symbolische Praktiken.

Logikfähigkeit. Diese besteht darin, dass die Zeichenidentität auch die Bedeutungsidentität des jeweiligen Wortes oder überhaupt (schrift-) sprachlichen Ausdrucks garantiert: Die gleiche Zeichenfolge definiert unabhängig von dem Kontext oder der Situation, in der sie auftritt, (auch hier ist wieder einschränkend einzufügen: im Idealfall) genau eine Bedeutung, sei diese ihrerseits nun als Bezug auf eine Klasse von Gegenständen, auf eine sprachliche Verknüpfungsregelung oder auf eine logische Operation verstanden.

Dass die Sprachzeichen auf diese Weise – wie man auch sagen kann – bedeutungsstabil sind, ist eine unabdingbare Voraussetzung der formalen Logik. Denn in der formalen Logik geht es nicht um materiale Aussagen, sondern um Folgerungsverhältnisse zwischen bzw. Transformationen von Aussageformen. Diese Aussageformen werden lediglich in dem Wahrheitswert betrachtet, der für die in sie einsetzbaren Aussagen angenommen werden soll. Logisch korrekt ist ein Folgerungsverhältnis bzw. eine Transformation dann, wenn die Wahrheitswerte der Prämissen erhalten bleiben. Um diese rein formalen Operationen erfolgreich – d. i. salva veritate, also unter Erhaltung des Wahrheitswertes – durchführen zu können, müssen die in die Aussageformen einsetzbaren Aussagen einen unveränderlichen Wahrheitswert besitzen. Da weiterhin für die Betrachtungen der formalen Folgerungsverhältnisse die Identität einer Aussage durch ihre Zeichenform definiert ist, darf sich der Bezug zwischen Zeichenform und Wahrheitswert nicht verändern, ohne dass auch die Geltung der Folgerungsverhältnisse – und damit die Geltung der formalen Logik – aufgehoben würde. Da schließlich der Bezug zwischen Zeichenform und Wahrheitswert durch die Bedeutung einer Aussage hergestellt wird – gleich wie man diese Bedeutung im einzelnen interpretieren mag –, kann eine formale Logik nur betrieben werden, wenn die Bedeutungsstabilität der Aussagen, von deren Formen sie ausgeht, vorausgesetzt wird.

Die Rede von einem begrifflichen Charakter bedeutungsstabiler Ausdrücke soll den Normierungsaspekt hervorheben, der für die Herstellung der Bedeutungsstabilität die entscheidende Rolle spielt. Denn weil die „naturwüchsige" Entwicklung einer Sprache sich in den Situationen des Gebrauchs mit immer neuen Nuancen anreichert und dadurch einem steten Bedeutungswandel unterliegt, bedarf die Herstellung der Bedeutungsstabilität einer Normierung, nämlich einer – vielfach ausdrücklichen – Regelung, die z. B. über Definitionen oder allgemein übliche Erklärungen herbeigeführt wird.

Diese bewusst allgemein gehaltene Rede nicht schon von Begriffen, sondern von einem begrifflichen Charakter sprachlicher Ausdrücke soll im übrigen deutlich machen, dass hier keine Begriffstheorie vorgelegt wird, in der etwa Begriffe von anderen ebenfalls normierten Ausdrücken – man denke hier an die logischen Partikel oder andere syntaktische Verknüpfungswörter auf der einen und an individuierende Kennzeichnungen auf der anderen Seite – unterschieden werden. In der Gegenüberstellung von begrifflicher und bildlicher Darstellung, dem dieses Kapitel gewidmet ist, geht es vielmehr nur um den Aspekt der Begrifflichkeit, der sich auf deren besondere Form der Identitätsbildung – der Einheitsbildung und Abgrenzung – bei der Festlegung der Bedeutung bezieht. Diese besonders prä-

gnante Form der Identitätsbildung betrifft alle Elemente einer begrifflich festgelegten Sprache, also auch die Verknüpfungswörter und Kennzeichnungen und
nicht nur die Begriffe selbst.

Dabei ist einzuräumen, dass diese Form, einen gemeinsamen Bestand von Bedeutungen zu sichern, in den konkreten Situationen der historischen Entwicklung deutlich weniger prägnant realisiert wird als die Rede von Definitionen nahe
legt. So gründet sich die Bedeutungsstabilität schließlich auf Erklärungen in einer
Sprache, die ihrerseits einer historischen Entwicklung unterliegt und sich somit
im Wandel der Erfahrungen und Perspektiven selbst wandelt – und dies auch
dort, wo der Wortlaut der Erklärungen sich nicht geändert hat und dadurch eine
trügerische Bedeutungsidentität erhalten geblieben zu sein scheint. Anders gesagt:
Die bedeutungsstabilisierenden Normierungen entfalten ihre Wirkung in einer –
wenn auch unmerklich – fließenden Welt ständiger Bedeutungsverschiebungen.
Das durch die Zeichenform der Schrift erzeugte Ideal einer disjunktiven Identität
und umfassender formal-logischer Folgerungsverhältnisse erweist sich bei genaue-
rem Hinsehen als eine außergeschichtliche Vorstellung, für die es keinen Ort in
der Weltwirklichkeit gibt: als eine Utopie.

4 Begriffe und symbolische Systeme

Trotz seines utopischen Charakters stellt das Ideal der begrifflichen Normierung
den wirkmächtigsten Faktor in der europäischen Tradition nicht nur des philosophischen, sondern überhaupt des analysierenden und argumentierenden Denkens dar. Denn wenn die Auflösung aller Ausdrucksverhältnisse in eindeutige logische Folgerungsbeziehungen – und dies wäre die vollkommene logische Ordnung der Welt – auch utopisch bleibt, bietet die partielle Annäherung an dieses
Ideal doch eine Übersicht über die jeweils dargestellten Zusammenhänge, die
sonst nicht erreichbar wäre. Die begrifflich geklärten Beziehungen, in denen wir
unsere Welt-Darstellungen formulieren, lassen uns das Dargestellte als ein *System*
erscheinen: als ein logisch geordnetes Gefüge von realen Beziehungen.

Die Faszination des System-Gedankens, nämlich die Faszination von der begrifflich erzeugten und erfassten Einheit der Welterkenntnis, prägt seit der vorsokratischen Naturphilosophie und in ausdrücklicher Ausarbeitung seit Platon die
europäische Geschichte der Wissensbildung. Ernst Cassirer, der in seiner vier-
bändigen Studie der Geschichte des Erkenntnisproblems „in der Philosophie und
Wissenschaft der neueren Zeit"[7] nachgegangen ist und unserer Welterschließung

---

7 Ernst Cassirer, *Das Erkenntnisproblem in der Philosophie und Wissenschaft der neueren Zeit.* Erster
   bis Vierter Band (1906, 1907, 1920, englische Übersetzung des vierten Bandes 1950, deutsche
   Originalfassung des vierten Bandes 1957). In: ECW Band 2. Text und Anmerkungen bearbeitet
   von Tobias Berben. Hamburg [Felix Meiner Verlag] 1999, Band 3. Text und Anmerkungen bearbeitet von Dagmar Vogel. A.a.O. 1999, Band 4. Text und Anmerkungen bearbeitet von Marcel
   Simon. A.a.O. 2000, Band 5. Text und Anmerkungen bearbeitet von Tobias Berben und Dagmar Vogel. A.a.O. 2000.

insgesamt in seiner „Philosophie der symbolischen Formen" eine umfassende systematische Analyse gewidmet hat, sieht gerade in dieser Faszination von der Einheit das entscheidende Ziel jeder Erkenntnis:

> „Alle Erkenntnis geht zuletzt, so verschieden auch ihre Wege und Wegrichtungen sein mögen, darauf aus, die Vielheit der Erscheinungen der Einheit des ‚Satzes vom Grunde' zu unterwerfen. Das Einzelne soll nicht *als* einzelnes stehen bleiben, sondern es soll sich einem Zusammenhang einreihen, in dem es als Glied eines sei es logischen, sei es teleologischen oder kausalen ‚Gefüges' erscheint. Auf dieses wesentliche Ziel: auf die Einfügung des Besonderen in eine universelle Gesetzes- und Ordnungsform bleibt die Erkenntnis wesentlich gerichtet."[8]

Er fügt allerdings sogleich hinzu, dass „neben dieser Form der intellektuellen Synthesis, die sich im System der wissenschaftlichen Begriffe darstellt und auswirkt, [...] im Ganzen des geistigen Lebens andere Gestaltungsweisen" stehen.[9] Denn jede begriffliche Einheitsbildung verlangt eine – möglichst prägnante – Perspektivierung, in deren Sichtfeld die verschiedenen begrifflichen Unterscheidungen in einen logischen Zusammenhang gebracht werden können. Für die Wissenschaften wird eine solche Perspektivierung durch eine Kerngruppe von Grundbegriffen – z. B. Masse, Kraft und Energie, Raum, Zeit und Materie in physikalischen Theorien – geleistet. Mit diesen Grundbegriffen, die sich im Laufe der Theoriebildungen übrigens verändern können, werden bestimmte Aspekte der Welt hervorgehoben und andere außer Acht gelassen.

Die Prinzipien einer solchen Perspektivierung lassen sich durch drei grundlegende Forderungen charakterisieren:

(1) Die perspektivierenden Begriffe müssen in ihren wechselseitigen theoretischen, d. h. terminologischen, logischen und mathematischen, Beziehungen ein kohärentes und konsistentes System bilden.

(2) Die durch sie hervorgehobenen Aspekte müssen diesen Begriffen eindeutig zugeordnet werden können.

(3) Das Auftreten dieser Aspekte muss in seinem theoretisch behaupteten Zusammenhang einer empirischen Überprüfung zugänglich sind.

Diese Forderungen führen zu einer wechselseitigen Abgleichung der Wege, auf denen sie erfüllt werden können. Dadurch etabliert sich eine Welt der Perspektiven und Begriffe, die sich in einer Praxis unter dem Ideal einer stimmigen Abgleichung von theoretischer Systematisierung und empirischer Überprüfung, von begrifflicher Perspektivierung und gegenständlicher Wahrnehmung zu einer Gewissheit von dem, was wirklich ist, zusammenschließt. Wirklichkeit, so kann man auch sagen, ist das Ensemble der Aspekte, die sich in dieser stimmigen Abgleichung erhalten. Und noch einmal anders gewendet: Wirklichkeit ist für die Wissenschaften eine Konstruktion, in der verschiedenartige und teilweise auch ver-

---

8 Ernst Cassirer, *Philosophie der symbolischen Formen*. Erster Teil: *Die Sprache*. In: ECW Band 11. A.a.O., S. 6.
9 Ebd.

schieden ausgerichtete Tendenzen der Welt-Perspektivierung in eine begrifflich artikulierte Einheit bzw. ein System gebracht worden sind.

Schon aus der Tatsache einer solchen Konstruktion folgt, dass diese Einheit einseitig sein muss und die Prinzipien oder das Prinzip der Perspektivierung, in der sich diese Einheit allein ausbilden kann, andere Prinzipien neben sich haben, die ebenfalls Einheitsbildungen in unsere Weltorientierung bringen können. Dabei handelt es sich nicht nur um die anderen Prinzipien jeweils anderer Wissenschaften, sondern auch um Prinzipien der außerwissenschaftlichen Weltorientierung. Entscheidend ist dabei, dass überhaupt der begriffliche Charakter der grundlegenden Perspektivierungen gewahrt bleibt. So kann man als eine Grundunterscheidung der religiösen Weltorientierung die zwischen einem Heiligen und dem Profanen lesen. An diese Unterscheidung haben sich Systeme weiterer Abgrenzungen geknüpft, die etwa dem Heiligen einen besonderen und umgrenzten Bezirk vorbehalten und das Profane in der Zerstreuung alltäglicher Verrichtungen wahrnehmen, die die Gegenwart oder die Vergegenwärtigung des Heiligen an besondere Reinigungsriten binden und den Schmutz des Profanen sich selbst überlassen usw. Verbinden sich diese Verzweigungen und Verknüpfungen ausgegrenzter Aspekte zu einem begrifflich normierten System und verbindet sich dieses mit Praktiken, die dem begrifflichen System seinen „Sitz im Leben" bieten und damit sowohl der Praxis eine immanente Logik als auch der Begriffslogik eine durch diese geordnete Praxis zuordnen,[10] dann haben wir es mit einem sich selbst stabilisierenden symbolischen System zu tun.

Sowohl in den Wissenschaften als auch in den lebensweltlichen symbolischen Systemen sind die begrifflichen Explikationen damit rückgebunden an Praktiken. Während aber in den Wissenschaften diese Praktiken – als Methoden der empirischen Überprüfung und dabei vor allem der gezielten Versuche zur Falsifikation theoretischer Annahmen – eine eigenständige und kritikfähige Instanz darstellen, liefern sich in den lebensweltlichen symbolischen Systemen die praktischen und begrifflichen Regelungen gewöhnlich wechselseitig ihre Bestätigung. Man könnte diese Differenz auch durch die Unterscheidung zwischen den offenen Systemen der Wissenschaften und den geschlossenen Systemen der Lebenswelt zu fassen versuchen.

Diese Differenz macht die Ambivalenz deutlich, die der begrifflichen Regelung zukommt. In jedem Fall auf logischen Zusammenhang, auf Kohärenz und Konsistenz und damit auf die Bildung eines symbolischen Systems abzielend, kann sich die Rolle der Kritik am System und der Abweichung von ihm in geradezu gegensätzlicher Weise entwickeln. In jedem Fall schaffen die begrifflichen Festlegungen eine Orientierung. Aber in dem einen Fall ist sie – zumindest der Tendenz nach – eine dogmatische Fixierung, deren Verletzung gewöhnlich mit Sanktionen verbunden ist, in dem anderen Fall ist sie als Festlegung zugleich auch Anreiz zum Widerspruch.

---

10 Zu einer „Logik der Praxis" vgl. Pierre Bourdieu, *Sozialer Sinn. Kritik der theoretischen Vernunft*. Frankfurt am Main [Suhrkamp Verlag] 1987, insbes. Erstes Buch, Kapitel 5: *Die Logik der Praxis*, S. 147-179, und Zweites Buch: *Praktische Logikformen*, S. 259-467.

5 Die symbolischen Systeme der Metaphysik

In dieser grundsätzlichen Ambivalenz hat die Philosophie als Ort der Schaffung metaphysischer Systeme immer wieder eine besondere Position eingenommen. Metaphysik, so formuliert Alfred North Whitehead ihren Anspruch, ist nichts anderes als die Beschreibung der Allgemeinheiten – wir können hier auch einfügen: der Begriffe –, die sich auf alle Details der Praxis beziehen.[11] Auch wenn Whitehead sofort einräumt, dass kein metaphysisches System hoffen kann, diesen Anspruch zu erfüllen bzw., wie er formuliert, diesen pragmatischen Test zu bestehen, und er im übrigen in den metaphysischen Kategorien keine dogmatischen Feststellungen des Offensichtlichen, sondern versuchsweise Formulierungen der letzten Allgemeinheiten – der allgemeinsten Grundbegriffe – sieht,[12] charakterisiert er den durchgängigen Anspruch der Metaphysik doch in dessen dogmatischer Totalität: Die symbolischen Systeme der europäischen Metaphysik präsentieren sich de facto als geschlossene Systeme, weil sie alles Erfahrbare und denkend Begreifbare zu umfassen behaupten. Zugleich legen sie diesen Anspruch aber in – wenn auch höchst unterschiedlichen – Begründungsschritten aus, die als solche zum Disput einladen und damit den Widerspruch gegen sich selbst einfordern.

Auf der anderen Seite ist aber auch zu sehen, dass die metaphysische Tradition der Kritik hohe Anforderungen entgegen stellt. Denn ein Denken, das sich aus begrifflichen Zusammenhängen begründet, verlangt als Einwände ebenfalls begrifflich artikulierte Begründungen. Die Arbeit – oder auch die Kunst – einer solchen begrifflichen Artikulation erfordert eine Höhe der analytischen und konstruktiven Differenzierung, die im allgemeinen nur durch eine Professionalisierung des Argumentierens erreicht werden kann. Der professionalisierte Disput engt aber den Kreis der Disputanten drastisch ein, so dass er zu einer internen Angelegenheit des professionellen Philosophierens wird. Anders gewendet: Der metaphysische Disput um die richtige Interpretation der Wirklichkeit im ganzen bleibt gerade in seiner kritischen Qualität ein durch die Hürden der Professionalisierung abgeschirmtes Innenereignis in der philosophischen Fachdiskussion, das keine unmittelbare Auswirkung auf die allgemeinen kulturellen Kontexte besitzt, in denen es stattfindet.

Und doch bleibt gerade dieser Disput zugleich ein Zentralereignis in der europäischen Kulturtradition, das über die vielfache Vermittlung des philosophischen Denkens mit den Fragen der Wissenschaften und der Lebenswelt in der Kul-

---

11 „Whatever is found in ‚practice‘ must lie within the scope of the metaphysical description. When the description fails to include the ‚practice,‘ the metaphysics is inadequate and requires revision. There can be no appeal to practice to supplement metaphysics, so long as we remain contented with our metaphysical doctrines. Metaphysics is nothing but the description of the generalities which apply to all the details of practice.“ (Alfred North Whitehead, *Process and Reality*. A.a.O., S. 13)

12 „Metaphysical categories are not dogmatic statements of the obvious; they are tentative formulations of the ultimate generalities.“ (Ebd., S. 8)

turarbeit der europäischen Tradition eine ständige Präsenz besessen hat und –
trotz aller Nachrufe auf die Metaphysik, wenn auch oft unter verändertem Titel –
immer noch besitzt. Woher diese Faszination?

Die europäische Metaphysik ist ein Gedankenwerk, in dem die Platonische
Kunst der dialektischen Begriffsverknüpfungen eine Ordnung zugleich erzeugen
und erfassen soll, in der sich Sein und Denken, die Welt und die Begriffe auf eine
besondere Weise ineinander verschränken – und all dies doch nur im Denken, in
einer reinen Begrifflichkeit stattfindet. Nehmen wir als Beispiel den Anfang der
Hegelschen Logik, den Ersten Abschnitt in der Lehre vom Sein:

> „Das Sein ist das unbestimmte Unmittelbare; es ist frei von der Bestimmtheit gegen
> das Wesen, so wie noch von jeder, die es innerhalb seiner selbst erhalten kann. Dies
> reflexionslose Sein ist das Sein, wie es unmittelbar nur an ihm selber ist."[13]

Was Hegel hier in einer verwickelten Kunstsprache sagt, lässt sich als ein kleines
und reines Begriffsspiel rekonstruieren. Denn wer eine Behauptung unvollständig
lässt und nur sagt, „etwas ist ...", ohne zu sagen, was etwas ist – und ohne das
„ist" im Sinne des Existenzquantors zu verwenden und damit eine Existenzbe-
hauptung aufzustellen –, sagt noch gar nichts. Seine Rede bleibt unbestimmt. Sie
bezieht sich weder auf ein Prädikat bzw. eine Eigenschaft – ist somit „frei von der
Bestimmtheit gegen das Wesen" – noch auf irgendeine besondere Weise, z. B. auf
ein Mehr oder Weniger, im bloß möglichen Etwas-sein – ist somit auch „frei von
der Bestimmtheit, die es innerhalb seiner selbst erhalten kann". Das „ist" bzw.
„Sein" steht als Kopula lediglich für eine Verknüpfungsfunktion, ohne irgendet-
was miteinander zu verknüpfen, ist also das „ist" bzw. „Sein", „wie es unmittelbar
nur an ihm selber ist".

Was Hegel hier in einer verrätselten Ausdrucksweise vorführt, bezieht seine
Einsichtigkeit daraus, dass nur der Wortgebrauch der Begriffe in den Blick genommen wird, ohne deren Anwendung auch nur in Erwägung zu ziehen. Das
gewaltige Sinngebäude, das Hegel auf diesem Anfang errichtet, entsteht aus den
Verknüpfungen, die sich als folgerichtige Explikationen der begrifflichen Bedeu-
tungsverhältnisse begründen lassen. Die von Hegel eingeforderte „Aufmerksamkeit auf den Begriff" lässt diese Explikationen als einen „immanenten Rhythmus
der Begriffe"[14], als Selbstentfaltung begrifflich artikulierter Folgerichtigkeitsverhältnisse sehen, die sich in diesem ihrem immanenten Rhythmus als universell
gültige Sinnzusammenhänge auszuweisen beanspruchen.

Eben dies erzeugt für den Begriffsdenker die geradezu unwiderstehliche Faszination: dass man in dem Bewusstsein einer sich aller eigenen Einfälle enthalten-

---

13 Georg Wilhelm Friedrich Hegel, *Wissenschaft der Logik*. Hg. von Georg Lasson. Erster Teil.
   Hamburg [Felix Meiner Verlag] ²1963, S. 66.
14 Georg Wilhelm Friedrich Hegel, *Phänomenologie des Geistes, Vorrede*. Nach dem Text der Originalausgabe herausgegeben von Johannes Hoffmeister. Hamburg [Felix Meiner] ⁶1952, S.48:
   „Sich des eignen Einfallens in den immanenten Rhythmus der Begriffe entschlagen, in ihn nicht
   durch die Willkür und sonst erworbene Weisheit eingreifen, diese Enthaltsamkeit ist selbst ein
   wesentliches Moment der Aufmerksamkeit auf den Begriff."

den „Aufmerksamkeit auf den Begriff" denkend die Sinnzusammenhänge der Welt erfassen und entfalten zu können vermeint. Das Besondere daran ist, dass diese denkende Sinnerfassung und -entfaltung die Welt nur unter den Begriffsordnungen erfassen und entfalten muss und sich so tatsächlich auf die Aufmerksamkeit allein auf den Begriff beschränken kann und nicht auch auf die Welt und ihre Phänomene ausdehnen muss. Anders gesagt: Das Begriffsdenken bewegt sich in einer von ihm selbst geschaffenen Welt, es denkt sich in eine Welt hinein und kann doch bei sich selber bleiben. Es ist zu dieser Welt, die es denkt, geworden und kann damit seine Einheit mit dem Sein – das allerdings immer nur das Sein dieser Begriffswelt ist – feiern.

6 Kritik der begrifflichen Abstraktionen

Gegen diese Überhebung des Denkens über die phänomenale Welt in eine nur noch durch die Ordnung seiner Begriffe erfassten Welt gab es von Anfang an den Einspruch auch innerhalb der Philosophie, nämlich schon in der empiristischen Kritik, die Aristoteles an der Platonischen Konstruktion einer Ideenwelt übt. Mit dem Blick auf die Entwicklung der empirischen Wissenschaften auf der einen und der rationalen Begriffskultur auf der anderen Seite hat Alfred North Whitehead eine Kritik an den Abstraktionen des begrifflichen Denkens in das Zentrum seines Philosophierens gestellt.

Verständlich wird diese Kritik im Kontext einer philosophischen Perspektive, in der sich die Weltwirklichkeit insgesamt als eine in zahllosen aneinander anschließenden Prozessen stets neu formende Realität, als „eine Abfolge von augenblicklichen[15] Konfigurationen" zeigt.[16] Diese Abfolge bildet sich, indem in jedem

---

15 Die „Augenblicklichkeit" dieser Konfigurationen ist eine besondere Pointe im Denken Whiteheads, die ich im Zusammenhang einer Kritik der Abstraktionen aber vernachlässigen will. Gleichwohl eine kurze Erläuterung: „Ein zeitlicher Augenblick wird hier als ein in sich seiendes Etwas ohne Übergang aufgefasst, da der zeitliche Übergang eine Abfolge von Augenblicken ist." (Alfred North Whitehead, *Wissenschaft und moderne Welt*, Frankfurt am Main [Suhrkamp Verlag] 1984, S. 65) „Here an instant of time is conceived as in itself without transition, since the temporal transition is the succession of instants." (Alfred North Whitehead, *Science and the Modern World*, New York, N.Y. [The Free Press] 1967 (Erstausgabe 1925), S. 50) Mit dieser Formulierung stellt Whitehead seine Auffassung dar, dass die Konfigurationen, die sich als Realität durchsetzen, das Ergebnis von Prozessen sind, die sich nicht zeitlich erstrecken, sondern in einer Art Quantensprung als Formumschlag oder -wiederholung auftreten. Die Realität ist in diesem Verständnis eine gleichsam vibrierende Verknüpfung solcher „Formsprünge", an die jeweils wieder neue „Formsprünge" anschließen. Die Zeit entsteht dadurch als Phänomen der Abfolge dieser „Formsprünge". Ein Augenblick ist das Auftreten und damit die Realität einer Form, die sich einem „Formsprung" verdankt und selbst zeitlich unausgedehnt ist.

16 Ebd. Im englischen Original lautet die (vollständige) Formulierung: „the world is a succession of instantaneous configurations (of matter)". Whitehead referiert hier die Antwort auf „die alte Frage der ionischen Denker: Woraus besteht die Welt?", formuliert damit zugleich aber auch die Konzeption für seine eigene Antwort – wobei dann allerdings nicht mehr nur von „Konfigurationen der Materie", wie in dem vollständigen Zitat, sondern nur noch von Konfigurationen die Rede sein kann.

Augenblick der jeweilige Weltzustand, also die jeweils realisierten Konfigurationen, die Ausgangslage für eine neue Formbildung bietet, die ihrerseits zum Faktor im unmittelbar folgenden Weltzustand wird, an den die nächsten Formbildungen anschließen. Jede Form ist daher mit jeder vergangenen Konfiguration verbunden, die in den Weltzustand, an den ihre Bildung anschließt, eingegangen ist. Und alle gleichzeitigen Formbildungen sind durch ihre gemeinsame Vergangenheit, aus der heraus sie entstehen, miteinander verbunden.

Worum es Whitehead bei seinen teilweise hochkomplexen Überlegungen zu den Formbildungsprozessen und damit zu der prozessual sich erzeugenden Realität geht, ist die Darstellung der Verbundenheit – der „connectedness" – aller Dinge und Ereignisse miteinander:

> „Verbundenheit ist das Wesen jeglicher Art von Dingen. So gehört es zum Wesen der Arten, daß sie miteinander verbunden sind. Wenn von der Verbundenheit abstrahiert wird, wird ein wesentlicher Faktor in der zu erörternden Tatsache übergangen. Keine Tatsache ist nur sie selbst. Die Durchdringung von Kunst und Literatur auf ihrem Höhepunkt entspringt unserer stummen Überzeugung, daß wir weit über die Mythologie hinaus sind, d. h. in erster Linie über den Mythos der Isolation.
>
> Dies bedeutet, daß immer da, wo ein Einzelfaktum erörtert wird, eine Voraussetzung unterschlagen wird, nämlich die Koordination mit der Umgebung, die erforderlich ist für die Existenz dieses Faktums. Die so koordinierte Umgebung ist das ganze Universum in seiner Perspektive auf diese Tatsache."[17]

Für die bloße Tatsache dieser Verbundenheit kann Whitehead noch in einer begrifflich geordneten Sprache argumentieren. Will man aber diese Verbundenheit in ihrer konkreten Ausgestaltung darstellen, so muss man über die Grenzen der Begriffssprache hinausgehen.

Denn die Darstellung nicht nur der Verbundenheit, sondern auch der konkreten Verbindungen verlangt die Angabe von Beziehungsmustern, die diesen Verbindungen ihre Form geben. Will man diese Verbindungen nicht nur als isolierte Sachverhalte, sondern in der realen Verknüpfung darstellen, die sie ihrerseits mit anderen Verbindungen eingehen, dann hat man diese Beziehungsmuster nicht nur für den gegenwärtigen Augenblick der Weltkonfiguration, sondern auch für die Vergangenheit anzugeben, und zwar sowohl für die unmittelbare Vergangenheit einer einzelnen Formbildung als auch für die in diese unmittelbare Vergangenheit eingegangene Weltentwicklung. Indirekt werden dadurch auch zukünftige Entwicklungsmöglichkeiten erfasst, für die der gegenwärtige Augenblick ja die Ausgangslage bietet. Dies bedeutet, dass die Verknüpfungsmuster in ihrer dynamischen Funktion, nämlich als Faktoren für die Entwicklung der Realität und also in ihrer Verbindung mit weiteren Beziehungsmustern – in verschiedenen Dimensionen und Feldern dieser Realität – darzustellen sind.

---

17 Alfred North Whitehead, *Denkweisen.* Hg., übersetzt und eingeleitet von Stascha Rohmer. Frankfurt am Main [Suhrkamp Verlag] 2001, S. 54. Im amerikanischen Original *Modes of Thought.* New York [The Free Press. A Division of Macmillan Publishing Co., Inc.] 1968, S. 9.

Eben dies ist mit einer Begriffssprache nicht zu leisten, sondern nur in einer figurativen Darstellung eben der Beziehungsmuster und der dynamischen Verbindung zwischen ihnen. Whitehead selbst führt hier prinzipiell die Mathematik als
die Darstellungsform an, die diese figurative Leistung zu erbringen hat. Er denkt
dabei jedoch an eine sehr viel allgemeiner als üblich verstandene Mathematik. So
schreibt er:

> „Es ist allerdings unbestreitbar, daß auch der Appell an die Mathematik hier noch
> nicht alles leistet, zumindest dann nicht, wenn man sich auf ihre bisher ausgearbei-
> teten Zweige beschränkt. *In ihrer allgemeinen Form geht es in der Mathematik um
> alle möglichen Beziehungsmuster, unabhängig von der spezifischen Form der dabei auf-
> tretenden Beziehungen und der durch sie verbundenen Elemente.* Es sind nur einige
> spezielle Zweige der Mathematik, die von den Begriffen der Quantität und Zahl
> beherrscht werden. *Der Punkt, auf den es hier entscheidend ankommt, ist, daß man
> die wesentliche Verbundenheit aller Dinge nie vernachlässigen darf.* In diesem Sinne
> vertreten wir eine das ganze Universum durchdringende Relativität, die die Ge-
> samtheit aller Dinge gleichsam zu einem ,Worin' macht, das alles, was geschieht,
> umfaßt."[18]

Auch in einer Mathematik, die wir als Sprache der Beziehungsmuster verstehen,
können wir nicht alle Verbindungen zwischen allen Dingen darstellen. Wir sind
darauf angewiesen, uns auf Ausschnitte zu beschränken. Aber diese Ausschnitte
fassen wir nicht in eine Begriffssprache, sondern in eine – wie wir die Sprache der
Beziehungsmuster auch nennen können – Sprache der Konfigurationen oder eine
figurative Sprache. Nur in Konfigurationen oder Bildern im allgemeinsten Sinne
können wir die konkrete Verbundenheit der Dinge fassen und in dynamischen
bzw. prozessualen[19] Beziehungsmustern darstellen.

---

18 „But it is evident that even the appeal to mathematics is too narrow, at least if mathematics is
   taken to mean those branches hitherto developed. *The general science of mathematics is concerned
   with the investigation of patterns of connectedness, in abstraction from the particular relata and the
   particular modes of connection.* It is only in some special branches of mathematics that notions of
   quantity and number are dominant themes. *The real point is that the essential connectedness of
   things can never be safely omitted.* This is the doctrine of the thoroughgoing relativity which in-
   fects the universe and which makes the totality of things as it were a Receptable uniting all that
   happens." (Alfred North Whitehead, *Abenteuer der Ideen.* A.a.O., S. 296 f.; *Adventures of Ideas.*
   A.a.O., S. 153 f.; alle Hervorhebungen von mir) Dass ausgerechnet die üblicherweise als abstrakt
   angesehene Mathematik für Whitehead das Feld der Beziehungsmuster bestellt, mag damit zusammenhängen, dass die figurativen Darstellungen, wie oben angemerkt, ihren Weltbezug selbst
   nicht ausdrücklich machen müssen und in diesem Sinne unvollständig sind. Betrachtet man sie
   also nur für sich selbst, d. h. nur in dem, was sie explizieren, so ist der Gedanke, sie mathematisch
   zu präsentieren, zumindest nicht abwegig.
19 Ausdrücklich möchte ich hier die Prozesse der Formbildung nicht im Whiteheadschen Sinne
   zeitloser „Formsprünge" verstehen, sondern als Entwicklungen in der Zeit: daher die Gleichsetzung von „prozessual" und „dynamisch". Zugleich ist aber darauf hinzuweisen, dass sich ein
   „Werden zur Form", wie es die Whiteheadschen Prozesse darstellen, von den gewordenen Formen strukturell in seinem Realitätscharakter unterscheidet. Nimmt man nur den Augenblick in
   einer zeitlichen Entwicklung, in dem ein Beziehungsgefüge als eine Form *wahrgenommen wird*,
   dann ist dieses „Werden zur Form" für uns tatsächlich keine zeitliche Entwicklung, sondern ein
   von uns nicht als zeitliches Geschehen erlebter Perspektivenwechsel – wie wir ihn von den Vexierbildern kennen, in denen wir je nach der Sicht auf sie ein unterschiedliches Bild wahrneh-

Als Ausschnitte aus dem Gesamtgeschehen der Wirklichkeit einerseits und als verallgemeinerte Muster andererseits sind auch diese figurativen Darstellungen Abstraktionen. Die Darstellung der Wirklichkeit durch Beziehungsmuster ist daher – wie jede symbolische Repräsentation – notwendigerweise unvollständig und schematisierend. Es gilt damit auch für figurative Darstellungen, dass wir uns „auf diejenigen Aspekte der konkreten Erfahrung konzentrieren [müssen], die innerhalb eines begrenzten Schemas liegen."[20] Insgesamt können wir feststellen:

> „Die Wissenschaft [...] abstrahiert und begnügt sich damit, das Faktum nicht in seiner Vollständigkeit, sondern nur im Hinblick auf gewisse wesentliche Aspekte zu verstehen."[21]

Wenn aber die Abstraktionen „nicht von allem, was in der Erfahrung wichtig ist", abstrahieren, „dann wird das wissenschaftliche Denken, das sich auf diese Abstraktionen konzentriert, zu einer Vielfalt von bedeutenden Wahrheiten gelangen, die sich auf unsere Erfahrung mit der Natur beziehen."[22] Und in diesem Sinne kann sich für Whitehead sogar „das Paradox" bestätigen, „dass die höchsten Abstraktionen die geeignetsten Mittel sind, um unser Nachdenken über konkrete Tatsachen zu kontrollieren."[23]

Whitehead kritisiert also nicht die Abstraktionen als solche. Denn dann müsste er das Denken selbst, ob figurativ oder begrifflich, kritisieren. Denn „Denken ist abstrakt".[24] Er kritisiert vielmehr die begrifflichen Abstraktionen, insofern diese nicht in der Lage sind, eine in sich strukturierte Darstellung der Beziehungsmuster, in denen sich die Wirklichkeit formt, zu geben. Mit Begriffen können wir uns auf die Welt und auch auf figurative Darstellungen beziehen. Aber wir können mit ihnen die Welt nicht in ihrer Binnenstruktur und -dynamik, in ihrer, wie Ernst Cassirer formuliert, „immanenten Gliederung" abbilden. Dies können wir nur mit figurativen Darstellungen tun.

Der begrifflich artikulierte Bezug zur Welt setzt Bilder voraus, die wir uns von ihr machen – sei es in unseren Wahrnehmungen oder Vorstellungen oder sei es in figurativen Darstellungen. Wo der begriffliche Bezug nicht durch Bilder vermittelt ist, öffnet er sich nicht zur nichtbegrifflichen Präsenz der Weltwirklichkeit. Er bleibt in seine Begriffswelt eingeschlossen, stellt Bezüge nicht zur Welt, sondern nur zu anderen Begriffen her. Bildlosigkeit erzeugt und erhält eine Begriffsimmanenz unseres Denkens, eine Orientierung nur an den Wörtern und den begriffli-

---

men. Blickt man hingegen auf den ganzen Entstehungszusammenhang, in dem eine Form sich allmählich *ausbildet*, dann ist dieses „Werden zur Form" zweifellos eine auch zeitliche Entwicklung. Wenn es sich um Formen unseres Fühlens oder Erlebens handelt, ist dieses Werden – wir werden darauf in Abschnitt 13.3.1 noch zurückzukommen haben – nicht selbst fühlbar oder erlebbar. Fühlen oder Erleben können wir nur etwas, das schon ein Gefühltes oder Erlebtes, also ein Form Gewordenes ist.
20 Alfred North Whitehead, *Wissenschaft und moderne Welt*. A.a.O., S. 30.
21 Alfred North Whitehead, *Abenteuer der Ideen*. A.a.O., S. 286.
22 Alfred North Whitehead, *Wissenschaft und moderne Welt*. A.a.O., S. 74 f.
23 Ebd., S. 46 f.
24 Ebd., S. 30.

chen Normen ihrer Verknüpfbarkeit. Richtig bzw. den Normen der begrifflichen Verknüpfbarkeit gerecht heißt für ein solches begriffsimmanentes Denken folgerichtig. Das Folgerichtige ist aber nicht auch schon das der Sache Angemessene.

In welcher Weise die Norm der Folgerichtigkeit das Denkens in der europäischen philosophischen Tradition bestimmt, soll im Folgenden am Beispiel des ethischen Prinzipiendenkens dargestellt werden. Wie auf der anderen Seite das figurative Denken das philosophische Denken zu Ergebnissen führen kann, soll dann am Beispiel des Disputs um die menschliche Freiheit gezeigt werden.

7 Die Begriffsimmanenz des moralischen Sollens

Eine begriffsimmanent organisierte Folgerichtigkeit kann sich dort etablieren, wo ein Weltbezug nicht zwingend erforderlich ist, wo also nicht schon die Begrifflichkeit selbst diesen Weltbezug erfordert. Die Möglichkeit zur Etablierung einer solchen begriffsimmanenten Folgerichtigkeit ergibt sich im Prinzip überall dort, wo normative Elemente in die Äußerungen eingehen, mit denen ein Sollen artikuliert wird. Vor allem dann, wenn dieses Sollen sich nicht auf einem Sein gründet, sondern als „reine Form" allein aus sich selbst heraus – z. B. auf Grund einer Idealvorstellung vom Guten, Gerechten, Schönen oder Gebotenen – formuliert ist, ergibt sich vielfach eine rein begriffsimmanente Fundierung. Denn als ideale „reine Form" stellt sich dieses Sollen dem Sein entgegen, wie es sich in der realen Welt findet. Und dort, wo dieses Sollen sich ohne jede Einschränkung – sei es auf andere normative Prinzipien, sei es auf einen begrenzten Anwendungsbereich – zum Zentralbestand einer Kultur, sozusagen als die Bezeugung der immanenten Entwicklungsdynamik ihrer Begriffsverhältnisse, artikulieren und ausweisen kann, da haben wir es mit einem Sollen zu tun, welches allen anderen Formen des Sollens übergeordnet ist.

Es ist diese Selbstbegründung eines Sollens, die ihm einen unbedingten Geltungsanspruch sichert. Denn kein Außenbezug schränkt diesen Anspruch ein, und keine Außeninstanz muss ihn stützen. Im allgemeinen verstehen wir diese Form von immanent gesicherter Unbedingtheit als Form des moralischen Sollens – im Unterschied etwa zu einem zweckrationalen, z. B. klugen oder überhaupt auf Erfolg abzielenden, Sollen, das sich auf einen dem Sollen übergeordneten Außenbezug richtet, oder zu einem religiös begründetem Sollen, das sich als durch eine göttliche Außenaußeninstanz auferlegt begreift.

Expliziert man das moralische Sollen in diesem Sinne durch die Formulierung eines uneingeschränkten Prinzips oder eines unbedingten Imperativs, dann ergibt sich ein, wie Ernst Cassirer – allerdings affirmativ – geradezu emphatisch feststellt, „Imperativ der reinen Form"[25]. Und mit einem Blick auf Kant fügt er hinzu: „Auch die Frage der Sittlichkeit wird auf die der reinen Form zurückge-

---

25 Ernst Cassirer, ECN Band 1: *Zur Metaphysik der symbolischen Formen.* A.a.O., S. 192.

führt".[26] Denn die „reine Form", um die es hier geht, bezieht sich nur auf sich selbst, ist ein Verhältnis ihrer immanenten, und zwar begrifflichen, Gliederung.

Ein Prinzip, das das moralische Sollen in diesem Sinne auf den Begriff bringen will, definiert eine immanent – und meiner Ansicht nach sogar: nur immanent – entwickelte absolute Normativität, gegenüber der alle anderen normativen Prinzipien einer Kultur sich unterzuordnen haben und die im übrigen in unserer philosophischen Tradition tatsächlich und in weitgehender Übereinstimmung als ein besonderes Merkmal der Moralität verstanden worden ist. Moralische Prinzipien sind in der Tradition der Ethik zumeist ebenfalls das schlechthin Unhintergehbare, von dem man sich nur durch einen Austritt aus der Kultur einer Gesellschaft absetzen könnte.

8 Begriffliche und figurative Prinzipien

Dass sich moralische Prinzipien als „Imperative der reinen Form" aus immanenten Begriffsverhältnissen ergeben, kann man auch in der These fassen, dass sie sozusagen eine Form der kulturellen Innenspiegelung sind. Diese These möchte ich durch die weitere These zu ergänzen, dass die Ethik im Sinne einer theoretischen Explikation der moralischen Prinzipien dieser kulturellen Innenspiegelung noch einmal eine professionalisierte, nämlich innerhalb einer begrifflichen Systematik formulierte, Befestigung hinzu zu liefern versucht. Dabei ist allerdings auch zu sehen, dass diese Befestigung auf einen – sehr engen – Kreis von Experten beschränkt ist. Wollte man auch hier von einer Innenspiegelung reden, so könnte man sich daher nur auf die Dispute dieser Experten berufen, die im Laufe ihrer literarischen Fixierung eine eigene immanente Dynamik entwickelt haben.

Zwei Unterscheidungen mögen die Besonderheit der Expertenkultur innerhalb einer allgemeinen Kultur verdeutlichen: einmal die Unterscheidung zwischen begrifflichen und figurativen Prinzipien und zum anderen die Unterscheidung zwischen empraktischen Basisdiskursen und theoretischen Kommentardiskursen.

Eine Artikulationsform können wir auf verschiedene Weise erfassen. Im allgemeinen versuchen wir, das „Charakteristische" dieser Form zu erkennen und sie damit in ihrer Gänze zu identifizieren, sie – so kann man es auch sagen – auf einmal wahrzunehmen oder darzustellen. Dies gelingt per definitionem nicht in der diskursiven Einstellung etwa begrifflicher Unterscheidungen und Zuordnungen, sondern nur in der figurativen Weise etwa einer bildlichen oder metaphorischen Darstellung.[27] Zugleich sichert uns die figurative Darstellung einen Welt-

---

26 Ebd., S. 193. Die (skizzenhaften) Bemerkungen Cassirers zum „Formwert" der Wahrheit und zum Formsinn der Sittlichkeit – die dadurch in eine „Paradoxie" gerät – kann man als eine zwar parallele, aber in die Gegenrichtung der hier vorgetragenen Überlegungen gewendete Gedankenführung zum Formsinn des Moralischen lesen. (Ebd., S. 190-195)

27 Vgl. hierzu die Darstellung diskursiver und präsentativer Formen in Susanne K. Langer, *Philosophie auf neuem Wege. Das Symbol im Denken, im Ritus und in der Kunst*. A.a.O., S. 86-108.

bezug, da sie auf Konkretion abzielt, auf die gleichzeitige Erfassung von Nuance und Konfiguration.[28] Diese Nuancierung und Konfigurierung gelingt aber nur in der Mitvergegenwärtigung konkreter Weltzusammenhänge, ohne dass diese im übrigen eigens dargestellt werden können.

Gerade diese strukturelle Unvollständigkeit der figurativen Darstellung mag für die europäische Tradition der philosophischen Expertenkultur einen Mangel ausgemacht haben. Und so wird denn auch die figurative Darstellungsform von Anfang an durch eine diskursive und damit begriffliche Darstellungsform überlagert. Der Übergang von der figurativen zur diskursiven Darstellung definiert geradezu das, was eine theoretische und insbesondere philosophische Reflexion ausmachen soll. Gleichwohl bleiben figurative Elemente der Darstellung, allerdings in der diskursiv behandelbaren Form mathematischer – bei Platon vornehmlich geometrischer – und diagrammatischer Darstellungsformen, durchaus präsent. Und vielfach sind es gerade diese figurativen Elemente, die in den begrifflichen Darstellungen die Plausibilität einer Argumentation zu sichern haben.

Man kann dieses Verhältnis zwischen figurativen und diskursiven Elementen der philosophischen Darstellung besonders prägnant durch die Forderung nach „Klarheit und Deutlichkeit" charakterisieren: eine Forderung, die der Sache nach nicht erst durch Descartes in die Philosophie eingeführt worden ist, sondern sich schon in den Anfängen der griechischen Philosophie und – mit besonderer Entschiedenheit – bei Platon findet. Denn die Klarheit einer Zuordnung und die Deutlichkeit einer Unterscheidung nutzt eine figurative – nämlich, wie Henri Bergson nicht müde wird zu betonen, räumliche[29] – Anordnung, in der scharfe Grenzen zwischen dem Verschiedenen und zusammenhängende Felder oder Räume des Gleichen die Ordnungsform liefern.

Dabei ist daran zu erinnern, dass diese figurative Ordnungsform für Begriffe sich letztlich der – und zwar der alphabetischen – Verschriftung der Sprache verdankt. In Kapitel 4 *Symbol und Form* wurde zu zeigen versucht, wie mit der Schrift sich neue Weisen des Zerlegens und Verknüpfens innerhalb der Sprache

---

28 Vgl. zu diesem Zusammenhang von Nuance und Konfiguration oben Kapitel 6 Abschnitt 9 *Das Bild als Kunstwerk*. Auf den Zusammenhang zwischen dem Erfassen einer Nuance im psychischen Zustand – wir könnten auch sagen: im Verhalten – einer Persönlichkeit und dieser Persönlichkeit als ganzer hat Henri Bergson eindrücklich hingewiesen: „Wenn er [der „Assoziationist"] dagegen diese psychischen Zustände mit der besonderen Nuance [„avec la coloration particulière"] erfaßt, die sie bei einer bestimmten Person besitzen und die jedem einzelnen davon durch den Reflex sämtlicher andern zukommt, dann bedarf es keiner Assoziation mehrerer Bewußtseinstatsachen, um so die Persönlichkeit wieder zusammenzusetzen: sie ist dann in einer einzigen solchen Tatsache voll und ganz enthalten, vorausgesetzt, daß man sie auszuwählen versteht." Und er fügt hinzu: „Und die Äußerung dieses Zustands wird gerade das sein, was man eine freie Handlung nennt, weil [...] sie das ganze Ich zum Ausdruck gebracht hat." (Henri Bergson, *Zeit und Freiheit*. A.a.O., S. 124 f.; *Œuvres*. A.a.O., S. 109) Vgl. dazu auch die Bemerkung Bergsons, dass „die Freiheit in einer gewissen Nuance (oder Qualität der Handlung selbst [„dans une certaine nuance ou qualité de l'action même"] zu suchen ist". (Ebd., S. 136 f.; *Œuvres*, S.120)

29 Exemplarisch sind hier die ersten (in Kapitel 4, Abschnitt 4.1.3 *Die Herrschaft des Sehens und die Vielfalt der Sinneswelten* bereits zitierten) Sätze im Vorwort zu Henri Bergson, *Zeit und Freiheit*. A.a.O., S. 7.

befestigt haben, die bei Platon als die Kunst der Dialektik das philosophische Denken ausmachen sollen.[30]

Zugleich mit diesen neuen Denk- bzw. Artikulationsmöglichkeiten verändern sich auch die Maßstäbe des Gelingens für den sprachlichen Ausdruck, die Maßstäbe der Richtigkeit und sprachlichen Angemessenheit. Die Sichtbarkeit der Kombination, durch die die Elemente der Schrift – die Buchstaben und die Satzzeichen – ihre Ordnung gewinnen, lässt dabei keinen Raum mehr für irgendeine Art der Ungewissheit. Ob etwas richtig geschrieben ist oder nicht, sieht man sofort. Und so liefert eine neue Deutlichkeit der inneren Artikulationsgliederung auch eine neue Form von Gewissheit, die in der Schrift, im sichtbaren Bereich unserer sprachlichen Artikulation, jederzeit gegenwärtig gemacht werden kann.

Auf eine allgemeine Formel gebracht: Durch die Einführung der Kulturtechnik des Schreibens wird unsere öffentliche Artikulation insgesamt durch Prinzipien geprägt, die nicht mehr unserem körperlichen Ausdrucksverhalten entstammen, sondern letztlich aus den technischen Einsatzmöglichkeiten von Geräten ihre Struktur gewinnen. Und hinzuzufügen ist, dass durch diesen Umweg über die Geräte neue, nämlich gerätefähige und damit anonym realisierbare, Ordnungsformen in unsere Artikulation hinein getragen werden, in denen die immanente Dynamik der Artikulation, ihre innere Entwicklungsrichtung, sich von der subjektiven Gestensprache, von der Individualität des körperlichen Ausdrucks löst und ein eigenes, dem individuellen Einspruch wie dem individuellen Formimpuls übergeordnetes Reich der richtigen Artikulationsformen etabliert.

Diese Richtigkeit ist es, die von nun an der philosophischen Reflexion ihr Siegel aufdrückt und sie zu einem Diskurs unter Experten werden lässt. Der über seine figurativen Momente unaufgeklärte – oder sie verdrängende – Expertendiskurs kann sich damit als eine dominante Teilkultur mit universalem Anspruch etablieren: als überindividuelle Logik der Begriffe, als Sprachlogik, die über unser Denken zwingende Folgerichtigkeiten verhängt und im Namen dieser Folgerichtigkeiten unter dem Titel des logos, der ratio oder der Vernunft einen uneingeschränkten Denkgehorsam gegenüber ihrer Autorität einfordert.

Alfred North Whitehead kommentiert diese Entwicklung mit den Worten:

> „Wo es das Wächteramt der Mathematik nicht gibt, ist die aristotelische Logik ein fruchtbarer Boden für Fehlschlüsse. Die Aussageformen, die in ihr behandelt werden, eignen sich nur zum Ausdruck hochgradiger Abstraktionen, der Art von Abstraktionen, die wir in der Umgangssprache vornehmen, wenn wir den ganzen Hintergrund unserer stillschweigenden Voraussetzungen übergehen.“[31]

Worauf er damit hinweist, ist die Verselbständigung der Sprachlogik gegenüber ihrer Einbindung in die figurativen und weltbezogenen Wahrnehmungs- und Artikulationsmuster, wie sie für ihn paradigmatisch in der Mathematik, der es

---

30 Vgl. dazu Kapitel 4, vor allem die Abschnitte 4 *Die Herrschaft der Form und die Form der Philosophie* und 5 *Verschriftung und Formdenken*.
31 Alfred North Whitehead, *Abenteuer der Ideen*. A.a.O., S. 296.

„um alle möglichen Beziehungsmuster" geht,[32] zum Ausdruck kommen. Durch diese Verselbständigung verliert die rein sprachimmanente Konstatierung logischer Folgerichtigkeit ihre Verbindung zur Welt, in der alle Dinge in ihre Umgebungen eingebunden sind:

> „Der Punkt, auf den es hier entscheidend ankommt, ist, daß man die wesentliche Verbundenheit aller Dinge nie vernachlässigen darf."[33]

Mit ihrer sprachlogischen Verselbständigung, in der man auch eine sprachlogische Selbstisolierung sehen kann, drängen die philosophischen Expertendiskurse – und auch dies von Anfang an – auf eine Artikulation von Prinzipien, und dabei jeweils am stärksten auf genau ein Prinzip, mit dem das jeweilige Diskursfeld – die Ethik, die Epistemologie, die Ästhetik, die Logik – als eine systematisch, nämlich sprachlogisch, organisierte Einheit begriffen werden kann. In der ethischen Reflexion entstehen damit die gewaltigen Unternehmungen, Prinzipien des Moralischen, insbesondere des Guten, des Gerechten, des Gebotenen festzulegen. Im philosophischen Expertendiskurs wird Ethik vor allem zum Prinzipiendenken. Die Analysen konkreter „Fälle" verschwinden zwar nicht aus diesem Diskurs, gewinnen in ihm aber nur selten und vorübergehend ihre eigene Plausibilität. Ihre Rolle besteht vielmehr zumeist darin, die Geltung des jeweils aufgestellten Prinzips zu illustrieren. Diese Geltung aber stützt sich im Prinzipiendenken auf die immanenten, also die sprachlogischen, Ordnungsformen der philosophischen Expertendiskurse. Wird damit aber nicht die ethische Geltung zur bloßen Präsentation logischer Konsistenz? Ist ethisch gültig genau das, was logisch in Ordnung gebracht worden ist? Und wird dieses ethisch Gültige damit nicht moralisch irrelevant?

9 Basisdiskurse und Kommentardiskurse

Eine Antwort auf diese Fragen muss sich noch einmal mit dem Immanenzproblem auseinandersetzen. Dazu soll die Unterscheidung zwischen Basis- und Kommentardiskursen eingeführt werden.

Unter Basisdiskursen soll das praktizierte Einverständnis über einige „Grundtatsachen" der Gesellschaft, z. B über einige lebensprägende Haltungen im Umgang und Austausch der Menschen miteinander, verstanden werden. Basisdiskurse sind damit de facto die stete Vergegenwärtigung gemeinsamer Unterstellungen in einer Gesellschaft, die ihrerseits in einer Verschränkung von Reden und Handeln vonstatten geht. Mit einem Terminus von Karl Bühler kann man diese Einbettung der Reden in Lebens- und Handlungszusammenhänge, wie sie in den Basisdiskursen stattfindet, empraktisch nennen.[34]

---

32 S. oben Abschnitt 6 *Kritik der begrifflichen Abstraktionen*.
33 Alfred North Whitehead, *Abenteuer der Ideen*. A.a.O., S. 297.
34 Karl Bühler führt diese Rede ein im Zusammenhang mit einer Betrachtung elliptischer Redeweisen ein, die ihre Verständlichkeit durch die Einbettung in „das sympraktische, das symphysische

Die Rede von gesellschaftlichen „Grundtatsachen" soll hier darauf hinweisen, dass es in den Basisdiskursen um die Vergewisserung von Ansichten geht, die auch bei den Fragen des moralischen Handelns oder ästhetischen Urteilens wie Tatsachen, nämlich als unbestreitbar gewiss, behandelt werden. Für gewöhnlich werden sich die Basisdiskurse nicht thematisch mit allgemeinen Orientierungen beschäftigen, sondern mit konkreten Fragen, in denen diese allgemeinen Orientierungen sich bestätigen.

Gegenüber den Basisdiskursen sind die Kommentardiskurse dadurch charakterisiert, dass sie sich nicht unmittelbar auf unser Leben und Handeln in seiner auch nichtsprachlichen Vollzugswirklichkeit beziehen, sondern vor allem und vielfach ausschließlich auf den sprachlichen Teil anderer Artikulationsformen und letztlich der Basisdiskurse: so in den ethischen Kommentardiskursen auf die expliziten moralischen Äußerungen der Basisdiskurse.

Durch diese ihre relative Eigenständigkeit gegenüber der jeweiligen Praxis entwickeln sich die Kommentardiskurse zu einer eigenen sprachlogischen Artikulationsform mit immanenten Ordnungsprinzipien. Andererseits ist zu sehen, dass die Anbindung an Basisdiskurse bestehen bleibt. Die Kommentardiskurse sind daher nicht nur einer diskursimmanenten Ordnungsform ausgeliefert, sondern auch durch die Basisdiskurse, an die sie anschließen, in ihrer Entwicklung bestimmt. So wird man allgemein sagen dürfen, dass die immanente Logik der sprachlichen Ordnungsformen das Prinzip zur Weiterentwicklung, d. i. zur weiteren Strukturierung, unserer propositionalen Orientierungssysteme ist, dass aber die Rückbindung an die empraktischen Basisdiskurse die grundsätzliche Verständlichkeit dieser Weiterentwicklung und auch die Verständigung darüber sichert. In eine Kurzformel gebracht: Es werden mit der Entwicklung von Kommentardiskursen die logikfähigen Aspekte der Basisdiskurse verstärkt, zugleich wird aber auch die Grundrichtung der Entwicklung aus den Basisdiskursen aufgenommen.

Man kann nun eine weitere Unterscheidung einführen, die der Richtung in der Entwicklung der Basis- und der Kommentardiskurse Rechnung trägt. Wir stellen nämlich bei dieser Entwicklung fest, dass das praktizierte Einverständnis in einem bestimmten kulturellen Teilbereich beides sein kann: Basisdiskurs und Kommentardiskurs. Nehmen wir als Beispiel die Wissenschaften. Sie kann man im allgemeinen in ihrer Wissenschaftlichkeit geradezu dadurch definieren, dass ihre Basisdiskurse, nämlich die empraktischen Diskurse, in denen sozusagen das „Material" für die theoretischen Interpretationen der Kommentardiskurse bereitgestellt wird, sich ihrerseits schon einer theoretischen Reflexion verdanken und daher als Kommentardiskurse verstanden werden können. Denn das „Material" der wissenschaftlichen Interpretation – und das sind nicht nur die vielerlei Formen von Daten, sondern auch die (zumeist figurativen) Muster für die Theorie-

---

und das synsemantische Umfeld der Sprachzeichen" gewinnen. Karl Bühler, *Sprachtheorie. Die Darstellungsfunktion der Sprache* (1934). Stuttgart/New York [Gustav Fischer Verlag] 1982, S. 155 ff.

bildung – wird in einer professionalisierten und also innerhalb einer Fachtraditi-
on reflektierten Weise gewonnen, die gegenüber den alltäglichen und nicht auf
einen bestimmten Bereich beschränkten Basisdiskursen eine kritische Distanz zu
bewahren weiß. Die experimentelle Praxis der klassischen Naturwissenschaften
gehört ebenso zu diesen professionalisierten Basisdiskursen wie die vielen Formen
der Beobachtung, aber auch der gedanklichen Einfälle und übergreifenden Ord-
nungsvorstellungen für eine theoretische Interpretation. Und auch in der Kunst,
um gleichsam auf die Gegenseite der Wissenschaften überzuwechseln, finden wir
diese Professionalisierung. Auch in der künstlerischen Praxis gibt es eine kritische
Distanz zu den Alltagsdiskursen über die Formen unserer Artikulation und
Wahrnehmung.[35]

Es sind solche professionalisierten Basisdiskurse, die den an sie anschließenden
Kommentardiskursen, selbst wo diese sich in grundsätzliche Kontroversen verstricken und für manchen Metakommentator in inkommensurable Paradigmen
zerfallen,[36] eine Richtung für ihre Weiterentwicklung aufzwingen, ohne schon
über den Sieg der einen oder anderen Konzeption zu entscheiden. Dabei ist es
interessant zu sehen, dass das Autoritätsgefälle zwischen Basis- und Kommentardiskursen immer wieder wechselt und für bestimmte Epochen der wissenschaftlichen und auch der künstlerischen Entwicklung[37] manchmal sogar als ein Charakteristikum einer Epoche verstanden werden kann. Jedenfalls lässt sich sagen,
dass durch die Professionalisierung von Basisdiskursen die sprachlogische Immanenz der Kommentardiskurse relativiert wird, und zwar im allgemeinen durch eine Art Rahmenregelung für die Entwicklung der Kommentardiskurse.

Auch für den angestammten Bereich der praktischen Diskurse zur Regelung
unseres Handelns und insbesondere unseres Umgangs miteinander gibt es professionalisierte Basisdiskurse. Wir finden sie vor allem in der rechtlichen, wirtschaft-
lichen und politischen Praxis – und nicht zuletzt in der Verschränkung dieser
Praxisformen. Die Kommentardiskurse dazu liefern uns die Jurisprudenz, die
Ökonomie und die politische Theorie, wobei die wechselseitige Durchdringung
der entsprechenden Basis- und Kommentardiskurse augenscheinlich ist.

---

35 Vgl. dazu Kapitel 6, Abschnitt 10 *Die Grammatik der Formverhältnisse, die Arbeit des Bildlesens
und die neue Sicht.*

36 Paradigmatisch ist hier die Inkommensurabilitätsthese verschiedener wissenschaftliche Paradigmen anzuführen: Thomas S. Kuhn, *Die Struktur wissenschaftlicher Revolutionen.* Frankfurt am
Main [Suhrkamp Verlag] 1967. (Amerikanische Originalausgabe: Thomas Kuhn, *The Structure
of Scientific Revolutions.* Chicago [The University of Chicago Press] 1962)

37 Was für die Wissenschaften inzwischen als weitgehend selbstverständlich gilt und viele For-
schungsenergien in der Wissenschaftstheorie und der Wissenschaftsgeschichte auf sich gezogen
hat, lässt sich auch für die Kunstgeschichte aufzeigen. Als Beispiele aus der Musikgeschichte können hier die Kontroversen zwischen Giovanni Maria Artusi und Claudio Monteverdi, die italie-
nisch-französischen „querelles des anciens et des modernes" im 18. Jahrhundert und der fast
durchgängige Disput über das Verhältnis von Musik und Sprache und insbesondere die Frage
nach der Sprachunabhängigkeit der Musik angeführt werden. Zum Ganzen vgl. die übersichtli-
che Darstellung in Enrico Fubini, *Geschichte der Musikästhetik. Von der Antike bis zur Gegenwart.*
Stuttgart/Weimar [J. B. Metzler] 1997.

10 Die Kommentardiskurse des ethischen Prinzipiendenkens

Wie steht es aber mit dem Verhältnis von Basis- und Kommentardiskursen in der Ethik? Um die Frage zu verdeutlichen, ist noch einmal festzuhalten, dass es dabei um die besonderen Kommentardiskurse des ethischen Prinzipiendenkens geht, also um die Suche nach einem letzten Prinzip, durch das die Ethik ihre systematische Begriffsform erhält.

Für diese Prinzipiendiskurse scheint die Antwort eindeutig. Sie können sich – anders als in den Wissenschaften und der Kunst – nicht auf professionalisierte Basisdiskurse stützen. Die moralischen Basisdiskurse bestehen in dem tatsächlichen Gewebe von Handlungen, Gefühlen, Strebungen und Reden über moralische Einstellungen, Ansprüche und Verpflichtungen, die sich im Leben einer Gesellschaft von welcher Art auch immer und den öffentlichen Bekundungen über dieses Leben herausbilden, durchsetzen, erhalten und wieder verschwinden. Sie bleiben eingebettet in die moralischen Praktiken einer Gesellschaft und entwickeln sich wie der Strom in seinem Strombett, das dieser sich zwar in einer Grundrichtung (bergab) gräbt, aber meist in vielfachen Wendungen den geologischen Gegebenheiten der Landschaft – hier wären die historischen Fakten in das Bild einzusetzen – anpasst. Und auch auf die Tradition der Kasuistik kann man sich hier nicht berufen, da diese nicht viel mehr ist als ein Übungsfeld für die Prinzipiendenker und im übrigen zumeist eben diese Prinzpiendenker zu Autoren hat, also aus dem Kontext bestimmter theoretischer Kommentardiskurse heraus entstanden ist.

Vor allem zwei Gründe scheinen mir für diese Differenz zu den professionalisierten Diskursen verantwortlich zu sein. Der erste Grund ist die Unprofessionalisierbarkeit der Moral. In der Moral geht es nicht um abgegrenzte Teilbereiche des gesellschaftlichen Handelns, die mit bestimmten Aufgaben verbunden sind und dadurch eine professionalisierbare Kompetenz für die Erfüllung dieser Aufgaben zu definieren erlauben. In der Moral geht es immer um das, was den Menschen in der Ganzheit seiner Belange angeht. Dabei können wir uns aber nicht auf eine professionelle Kompetenz zur Regelung dieser Belange berufen. Und wo jemand dies gleichwohl als eine Art von öffentlich bestelltem Sittenwächter versucht, wird er sich dem gnadenlosen Spott der Gesellschaft und, zu unser aller Vergnügen, auch der literarischen Darstellung ausgesetzt sehen.

Tatsächlich neutralisieren sich die ethischen Prinzipienkommentare ja auch meist gegenüber den moralischen Basisdiskursen, die sich in einer Gesellschaft entwickeln. Sie enthalten sich einer Einmischung in sie schon aus methodischen Gründen, d. h. aus Gründen ihrer immanenten Logik. Denn träten sie „nur" als moralische Stellungnahmen auf, könnten sie auch nur die Beachtung beanspruchen, die den anderen Wortmeldungen in den moralischen Äußerungen einer Gesellschaft entgegengebracht wird. Sie wären eine Stimme unter vielen und würden sich im Strom der Basisdiskurse verlieren. Sie würden damit auch nicht mehr als wissenschaftliche Äußerungen wahrgenommen und mit einer überindividuellen Autorität ausgestattet werden.

Damit ist der zweite Grund schon angeführt. Durch ihre strukturell notwendige Neutralitätsposition lösen sich die Kommentardiskurse des ethischen Prinzipiendenkens selbst von den wie auch immer verlaufenden Basisdiskursen ab und legen damit aus sich selbst heraus ihre Richtung fest. Den ethischen Kommentardiskursen bleibt so nur ihre sprachlogische Verfassung als Leitfaden der eigenen Entwicklung übrig. Dies bedeutet aber auch, dass, wenn sie sich denn auf das menschliche Handeln und Leben beziehen, sie sich lediglich auf die Pointierung der logikfähigen Aspekte in diesem Handeln und Leben ausrichten. Was begrifflich fassbar und durch seine begriffliche Stilisierung in Folgerungsbeziehungen einsetzbar ist – und dies soll heißen: was logikfähig ist –, dies macht den Stoff der Prinzipienethik aus.

Ein Blick auf die beiden einflussreichsten Ethik-Konzepte der Neuzeit, auf die utilitaristische und die Kantische Ethik, mag uns die Entfaltung der Logikfähigkeit im ethischen Prinzipiendenken paradigmatisch vor Augen führen. Dabei kommt es nicht auf die Binnendifferenzierung dieser Konzeptionen an. Es reicht die Grobkontur.

Für den Utilitarismus wird sie durch die Formel vom größtem Glück der größten Zahl umrissen. Das aber hat mit den Grundorientierungen in den moralischen Basisdiskursen, wie wir sie in der Geschichte ablesen können, so gut wie nichts zu tun. Denn wenn es in der Moral noch vor aller systematisierenden Einordnung in einen kulturellen Teilbereich um lebenstragende und -prägende Überzeugungen geht, dann gehören jedenfalls Größenvergleiche des Glücks nicht in die Moral. Sie gehören vielmehr in die politische Organisation einer Gesellschaft – und sind ja auch über eine solche Reflexion auf die moralische Begründung der Gesetzgebung in den philosophischen Diskurs eingeführt worden: nämlich von Jeremy Bentham in seiner *Introduction to the Principles of Moral and Legislation* von 1789.

Entsprechendes gilt für die Kantische Ethik. Die Maxime meines Handelns, von der ich zugleich wollen kann, das sie als allgemeines Gesetz gelten könne, verlangt die Selbstformalisierung der eigenen Orientierungen in mehreren Stufen[38] – bis überhaupt kein Bezug zum eigenen Leben und Handeln mehr besteht. Für die Rechtsprechung in einer gesetzlich geordneten Gesellschaft mag der Kategorische Imperativ Kants ein brauchbares Argumentationsprinzip liefern. Das hat er bei Kant selbst, der so gerne und so oft vom „Gerichtshof der Vernunft" redet, ja auch getan. Mit den in den alltäglichen Basisdiskursen verhandelten moralischen Überzeugungen hat er aber nichts oder nur am Rande etwas zu tun.

---

38 Auf der ersten Stufe ist die jeweils zu beurteilende Handlung unter eine Maxime – also eine selbstauferlegte Regel meines Handelns oder Wollens – zu subsumieren, auf der zweiten Stufe die Maxime unter ein allgemeines Gesetz. Zur logischen Struktur des Kategorischen Imperativs vgl. Oswald Schwemmer, *Philosophie der Praxis. Versuch zur Grundlegung einer Lehre vom moralischen Argumentieren in Verbindung mit einer Interpretation der praktischen Philosophie Kants*. Frankfurt am Main [Suhrkamp Verlag] 1971, ²1980, S. 135-154.

Wenn wir uns ohne allzu viele theoretische oder historische Vorentscheidungen den moralischen Basisdiskursen nähern wollen, empfiehlt sich ein Blick auf
die großen Themen der Kunst – und dies auch über manche kulturellen Grenzen
hinweg. Da ist immer wieder zu nennen die Liebe zu einem Menschen und die
Treue zu ihm, die Tat oder der Verzicht um der Liebe oder Treue willen. Aber
auch der Dienst an einer Aufgabe, Formen der Gerechtigkeit und Güte zugleich,
Erfahrungen von Schuld, Vergebung und Reue, Gebote der Achtung oder auch
der Ehre – und dies übrigens vielfach im Gegensatz zur Liebe –: dies sind einige
Beispiele, die zum Grund des Lebens in vielen Kulturen, wenn auch nicht immer
in gleicher Weise, gehören.

Alle diese Beispiele weisen auf Haltungen und Überzeugungen, auch auf Gefühle und Gestimmtheiten hin, die unsere Person als Ganze berühren und unser
Leben insgesamt durchdringen. Gleichwohl tauchen sie nur teilweise – und im
übrigen die Liebe fast nie – unter den Themen der Ethik auf. Die Liebe nämlich
erfüllt nicht die logischen Forderungen des ethischen Prinzipiendenkens. Auf eine
pointierende Formel gebracht, kann man sagen, dass es in der Liebe nicht um ein
Sollen geht. Die Liebe bezieht sich auf einen Menschen, so wie er ist. Und auch,
wenn sie diesen Menschen ändern will, entwickelt sich dieser Änderungswille
doch nur im Schatten der Liebe. Und er muss die Liebe nicht zum Verschwinden
bringen, wenn er selbst verschwindet. Jedenfalls aber ist sicher, dass die Liebe im
Sinne einer Zuwendung zu einer Person so, wie sie ist, und nicht so, wie sein
sollte, nicht schon eine normative Einstellung einschließt. Zudem ist sie in ihrer
historischen Faktizität auch nicht rational. Liebe berechnet nicht und wägt letztlich nicht ab. Liebe ist wie vieles andere, was für uns von lebenstragender und
-prägender Bedeutung ist, nicht logikfähig.

Nun könnte man – im Versuch, wenigstens eine theoretisch bescheidenere
Rückzugsposition zu sichern – sagen, dass die Ethik es nicht mit den tiefsten Einstellungen, Gefühlen und Gedanken der Menschen zu tun hat, sondern mit den
Möglichkeiten, unser Handeln rational zu begründen und zu rechtfertigen. Tatsächlich ist dies im wesentlichen die herrschende Meinung seit Platon und Aristoteles.

Bei einem solchen Vorgehen wird man sich aber fragen lassen müssen, warum
man mit einer so engen Eingrenzung die Ethik schon beginnen lässt. Insbesondere gerät dadurch die kulturelle Selbsteingrenzung der Philosophie nicht mehr in
den Blick. Sie verschwindet hinter den Unterstellungen, die für eine so eingeengte Fragestellung als Selbstverständlichkeiten fungieren. Aber selbst wenn man
der Einengung der Fragestellung folgte, bliebe der entscheidende Punkt bestehen:
Die Dynamik zur Entfaltung des ethischen Prinzipiendenkens wird in unserer
kulturellen Tradition allein von den logischen Formprinzipien bestimmt. Und
selbst da, wo die moralischen Basisdiskurse Anknüpfungspunkte für die ethischen
Prinzipiendiskurse liefern, bleiben sie als prägende Momente der explizierenden
Argumentation stumm.

11 Thesen zum Verhältnis von Ethik, Moral und Kultur

Einige Thesen mögen für die Überlegungen zum ethischen Prinzipiendenken eine Art Resümee und einen Ausblick bieten. Zuerst die resümierenden Thesen:

(1) Die Grundlage jeglicher Kulturleistungen sind die primären Basisdiskurse in ihrer unauflöslichen Verschränkung von weltbezogenem Handeln und symbolischen Äußerungen. In ihnen bilden sich Formen des Handelns und des Ausdrucks heraus, die zum gemeinsamen Potential des öffentlichen Austauschs und Umgangs miteinander gehören.

(2) Die Dynamik des Artikulationsbedürfnisses führt über die primären Basisdiskurse hinaus zur Ausbildung von Kommentardiskursen. Diese Kommentardiskurse besitzen eine Tendenz zur Verselbständigung ihrer inneren sprachlogischen Ordnungsformen, die diese Ordnungsformen gegenüber den Basisdiskursen verabsolutieren würde. Dadurch wird ein struktureller Dogmatismus erzeugt, der das unvermeidliche Signum jeglicher kulturellen Artikulation ausmacht.

(3) Während in vielen Bereichen der Kultur wie in den Wissenschaften und der Kunst, aber auch in den Rechtsformen des politischen und sozialen Lebens sich eine Professionalisierung der Basisdiskurse herausbildet, an denen sich die Kommentardiskurse im allgemeinen orientieren, entwickeln sich die Kommentardiskurse des ethischen Prinzipiendenkens weitgehend ungebunden von solchen professionalisierten Basisdiskursen und verstärken dadurch ihren dogmatischen Charakter.

Und nun die Thesen zum Ausblick:

(4) Versuche zur Selbstrelativierung des strukturellen ethischen Dogmatismus treten gewöhnlich selbst wieder als dogmatische Gegenkonzeptionen auf, wenn sie denn überhaupt innerhalb der Grammatik ethischer Kommentardiskurse verbleiben – also um die Begründung von ethischen Prinzipien bemüht sind.

(5) Auch der Rückgang auf die moralischen Basisdiskurse des alltäglichen Lebens – wenn er denn nicht schon mit einer selektiven Auszeichnung dessen arbeitet, was moralisch ist und was nicht – gewährleistet keine Relativierung des strukturellen Dogmatismus. Denn ein moralischer Basisdiskurs, also das praktizierte Einverständnis über einige lebenstragende und -prägende Haltungen im Umgang und Austausch der Menschen miteinander, ist mit vielen und auch mit gegensätzlichen ethischen Kommentardiskursen vereinbar.

(6) Eine Relativierung des strukturellen Dogmatismus in den Ethik-Diskursen scheint daher auf direkte Weise, d. h. durch Gegenargumente, die im selben Diskursfeld bleiben, überhaupt nicht möglich. Man muss vielmehr die Struktur, die diese Diskurse prägt, verlassen und „in einer anderen Tonart", „in a new key", wie Susanne Langer sagt,[39] Diskurse führen: z. B. die Ethik –

---

39 S. dazu den Titel des oben zitierten Werkes von Susanne K. Langer.

wie im übrigen auch die Moral – als einen ästhetischen oder wissenschaftlichen (will sagen: psychologischen, soziologischen, sprach- oder auch texttheoretischen bzw. hermeneutischen) Gegenstand ausmachen und behandeln.

Es sind die durch eine solche Diskursverschiebung in das immanente „Begriffsspiel" wieder hinein getragenen Außenbezüge, die die unbedingten Geltungsansprüche der moralischen Prinzipien wieder an bestimmte Bedingungen knüpfen. So lässt sich z. B. das, was im ethischen Prinzipiendiskurs als immanent ausgewiesen auftritt, in einem soziologischen Diskurs auf seine Funktion für etwas anderes hin betrachten. Ähnliche Perspektiven und Aspekte kann man in anderen wissenschaftlichen oder ästhetischen Diskursen hinzufügen und dadurch insgesamt den ethischen Prinzipiendiskurs wieder in die Vielfalt lebensweltlicher und wissenschaftlicher Angelegenheiten zurückführen. Die ethischen Prinzipiendiskurse würden damit die Kompetenz professionalisierter Basisdiskurse, wenn auch anderer Bereiche, nutzen und sich so zumindest vor einer begriffsimmanenten Verselbständigung schützen können.

12 Das bildliche Denken in der Philosophie

Von einem besonderen philosophischen Interesse ist dabei die Frage, ob und wie durch solche „Querverbindungen" zwischen den Diskursen auch eine Verknüpfung von logischem und figurativem, begrifflichem und bildlichem Denken erzeugt oder sogar erzwungen und damit ein klassisches Paradigma des Philosophierens in seiner Geltung relativiert werden könnte. Denn wie wir schon mehrfach feststellen konnten, hat das figurative bzw. bildliche Denken in der gewöhnlich begrifflich organisierten Philosophie keinen guten Ruf. Gilt es doch als ungenau, höchstens literarisch gefällig und jedenfalls in klare und folgerichtig aufgebaute begriffliche Darstellungen aufzulösen. Ein strenger Philosoph hat als erstes alle metaphorischen Ausdrücke aus seinem Text zu tilgen und sie durch wahrheits- oder zumindest begründungsdefinite Ausdrücke in einer terminologisch bereinigten Sprache – die in manchen Observanzen des rationalen Argumentierens womöglich nur Sätze in einer logischen Standardform zulässt – zu ersetzen.

Wenn die Hochphase solch strengen Formulierens – ich vermeide mit Absicht die Rede von einem strengen Denken – inzwischen auch vorüber zu sein scheint und meist nur noch in den akademischen Reservaten der analytischen Philosophie ein kärgliches Überleben fristet, so ist uns die Einforderung terminologischer Begrifflichkeit als sprachlicher Gestus der philosophischen Einrede und Nachfrage doch vielerorts noch erhalten geblieben. In vielen wissenschaftlichen Diskursen, vor allem wenn diese um auch philosophische Fragen geführt werden, genießt sie – zumindest auf den ersten Blick: erstaunlicherweise – durchaus Ansehen und Akzeptanz. Ein prominentes Beispiel dafür bietet die gegenwärtige Diskussion um die menschliche Freiheit. Dieses Beispiel soll hier den Anlass und Ausgangspunkt für Überlegungen zum figurativen Denken liefern.

13 Der Disput um die Freiheit

13.1 Die neurobiologische Argumentation gegen die menschliche Freiheit

Vor allem Gerhard Roth und Wolf Singer haben in jüngster Zeit aus der Sicht der Neurobiologie mit großer Entschiedenheit und einer nicht minder großen Resonanz ihre Argumente gegen die Existenz der menschlichen Freiheit vorgetragen. Dabei lassen sich zwei Argumentationslinien unterscheiden. Die erste bildet das Hauptargument von Gerhard Roth und beruft sich auf das sogenannte Libet-Experiment. Die zweite findet sich ebenfalls bei Gerhard Roth, wird aber vor allem von Wolf Singer vertreten. Sie ist von allgemeinerer Art und kann als ein philosophisches Grundsatzargument aufgefasst werden.

13.1.1 Das Libet-Experiment: Kleine Bewegungen

Zunächst die Argumentation von Gerhard Roth: Benjamin Libet führte 1983 ein Experiment durch, das den Augenblick der freien Entscheidung empirisch erfassen sollte. Der Aufbau dieses Experimentes war einfach. Die Teilnehmer wurden gebeten, innerhalb eines bestimmten Zeitintervalls eine kleine Bewegung – es ging um die Krümmung eines Fingers oder das Beugen der Hand – auszuführen. Das Zeitintervall war durch einen auf einem kreisenden Rad markierten Punkt vorgegeben. Die Teilnehmer sollten innerhalb einer Kreisbewegung die geforderte Bewegung ausführen und sich die Position des Punktes in dem Augenblick merken, in dem sie sich dazu entschieden hatten. Gleichzeitig wurden die neuronalen Aktivitäten ihres Gehirns gemessen. Besondere Aufmerksamkeit wurde dabei dem Aufbau eines sogenannten Bereitschaftspotentials gewidmet, das den Aktivitäten vorausgeht und sie, wenn es ein bestimmtes Niveau erreicht hat, auslöst.

Das Ergebnis schien überraschend: „Der Willensentschluss *folgt* dem Beginn des Bereitschaftspotentials."[40] „Dieser Willensakt tritt in der Tat auf, nachdem das Gehirn bereits entschieden hat, welche Bewegung es ausführen wird."[41]

Der Schluss, den sowohl Benjamin Libet als auch Gerhard Roth daraus ziehen und der in der Tat unvermeidlich scheint, ist der, dass von Freiheit nicht die Rede sein. Vielmehr scheint es so, dass der vermeintlich freie Entschluss nur ein bewusster Augenblick in einem Prozess ist, den das Gehirn schon vorher in Gang gesetzt hat und den es im Prinzip auch ohne dieses Bewusstseinsmoment zu Ende bringen könnte. Die Realität der Freiheit, so das Fazit, ist eine Illusion, wenn auch das Erleben oder das Bewusstsein der Freiheit eine Realität ist.

Man könnte den Erklärungsfaden gleich noch weiter spinnen und in der unvermeidlichen Illusion eine evolutionäre Finesse, eine für das menschliche Zu-

---

40 Gerhard Roth, *Willensfreiheit und Autonomie*. In: Ders., *Fühlen, Denken, Handeln. Wie das Gehirn unser Verhalten steuert*. Frankfurt am Main [Suhrkamp Verlag] 2001, S. 438.
41 Ebd., S. 442.

sammenleben nicht nur nützliche, sondern sogar unabdingbare Finte ausmachen. Lässt doch das Bewusstsein der Freiheit die Übertragung und Einforderung von Verantwortung zu und damit die Entwicklung von Rechtsverhältnissen, also den Grundlagen jeglicher zivilen Gesellschaft und überhaupt eines humanen Umgangs miteinander. Und da, wie insbesondere Wolf Singer immer wieder betont, das Bewusstsein der Freiheit auch dann nicht verschwindet oder auch nur getrübt wird, wenn wir in neurobiologischer Korrektheit die Existenz der Freiheit bestreiten, käme einer solchen Finesse gegenüber der Gesellschaft und dieser Finte gegenüber den Tatsachen des Bewusstseins eine geradezu unerschütterliche Stabilität zu. Nicht zuletzt diese verbürgte Stabilität macht das Freiheitsbewusstsein zu einer verlässlichen Basis von Rechtsverhältnissen.

Bemerkenswert ist dabei übrigens, dass dieses Freiheitsbewusstsein erst mit der Entwicklung von Wissensgesellschaften zur allgemeinen Erfahrungsgegebenheit werden kann. Denn erst dann, wenn man die erlebten Ereignisse nicht mehr magischen oder übersinnlichen Kräften zuordnet, sondern nach Ursachen sucht, die allgemein zugänglich und jederzeit überprüfbar sind, kann man sein Handeln sich selbst zuschreiben.

Wenden wir uns nun aber den Einwänden zu, die gegen die Widerlegung der Freiheit aufgrund des Libet-Experimentes erhoben worden sind.

Ein erster Einwand wird auch von Gerhard Roth aufgenommen und diskutiert. Dieser Einwand bezweifelt, dass wir mit den Finger- und Handbewegungen überhaupt den Bereich des Handelns, für den wir Freiheit beanspruchen, berühren. Ist doch zuzugeben, dass vieles von dem, was wir tun, bloß routinemäßig getan wird, und die meisten unserer Bewegungen nur dadurch ablaufen können, dass sie nicht bewusst von uns gesteuert werden. Man stelle sich nur einmal vor, was geschehen würde, wenn wir jeden Schritt, den wir tun, in allen Phasen seines Bewegungsablaufs eigens durch eine Überlegung vorbereiten müssten und erst dann ausführen könnten. Wir kämen niemals irgendwo an und jedenfalls nicht dort, wohin wir wollten. Und dies gilt für die meisten Dinge unseres alltäglichen Lebens. Wir bewältigen sie nur, weil wir sie nicht eigens bedenken und entscheiden müssen. Eine einigermaßen erfolgreiche Lebensbewältigung verdankt sich zum Großteil der internalisierten Gedankenlosigkeit, die uns unsere physischen, sozialen und symbolischen Umgebungen anbieten. In dieser Perspektive kann man sogar sagen, dass Kultur als das Ensemble der öffentlichen Orientierungsmuster in einer Gesellschaft nur dann funktioniert, wenn diese Orientierungsmuster in einer kollektiven Gedankenlosigkeit wirken und sich befestigen.

Für die im Libet-Experiment abgeforderten kleinen Bewegungen könnte man sagen, dass bereits die Teilnahme am Experiment eine Bereitschaft, den Aufforderungen zu folgen – und zwar im Sinne der erwähnten kulturellen Routinen – erzeugt und der tatsächliche Vollzug mehr einer nachgestellten Entscheidung im schon aufgebauten Bereitschaftspotential nahekommt als einer echten Entscheidung.

Zudem kann man darauf hinweisen, dass die im Experiment auszuführenden Bewegungen als solche für die Teilnehmer völlig belanglos sind. Das einzig Interessante an ihnen ist, dass sie zu diesem Experiment gehören und das Experiment für wichtig gehalten wird. Die Bereitschaft, sie tatsächlich – und zwar so, wie sie vom Versuchsleiter beschrieben werden – auch auszuführen, entsteht dann schon bei der Erklärung des Experimentes. Es bedarf keiner eigenen Entscheidung zu genau diesen Bewegungen mehr. Das Bild der Gesamthandlung – in einem bestimmten Augenblick innerhalb eines festgelegten Zeitintervalls einen Finger krümmen bzw. eine Hand zu beugen – ist längst in den Köpfen der Teilnehmer und muss nicht durch eine Entscheidung erzeugt werden.

Sieht man das Experiment, das übrigens in späteren Jahren methodisch noch verfeinert worden ist,[42] in dieser Perspektive, dann erscheint das Ergebnis wenig überraschend. Es scheint vielmehr nur das zu bestätigen, was unter der jetzt gegebenen Beschreibung zu erwarten war. Es wäre aber zu leicht, damit die neurobiologischen Argumentationen gegen die menschliche Freiheit schon abzutun. Gehen die Erklärungs- und Argumentationsansprüche doch weiter.

13.1.2 Die Entstehung von Haltungen

Der erste Schritt, der sich dem Bereich annähert, in dem es überhaupt um freie, weil lebensbedeutsame Handlungen gehen kann, besteht darin, nicht mehr nur ein momentanes Wollen und die mit ihm verbundenen kleinen belanglosen Bewegungen zu betrachten, sondern auch weiter ausgreifende Handlungsmomente wie das Beabsichtigen und Planen einer komplexen Handlung oder wie insbesondere bestimmte Haltungen – z. B. einem verletzten Menschen helfen –, die ein Mensch im Laufe seines Lebens ausgebildet hat und aus denen heraus er handelt.

So räumt Gerhard Roth ein, dass viele Entscheidungen „auf Faktoren zurück[gehen], die zum Teil weit in das frühere Leben dieser Person zurückreichen. Sie haben etwas mit Charakter und Persönlichkeit zu tun." Er fügt dann aber sogleich hinzu:

> „Von diesen haben wir aber gehört, dass sie sich in ihren Grundzügen sehr früh ausbilden, nämlich zu einer Zeit, in der es ein frei entscheidendes und abwägendes Ich noch gar nicht gab."[43]

Was hier überrascht, ist der Bezug auf „ein frei entscheidendes und abwägendes Ich". Unterstellt Gerhard Roth doch mit dieser Bezugnahme auf eine hoch abstrakte Instanz ein Modell der freien Willensbildung, das nicht einmal mehr in der notorisch auf traditionelle Gedankenführung bedachten Philosophengemeinde hingenommen würde. Müssen wir eine zentrale Steuerinstanz postulieren, um von Freiheit reden zu können? Und noch weiter gefragt: Müssen freie Entscheidungen immer auch als Entscheidungen bewusst sein?

Wir sind damit an zwei Kernfragen des Freiheitsproblems herangeführt, die beide mit der Beschreibungsform freier Entscheidungen oder Handlungen zu-

---

42 Auf diese späteren verfeinerten Versionen des Experimentes gehe ich hier nicht ein, da sie für die Argumentation unerheblich sind.
43 Gerhard Roth, op. cit., S. 444.

sammenhängen. Gerhard Roth jedenfalls zieht die Plausibilität, die sein Argument für viele haben mag, allein aus seiner Beschreibung der freien Handlung oder Entscheidung als Leistung eines frei entscheidenden und abwägenden Ichs.

Aber er geht noch einen Schritt weiter. Er bietet nämlich eine Instanz an, die für unser Handlung verantwortlich ist:

> „Wenn immer es um die Frage geht, was wir als nächstes tun sollen, dann greift das limbische System auf seine Erfahrungen zurück, die im emotionalen, deklarativen und prozeduralen Gedächtnis gespeichert sind."[44]

Und er fügt hinzu:

> „Ein Sonderfall tritt ein, wenn in neuen, komplexen Situationen das limbische System nur wenig oder gar keine Vorgaben macht. Dann tritt das ‚Spiel der Gedankenkräfte'[45] auf den Plan. [...] das kognitive System ist wie ein Beraterstab, der in schwierigen Situationen herangezogen wird, in denen der Routineverstand nicht mehr ausreicht. Die Entscheidungsinstanz hört sich dessen Ratschläge an, entscheidet aber eigenständig darüber, was davon in die Tat umzusetzen ist."[46]

Das limbische System im allgemeinen und das kognitive System in neuen, komplexen Situationen sind demnach die Instanzen, die unser Verhalten steuern. Durch das limbische System sind wir über unser Gedächtnis mit unseren Erfahrungen verbunden. Unser Verhalten gründet daher auf den Lernprozessen, die wir durchlaufen haben. Und dort, wo dies nicht ausreicht, treten Überlegungen auf, die „das kognitive System" anstellt.

Das Rätsel dieser Darstellung liegt darin, dass sie auch in eine – neurobiologisch informierte – klassische Darstellung der menschlichen Freiheit hineinpassen würde. Denn eben darin, nämlich zu Erfahrungen fähig zu sein und aus Erfahrungen zu lernen und dann, wenn uns unsere Erfahrungen nicht weiter helfen, kreative Erwägungen anzustellen, besteht doch unsere Freiheit.

13.1.3 Neuronaler Determinismus

Dieser erstaunte Einwand übersieht eine Annahme, die im neurobiologischen Kontext geradezu eine selbstverständlich gewordene Unterstellung zu sein scheint und die einen Disput über die menschliche Freiheit nahezu unmöglich macht. Vor allem Wolf Singer kommt auf diese Unterstellung immer wieder zurück. Sie besteht darin, dass jede Form von Einwirkung auf unser Verhalten als eine deterministische Verursachung angesehen wird, die für Freiheit keinen Raum mehr lässt.

---

44 Ebd., S. 448.
45 Zum Begriff des „freien Spiels", nämlich der Erkenntnis- bzw. Gemütskräfte bzw. -vermögen vgl. vor allem Immanuel Kant, *Kritik der Urteilskraft*, Einleitung IX, B LV, §§ 9, 12 und 42. Sowohl bei Kant als auch bei dem von ihm beeinflussten Friedrich Schiller (vgl. bes. die Briefe *Über die ästhetische Erziehung des Menschengeschlechts*) ist die Vorstellung vom „freien Spiel" der Erkenntniskräfte zentral für ihr Verständnis des Freiheitsbegriffs.
46 Gerhard Roth, op. cit, S. 448.

Ein kleiner Interviewausschnitt macht dies deutlich:

„SPEKTRUM DER WISSENSCHAFT: Herr Professor Singer, war es Ihr freier Wille, uns hier und jetzt ein Interview zu geben?
WOLF SINGER: Ich fürchte nein, und die Bedingtheiten kennen Sie: Dem Gespräch gingen Telefonate voraus und dann gewisse kognitive Prozesse in meinem Gehirn, die letztlich dazu führten, dass ich zugesagt habe, das Interview zu führen."[47]

Das ist in der Tat ein neurobiologischer Determinismus, der keine Differenzierung mehr zulässt zwischen den verschiedenen Arten von Wegen, auf denen ein bestimmtes Verhalten zustande kommt. Was für Aristoteles am Anfang des philosophischen Freiheitsdiskurses noch die grundlegende Unterscheidung ausmacht – nämlich die Unterscheidung, ob eine Handlung durch Zwang (Aristoteles denkt hier an physische Gewalt) herbeigeführt oder auch verhindert wird oder ob sie ihr Prinzip im Handelnden hat[48] –, ist für Wolf Singer nicht einmal mehr der Erwähnung, geschweige denn der Erwägung, wert.

Für den Wissenschaftler, so die der Argumentation Wolf Singers zugrundeliegende Unterstellung, sind alle Zusammenhänge determiniert, die sich überhaupt als lückenlose Folgezusammenhänge aus angebbaren Schritten darstellen lassen. Und solche Darstellungen wären dann eben das Ziel des Wissenschaftlers, der in der Dritte-Person-Perspektive die Dinge sieht – und übrigens auch nur in dieser Perspektive solche Folgezusammenhänge in den Blick bekommt. Dass wir in der Erlebens-Perspektive der ersten Person eine völlig andere Beschreibung liefern – und auch gar nicht anders können als diese andere Beschreibung zu liefern –, macht für Wolf Singer eine unvermeidbare und unüberwindbare Unvereinbarkeit der beiden Perspektiven aus, die man eben hinnehmen muss. In den praktischen Belangen unseres Lebens handeln wir selbst für Wolf Singer nicht nur notgedrungen, sondern auch sinnvollerweise in der Erste-Person-Perspektive. So lautet der abschließende Satz des zitierten Interviews:

„Nichts ist wichtiger als der erzieherische Prägeprozess unserer Kinder."[49]

Auch wenn die Rede von einem Prägeprozess aus dem Beschreibungsarsenal der Dritte-Person-Perspektive übernommen ist, handelt es sich bei diesem Satz um eine Feststellung, die die „Formbarkeit" des Menschen – so Singers eigene Formulierung – sehr hoch einschätzt und ihr auf überzeugende Art gerecht werden will.

In einer solchen geistigen Gespaltenheit kann ich nur eine Ratlosigkeit sehen, nicht aber eine vertretbare Position. Wir werden daher zu fragen haben, wie wir in Anerkennung der empirischen Standards und Ergebnisse der Neurobiologie die Realität der Freiheit erschließen können. Dazu ist zunächst – und darin be-

---

47 Wolf Singer, *Ein neues Menschenbild? Gespräche über Hirnforschung.* A.a.O., S. 24.
48 Zum Problem der Freiwilligkeit vgl. Aristoteles, *Nikomachische Ethik*, Buch III, Kapitel 1-8 (1109b30-1115a3).
49 Wolf Singer, *Ein neues Menschenbild? Gespräche über Hirnforschung.* A.a.O., S. 34.

steht seit je ein genuines Geschäft der Philosophie – eine Beschreibung zu entwickeln, die dem Phänomen der Freiheit und der Empirie der neuronalen Prozesse zugleich gerecht wird.

13.2 Die Bedingtheit der Freiheit

Als erstes ist zu sehen, dass Freiheit nicht heißt, frei von Motiven zu handeln.
Oder anders gesagt: Die Angabe von den zu einem bestimmten Verhalten füh-
renden Folgezusammenhängen als solche, auch wenn diese lückenlos dokumentiert werden können, schließt die Freiheit dieses Verhaltens nicht aus. Entscheidend ist vielmehr, von welcher Art diese Folgezusammenhänge sind: unter welcher Beschreibung wir sie also zu erfassen haben. Ernst Cassirer formulierte dies
lakonisch und treffend zugleich in seinem letzten großen Werk, dem 1946 post-
hum veröffentlichten *Myth of the State*, so:

> „Es ist nicht die Abwesenheit eines Motivs, sondern der Charakter des Motivs, was
> eine freie Handlung ausmacht."[50]

Mit diesem Satz ist ein entscheidender Punkt getroffen. Ausgerechnet ein Philosoph hat mit ihm eine Beschreibungsaufgabe – die auch ihren empirischen Teil
hat – gestellt und eine bloß begriffliche Lösung des Freiheitsproblems ausgeschlossen. Denn eben dies ist es, was Wolf Singer gegen alle seine eigenen methodischen Intentionen, die er als empirischer Wissenschaftler verfolgt, tut: das Frei-
heitsproblem bloß begrifflich lösen bzw., genauer gesagt, es aus rein begrifflichen
Gründen für erledigt erklären.

Denn wenn Freiheit schon dadurch ausgeschlossen wird, dass überhaupt Folgezusammenhänge bestehen, dann wäre eine Handlung nur dann frei, wenn sie
sich aus keinem Folgezusammenhang ergäbe. Nun gilt aber auch für die spontan-
ste Handlung, dass sie von einer Person ausgeführt wird, die eine Biographie hat
und die in den unterschiedlichsten Zusammenhängen ihren Charakter, ihre Persönlichkeit und damit auch ihr Repertoire von Verhaltensweisen ausgebildet hat.
Auch eine spontane Handlung ergibt sich aus diesen Zusammenhängen und steht
daher in einem Netz von Bedingungen und Einflüssen. Täte sie das nicht, wäre
sie nicht die Handlung einer Person, sondern ein Naturereignis: etwas, das jemandem zustößt, aber nicht von ihm vollzogen wird. Daraus folgt, dass die Rede
von einer freien Handlung in diesem Verständnis zu einem Widerspruch führt.
Denn insofern ein Verhalten als Handlung nur dann verstanden werden kann,
wenn es den Lebensbedingungen und Umwelteinflüssen, in der die handelnde
Person aufgewachsen ist und sich entwickelt hat, unterliegt, kann es nicht frei

---

50 Ernst Cassirer, *Der Mythus des Staates. Philosophische Grundlagen politischen Verhaltens.* Frankfurt
am Main [Fischer Taschenbuch Verlag] 1985, S. 375. (Im letzten Wort – statt „charakterisiert"
„ausmacht" – ist die Übersetzung verändert.) Amerikanische Originalausgabe: *The Myth of the
State*. New Haven, Mass./London [Yale University Press] 1946, S. 287: „It is not the absence of a
motive but the character of the motives that makes a free action."

sein. Wäre es aber frei im Sinne der Freiheit von allen Lebensbedingungen und Umwelteinflüssen, wäre es keine Handlung.

Die Antwort auf dieses scheinbare Dilemma kann nur darin bestehen, die Beschreibungsaufgabe ernst zu nehmen, phänomengerechte Unterscheidungen zu treffen und dann die verschiedenen Argumente für und gegen die Existenz der menschlichen Freiheit noch einmal zu prüfen.

13.3 Beschreibungsformen der Freiheit

13.3.1 Prozess und Repräsentation

Eine erste Unterscheidung hätte man schon bei der Erörterung des Libet-Experimentes anführen können. Es ist dies die Unterscheidung zwischen Prozess und Repräsentation. Die Prozesse unseres Bewusstseins – und dazu rechne ich unsere Wahrnehmungen, unsere Vorstellungen und unsere Denkleistungen, diese übrigens auch als bewusste Vollzüge symbolischer Artikulation – sind uns in ihrem jeweils aktuellen Ablauf nicht unmittelbar gegenwärtig. Wir bemerken zwar, dass und auch was wir denken oder wahrnehmen. Aber wir können uns den immanenten Entwicklungsprozess dieses Denkens und Wahrnehmens nicht vergegenwärtigen. Nicht das Denken oder Wahrnehmen nehmen wir wahr, sondern das Gedachte und das Wahrgenommene.[51]

Dabei ist sogleich einzuräumen, dass wir es bei diesem Gedachten und Wahrgenommenen meist mit einer Folge von vielen und oft höchst verschiedenen Zwischenergebnissen zu tun haben. Genauer sollte ich übrigens sagen, dass es sich dabei nicht um lineare Folgen handelt, sondern um viele verschiedene Folgen, die sich gegenseitig beeinflussen, sich wechselseitig beleben oder beeinträchtigen und die insgesamt ein ganzes Feld sich aufeinander beziehender Folgen, ein Anregungsfeld der direkten Assoziationen und zunächst nur implizit präsenten Konnotationen bilden. Nur selten gelingt uns ein Gedanke oder auch eine Wahrnehmung im ersten Anlauf und auf einmal. Wir erfassen Aspekte, Nuancen, wechseln die Perspektive, schwanken zwischen verschiedenen Versuchen der Konfiguration zu einem Ganzen und haben dann, wenn wir Glück haben, am Ende manchmal eine gedachte oder wahrgenommene Sicht auf den Zusammenhang, um den es uns ging, und der uns als Einsicht zumindest für eine gewisse Zeit mit unseren Anstrengungen versöhnt.

Das Erleben solcher Folgen in ihrem wechselseitigen Bezug verführt uns im übrigen zu dem Glauben, wir nähmen tatsächlich die Prozessualität unseres Den-

---

51 Nur im Sinne einer Anmerkung sei darauf hingewiesen, dass es eine weitere strukturelle Differenz zwischen den Repräsentationen des Bewusstseins und den symbolischen, insbesondere den propositionalen, Darstellungen dieser Repräsentationen gibt. Hier hat uns die Sprachkritik immer wieder davor gewarnt, die immanenten Strukturen der Versprachlichung, und dabei vor allem der Verschriftung der Sprache, als unbefragten Rahmen für die Gegenstandsgliederungen zu nutzen.

kens oder Wahrnehmens wahr. Es bleibt aber dabei, dass auch diese wechselvollen Entwicklungen Folgen von jeweils Gedachtem oder Wahrgenommenen sind und nicht die immanente Entwicklung des Denkens und Wahrnehmens selbst.

Mit dieser Feststellung verstoßen wir gegen die durch den Referenzstatus ihrer Autoren hochdekorierte Tradition der Bewusstseinsphilosophie. So steigert Fichte das Cartesische sum cogitans und gleichzeitige cogitans sum[52] in die unmittelbare Selbstransparenz der, wie er sagt, „Intelligenz".[53]

Diese Annahme einer uneingeschränkten und unmittelbaren Selbsttransparenz des Bewusstseins widerspricht nicht nur jeglichem phänomenalen Befund, sondern durchzieht auch die neuzeitliche Bewusstseinsphilosophie wie ein tragender Grundakkord, dessen Klang jeden Zweifel übertönt. Die Ineinssetzung vom Prozess der Entscheidung mit ihrer Repräsentation im Bewusstsein, die Benjamin Libet und Gerhard Roth de facto, nämlich ohne sie überhaupt zu thematisieren, vornehmen, kann sich daher auf gewaltige Autoritäten der philosophischen Tradition berufen. Gleichwohl bleibt aber festzustellen, dass sie strukturell unmöglich ist. Wir können uns eben nicht in die Prozesse, in denen sich unsere Bewusstseinsereignisse entwickeln, noch einmal hineinversetzen – gleichsam als Innen-Ich, als Ich im Ich, nämlich in der gesamten biographischen und darin jeweils besonderen episodischen Entwicklung unseres Selbstseins zu einer individuellen Persönlichkeit.

Wir können die Differenz zwischen Prozess und Repräsentation noch um einen weiteren Aspekt vertiefen. Es geht bei dieser Differenz nicht nur um die Verschiedenheit zweier Ereignisse, des Prozessereignisses und der Repräsentationsereignisses, sondern um zwei verschiedene Formen des Auftretens – in klassischer Terminologie müsste man sagen: des Erscheinens – von Wirklichkeit. Genauer gesagt, ist die Repräsentation des Prozesses, ist die Vergegenwärtigung des Geschehens ein Umschlag vom Auftreten des Ereignisses, von seinem – im wörtlichen Sinne – „Passieren", in eine Form.

Denkt man sie weiter, so erschließt sich uns diese Differenz zwischen einem sich Ereignen und dem zur Form Werden als die Grundunterscheidung einer jeden Beschreibung zumindest des geistigen Werdens. Mit ihr ist die strukturelle Differenz benannt, die zwischen den dynamischen Verhältnissen der Entwicklungsprozesse von Gedanken, Gefühlen, Wahrnehmungen und Vorstellungen auf der einen und ihren Formverhältnissen, in denen sie ihre Identität und Identifizierbarkeit gewinnen, auf der anderen Seite besteht.

---

52 Ich denke hier vor allem die Formulierungen in der Meditatio II, 6: „Cogitare? Hic invenio: cogitatio est, haec sola a me divelli nequit; ego sum, ego existo, certum est. Quamdiu autem? Nempe quamdiu cogito [...] Sum autem res vera et vere existens, sed qualis res? Dixi, cogitans." (René Descartes, *Meditationes de prima philosophia. Meditationen über die Grundlagen der Philosophie*. Hamburg [Felix Meiner Verlag] 1959, S. 48/50, deutsch S. 49/51.

53 Es sei hier noch einmal an die Formulierung erinnert in Johann Gottlieb Fichte, *Erste Einleitung in die Wissenschaftslehre*. A.a.O., S. 19: „Die Intelligenz, als solche, sieht sich selbst zu; und dieses sich selbst Sehen geht unmittelbar auf alles, was sie ist, und in dieser unmittelbaren Vereinigung des Seins und des Sehens besteht die Natur der Intelligenz. Was in ihr ist, und was sie überhaupt ist, ist sie für sich selbst; und nur, inwiefern sie es für sich selbst ist, ist sie es, als Intelligenz."

Und zugleich mit dieser Differenz können wir auch die Unterscheidung zwischen der Erste-Person-Perspektive, also dem Selbsterleben, und der Dritte-Person-Perspektive, also dem objektivierenden Beschreiben, wieder aufnehmen: in dem besonderen Sinne allerdings, dass die im Selbsterleben wahrgenommenen Prozesse – im Sinne der erwähnten Folgen von kleineren Zwischenergebnissen – in einer rekonstruierenden Beschreibung auf ihre dynamischen Verhältnisse, nämlich die Faktoren ihrer Entwicklung hin zu sichten versucht werden.

13.3.2 Freiheit – ein Ereignis?

Eine zweite Unterscheidung zielt auf eine weitere Unterstellung der neurobiologischen Argumentation. Sie schließt sich an die Frage an, ob wir ein bestimmtes abgrenzbares Ereignis, z. B. einen Willensakt oder eine Handlung, identifizieren müssen – oder überhaupt können –, wenn wir etwas als frei qualifizieren wollen.

Diese Frage führt uns zurück auf die Überlegungen zur Bedingtheit der Freiheit. Eine freie Handlung ist nicht eine unbedingte Handlung. Eingebettet in viele Zusammenhänge lässt sie sich daher auch nicht allein einem abgegrenzten Ereignis zuschreiben. Das, was am Ende für uns die Handlung ist, von der wir wissen wollen, ob sie frei gewesen sei oder nicht, entsteht, wie schon gesagt, aus vielen Entwicklungen heraus, die sich im Leben einer Person ergeben haben. Es scheint gerade in den Fällen, wo es um lebensbedeutsame Ereignisse und Handlungen geht, unmöglich, einen Vorgang aus diesen Zusammenhängen herauszulösen und ihn als freie Handlung zu deklarieren. Dies scheint nur dort möglich, wo es „um nichts geht" und man, etwa in der künstlichen Atmosphäre einer Laborsituation, etwas tut, mit dem man sonst nichts zu tun hat. Aber auch hier gibt es Voreinstellungen, die bei näherer Betrachtung zeigen, dass selbst in solchen gestellten Situationen der Mensch seine Geschichte mit sich und als freundliche Bereitschaft den Versuchsleitern entgegen bringt.

Können wir dann aber Freiheit überhaupt als etwas, das empirisch zugänglich – und d. h. doch: räumlich und zeitlich fassbar – ist, verstehen? Das Nein einer Antwort liegt sozusagen bereit. Scheint es sich doch wiederum längst einer philosophischen Autorität versichern zu können, die dies auch heute, nach 200 Jahren, noch ist: „Von den freien Handlungen, als solchen, den Zeitursprung (gleich als von Naturwirkungen) zu suchen, ist also ein Widerspruch"; denn der „Grund des Gebrauchs der Freiheit [...] [muss] lediglich in Vernunftvorstellungen gesucht werden".[54]

Gleichwohl werde ich Immanuel Kant nicht bemühen. Führt doch seine Lösung, die er in seinen Ausführungen zur „Möglichkeit der Kausalität durch Freiheit, in Vereinigung mit dem allgemeinen Gesetze der Naturnotwendigkeit"[55] und als eine „Kritische Beleuchtung der Analytik der reinen praktischen Ver-

---

54 Immanuel Kant, *Die Religion innerhalb der Grenzen der bloßen Vernunft* B 41.
55 Immanuel Kant, *Kritik der reinen Vernunft* B 566-586.

nunft"[56] vorträgt, dazu, die wissenschaftliche Untersuchung des Freiheitsproblems
für unmöglich zu erklären:

> „Denn die Unerforschlichkeit der Idee der Freiheit schneidet aller positiven Dar-
> stellung gänzlich den Weg ab".[57]

14 Figurative Dynamik

14.1 Die „allmähliche Verfertigung" des Handelns

Trotz dieses Verdikts von fast höchster Stelle soll nun der Versuch einer „positiven
Darstellung" unternommen werden. Fragen wir daher nach der immanenten Entwicklungsdynamik unseres Handelns. Wie handeln wir? Wie artikulieren wir uns?

Ein literarisches Beispiel mag hier die eigene Erfahrung aufrufen. Heinrich von
Kleist bietet die Beschreibung einer werdenden Handlung, des Werdens zur
Handlung, in einer auch in sich selbst zur Form sich vollendenden Schilderung.
Es geht dabei um „die allmähliche Verfertigung der Gedanken beim Reden".

> „Ich glaube, daß mancher große Redner, in dem Augenblick, da er den Mund auf-
> machte, noch nicht wußte, was er sagen würde. Aber die Überzeugung, daß er die
> nötige Gedankenfülle schon aus den Umständen, und der daraus resultierenden Er-
> regung seines Gemüts schöpfen würde, machte ihn dreist genug, den Anfang, auf
> gutes Glück hin, zu setzen. Mir fällt jener ‚Donnerkeil' des Mirabeau ein, mit wel-
> chem er den Zeremonienmeister abfertigte, der nach Aufhebung der letzten monar-
> chischen Sitzung des Königs am 23. Juni, in welcher dieser den Ständen auseinan-
> der zu gehen anbefohlen hatte, in den Sitzungssaal, in welchem die Stände noch
> verweilten, zurückkehrte, und sie befragte, ob sie den Befehl des Königs vernom-
> men hätten? – ‚Ja', antwortete Mirabeau, ‚wir haben des Königs Befehl vernommen'
> – ich bin gewiß, daß er bei diesem humanen Anfang, noch nicht an die Bajonette
> dachte, mit welchen er schloß: ja, mein Herr', wiederholte er, ‚wir haben ihn ver-
> nommen' – man sieht, daß er noch gar nicht recht weiß, was er will. ‚Doch was be-
> rechtigt Sie' – fuhr er fort, und nun plötzlich geht ihm ein Quell ungeheurer Vor-
> stellungen auf – ‚uns hier Befehle anzudeuten? Wir sind die Repräsentanten der
> Nation.' – Das war es, was er brauchte! ‚Die Nation gibt Befehle und empfängt kei-
> ne.' – um sich gleich auf den Gipfel der Vermessenheit zu schwingen. ‚Und damit
> ich mich Ihnen ganz deutlich erkläre' – und erst jetzt findet er, was den ganzen Wi-
> derstand, zu welchem seine Seele gerüstet dasteht, ausdrückt: ‚so sagen Sie Ihrem
> Könige, daß wir unsre Plätze anders nicht, als auf die Gewalt der Bajonette verlassen
> werden.' – Worauf er sich, selbstzufrieden, auf einen Stuhl niedersetzte. – Wenn
> man an den Zeremonienmeister denkt, so kann man sich ihn bei diesem Auftritt
> nicht anders, als in einem völligen Geistesbankrott vorstellen".[58]

---

56 Immanuel Kant, *Kritik der praktischen Vernunft*, insbesondere A 169-191.
57 Immanuel Kant, *Kritik der Urteilskraft* B 125.
58 Heinrich von Kleist, *Sämtliche Werke und Briefe*. Hg. von Helmut Sembdner. Zweiter Band.
   A.a.O., S. 320 f.

Was Kleist hier darstellt, ist nicht nur die „die allmähliche Verfertigung der Gedanken beim Reden", sondern er nennt auch die Bilder, die diese Verfertigung vorangetrieben haben. Der „Quell ungeheurer Vorstellungen", der Mirabeau plötzlich aufgeht, speist sich aus der Formel von den „Repräsentanten der Nation". Und diese Formel trägt unsern Redner weiter zu dem Widerpart der legitimen Repräsentation, nämlich zur Gewalt, und mischt sich dabei mit einem zweiten Gegensatz, der den ersten noch einmal dramatisch zuspitzt, dem Gegensatz zwischen Wort und Waffe. So wird denn die „Gewalt der Bajonette" beschworen, die in der Tat eine ungeheuerliche Vorstellung ist, wenn man zugleich an die „Repräsentanten der Nation" denkt, die ihre Plätze zu Recht einnehmen und – auch dies eine mitschwingende Konnotation – ihren rechtmäßigen Platz in dieser Nation gefunden und nun zu verteidigen haben. Recht gegen schnöde Gewalt, Worte gegen Waffen: die Demaskierung puren Unrechts und seines ungeheuerlichen Anspruchs!

Dies ist eine sowohl bildliche als auch sprachliche Spannung, deren Verschärfung eine sinnlich greifbare Dynamik in die Situation bringt, von der Mirabeau sich forttragen lässt. Kleist beschreibt damit die dynamische Kraft einer bildlich und sprachlich verschränkten Konfiguration. Das Auftauchen dieser Konfiguration ist nicht geplant. Aber die Erregungsfelder der Situation – die Sitzung der Stände und der Befehl des Königs, die neue Verfassung und die alte Macht – diese erregenden Situationsmomente aktivieren das kollektive Bewusstsein, in dem sich die Verbindung von Freiheit, Gleichheit und Brüderlichkeit schon eingegraben hat. Es genügt sozusagen ein Funke, nämlich eine passende, die entstandene Spannung aufgreifende und pointierende Formel, um die explosive Dynamik der Situationsentwicklung auszulösen.

Die „allmähliche Verfertigung" dieser Entwicklung besagt dabei nicht, dass all dies langsam vor sich geht, sondern dass sich diese Entwicklung in einem gewissen Sinne aus sich selbst ergibt. In einem gewissen Sinne allerdings nur, weil es einen Mirabeau gab, der sich inspirieren und sich dann von der Dynamik seiner Inspiration tragen ließ.

14.2 Das „Bild" im Kopf

Ein weiteres Beispiel liefert uns eine Situation, die wir tagtäglich erleben. Es sind unsere Einschätzungen und Einstellungen, mit denen wir anderen Personen begegnen. Obwohl wir mit dem, was sie sagen, nicht einverstanden sind, kann es passieren, dass wir ihnen, wenn auch nicht zustimmen, so doch in besonderer Weise zugewandt sind und gerne zuhören. Umgekehrt kann es durchaus sein, dass wir uns regelrecht überwinden müssen, jemandem zuzustimmen, auch wenn das, was er sagt, an sich von uns gerne gehört und sogar vertreten würde, aber eben nicht, wenn er es sagt. In solchen Fällen einer Diskrepanz zwischen ausdrücklich Gesagtem und dem tatsächlich Mitgeteilten und Erfassten wird etwas besonders deutlich, was im Grunde jederzeit den Umgang mit und das Verhältnis zu anderen Personen weitaus tiefer prägt als alle elaborierten Äußerungen. Es ist dies die figurative Präsenz einer Person: ihre körperliche Haltung, ihre gestische und mimische Äußerungsform, die Art ihres Blickes und ihre sprachliche Artikulation – und zwar nicht primär in ihrer inhaltlichen Bedeutung, sondern in ihrer Formqualität wie z. B. ihrer klanglichen Färbung und Intonation, ihrer rhythmischen Dynamik und semantischen Prägnanz –, ihre Form des Auftretens und Umgangs mit anderen, nicht zuletzt auch ihre Kleidung und, nicht zu vergessen, ihr Geruch, der seine besondere Bedeutung nicht nur in einer ganzen Kultur der Parfümierung und Duftnotenpflege, sondern in der – übrigens nur in dieser negativen Form üblichen – volkstümlichen Versicherung, jemanden nicht riechen zu können, beweist.

Wir erfassen all diese figurativen Momente in einem Augenblick und jederzeit. Wir haben sofort ein „Bild" – d. i. das Ensemble dieser figurativen Momente – im Kopf und wir verhalten uns gewöhnlich, d. h. wenn wir uns keinen Zwang antun, nach den Einschätzungen, die sich für uns mit diesem Bild verbinden. Die Eigendynamik, die ein solches Bild etwa von jemandem, den wir – um diese Wendung aufzunehmen – „nicht riechen" können, in Gang setzt, zeigt sich eindrücklich in den Situationen, in denen wir es ohne einen erkennbaren äußeren Anlass zu einem „Streit um nichts" mit einer solchen Person kommen lassen. Aber auch für weniger dramatische Situationen gilt, dass wir uns in einer von uns nicht oder kaum gesteuerten Weise der Dynamik, die das Bild einer Person in uns auslöst, überlassen und wir meist nur schwer von einer Revision dieses Bildes zu überzeugen sind.

14.3 Das semantische Bild

Ein komplementäres Beispiel mag einen letzten Aspekt der figurativen Dynamik in unserem Verhalten, und zwar dieses Mal im sprachlichen, also elaborierten Verhalten, verdeutlichen. Es geht dabei um die Suche nach dem treffenden Ausdruck.

Eine solche Suche verläuft nicht nach begrifflichen Kategorien, die uns auf einem sich verzweigenden Weg über die richtigen Unterteilungen schließlich zu dem gesuchten Ausdruck führen. Vielmehr sind es auch hier wieder figurative Prozesse, die uns diesen Ausdruck finden lassen.

Wenn es um den treffenden Ausdruck geht, so sind durch den Kontext, in den dieser Ausdruck passen soll, bereits die Sprachfelder für die suchende Aufmerksamkeit aufgerufen. Sie wirken als generierende Momente dieses Ausdrucks. Sie schaffen eine Art semantisches Bild, das seinerseits im semantischen Erregungsfeld der aufgerufenen Sprachfelder die Bereitschaft für das Zusammentreffen der Wörter schafft, die in der Plötzlichkeit eines Einfalls den treffenden Ausdruck bilden.

Versuchen wir, das semantische Bild vom Ende, nämlich von einem gelungenen Ausdruck her, in dem ein solches Bild aufgefangen worden ist, zu verdeutlichen. Eine der beeindruckendsten Metaphern für den Menschen ist von Blaise Pascal gefunden worden. Ich bleibe bei der deutschen Übersetzung und beschränke mich auf den ersten Satz des Fragmentes:

> „Nur ein Schilfrohr, das zerbrechlichste in der Welt, ist der Mensch, aber ein Schilfrohr, das denkt."[59]

Die Zerbrechlichkeit des Schilfrohrs, aber auch das, was nicht genannt ist: dass sich das Schilfrohr biegt im Winde, nachgebend und dadurch nicht brechend,[60] ist mit dem Bild, konnotiert. Beides – Zerbrechlichkeit und Biegsamkeit – schaffen in sich schon ein semantisches Kraftfeld, das ein semantisches Bild entstehen lässt: ein Bild, in dem sich die Begriffsfelder von Schwäche und Stärke, von Stärke durch Schwäche und Stärke in der Schwäche ineinander verschränken.

Dass dieses Schwach-Starke und Stark-Schwache nicht nur zerbrechlich genannt wird, sondern „das zerbrechlichste in der Welt", fügt dieser semantischen Spannung einen weiteren Aspekt hinzu. Die Zerbrechlichkeit des Schilfrohrs konnotiert seine feine Textur, die so leicht zerstörbar ist, kostbar und verletzlich zugleich – und dies in der unermesslichen Weite der Welt, in der das Kostbare und Verletzliche in ihrer Besonderheit verschwinden, in der sie sozusagen allem überhaupt gegenüberstehen und damit auch den rohen und gewaltigen Kräften, die es zerstören können. Der weitere Kreis der Konnotationen lässt Verlorenheit und Einsamkeit, aber auch Schutzbedürftigkeit und -würdigkeit wie semantische Ringe um die Kernformulierung auftauchen.

Das semantische Bild ist hochkomplex und in weitere Richtungen ausdehnbar. Auf jeden Fall aber besteht bereits eine vielfach verschränkte Dynamik der semantischen Verhältnisse, die, wenn wir sie auf uns einwirken lassen, unsere Empfänglichkeit für konträre Spannungen, für Formen der „gegenstrebigen Harmonie" Heraklits,[61] von der unsichtbaren Harmonie, die stärker ist als sichtbare,[62] steigern.

In dieses Erregungsfeld semantischer Spannungen hinein bringt der Zusatz „aber ein Schilfrohr, das denkt" eine neue Bewegung, eine Umkehrbewegung, eine Revolution im Wortsinn. Eine Revolution, durch die das Stark-Schwache, Verletzlich-Kostbare, Einsam-Verlorene, Schutzbedürftige und zugleich -würdige in eine neue Dimension erhoben wird: in die des Denkens. Ist doch gerade erst durch Descartes das Denken zur Grundlage und Gewährleistung des Seins erho-

---

59 Blaise Pascal, *Pensées* 347: „L'homme n'est qu'un roseau, le plus faible de la nature; mais c'est un roseau pensant. " Die deutsche Übersetzung ist zitiert nach Blaise Pascal, *Werke* Bd. I: *Über die Religion und über einige andere Gegenstände (Pensées)*. Übertragen und hg. von Ewald Wasmuth, Heidelberg [Lambert Schneider] ⁸1978 (Nachdruck der fünften, vollständig neu bearbeiteten und textlich erweiterten Auflage von 1954), S. 167.

60 Pascal selbst lässt diesen Aspekt übrigens unberücksichtigt. Er betont an dieser Stelle lediglich die Schwäche des Schilfrohrs: „Nicht ist es nötig, daß sich das All wappne, um ihn zu vernichten: ein Windhauch, ein Wassertropfen reichen hin, um ihn zu töten." (Ebd.)

61 Heraklit, *Fragmente* 51 und 8. Vgl. Kapitel 6 Abschnitt 9 *Das Bild als Kunstwerk*.

62 Heraklit, *Fragment* 54: „Unsichtbare Harmonie ist stärker als sichtbare (ἁρμονίη ἀφανὴς φανερῆς κρείττων). *Die Vorsokratiker. Die Fragmente und Quellenberichte*. A.a.O., S. 135.

ben worden, zum Gipfel der Weltwahrheiten und Angelpunkt allen Begreifens. So heißt es in einem anderen Fragment:

> „Das Denken macht die Größe des Menschen."[63]

Ein Schilfrohr, das *denkt*! Dies ist die Erhebung einer widersprüchlich brüchigen und wenn auch kostbaren, so doch stets gefährdeten Wirklichkeit in die absolute Gewissheit allen Seins. Und das Zentrum, um das herum diese Revolution stattfindet, ist der Mensch: der Mensch, der diese Revolution feststellend zum Wort erhebt und sie zugleich vollziehen muss.

Was mit dieser Metapher artikuliert wird, ist ein Wirbel der Figurationen, in den man hineingezogen wird, wenn man ihn wahrnimmt. Lässt man sich auf die Revolutionen dieser Metapher ein, so entwickelt sie ihr figuratives Potential, entfaltet sie durch ihr figuratives Arrangement eine Kraft der Perspektivierung, des Sichtwechsels auf die Existenzform des Menschen, der das Leben verändern kann.

Auch in der hocharktikulierten Welt der sprachlichen Formulierungen herrschen nicht oder jedenfalls nicht nur die begrifflichen Relationen von Folge- und Ordnungsverhältnissen, sondern figurative und emotional aufrührende Dynamiken. Mit seiner Rede von „Gefühlen symbolischer Ergriffenheit"[64] gelingt Thomas Mann, wenn auch in einem etwas anderen Zusammenhang, eine Formulierung, die die emotionale Dimension dieser figurativen Spannung auch in der expliziten Sprachlichkeit prägnant zum Ausdruck bringt.

Maurice Merleau-Ponty hebt die Dynamik des starken Bildes hervor, die über den gelungenen Ausdruck hinaus zu neuen Formsichten, und zwar in der individuellen Abweichung vom Üblichen, führen kann.

> „Der gelungene Ausdruck, der sich in der Berührung von Mensch und Welt einstellt, läßt Bedeutung entstehen. Er evoziert seine Fortsetzung in einem ‚System von Äquivalenzen', in einer ‚kohärenten Verformung', die den Stil des Malers ausmacht."[65]

Und mit einer knappen Feststellung charakterisiert er diese Dynamik noch einmal durch ein in sich verschränktes Bild:

> „Bedeutung läßt sich (metaphorisch) charakterisieren als ein ‚System von Resonanzen', durch die ‚Kraftlinien des Bildes, die konvergieren'."[66]

14.4 Die schöpferische Kraft der figurativen Potentiale

Versuchen wir, die Beispiele zu einer allgemeineren Sicht zusammen zu führen, so zeigt sich folgender Zusammenhang: Wir leben und artikulieren uns in physischen,

---

63 Blaise Pascal, *Pensées* 346: „Pensée fait la grandeur de l'homme."
64 Thomas Mann, *Briefe aus Deutschland* V. In: Ders., *Große kommentierte Frankfurter Ausgabe. Werke – Briefe – Tagebücher.* Band 15.1: *Essays II 1914-1926.* Frankfurt am Main [S. Fischer Verlag] 2002, S. 746.
65 Maurice Merleau-Ponty, *Die Prosa der Welt.* A.a.O., S. 78 f.
66 Ebd., S. 80 f.

sozialen und symbolischen Umgebungen. Die symbolischen Umgebungen sind figurative Potentiale von prägenden und anregenden Wahrnehmungs- und Ausdrucksformen, die wir in wechselnder Weise auf uns einwirken lassen. In der Öffnung für diese Potentiale – die wir in einer oft durchaus anstrengenden Weise und jedenfalls mit einer besonderen Aufmerksamkeit, und zwar sowohl auf die Nuancen als auch auf die Konfiguration, herbeiführen und aufrecht erhalten müssen – können wir die Chance zum treffenden Ausdruck gewinnen, die Chance auch zu jener „kritischen Prägnanz der Bezeichnung", von der Thomas Mann spricht.[67]

In den figurativen Potentialen begegnet uns unsere kulturelle Umgebung – auch in deren historischer Tiefe. In der Aufmerksamkeit auf die Nuancen und die Konfiguration verdichtet sich das weite Feld dieser Potentiale zu einem Artikulationsimpuls, den wir, wenn es uns denn gelingt, in einem „treffenden Ausdruck" ausgestalten.

In der Sprache der Neurobiologie könnten wir hier von einem Bereitschaftspotential sprechen, das dem Artikulationsereignis vorangeht. Im Unterschied allerdings zu dem von Neurobiologen im Gehirn aufgebauten Bereitschaftspotential handelt es sich dabei nicht um ein neuronales bzw. biologisches, sondern um ein historisch entwickeltes, um ein kulturelles, in den Symbolismen einer Kultur sedimentiertes und also kollektives oder, wie Merleau-Ponty sagt, anonymes Potential.

15 Die Entstehung des Neuen

Die Rede von einem historischen Bereitschaftspotential, das uns aus unserer kulturellen Umgebung angeboten und von uns über die Verarbeitung der kulturellen Symbolismen inkorporiert wird, übernimmt in einem gewissen Sinn die Perspektive der neurobiologischen Argumentation gegen die Existenz der menschlichen Freiheit. Die Frage ist nun, ob mit dieser perspektivischen Parallelisierung von biologischem und historischem Bereitschaftspotential tatsächlich Freiheit ausgeschlossen wird.

Eine Zwischenüberlegung mag die Antwort vorbereiten. Das Bild, das sich uns in der Dynamik eines figurativen Erregungspotentials öffnet, ist etwas Neues. Selbst wenn die einzelnen Momente des Bildes und sogar selbst, wenn die Konfiguration dieser Momente zum Bild uns bekannt oder auch schon einmal von uns benutzt worden ist, tritt mit dem aufscheinenden Bild ein neues figuratives Ereignis in die Welt. Dieses neue Ereignis besteht im Bezug der Bildmomente zur jeweiligen Situation, in dem Zusammentreffen eines figurativen Potentials mit einer konkreten Orientierungsaufgabe.

Im Grunde kann man die gesamte geistige Tätigkeit als eine kulturelle, nämlich kollektive und in ihren Leistungen tradierte Arbeit an der Form beschreiben. Und in jedem einzelnen Ereignis dieser Arbeit an der Form werden auf der einen

---

67 Thomas Mann, *Bilse und ich*. A.a.O., S. 107 f.

Seite die symbolischen Welten, die unsere Kultur ausmachen, zugleich erneuert und erhalten, erweitert und ineinander verschränkt. Diese symbolischen Welten, die der Mensch sich schafft und in denen er sich artikuliert und seine Form gewinnt, sind in ihrer Mannigfaltigkeit unübersehbar und lassen sich durch nichts einschränken als dadurch, dass sie eben überhaupt einen Prozess der Symbolisierung zu durchlaufen haben. Den Ausdrucksformen des Menschen, so sie denn überhaupt die Schwelle der Artikulation überwinden, sind keine Grenzen gesetzt. Sie können sich in immer wieder neuen Konfigurationen oder auch nur neuen Bezügen ausbilden.[68] Im Grunde geht es bei jeder Symbolisierung, wie Michael Tomasello[69] im Anschluss an Annette Karmiloff-Smith[70] in einer anderen Terminologie formuliert, um repräsentationale Neubeschreibungen, mit denen neue Beziehungen entdeckt und hergestellt werden.

Mit dieser Formulierung sind beide Seiten benannt: einmal die Seite des kulturellen Angebots und zum anderen die Seite der individuellen Übernahme dieses Angebots in der „Neubeschreibung". Vor allem wird damit auch deutlich, dass wir unser individuelles Ausdrucksleben und damit unsere geistige Biographie durch unsere Beteiligung an der kulturellen Formarbeit entwickeln.

16 Die Existenz der menschlichen Freiheit: Schlussfolgerungen und Versuch einer Bilanzierung

Mit diesen Überlegungen sind wir an die Antwort auf die Frage nach der menschlichen Freiheit herangeführt. Ich versuche, diese Antwort in einer Liste von Schlussfolgerungen aus den vorgetragenen Überlegungen und zugleich als einen Versuch der systematischen Bilanzierung zusammenzufassen.

16.1 Methodischer Determinismus

(1) Wissenschaften versuchen, in der Vielfalt der von ihnen untersuchten Ereignisse allgemeine Strukturen zu entdecken, nämlich Systeme von Relationen, die unabhängig von der Verschiedenheit der Relata definiert werden können.

---

68 Vgl. dazu auch Kapitel 6 Abschnitt 10.1 *Exkurs: Das Ereignis der neuen Sicht und die befestigte Form.*

69 Michael Tomasello, op.cit., S. 189-232.

70 Annette Karmiloff-Smith, *Beyond Modularity: A Developmental Perspective on Cognitive Science.* Cambridge, Mass. [MIT Press] 1992. Tomasello zitiert (in Übersetzung) Karmiloff-Smith (op. cit., S. 18) mit einer programmatischen Formulierung: „Der Prozeß der repräsentationalen Neubeschreibung ergibt sich spontan als Teilwirkung des inneren Dranges nach der Herstellung von Beziehungen innerhalb eines Wissensbereichs und zwischen verschiedenen Wissensbereichen." (Michael Tomasello, op. cit., S. 227) Wenn man statt von einem inneren Drang von einer immanenten kulturellen Formdynamik spricht und die Neubeschreibungen figurativ versteht, wäre der gleiche Punkt getroffen, um den es hier geht.

In diesem Bemühen kommen die Geistes- mit den Naturwissenschaften, z. B. die Sozial- und Literaturwissenschaften mit der Neurobiologie, überein. Für die Erklärung einzelner Tatsachen ergibt sich aus dieser methodischen Perspektive ein Strukturalismus, der eine Tatsache genau dann für erklärt hält, wenn sie als Fall einer allgemeinen Struktur – und das schließt auch ein: als Ergebnis einer strukturellen Dynamik – ausgewiesen werden kann. Damit werden die kontingenten individuellen Faktoren, die in die Tatsache eingegangen sind, aus methodischen Gründen, wenn nicht übersehen, so doch vernachlässigt. (Nicht zuletzt, um diese methodische Einseitigkeit zu korrigieren, ist in den letzten Jahren die Bedeutung narrativer Erklärungen immer stärker hervorgehoben worden.)

(2) Der methodische Strukturalismus führt der Tendenz nach zu einem methodischen Determinismus. Denn wenn sich im konkreten Verhalten allgemeine Strukturen realisieren, wird dieses Verhalten als eine Folge struktureller Zusammenhänge und damit als durch diese Zusammenhänge determiniert angesehen.

16.2 Die komplementäre Pluralität der Erklärungen

(3) Da nun aber nicht nur die Neurobiologie – und allgemein die Naturwissenschaften – solche Strukturzusammenhänge entdecken und für die Erklärung konkreten Verhaltens angeben, sondern auch die Sozial- und Literaturwissenschaften – und allgemein die Geisteswissenschaften –, geraten wir in eine Erklärungskonkurrenz. Wenn man ein Verhalten glaubt, allein aufgrund von Hirnstrukturen und der darin sich ergebenden Hirnaktivitäten erklären zu können, dann werden die anderen Erklärungen der anderen Wissenschaften entweder ausgeschlossen oder unter die eigene Erklärung als äquivalent subsumiert. Wenn wir die verschiedenen Erklärungen der verschiedenen Wissenschaften aber überhaupt als valide Erklärungen ansehen, muss man beide Möglichkeiten verwerfen. Insbesondere lassen sich die auf soziale und symbolische, also öffentliche und dingliche, Realitäten gestützten Erklärungen der Sozial- und Literaturwissenschaften nicht auf immanente Hirnaktivitäten reduzieren. Daraus folgt aber, dass es für ein konkretes Verhalten in der Welt keine vollständige neurobiologische Erklärung allein aus Hirnstrukturen und -aktivitäten geben kann. Der Mensch lebt in mehreren und vor allem verschiedenartigen Strukturen und Strukturzusammenhängen.

(4) In einem trivialen Sinn lässt sich jedes Ereignis als determiniert verstehen: dann nämlich, wenn determiniert heißt, dass sein Auftreten nicht gegen die Gesetze, die in den Wissenschaften herausgefunden worden sind, verstößt. In dem hier diskutierten Sinn heißt determiniert aber, dass man aus dem neuronalen Gesamtzustand des Gehirns zu einem Zeitpunkt t_0 auf den Folgezustand zum Zeitpunkt t_1 – und zwar mit Notwendigkeit – schließen kann. Einen Determinismus in diesem Sinne gibt es aber nur in geschlossenen Syste-

men, wie sie z. B. im Labor erzeugt werden. Sobald ein systemfremdes Ereignis in ein geschlossenes System eintritt – z. B. eine Erschütterung oder Verschmutzung des Labors –, ändert sich der Ablauf der Ereignisse. Determinismus im nicht-trivialen Sinn, so kann man zusammenfassen, ist eine nur systemimmanent anwendbare Kategorie.

(5) Die konkrete Wirklichkeit unserer Lebenswelt ist eine Verschränkung verschiedener offener und geschlossener Systeme. Will man in dieser Welt von Determinismus reden, dann muss man bei seinen Erklärungen und Voraussagen von einem System zum anderen springen und in einem episodischen Wechsel Erklärungs- und Voraussagefragmente aneinander fügen. Dabei bliebe insbesondere die Wechselwirkung von neuronalen, sozialen und symbolischen Dynamiken unerklärt.

(6) Verzichtet man auf deterministische Voraussagen und geht man auf das Wechselverhältnis der verschiedenen Dynamiken ein, dann wird man zu einer komplementären Erklärungsvielfalt geführt, mit der ein Verhalten unter verschiedenen theoretischen Perspektiven jeweils eine aspekthafte Erklärbarkeit gewinnt. Eine Supertheorie, in der alle diese Perspektiven in einer übergeordneten Perspektive vereinigt und vereinheitlicht werden, scheint nicht möglich, ist aber auch nicht nötig.

(7) Tatsächlich wird man am ehesten mit der Rede von der Emergenz dem komplexen Verhältnis der Verschränkung der verschiedenen Dynamiken gerecht. Im Auftauchen einer neuen Form, die nicht aus nur einer dieser Dynamiken abgeleitet werden kann, zeigt sich die Unvollständigkeit der Erklärung aus dieser einen Dynamik und werden zugleich zusätzliche Formfaktoren außerhalb dieser Dynamik angenommen.

16.3 Prozess und Realität

(8) Was sieht der Neurobiologe, wenn er seine empirischen Untersuchungen durchführt? Er sieht, dass bestimmte Neuronen feuern und andere nicht, dass dabei Aktivitätsmuster entstehen und Reizgangmuster etabliert werden. Er sieht ein sehr komplexes Bild neuronaler Formverhältnisse. Dabei liefert vor allem die Vorstellung von „einem synchron schwingenden Ensemble" der Nervenzellen, in dem sich die „Systemarchitektur" des Gehirns selbst organisiert,[71] ein Modell für den „Mechanismus", der diese Formverhältnisse entstehen lässt.

(9) Was sieht der Neurobiologe nicht in seinen empirischen Untersuchungen? Zunächst einmal sieht er nicht die anderen, z. B. sozialen und symbolischen oder auch physischen bzw. leiblichen, Dynamiken, die in der neuronalen Dynamik verarbeitet werden. Damit sieht er auch nicht deren Wirken als eigene

---

71 Wolf Singer, *Ein neues Menschenbild? Gespräche über Hirnforschung.* A.a.O., S. 57 f.

Formfaktoren beim Aufbau der neuronalen Formverhältnisse.[72] Alle diese übersehenen Dynamiken ergeben sich nicht aus intrazerebralen Verknüpfungen, sondern aus gesellschaftlich sedimentierten und physisch inkorporierten Zusammenhängen. Sie besitzen ihre eigene „Logik" – nämlich Verknüpfungsdynamik – und werden jedenfalls im Gehirn nicht erzeugt, sondern nur verarbeitet. Daher können wir die zerebrale Entwicklungsdynamik auch nur als eine Verarbeitungsdynamik anderer Dynamiken und also nur unvollständig, was die Gesamtentwicklung zu einem Verhalten angeht, erfassen.

(10) Was kann ein Wissenschaftler in seinen empirischen Untersuchungen über die Wirklichkeit von Bewusstseinsereignissen und geistigen Leistungen überhaupt sehen? Er kann – im oben schon angeführten Sinne, in dem auch die Zwischenergebnisse in beliebig feiner Unterteilung dabei mitberücksichtigt werden – die Ergebnisse dieser Ereignisse und Leistungen sehen, aber nicht deren Entstehungsprozesse. So kann er insbesondere nicht sehen, wie aus einem neuronalen Aktivitätsmuster ein Gedanke entsteht. Er kann nur das Gedachte mit neuronalen Aktivitätsmustern in Zusammenhang bringen – und dazu gehören auch die vielen kleinen Zwischenschritte des jeweils Gedachten und also die vielen Aktivitätsmuster, die dem „Gedankenmuster" vorausgegangen sind. Aber dies ist nicht der Prozess, in dem überhaupt Gedachtes entsteht, sondern die Abfolge von Schritten des Gedachten. Mit Alfred North Whitehead lässt sich dieser Unterschied als Unterschied zwischen Prozess und Realität verstehen. Der Prozess, das ist das „Werden zur Form", die Realität, das ist das Form Gewordene.

(11) Man kann noch ein anderes Argument gegen die Verortung von Bewusstseinsprozessen in klar umgrenzten neuronalen Ereignissen anführen. Dieses Argument ergibt sich aus der strukturellen Differenz zwischen Bewusstseinsprozessen und neuronalen Ereignissen, die sich in einer phänomenologischen Beschreibung zeigt. Neuronale Prozesse lassen sich als Aktivitätsmuster von feuernden Neuronen beschreiben. Bewusstseinsprozesse sind dadurch charakterisiert, dass in sie Erinnerungen, unthematische Seitengedanken und Erwartungen eingehen. Diese werden gleichsam, wie Maurice Merleau-Ponty für unsere Wahrnehmung formuliert, als „ein System von Resonanzen"[73] mitaktiviert und bilden ein unabgeschlossenes Erregungsfeld, das die jeweilige Vorstellung mit dem Vorstellungsleben einer Person auf die vielfältigste Weise verbindet. Um es noch einmal mit Ernst Cassirer zu formulieren:

„Hier erfassen wir den eigentlichen Pulsschlag des Bewußtseins, dessen Geheimnis eben darin besteht, daß in ihm ein Schlag tausend Verbindungen schlägt."[74]

---

72 Vgl. zum Ganzen auch das Kapitel *Der menschliche Geist: Ein „Phänomen" zwischen den Phänomenen* in Oswald Schwemmer, *Die kulturelle Existenz des Menschen*. A.a.O., S. 97-117.

73 Maurice Merleau-Ponty, *Die Prosa der Welt*. A.a.O., S. 80.

74 Ernst Cassirer, *Philosophie der symbolischen Formen*. Dritter Teil: *Phänomenologie der Erkenntnis*. In: ECW Band 13. A.a.O., S. 232, vgl. auch die auf den Begriff bezogene ähnliche Formulierung ebd., S. 364. Das Bild von den tausend Verbindungen findet sich auch in Ernst Cassirer, *Axel*

Und mit einem besonderen Blick auf den Symbolgebrauch des Bewusstseins sagt er von diesen „tausend Verbindungen", dass sie „alle in der Setzung des Zeichens zum mehr oder minder kräftigen und deutlichen Mitschwingen gelangen."[75] Sucht man in diesem Verständnis das neuronale Korrelat für einen Bewusstseinsprozess, dann müsste man das ganze und sich ständig verändernde Erregungsfeld, also die mehr oder weniger und auf verschiedene Weise mitaktivierten neuronalen Aktivitätsmuster identifizieren – und damit in eine strukturelle Unmöglichkeit geraten. Denn wo soll die Beschreibung ihre Grenze finden und weitere Ausläufer von Erregungsfeldern nicht mehr in sich aufnehmen? Auf der anderen Seite ist diese Beschreibungsidee mit einem Monismus verträglich, der in den Bewusstseinsprozessen nicht eine ideale Realität sieht, die der materialen der neuronalen Prozesse gegenübersteht, sondern ein besonders komplexes und in seiner vielfältigen Dynamik nicht eindeutig fixierbares Verknüpfungsgeschehen von neuronalen Prozessen. Bewusstseinsprozesse ließen sich verstehen als eine besondere Form von Relationen zwischen neuronalen Aktivitätsmustern.

16.4 Der Ort der Freiheit

(12) Wo zeigt sich nun aber die Freiheit? Im Modell des figurativen Denkens zeigt sie sich überhaupt nicht an einem bestimmten Ort bzw. in einem bestimmten zeitlich ausgrenzbaren Ereignis. Denn die Freiheit ist eine Qualität im „Werden zur Form". Mit Whitehead gesprochen gehört sie damit nicht zur Realität, sondern zum Prozess. Sie ist, anders gesagt, ein Wirken oder, besser gesagt, ein Feld des Wirkens, aber kein Werk. Die Rede von einem Feld des Wirkens besagt dabei, dass Freiheit sich nicht in Einzelprozessen konkretisiert, sondern eher als eine allgemeine Qualität das „Werden zur Form" in vielen und vielfältigen Prozessen steigert: als eine bestimmte Aufmerksamkeit und Empfänglichkeit für die Möglichkeit dieser Prozesse, als eine gesteigerte Intensität der Aufmerksamkeit und Empfänglichkeit für figurative Dynamiken. Freiheit, so kann man es noch einmal anders sagen, besteht darin, die verschiedenen figurativen Dynamiken sich miteinander verschränken und sie dadurch wirken zu lassen, dass man diesem Wirken – in einer aufmerksamen Bereitschaft für dessen mögliche Entwicklungen – folgt.

(13) Natürlich gibt es auch einzelne Entscheidungen, die wir treffen und an die sich üblicherweise die Freiheitsdiskussion anschließt. Sie sind als Ereignisse identifizierbar und in ihrer Bedeutung artikulierbar. Aber sie sind nur ein Teilmoment – und nicht einmal ein verlässliches – der Freiheit. Sie gehen auf

---

Hägerström. Eine Studie zur schwedischen Philosophie der Gegenwart. In: Göteborgs Högskolas Årsskrift XLV 1939:1 [Elanders Boktryckeri Aktienbolag] Göteborg 1939, S. 94, *Sprache und Mythos. - Ein Beitrag zum Problem der Götternamen.* A.a.O., S. 11.
75 Ernst Cassirer, *Philosophie der symbolischen Formen.* Erster Teil. In: ECW Band 11. A.a.O., S. 43.

eine Entwicklung zurück, in der sich alle die Bereitschaftslagen ausgebildet haben, aus denen heraus die einzelnen Entscheidungen getroffen worden sind. Wenn wir in unserem alltäglichen Sprachgebrauch gleichwohl einer einzelnen Entscheidung oder Handlung Freiheit zuschreiben, dann sollten wir uns bewusst machen, dass wir dies nur darum tun, weil es eine Geschichte der sich ausbildenden Bereitschaften zu dieser Entscheidung oder Handlung gibt, die letztlich die Geschichte eines ganzen Lebens ist.

(14) Was im „Werden zur Form" passiert, lässt sich nicht in eine objektivierende Beschreibung bringen, sondern nur vollziehen. Das Vollzugsmoment in diesem Werden ist zugleich die Aktivierung der im Leben entstandenen und in unserem Gedächtnis festgehaltenen Bereitschaften, eine Antwort auf die situativ auf uns einwirkenden Dynamiken und die individuelle und individualisierende Leistung einer Synthese. Dem Beschreibungsversuch erscheint diese Synthese als das emergente Auftreten eines Neuen. Der Handelnde durchlebt sie als eine Episode seines Lebens, die auch ihm nicht unmittelbar, sondern nur als Spur oder Widerhall gegenwärtig werden kann.

> „Dinge der Natur brauchen Sinnesorgane, um zu erscheinen. Geistiges Leben braucht dazu Resonanz und wird nur in Resonanzphänomenen faßbar."[76]

Wie kaum jemand sonst hat Henri Bergson diesen Zusammenhang von einem durchlebten Leben und der Möglichkeit zum freien Handeln deutlich zu machen versucht. Für ihn kann man eine Handlung dann frei nennen, wenn „sie das ganze Ich zum Ausdruck bringt."[77] Oder, mit besonderer Prägnanz formuliert:

> „Kurz: wir sind frei, wenn unsre Handlungen aus unserer ganzen Persönlichkeit hervorgehen."[78]

Diese Einsicht führt dann allerdings auch zur der lakonischen Folgerung:

> „So verstanden sind freie Handlungen selten."[79]

17 Von der Authenzität zur Autonomie

Der Freiheitsbegriff, den Bergson entwickelt, zeigt ein Verständnis von Freiheit, das unter den Titel der Authentizität gebracht werden kann. Dass die ganze Persönlichkeit „mitklingen" soll, wenn wir eine Handlung frei nennen, besagt ja, dass wir im Sinne unseres durchlebten Lebens, also unserer selbst errungenen persönlichen Identität, handeln sollen. Die freie Handlung ist dann die, die unser Selbstsein zum Ausdruck bringt, und ist damit eine authentische Handlung.

---

76 Helmuth Plessner, *Die Stufen des Organischen und der Mensch. Einleitung in die philosophische Anthropologie.* A.a.O., S. 16.
77 Henri Bergson, *Zeit und Freiheit.* A.a.O., S. 125.
78 Ebd., S. 129.
79 Ebd., S. 126.

Wer Freiheit als Authentizität versteht, versteht in der Perspektive eines normativen Freiheitsbegriffs zu wenig von Freiheit. Denn das authentische Handeln, so könnte man sagen, weist sich dadurch aus, dass es einem Sein, dem Selbstsein einer Person, entspricht. Das normative Handeln, so könnte man dagegen feststellen, beweist seine Freiheit dadurch, dass es einem Sollen folgt, das über das gewordene Sein hinausgeht und in vielen Fällen sich gegen das richtet, was aus dem Sein, aus den Entwicklungslinien des bereits Gewordenen folgt.

Tatsächlich ist die Situation komplexer. Denn auch das authentische Handeln folgt einem normativen Maßstab. Dies zeigt sich zum einem in der Betonung der Arbeit, die an der Form zu leisten ist, und der Aufmerksamkeit, die für das Wirkenlassen verschiedener Dynamiken aufgewendet werden muss. Dabei ist zu sehen, dass diese Aufmerksamkeit immer nur eine gerichtete Aufmerksamkeit sein kann. Denn nicht alle Dynamiken, die uns entgegentreten, verdienen – so könnte man in einem Vorgriff auf eine normative Beurteilung sagen –, dass wir uns ihnen öffnen und sie auf uns einwirken lassen. Wo keine Arbeit zu leisten und keine Anstrengung eingefordert ist, kann es auch nicht um ein Selbstsein gehen und kann daher auch nicht von Freiheit im Sinne der Authentizität die Rede sein. Zudem setzt auch die Treue zu den eigenen Überzeugungen, zum eigenen Stil des Lebens, zur eigenen Geschichte – ohne die Authentizität nicht möglich wäre – einen Maßstab oder eben eine Norm für unser Handeln. Und schließlich muss auch diese Treue, soll sie in der „Aufmerksamkeit auf das Leben"[80] offen bleiben für weitere Erfahrungen und nicht zu einem gedankenlosen Festhalten am einmal Vorgenommenen erstarren, immer wieder neu begriffen und erkämpft werden. Die Differenz der Authentizität zur Autonomie besteht daher nicht in einem Mangel an Normativität, sondern in der unterschiedlichen Form der Normativität. Während nämlich die Rede von der Authentizität auf das selbst Erworbene einer Lebenshaltung abzielt, ohne die Lebenshaltung selbst zu beurteilen, wird mit der Autonomie gerade ein Kriterium für die Beurteilung der Lebenshaltung formuliert, ohne auf den Weg zu dieser Lebenshaltung einzugehen.[81]

Für die Diskussion um die menschliche Freiheit ergibt sich damit ein grundlegender Unterschied der Perspektiven, in denen ein Freiheitsverständnis entwik-

---

80 Henri Bergson, *Materie und Gedächtnis. Eine Abhandlung über die Beziehung zwischen Körper und Geist.* A.a.O., S VI. In der deutschen Übersetzung von „attention à la vie" (Henri Bergson, *Œuvres.* A.a.O., S. 166) steht „Aufmerksamkeit für das Leben". Um aber die Formulierung als Parallele zu Hegels Rede von der „Aufmerksamkeit auf den Begriff" deutlich zu machen, habe ich die veränderte Fassung gewählt.

81 Kant formuliert sogar an einigen Stellen sinngemäß eine Folgerungsbeziehung des Könnens aus dem Sollen: „Er [sc. ein Mensch, dem bei einer ‚unverzögerten Todesstrafe' von seinem Fürsten ‚ein falsches Zeugnis wider einen ehrlichen Mann' zugemutet wird] urteilet also, daß er etwas kann, darum, weil er sich bewußt ist, daß er es soll". (*Kritik der praktischen Vernunft* A 54) Was jemand „nämlich *auf den Geheiß seiner moralisch-gebietenden Vernunft* will, das *soll* er, folglich *kann* er es auch tun (denn das Unmögliche wird ihm die Vernunft nicht gebieten)." (*Anthropologie in pragmatischer Hinsicht* BA 38) „Die Moral ist schon an sich selbst eine Praxis in objektiver Bedeutung, als Inbegriff von unbedingt gebietenden Gesetzen, nach denen wir handeln *sollen*, und es ist offenbare Ungereimtheit, nachdem man diesem Pflichtbegriff seine Autorität zugestanden hat, noch sagen zu wollen, daß man es doch nicht *könne*." (*Zum ewigen Frieden* B 71).

kelt werden soll. Versteht man die Freiheit über die Authentizität, so bezieht man sich auf die Form des Gewordenseins und die immanente Kohärenz einer individuellen Lebenshaltung. Versteht man sie über die Autonomie, so bezieht man sich auf die Form des Gebotenseins und die Konsistenz einer Vorstellung von dem, was als universelles Gesetz geboten sein sollte. Die Verpflichtung auf ein (Selbst-) Sein mit einer individuellen Geschichte steht dabei der Verpflichtung auf ein Sollen mit einem universellen Anspruch gegenüber.

Für den Kantischen Pflichtethiker ist ein autonomes Leben immer auch ein authentisches Leben. Denn ein Leben gegen oder ohne einen Bezug auf die Gesetzgebung durch die Vernunft wäre ein Leben gegen oder ohne seinen eigenen Lebenssinn und könnte daher niemals zu einer immanenten Kohärenz gelangen. Eben dieser Schluss von der Autonomie auf die Authentizität birgt aber mehrere Voraussetzungen, die durchaus strittig sind.

Die zentrale ethische Voraussetzung, dass die formale Korrektheit der Vorstellung eines universell gültigen Vernunftgesetzes auch deren Geltung gewährleiste, mag hier – wo es um die Freiheitsdiskussion geht – außer Betracht bleiben.[82] Entscheidend für die Diskussion über die neurobiologisch begründete Leugnung der Freiheit ist vielmehr die – bereits von Kant konstatierte – Unmöglichkeit, das hochkomplexe Prüfverfahren nach dem Kategorischen Imperativ als zeitlich fixierbares neuronales Ereignis in einem empirisch belegbaren Wirkungszusammenhang zu erfassen. Dies gilt im Prinzip zwar – wie oben in These (11) zum Freiheitsverständnis dargestellt – für jeden Bewusstseinszustand und damit auch für eine (Selbst-) Verpflichtung zur Kohärenz einer individuellen Lebenshaltung. Aber das Verständnis der Freiheit über die Authentizität muss sich nicht auf diese Verpflichtung als auf einen Bewusstseinszustand berufen. Es kann sich an den Taten und Äußerungen einer Person festmachen – auch wenn hier nie eine letzte Sicherheit in der Einschätzung einer Person zu erreichen ist: und dies im übrigen auch für diese Person selbst nicht. Auf jeden Fall bietet das Authentizitäts-Konzept der Freiheit auch für empirisch gestützte Diskussionen eine Perspektive, in der die wechselseitigen Argumente aufgenommen und erwogen werden können.

Für den größeren Zusammenhang, in dem das Verhältnis von begrifflichem und bildlichen Denken zur Debatte steht, ordnet sich das Authentizitäts-Konzept der Freiheit, wie wir bereits gesehen haben, dem figurativem Denken zu, während das Autonomie-Konzept, wie die Diskussion der Prinzipienethik zeigen sollte, sich nur im begrifflichen Denken ergibt. Die kritische Perspektive, in der diese Diskussion geführt worden ist, bedarf allerdings noch einer Nachbemerkung.

---

82 Vgl. dazu aber meinen Beitrag *Die praktische Ohnmacht der reinen Vernunft. Bemerkungen zum kategorischen Imperativ Kants.* In: *Neue Hefte für Philosophie* 22: *Kants Ethik heute.* Göttingen [Vandenhoeck & Ruprecht] 1983, S. 1-24, außerdem in: Oswald Schwemmer, *Ethische Untersuchungen. Rückfragen zu einigen Grundbegriffen.* Frankfurt am Main [Suhrkamp Verlag] 1986, S. 153-181.

In der Diskussion über die Prinzipienethik ist der logische Aspekt der Verbegrifflichung hervorgehoben worden. Dieser kann auch dadurch charakterisiert werden, dass es in der formalen Logik um die Verteilung von Wahrheitswerten geht: nämlich um die formalen Operationen, die eine Erhaltung der Wahrheitswerte sicherstellen. Logische Schlüsse sind dann korrekt, wenn sie den Wahrheitswert der Prämissen nicht verändern.[83]

Geht man einen Schritt weiter, so kann man auch die Wahrheitswerte nur noch formal betrachten, etwa als die Instanzen einer allgemeineren Relation, die man auch anders, z. B. durch die Werte 0 und 1 oder x und y notieren könnte und für die gilt, dass bei wertdefiniten Formeln aus Nicht-0 bzw. Nicht-x 1 bzw. y folgt. In einem solchen verallgemeinerten Sinn ginge es in der Logik um die Klärung von Wertzuschreibungen welcher Art auch immer: um Stellungnahmen, die innerhalb von Folgerungssystemen betrachtet werden.

Die Rede von Stellungnahmen soll verdeutlichen, dass die Werte – seien sie nun die Werte „wahr" oder „falsch", „gut" oder „schlecht", „richtig" oder „unrichtig", „schön" oder „hässlich" usw. – ein Ausdruck für die Annahme oder Ablehnung, für einen positiven bzw. affirmativen oder negativen Bezug, für ein Ja oder ein Nein sind. Die begriffliche Fassung der Stellungnahmen hebt diese aus der bildlichen Präsentation von beispielhaften Darstellungen heraus und befreit sie damit auch aus ihrer Kontext- und Situationsabhängigkeit. Aus Vorbildern – im wörtlichen Sinne auch der Bildlichkeit verstanden – werden Beurteilungen, die über den Wechsel der Kontexte und Situationen hinaus abgegeben und aufrecht erhalten werden können.

Durch ihre Verbegrifflichung erzeugen die Stellungnahmen nicht nur die kontext- und situationsübergreifenden Beurteilungen, sondern auch die Möglichkeit ihrer logischen Verknüpfung und damit einer Beurteilungslogik. Denn mit der Herauslösung aus den Kontexten und Situationen ist eine Art „Entmaterialisierung" der Stellungnahmen verbunden. Sie gelten und wirken als Formen, die man unabhängig von ihrer semantischen Umgebung definieren und z. B. in formale Relationen von Ja-Nein- oder eben Wahr-Falsch-Verknüpfungen bringen kann.

Mit einer solchen logischen Ordnung werden dann auch Ordnungsprinzipien artikulierbar, die dann „das" Wahre oder Falsche, Gute oder Schlechte, Richtige oder Unrichtige, Schöne oder Hässliche definieren sollen. Man erreicht auf diese Weise eine Autonomie im wörtlichen Sinne: in dem Sinne nämlich, dass das oberste Gesetz bzw. Prinzip sich aus den Strukturen der Verbegrifflichung als solcher heraus bildet oder, wie man auch sagen kann, selbst erzeugt. Die oben angestellten Überlegungen zur Prinzipienethik sollten dies exemplarisch verdeutlichen.

Bildliche und begriffliche Artikulation, so können wir resümierend sagen, öffnen eine jeweils unterschiedliche Welt von Orientierungsformen. Auf der einen

---

83 Dies schließt auch das „ex falso quodlibet" ein, nämlich dass aus einer falschen Prämisse alles mögliche geschlossen werden kann.

Seite steht eine Welt figurativer Aspekte, die jeweils im ganzen als Formverhältnisse, und zwar als Formverhältnisse im Bezug auf bestimmte Kontexte und Situationen, erfasst werden. Auf der anderen Seite steht eine Eigenwelt symbolischer Artikulationsformen, die zueinander in formalisierbare, nämlich im Prinzip
kontext- und situationsinvariante Folgerungsverhältnisse, in symbolische Systeme, gebracht werden können.

In der Welt der figurativen Aspekte gelingt uns eine Repräsentation der Realität, die diese auch in ihren dynamischen und interaktiven Verhältnissen zu erfassen erlaubt. In der Welt der symbolischen Systeme können wir unser Verhältnis
zur Realität formulieren und unsere Stellungnahmen in verschiedenen normativen – z. B. ethischen, politischen, ästhetischen oder auch allgemein methodologischen – Dimensionen durch die Formulierung von Prinzipien, Gesetzen oder Regeln systematisieren.

Beide Welten gehören zu unserer Kultur und stehen in der europäischen Tradition in einem wechselvollen Spannungsverhältnis. Je nachdem, wie in einer
Kultur dieses Spannungsverhältnis zwischen bildlichen und begrifflichen Artikulationsformen, zwischen figurativen Aspekten und symbolischen Systemen ausge-
prägt ist, lassen sich verschiedene Typen kultureller Grundorientierungen charakterisieren. In einem abschließenden Kapitel mögen dazu einige Anmerkungen
versucht werden.

KAPITEL 8: BEGRIFF UND KULTUR

1 Kulturphilosophie aus dem Begriff?

In der europäischen Tradition hat sich die Philosophie, wie wir gesehen haben, immer wieder als Sachwalterin des begrifflichen Denkens verstanden – und damit immer wieder auch in ihren eigenen Diskursen den Protest gegen die Formalität und Abstraktheit des Begriffsdenkens gleichsam als eine ständige, wenn auch weniger etablierte Begleitposition heraufbeschworen. In der neuzeitlichen Philosophie kann man in den beiden Vernunftkritiken Kants den Höhepunkt einer theoretischen wie praktischen „Philosophie aus dem Begriff" sehen, und dies darum, weil Kant wie kein anderer die mit der Verbegrifflichung erzeugte Normativität des Denkens – das insgesamt noch einmal unter dem Primat der praktischen Vernunft steht – zu dessen eigentlichem Zielsinn erklärt.

Wo die Normativität den Zielpunkt des Denkens ausmacht, bleibt für eine Kulturphilosophie kein Raum mehr. Eine „Kulturphilosophie aus dem Begriff" kann es nicht geben. Denn eine Kulturphilosophie kann sich nur in einer Perspektive entwickeln, in der Kultur als ein eigenständiges Formenreich gesehen wird, das die Umgebung und die Grundlage all unserer Wahrnehmungen und Äußerungen darstellt und das dadurch unsere Wahrnehmungen und Äußerungen bis in das Innerste hinein prägt.

Bei Kant löst sich demgegenüber die Kultur in einen Weg zur Moralität auf. Wie er eindrücklich formuliert, sieht Kant die Kultivierung als das Wegstück von der Zivilisierung zur Moralisierung:

> „Wir sind im hohen Grade durch Kunst und Wissenschaft kultiviert. Wir sind zivilisiert, bis zum Überlästigen, zu allerlei gesellschaftlicher Artigkeit und Anständigkeit. Aber, uns für schon moralisiert zu halten, daran fehlt noch sehr viel. *Denn die Idee der Moralität gehört noch zur Kultur;* der Gebrauch dieser Idee aber, welcher nur auf das Sittenähnliche in der Ehrliebe und der äußeren Anständigkeit hinausläuft, macht bloß die Zivilisierung aus."[1]

So lange die Kultur dieses ihr immanente Ziel der Moralisierung nicht erreicht hat, verbleibt sie in einer unfertigen Vorläufigkeit, die es zwar bis zu zivilisatorischen Geschicklichkeiten bringen mag, aber den eigentlich ihren Seinssinn erfüllenden Weg noch vor sich hat. Eine Kulturphilosophie, die das kulturelle Formenreich in seiner Eigenständigkeit und Wirkmächtigkeit erfassen will, kann es erst nach Kant geben.

---

1 Immanuel Kant: *Idee zu einer allgemeinen Geschichte in weltbürgerlicher Absicht.* A 402 f. (Hervorhebung von mir) S. dazu auch in Kapitel 1 den Abschnitt 4.4 *Kultur und Zivilisation.*

Dies jedenfalls wäre die Feststellung des entschlossenen Systematikers, dem es allein um die begrifflichen Zusammenhänge zu tun ist, die für die Begründung einer eigenständigen Kulturphilosophie zu entwickeln sind. Der Historiker hingegen, dem es weniger um begriffliche Systematik, sondern viel mehr um die kontingente Entwicklung von Denkmotiven und Ideen im Meinungsklima ihrer Zeit geht, lässt ein weniger abruptes Urteil zu. In seinem über die Vielfalt der historischen Ereignisketten schweifenden Blick kann sich die Kantische Philosophie sogar als Vermittlerin für die Entwicklung einer Kulturphilosophie zeigen.

Wenn man die Kantische Philosophie auch nicht mit einem Alleinstellungsanspruch ausstatten sollte – Herder und Wilhelm von Humboldt wären hier mit ihren sprachphilosophischen Konzeptionen als weitere Vermittler zu nennen –, so lässt sich doch in den Kantischen Vernunftkritiken ein zentraler Gedanke ausmachen, der auch für die Ausbildung einer kulturphilosophischen Perspektive zumindest de facto ein grundlegendes Motiv geworden ist. Es ist dies die Kantische Konzeption einer produktiven Einbildungskraft, die sowohl in der Lehre von den Anschauungsformen als auch von der Spontaneität der Vernunft ein begriffliches Muster liefert. Vor allem Ernst Cassirer, in dem ich einen der Begründer einer systematisch geordneten Kulturphilosophie sehe, wird nicht müde, auf diese Seite der Kantischen Philosophie und deren Bedeutung für die kulturphilosophische Reflexion hinzuweisen. So sieht er den „Akt der Repräsentation, [...] die Funktion der Vergegenwärtigung" als eine „Leistung ,produktiven Einbildungskraft', die uns allenthalben im Aufbau der einzelnen Formwelten entgegengetreten ist und die gewissermaßen das einigende ideelle Band ist, das sich um sie schlingt."[2]

Allerdings wird man in diese Ahnentafel auch den Einwand unseres Systematikers eintragen müssen, dass nämlich Kant der produktiven Einbildungskraft den Status eines transzendentalen Vermögens zugewiesen hat, während die Arbeit an der Form, wie sie in einer kulturphilosophischen Perspektive sichtbar gemacht werden soll, eine historische und damit prinzipiell kontingente Entwicklung ist, keine überindividuelle Bewusstseinsstruktur, sondern das Ergebnis von Artikulationsprozessen in dinglichen und damit interindividuellen symbolischen Medien.

Eine Kulturphilosophie, so kann man feststellen, kann es erst nach Kant geben. Wie immer man nun dieses „nach Kant" einer Kulturphilosophie lesen mag, so ist es jedenfalls ein Schritt über Kant hinaus, der zu tun ist, um die eigenständige kulturelle Form der menschlichen Existenz thematisieren zu können. Diese Eigenständigkeit – und das war der methodische Leitgedanke der gesamten bisherigen Darstellung – lässt sich über die Medialität der symbolischen Ausdrucksformen und dann auch der Wahrnehmungen – charakterisieren.

Die Medialität der Kultur ergibt sich aus der symbolischen Fixierung von Ausdrucksformen. Denn die symbolische Fixierung schafft eine neue Dimension der Wirklichkeit, eine mediale Wirklichkeit, in der sich unsere Existenz als geistige Individuen entwickelt, in der sie uns prägt und in der auch wir sie durch unsere Äußerungen mitprägen können. Wir können dieses Wechselverhältnis auch

---

2 Ernst Cassirer, ECN Band 1. A.a.O., S. 29.

dadurch zum Ausdruck bringen, dass wir es als eine begriffliche Befestigung individueller und kollektiver Identität in einer Kultur darstellen. Die Fokussierung auf diesen Zusammenhang von Kultur und Identität rückt dabei auch die Frage in den Blick, ob wir mit Samuel P. Huntington einen „Kampf der Kulturen"[3] annehmen und Kultur als einen Kampfbegriff verstehen wollen. Denn Identität heißt ja gewöhnlich nicht nur, dass ein immanenter Zusammenhang in einer Gesellschaft oder dem Leben einer Person besteht, sondern auch, dass dieser Zusammenhang zur Abgrenzung vom Anderen dient oder auch zur Abwehr dieses Anderen als eines bedrohlichen Fremden.

2 Identitätsbildung

2.1 Individuelle Identität

Unter einer *persönlichen oder individuellen Identität* will ich die *kohärente Konfiguration* verstehen, *zu der sich die das Wahrnehmungs- und Ausdrucksleben, das Gefühlsleben und das Denken prägenden Einstellungen und damit auch das Streben, die Tätigkeiten und (sozialen) Zugehörigkeiten von Personen im Sinne einiger grundlegender Orientierungen zusammenfügen.* Kohärenz soll dabei nicht als logischer Terminus verstanden werden, sondern in einem figurativen Sinne des Zusammen- oder Hineinpassens, so wie es die Wendung nahe legt, dass etwas zu jemandem passt, nämlich in das Bild, das man sich von ihm macht.

Eine so verstandene Identität geht in ihrer *sozialen* Dimension über die *symbolisch* definierte Kultur hinaus und wird in ihren *emotionalen* Dimension nur soweit erfasst, als es um die *Artikulation* von Gefühlen geht. Ich gehe hier davon aus, dass zumindest in vorkritischen Gesellschaften die soziale Dimension und die symbolische Kultur in einem einander stabilisierenden Wechselverhältnis stehen.[4]

---

3 Samuel P. Huntington, *Der Kampf der Kulturen. The Clash of Civilizations. Die Neugestaltung der Weltpolitik im 21. Jahrhundert.* Aus dem Amerikanischen von Holger Fliessbach. München/Wien [Europa Verlag] 1996. (Amerikanische Originalausgabe: *The Clash of Civilizations.* New York [Simon & Schuster] 1996) Huntington zeichnet in diesem Buch ein Bild der europäischen kulturellen Tradition, das diese in ihren Grundzügen möglichst prägnant charakterisieren soll. Er verfolgt dabei – wie der deutsche Untertitel seines Buches schon hervorhebt – das Ziel einer politischen Analyse. In diesem Rahmen untersucht er auch die militärischen und kommerziellen Rahmenbedingungen für die Beziehungen der Kulturen zueinander. Dabei betont er besonders stark die jeweiligen religiösen Vorstellungen und Verbindlichkeiten, denen Huntington eine zentrale Stellung für die jeweilige kulturelle Identität zuschreibt. Was dann aber als „Ideenfundament" Europas bleibt, sind der *westliche Universalismus* (S. 291-296), die *Menschenrechte* und die *Demokratie* (ebd., S. 307-316) und ist als „Inbegriff der westlichen Kultur", der *Individualismus* (ebd., S.343).

4 Vor allem Pierre Bourdieu hat diese Bestätigungsverhältnisse in seinen ethnologischen Forschungen dargestellt und durch einen „sens pratique" und eine „Logik der Praxis" zu charakterisieren versucht. Vgl. dazu etwa Pierre Bourdieu, *Sozialer Sinn. Kritik der theoretischen Vernunft.* Frankfurt am Main [Suhrkamp] 1987, insbes. S. 147-179 (franz. Originalausgabe *Le sens pratique,* Paris [Les éditions de Minuit] 1980).

2.2 Kollektive Identität

Dies vorausgesetzt können wir bei allen verbleibenden Möglichkeiten zu einer individuellen Variation feststellen, dass vor aller Individualisierung zunächst ein kollektiver Besitz symbolischer Traditionen besteht, der einen gemeinsamen Bestand grundlegender Einstellungen garantiert.

Die Praktiken, die sich aus diesen Einstellungen heraus im Umgang miteinander entwickeln, wirken ihrerseits wieder als eine praktische Bestätigung der symbolischen Traditionen, so dass man tatsächlich von einer *kollektiven Identität* reden kann, nämlich dem *wechselseitigen Bestätigungsverhältnis der symbolischen Traditionen, gemeinsamen Praktiken und Einstellungen, die in einer Gesellschaft bestehen.*

3 Vorkritische Gesellschaften

3.1 Die kollektive Identität in vorkritischen Gesellschaften

Gesellschaften, in denen diese wechselseitige Bestätigung als eine nicht-thematisierte Unterstellung wirkt und damit weder einer ausdrücklichen Begründung bedarf noch einer kritischen Bezweifelung zugänglich ist, sind *vorkritische Gesellschaften*. Die kollektive Identität, die sich in solchen vorkritischen Gesellschaften ausbildet, ist gleichsam der feste Boden, der das Leben der Einzelnen in dieser Gesellschaft trägt und so die Welt definiert, die sich aus den fraglosen Gewissheiten zusammenfügt, die dieses Leben orientieren.

Die Binnendifferenzierungen, die sich im Rahmen der kollektiven Identität einer vorkritischen Gesellschaft ausbilden, begründen zwar eine vielfältige Ungleichheit zwischen Selbst und Anderen, fügen diese Ungleichheit aber in den gemeinsamen Bestand der orientierenden Einstellungen und organisierenden Einrichtungen der Gesellschaft ein. Diese individuell und institutionell bedingten Differenzen verbleiben so Differenzen innerhalb einer kollektiven Identität und sind tatsächlich die Differenzen, über die sich die kollektive Identität immer wieder reproduziert.

3.2 Das Fremde in vorkritischen Gesellschaften

Anders steht die Sache bei der Differenz, die sich in der Begegnung mit Fremden, nämlich den kulturell Anderen mit einer anderen kollektiven Identität, auftut. Die Orientierungen, die als eine Perspektivierung auf die wechselseitige Bezugnahme und insbesondere die wechselseitige Einbeziehung der Einzelnen in einer Gesellschaft wirken, liefern gegenüber den Fremden gewöhnlich keine Perspektive. Und da, wo sie es getan haben – wie z. B. bei der Annahme, die hellhäutigen Eindringlinge aus dem westlichen Europa seien die zurückgekehrten Ahnen oder sogar Götter –, konnte das tragische Folgen haben.

Gewöhnlich, so scheint es, bietet die kollektive Identität noch keine Perspektive auf die Fremden an, die ein besonderes Bild der Fremden, eine Interpretation ihrer Andersheit und damit auch eine besondere Form der Bezugnahme begründen könnte. Hier scheinen kontigente Faktoren der jeweiligen Situation eine, und zwar eine höchst instabile, Sicht entstehen zu lassen, in der die Fremden Händler, Konkurrenten, Feinde oder ähnliches werden können. Im Zustand einer vorkritischen Gesellschaft bleibt das Fremde und bleiben damit auch die andere kollektive Identität und die andere Kultur der Fremden einfach das Nicht-Identische, mit dem man durch keine orientierende Gemeinsamkeit verbunden ist – wenn man auch gleichwohl vielerlei Beziehungen zu diesen Anderen entwickeln kann.

Trotz der Kämpfe und Kriege, die sich zwischen den Gesellschaften in einem solchen vorkritischen Zustand ergeben können, scheint es mir daher irreführend, hier von einem Kampf der Kulturen zu sprechen. Es sind die sehr praktischen Interessen und Bedürfnisse einer Gesellschaft und die Gegebenheiten der jeweiligen Situation, die – wenn sie es denn überhaupt tun – hier zu Kämpfen und Kriegen führen können. Diese Kämpfe und Kriege werden nicht geführt, weil die Kultur der anderen Gesellschaft eine andere ist, sondern weil Konflikte über Territorien, Güter und vieles andere mehr, auf das sich die Bedürfnisse und Interessen in den Gesellschaften richten, entstanden sind. Und selbst dort, wo die Beziehungen zwischen verschiedenen Gesellschaften kriegerischer Art sind, kommt es im allgemeinen weniger zu einem Kampf kultureller Motive, sondern vielmehr zu einer Durchmischung, in der die Motive der anderen Kultur in die eigene Kultur aufgenommen werden und dabei sogar Motive dieser eigenen Kultur allmählich verdrängen können. Der rücksichtsloseste Krieg kann daher durchaus mit einer kulturellen Durchmischung einhergehen.

3.3 Indifferenz durch Identität

Will man dieses Verhältnis auf eine Formel bringen, so kann man von einer *Indifferenz gegenüber der kulturellen Differenz*, und zwar aufgrund der eigenen kollektiven Identität, von einer *Indifferenz durch Identität*, reden.

Diese Indifferenz durch Identität kann so lange bestehen, wie die Gesellschaft vorkritisch und damit das wechselseitige Bestätigungsverhältnis von Praktiken, symbolischen Traditionen und Einstellungen geschlossen bleibt. Geschlossen ist dieses Verhältnis so lange, wie keines seiner Elemente – also die Praktiken, die Einstellungen oder die symbolischen Traditionen – sich verselbständigt und eine von seiner Bezugnahme auf die anderen Elemente unabhängige Dynamik entwickelt. So lange das Denken – und damit die symbolischen Traditionen – immer eine „Logik der Praxis" im Sinne Pierre Bourdieus und damit eine immanente Gliederung der Praktiken und Einstellungen einer Gesellschaft bleibt, so lange bleibt sie Teil eines geschlossenen Bestätigungsverhältnisses. In dem Augenblick aber, in dem sich eine eigenständige logikimmanente Dynamik ausbildet und die Logik ein symbolischer Entwicklungsfaktor neben den Praktiken und

Einstellungen wird, wird das wechselseitige Bestätigungsverhältnis aufgebrochen und die vorkritische Gewissheit der gesellschaftliche Unterstellungen aufgelöst.

4 Die symbolischen Faktoren der gesellschaftlichen Entwicklung

Die Auflösung der Bestätigungsverhältnisse kann mehrere Ursachen haben und wird im allgemeinen auch nicht nur in einer Dimension auf den Weg gebracht. Technische und soziale, politische und ökonomische Entwicklungen verschränken sich gewöhnlich mit den symbolischen Traditionen, so dass nur in seltenen Fällen eine monokausale Erklärung der tatsächlichen Entwicklung gerecht wird und gewöhnlich nicht einmal eine eindeutig dominante Faktorendimension ausgemacht werden kann. Wenn ich mich in meiner Darstellung gleichwohl auf die symbolische Dimension beschränke, dann tue ich dies durchaus in dem Bewusstsein, damit im Grunde von – was ihre unmittelbar feststellbaren Wirkungen angeht – schwachen Faktoren zu reden, über die hinaus bei einer realistischen Darstellung der gesellschaftlichen Entwicklungen die wechselseitigen Wirkverhältnisse auch mit den anderen Faktoren und Wirkdimensionen berücksichtigt werden müssen.

Auf der anderen Seite erscheint mir diese Beschränkung auf die symbolischen Faktoren nicht sinnlos. Lassen sich doch auch für diese Beschränkung einige Gründe einführen:

(1) Mit der Konzentration auf die symbolischen Faktoren beschreibt man sozusagen den philosophischen Anteil der gesellschaftlichen Entwicklung. Dieser philosophische Anteil besitzt seine eigenen Kontexte und Traditionen und lässt sich als ein zusammenhängendes Gefüge von Denkmotiven und Artikulationsmustern, von Thesen und Konzeptionen, von Begriffen und Anschauungsformen darstellen. Daher bezieht sich denn auch eine entsprechende philosophische Darstellung auf eine Entwicklung, die sich selbst in die – wenn auch vielfach gegliederte – Einheit einer geistigen Tradition zusammengefügt hat.

(2) Gerade diese eigenständige Traditionsbildung führt dazu, dass philosophische Denkmotive und Artikulationsmuster, aber auch ganze Theorien und Konzeptionen in verschiedenen Kontexten und Epochen immer wieder aufgenommen und in neue Entwicklungsdynamiken und Bedeutungszusammenhänge eingegliedert werden. In dieser Neueingliederung entfalten sie – etwa als die herrschenden Ideologien einer Gesellschaft – eine Wirkung, die völlig außerhalb ihres Entstehungszusammenhangs steht. Die Philosophie der Aufklärung und der Marxismus bieten prominente Beispiele für solche mittelbaren Wirkverhältnisse.

(3) Mit dem Blick auf diese ihre Verschiebbarkeit erweisen sich die philosophischen Gedanken und Gedankengebäude als im Prinzip ständig präsente virtuelle Faktoren im Sinne Bergsons, die sich – wiederum im Prinzip – jederzeit aktualisieren und die als Wirkfaktoren die gesellschaftliche Entwicklung mitbestimmen können.

5 Begriffskultur und Verschriftlichung

Die besondere Entwicklung, die die philosophische Tradition in Europa genommen hat, lässt sich durch deren allgemeine, wenn auch in vielfältiger Weise akzentuierte Tendenz zur Verbegrifflichung charakterisieren. Man kann – wenn auch mit einer gewissen Pauschalität – von einer Tendenz dieser philosophischen Kultur zur Begriffskultur sprechen. Um dies zu erläutern, ist an einige Überlegungen zu erinnern, die in den Kapiteln über *Symbol und Form* und über *Bild und Begriff* bereits vorgetragen worden sind. Ich beschränke mich hier auf zwei Punkte, die ich lediglich als Voraussetzungen anführe, ohne sie noch einmal zu begründen.

(1) Von Begriffen können wir erst dann reden, wenn eine Schrift zur Verfügung steht, in der diese Begriffe notiert werden können. Denn erst dann ist es möglich, die Identität einer Perspektivierung oder Bezugnahme – also einer begrifflichen Festlegung – über den Wechseln der Situationen und Personen hinweg zu erhalten.

(2) Die symbolisch fixierte Identität von Begriffen ermöglicht die Ausbildung von – im kollektiven Gebrauch stabilisierten – Begriffsordnungen, die sich tendenziell als in sich gegliederte Sprachwelten verselbständigen: Sprachliche Darstellungen können dann die eigene Welterfahrung überflüssig machen.[5]

In dieser Allgemeinheit lässt sich die Etablierung einer schriftbezogenen Eigenwelt für alle möglichen Schriftformen feststellen. Unterschiede treten jedoch dann auf, wenn wir verschiedene Schriftformen bzw. Typen von Schriftformen ins Auge fassen und dadurch auch unterschiedliche Formen der Ordnungsbildung in den Blick geraten. Im Sinne einer Arbeitshypothese sei hier ein Zusammenhang zwischen zwei Typen von Schriftformen und zwei Ordnungsformen des begrifflichen Denkens skizziert.

Der erste Schrifttyp wird durch die phonographischen Schriften präsentiert, unter denen ich die alphabetischen und insbesondere die vokalalphabetischen Schriften hervorheben möchte.

Den zweiten Typ, der hier zu betrachten ist, stellen die logographischen und insbesondere die ideographischen Schriften wie z. B. die klassische chinesische Schrift dar.

Der Prozess der Verselbständigung einer Schriftwelt mit ihren eigenen Ordnungen prägt sich besonders stark bei den phonographischen Schriften aus. Wenn sich in ihnen auch durchaus noch einige lautmalerische oder lautgestische Elemente finden, kann man bei diesen Schriften von im Prinzip bedeutungsfreien Schriftzügen und Lautungen, also Graphemen und Phonemen, ausgehen, deren Kombinationen zu Wort- und Ausdruckseinheiten von ihrer graphischen oder phonetischen Form her gewöhnlich noch keine Bedeutung nahe legen. So bestehen denn auch keine Ordnungsvorgaben für die Formbildungen dieser Schriften

---

5 Vgl. hierzu die vielzitierte und Alexander von Humboldt zugeschriebene Äußerung: „Die gefährlichste Weltanschauung ist die Weltanschauung der Leute, die die Welt nie angeschaut haben."

außer den immanenten Gliederungsmöglichkeiten, die mit dem Gebrauch eines phonographischen Notationssystems verbunden sind.

In einer solchen Schriftsprache bilden sich Formen der Zusammensetzung und Zerlegung, der kombinatorischen Variation und Komplexitätserzeugung aus, die am Ende eine sprachliche Binnengliederung entstehen lassen, die sich in einem komplexen Gefüge von orthographischen, phonetischen, semantischen und syntaktischen Regeln dokumentiert. Die Bedeutungsleere, die den phonographischen Zeichen als solchen zukommt, lässt die sprachliche Binnengliederung als weitgehend referenzfreies Ordnungsverhältnis erscheinen, als ein System, das sich durch seine internen Bezüge Bedeutung verschaffen kann. Dieses Bild von der Sprache finden wir übrigens von de Saussures Sprachtheorie bis hin zu Derridas Spiel mit der différance immer wieder

Dem Bild von einer sich selbst generierenden und sich nur auf sich selbst beziehenden Sprache stehen die logo- und ideographischen Schriftsprachen gegenüber, die bereits in der Figürlichkeit ihrer Zeichen Bezugnahmen auf Welt- und Lebensverhältnisse vergegenwärtigen und damit die Ordnungsverhältnisse zwischen den Schriftzeichen immer auch mit Ordnungsverhältnissen in der Welt in einem Zusammenhang bringen. Aufgrund dieses bleibenden Bezugs von Welt- und Zeichenordnung bleibt es in symbolischen Kulturen mit einer logo- und ideographischen Sprache möglich, in einem nicht nur metaphorischen Sinne von einer „Sprache der Dinge" zu reden.

6 Zwei Ordnungsformen: Logische Folgerichtigkeit und sachliche Zusammengehörigkeit

Wenn wir zu unserer Frage nach der kollektiven Identität zurückkehren, zeigen sich in den beiden Ordnungsformen für die sprachliche Gliederung auch unterschiedliche Formen zur Ausbildung und Befestigung einer kollektiven Identität. Entstehen doch in einer immanent und damit im weitesten Sinne logisch sich gliedernden Sprache umfassende Begriffs*systeme*, die nicht auf bestimmte Bereiche der Referenz, also ihres Weltbezugs, eingeschränkt sein wollen.

Demgegenüber zeigen sich in den ideographisch verschrifteten Sprachkulturen viel stärker referenzgeprägte, also durch ihren Weltbezug gegliederte, Begriffsordnungen, die so weit reichen wie ihr Weltbezug. Und das heißt, dass sich die Begriffsordnungen nicht nur sprachlich artikulieren, sondern auch durch ihren Bezug auf reale Zusammenhänge begründen.

Im Vergleich dieser beiden Ordnungsformen kann man auf der einen Seite von einer *logischen Folgerichtigkeit* sprechen, durch die eine Begriffsordnung zusammengehalten wird, und auf der anderen Seite von einer sachlichen – nämlich dinglichen und sprachlichen – *Zusammengehörigkeit*, die sich mehr oder weniger weit in die verschiedensten Bereiche der Welt- und Selbstverhältnisse erstrecken kann.

7 Identität in der Differenz

Eine kollektive Identität, die sich auf gemeinsame Überzeugungen über die Zusammengehörigkeit dinglicher und sprachlicher Verhältnisse aufbaut, wird im allgemeinen viele traditionale Elemente einer vorkritischen Gesellschaft in sich aufnehmen oder bewahren, ohne dass das Spiel mit neuen Konfigurationen und Ordnungsverhältnissen ausgeschlossen wäre.

In einer weiteren Typisierung des Verhältnisses von Identität und Differenz kann man hier von einer *Identität in der Differenz*, nämlich in differenten Begriffs- und Weltordnungen sprechen, die sich auch dem kulturell Differenten gegenüber auf verschiedene und oft nicht voraussagbare Weise verhalten kann.

8 Die logische Auflösung der kollektiven Identität

Eine durch logisch geordnete Folgerichtigkeitsverhältnisse gestützte kollektive Identität, wie wir sie aus unserer europäischen Tradition kennen, zeigt dagegen ein deutlich anderes Verhältnis von Identität und Differenz.

8.1 Die Verselbständigung der Begriffsordnung und die immanente Dynamik des Begriffsspiels

Wo sich die innersprachlichen Ordnungsformen gegenüber den eingelebten Ordnungsverhältnissen verselbständigen, kann sich die begriffslogische Denkform aus den Bestätigungsverhältnissen einer Gesellschaft herauslösen und sich an diesen gemäß ihren eigenen Ordnungsverhältnissen abarbeiten. Es ist dies der Moment, in dem die Logik die Regie der Diskurse übernimmt und aus Unterstellungen Thesen, aus Gewissheiten Begründungen werden und z. B. dem Glauben eine Theologie zur Seite gestellt wird.

8.2 Berengar von Tour und die Theologisierung des Glaubens

Man kann dies durch eine Begebenheit illustrieren, die damals, nämlich um die Wende vom ersten zum zweiten Jahrtausend eher im kleinen Kreis einiger Theoretiker eine gewisse Bedeutung gewonnen hat, in rückschauender Perspektive aber paradigmatisch für die Zeitenwende ist, die mit der Verselbständigung des logischen Denkens eingeleitet wurde. Um 1050 argumentiert Berengar von Tour mit den Mitteln der damals sogenannten Dialektik, die er als „die Kunst der Künste"[6] feiert, dafür, dass das Brot sich nicht in den wirklichen Leib Christi verwandeln könne. Denn von einer substantiellen Veränderung könne nur dann

---

6 Berengar von Tours, *De sacra coena adversus Lanfrancum.* Hg. von A. F. und F. Th. Vischer (Berlin 1834), S. 101.

die Rede sein, wenn auch die Akzidentien sich veränderten – was bei der behaupteten Transsubstantiation nicht der Fall sei. Die tatsächliche Veränderung gehe in den Seelen der Gläubigen vor. Man kann diesen Auftakt der Auseinandersetzung zwischen Theologie und Philosophie als einen Versuch zur Entmythologisierung avant la lettre sehen, darüber hinaus aber auch als die systematisch gemeinte Wortmeldung eines Denkens, das sich aus dem Kontext der Autoritäten und Traditionen lösen will und sich allein aus eigenem Recht und nach den eigenen Regeln die Erkenntnis der Wahrheit zutraut.

Die unmittelbare Wirkung dieser logischen Wortmeldung war eher mäßig, vor allem weil sie sich eben weitgehend in den Gelehrtendisputationen und nicht in einer breiteren Öffentlichkeit abgespielt hat. Dass damit keine größere Erschütterung der kirchlichen Autorität herbeigeführt worden ist, zeigt nicht zuletzt auch der erstaunlich milde Umgang mit Berengars Häresie.[7] Gleichwohl lieferte dieser Disput einen Beitrag zu einer allgemeinen Bewegung im kirchlich verwalteten Christentum, nämlich zur umfassenden Theologisierung des Glaubens.

Wo aber die Theologie dem Glauben Gründe liefert, fordert sie zugleich die Einwände heraus. Oder in einer anderen Perspektive formuliert: Wem eine Begründung vorgelegt wird, den macht man selber zu jemandem, dem man mit dem Verständnis für die Begründung auch die Fähigkeit zutraut, selbst Begründungen zu liefern.

Damit ist die kollektive Identität in zweifacher Weise aufgebrochen. Einmal lösen sich die Bestätigungsverhältnisse auf, da insbesondere die Unterstellungen thematisiert und damit – und sei es für Begründungen – zur Disposition gestellt werden und so die bisherigen Gewissheiten im Disput verloren gehen können.

Zum anderen steht die Kollektivität der Identität zur Disposition, da nun auch der Einzelne im Disput um die allgemeinen Überzeugungen eine eigene Meinung entwickeln und begründen kann, wenn er auch im allgemeinen genötigt blieb, diesen Meinungen durch neue Gemeinschaftsbildungen eine gesellschaftliche Präsenz zu sichern.

8.3 Thomas von Aquin und die Systematisierung des Begriffspiels

Die in einer sich verselbständigenden Begriffswelt entwickelnde Begründungskultur weitet sich in der scholastischen Disputation zu einem unübersehbaren Kosmos von Argumenten und Gegenargumenten aus. Der Drang zur Systematisierung und der Anspruch auf die vollständige Beantwortung aller Fragen, die sich im Verhältnis zwischen Gott, Welt und Mensch unterbringen lassen, führt zu den gewaltigen Summen, in denen etwa Thomas von Aquin Fragen und Antworten, Argumente und Gegenargumente zusammenträgt.

---

7 Die „Irrlehre" Berengars wird 1050 auf dem Konzil von Rom verurteilt, und Berengar muss 1079 – also nach 29 Jahren, in denen er seine Lehre offensichtlich weiter vertreten hat – unterschreiben, dass er an die substantielle Verwandlung von Brot und Wein in den Leib und das Blut Christi glaubt. Im übrigen scheint er aber keinen weiteren Restriktionen unterworfen worden zu sein.

Dem Rückblick aus der Ferne des gegenwärtigen Bewusstseins fällt dabei die begriffliche Immanenz der Argumente auf. Die Antwort, die Thomas – übrigens in einem systematisch aufgebauten Tableau von behandelten Einwänden – auf Berengars Argument gibt, mag dies dokumentieren.[8] Die Pauschalantwort, die Thomas bereithält, ist eine eher theologische Antwort und philosophisch unerheblich: Weil Gott die Ersturache von allem ist, was überhaupt existiert oder geschieht, kann er die natürlichen Zweitursachen – wie z. B. die Substanz als Zweitursache ihrer Akzidenzien – ersetzen und die Akzidenzien in ihrem Sein auch dann erhalten, wenn er in einer *conversio substantialis* die Substanzen ausgewechselt hat.

Als wahrer Scholastiker fügt er aber – im Grunde unnötigerweise – eine weitere Erklärung hinzu: Unter den Akzidenzien gibt es eines, das allen anderen zugrunde liegt, nämlich die *quantitas dimensiva*, d. i. das Ausmaß (*dimensio*) einer Substanz, in dem auch die Anordnung der Teile (*ordo partium*) und die Lage (*situs*) bzw. der Ort (*locus*) der Substanz mitgedacht werden. So lange diese *quantitas dimensiva* erhalten bleibt, bleiben auch die übrigen Akzidenzien erhalten. Eben dies geschieht in der Transsubstantiation: Es wird zwar die Substanz ausgetauscht, nicht aber deren *quantitas dimensiva*. Gott braucht also nicht ganz so viel zu verändern wie dies bei einer einfachen Unterscheidung zwischen Substanz und Akzidenzien erforderlich wäre.

De facto ändert dies natürlich überhaupt nichts an der Einsichtigkeit oder Uneinsichtigkeit des Argumentes. Die zusätzliche Unterscheidung – die man im übrigen als eine Vorwegnahme der Lockeschen Unterscheidung zwischen den primären und sekundären Qualitäten von Körpern verstehen kann – zeigt aber, wie das Begriffsspiel sich in einer immanenten Dynamik entwickelt, ohne dass praktische Probleme außerhalb dieser Begriffswelt dazu nötigen.

Dass diese Dynamik mit Thomas von Aquin selbst einen durchaus nüchtern und praktisch denkenden Menschen befallen kann, zeigt seine dritte Bemerkung zum Substanzaustausch: Wenn sich der Leib Christi als Brot und das Blut Christi als Wein präsentieren – eben genau in der jeweiligen *quantitas dimensiva* –, dann ist der Verzehr des nur substantiell gegenwärtigen Leibes und Blutes doch ein weit angenehmerer Vorgang als es der Verzehr eines vollständig anwesenden blutenden Leibes wäre.

Wie stark die immanente Dynamik des Begriffsspiels Thomas ergriffen hat, zeigt sich auch an anderen Punkten, wo es z. B. um die getrennten geistigen Substanzen, volkstümlich Engel genannt, geht und etwa die Frage, ob ihre Anzahl größer oder kleiner sei als die Anzahl der materiellen Dinge.[9] Als besondere Kuriosität mag uns heute die ausführliche Erörterung über die Beschaffenheit der Leiber nach ihrer Auferstehung erscheinen. Thomas jedenfalls stellt mit großer

---

8 Thomas von Aquin, *Summa contra gentiles libri quattuor*. Liber quartus / *Summe gegen die Heiden*, Buch IV, LXV, Darmstadt [Wissenschaftliche Buchgesellschaft], 1996, S. 410-413.
9 Thomas von Aquin, *Summa contra gentiles libri quattuor*. Liber secundus / *Summe gegen die Heiden*, Buch II, XCII, Darmstadt [Wissenschaftliche Buchgesellschaft] 1982, S. 470-477.

Sicherheit fest, dass es nach der Auferstehung zwar keinen Verzehr von Nah-
rungsmitteln und keinen Sexualverkehr,[10] wohl aber eine Auferstehung „aller der-
artigen Glieder zur Wiederherstellung der Unversehrtheit des natürlichen Körpers
geben" wird, „selbst wenn man von ihnen keinen Gebrauch macht".[11] Dies sind
in der Tat Überlegungen, die sich weitaus mehr der Unterscheidungslust am Begriffsspiel verdanken als tatsächlich gestellten Fragen.

Was außerdem an solchen und vielen anderen Beispielen deutlich wird, ist die
Unendlichkeit eines Disputs, der sich immer wieder neuen Unterscheidungen
verdankt und auf diese Weise Antworten auf Fragen anhäuft, die sonst niemand
stellt. Solche Dispute entfernen sich aus dem Feld der kollektiven Identitätsbildung und verkommen zum bloßen Spiel- und Streitthema nur noch miteinander
disputierender Experten.

8.4 Nikolaus von Kues, Leonardo da Vinci
und die Vernunft des Laien

Nikolaus von Kues hat wohl am prägnantesten, wenn auch selbst noch in Latein,
die Vernunft des Laien gegenüber den Gelehrsamkeitsansprüchen des Philosophen und auch des Orators, des Redners, herausgestellt und mit der bündigen
Feststellung seines Laien auf dem Punkt gebracht, „daß die Weisheit auf den
Straßen ruft".[12]

Und in der Renaissance wird endgültig die scholastische Begriffswelt aufgebrochen und werden die Wissenschaften, wie vor allem Leonardo es auf eindrucksvolle Weise und übrigens in seiner toskanisch geprägten Landessprache zum Ausdruck gebracht hat, auf der Erfahrung gegründet, in die Sprache der Mathematik
gebracht und auf die Hervorbringung von Werken ausgerichtet.

9 Partialisierte Identität in der
indifferenten Differenz

Damit beginnt eine neue Epoche der Begriffskultur, in der zwar die Begriffsspiele
um Antworten auf letzte und umfassende Sinnfragen nicht verschwinden, sich
aber die an Mathematik und Experiment orientierten Dispute der Wissenschaften als eine Art zweiter Begriffskultur etablieren. Zwischen den philosophischen
und teilweise auch theologischen Disputen auf der eine Seite und dem wissenschaftlichen Diskurs, tut sich eine Spannung auf, deren Artikulation und Abar-

---

10 Thomas von Aquin, *Summa contra gentiles libri quattuor.* Liber quartus. A.a.O., LXXXIII,
   S. 496-512.
11 Ebd., LXXXVIII, S. 527/529.
12 Nicolai de Cusa, *Idiota de sapientia* / Nikolaus von Kues, *Der Laie über die Weisheit.* Hamburg
   [Felix Meiner Verlag] 1988, S. 6-9.

beitung ein prägendes Moment der europäischen Tradition seit der Renaissance ist.

In diesem Prozess differenzieren sich verschiedene Bereiche der Gesellschaft und der Kultur und verschieben sich dadurch auch die Orte, an denen kollektive Identität sich festmacht. Wenn auch die Wissenschaften einschließlich der durch sie gestützten Technik in einer eher allgemeinen Weise – nämlich im Sinne allgemeiner Maßstäbe für eine orientierende Rationalität – das kollektive Bewusstsein prägen, verlagern sich die grundlegenden Sinnfragen auf die Bereiche, in denen es um „das Ganze" unserer Welt- und Selbstverhältnisse und darin insbesondere um unbedingte Verbindlichkeiten geht, in die Bereiche der Religion, der Moral, der Politik und deren jeweilige philosophische Fundierung. Und zumindest zeit- und teilweise knüpfen sich diese philosophischen Fundierungsversuche an eine eigene und immanente philosophische Selbstbegründung: an die verschiedene Konzepte einer philosophischen Metaphysik.

Ohne hier auf die verschiedene Entwürfe einzugehen, die um die Totalitätsansprüche der Sinnfundierung und damit um die Definition der kollektiven Identität konkurrieren, lässt sich – sozusagen als Charakteristikum der Endphase der an Folgerichtigkeitsansprüchen orientierten und in diesem Sinne rationalistischen Identitätsbildungen – eine Auflösung kollektiver Identitätsbildungen feststellen. Diese Auflösungsphase, in der wir uns befinden, lässt zwar auch weiterhin kollektive Identität in begrenzten Bereichen zu und unterstützt sie, gibt diese Bereiche selbst aber in einem liberalisierten Pluralismus jeweils als eine Möglichkeit unter anderen für persönliche und kollektive Sinnbildungsprozesse frei.

Kollektive Identität wird damit nicht nur zum Ergebnis eines Differenzierungsprozesses, sondern unterliegt auch der Partialisierung, tritt teilweise als regionale Spezialität auf, die bei allem Engagement und aller Ernsthaftigkeit in ihren Innenverhältnissen nach außen hin eher als eine Form der Selbst-Musealisierung denn als ernsthaftes Identifikationsangebot auftritt.

Wenn wir für diese Situation wiederum ein besonderes Verhältnis von Identität und Differenz konstatieren wollen, so können wir hier von einer *partialisierten*, nämlich auf bestimmte Felder der gesellschaftlichen und kulturellen Verhältnisse beschränkten *Identität in der indifferenten Differenz zu anderen partialisierten Identitäten* sprechen.

Diese etwas umständliche Formel erinnert nicht ohne Grund an die berühmte Hegelsche Rede von der *Identität der Identität und Nicht-Identität*. Spiegelt sie doch tatsächlich eine Situation, in der das Bestehen auf unbedingter Verbindlichkeit oder absoluter Geltung für bestimmte Positionen den Blick auf die Konkurrenz der gleichen Ansprüche für andere bestimmte Positionen erzwingt und eine Koexistenz dieser Ansprüche nur noch in einer begriffliche Relativierung und damit letztlich institutionellen Verknüpfung sehen kann.

Dass ich damit Hegels Formel ihrerseits noch einmal gegen ihren Entstehungssinn lese und zum metaphysischen Label einer konkreten historischen Entwicklung umdeute, mag mir die Expertenzunft als einen Versuch einräumen, Hegels Formel in einen historisch kontingenten Sinnzusammenhang zurückzuholen.

10 Die islamische Koran-Kultur

10.1 Das Prinzip der bildlosen Wörtlichkeit

Eher im Sinne einer Nebenbemerkung und jedenfalls nur als eine Vermutung möchte ich noch auf eine besondere Form des Verschriftung hinweisen, die wir in der islamischen Kultur finden. Diese Besonderheit gründet in der einzigartigen Stellung, die der Koran in dieser Kultur einnimmt. Bekanntlich darf der Koran, wenn er im Kultus benutzt wird, weder übersetzt noch in eine andere Schrift übertragen werden. Auch eigenständige Auslegungen des Korans, der das Wort Gottes in einer unübertroffenen Vollkommenheit enthält, sind nicht gestattet.

Daraus ergibt sich, dass diese einzigartige Stellung des Korans im Kultus und dadurch vermittelt auch in weiten Bereichen der auf den Koran gestützten Lebens- und Rechtsformen mit einem *Prinzip der Wörtlichkeit* verbunden ist, das im Prinzip nur Wiederholungen aus dem Koran zulässt, aber keine Interpretationen oder gar rekonstruierende oder kritische Argumentationen.

Es führt in diesem Rahmen zu weit, die tatsächliche Entwicklung des Prinzips der Wörtlichkeit in der islamischen Kultur zu verfolgen. Es sei nur darauf hingewiesen, dass es durchaus eine kritische philosophisch-theologische Tradition im Islam gibt, die bis hin zu der Behauptung etwa bei Al-Farabi führte, dass die Philosophie die höchste aller geistigen Tätigkeiten der Menschen sei. In den Lebens- und Kulturbereichen aber, in denen der Koran-Frömmigkeit eine unbedingte Geltung zukam, finden wir das Prinzip der Wörtlichkeit und vielfach auch eine politische Strategie zur Durchsetzung dieses Prinzips.

Auf eindrucksvolle Weise spiegelt sich das Prinzip der Wörtlichkeit auch in den Schriftbändern, die sich an und in islamischen Prachtbauten finden und dort als Teil der ornamentalen Ausstattung sich selbst mit dem Wiederholungsprinzip der Ornamente verbinden. Es ist die Regelmäßigkeit der steinernen Schriftzüge, die in ihrer ornamentalen Konfiguration hervortritt und manchmal auch selbst als endlos wiederholte religiöse Formel „Gott ist groß" und „Gott ist der Herrscher" wie auf den Schriftbändern der Freitags-Moschee von Yazd (1375) das ornamentale Wiederholungsprinzip selbst realisieren.

Nimmt man das Bilderverbot zu einer unter dem Prinzip der Wörtlichkeit organisierten Koran-Frömmigkeit hinzu, dann tritt zu dem Verbot der *Interpretation* auch noch das der *Imagination* hinzu.

10.2 Differenz als Identität

Eine kollektive Identität, die sich unter dem Prinzip einer bildlosen Wörtlichkeit entwickelt, passt unter keine der bisher gefundenen Formtypen für das Verhältnis von Identität und Differenz. Im Vergleich mit der kollektiven Identität einer vorkritischen Gesellschaft muss man sie als durchaus normativ erzeugt und erhalten sehen. Denn nicht die Gegebenheiten sind der Anlass, aus dem sich Praktiken, Einstellungen und symbolische Traditionen ausbilden und in einem wechselseitigen Bestätigungsverhältnis ausgleichen und befestigen, sondern der heilige Text bzw. die heilige Schrift des Korans, also ein historisches Produkt, ist das Zentrum der Praktiken, Einstellungen und symbolischen Traditionen. Nicht die Immanenz der Lebens- und Umgangsverhältnisse, sondern eine zu diesen transzendente Instanz sichert daher die kollektive Identität.

Im Vergleich zu den begrifflich verfassten Kulturen wird jegliche Begründungs- uns Auslegungskultur ausgeschlossen und damit, wenn man so will, eine bruchlose Einheit, die auf den ersten Blick der kollektiven Identität in einer vorkritische Gesellschaft gleicht, erzeugt und erhalten. Da aber im Vergleich zu einer vorkritischen Gesellschaft diese Einheit auf eine Außeninstanz zurückgeht, muss sie nicht nur erzeugt und erhalten, sondern immer wieder auch erzwungen werden.

Eben dieses Verhältnis, die Schaffung der inneren Einheit durch eine äußere Instanz, macht diese Einheit auch zum Gegenstand eines eigenen – politischen und strategischen – Handelns. Das in der heiligen Schrift geoffenbarte Wort Gottes wird als Außeninstanz zum Gegenstand von Verfügungskämpfen, mit denen im Namen eben dieses Wortes Gottes zugleich die Autorität der Entscheidung darüber, wo und in welchem Sinn es auf die menschlichen Angelegenheiten zutrifft, erobert werden kann. Die unanfechtbare eigene Autorität und die Verfügung über das Leben der Anderen unter dem Prinzip einer bildlosen Wörtlichkeit sind strukturell bedingte Tendenzen, die in diesem Prinzip einer bildlosen Wörtlichkeit angelegt sind.

Will man auch hier wieder eine Formel finden, so wäre diese Form einer kollektiven Identität eine Identität, die sich über die differente Identität der göttlichen Außeninstanz definiert – und dies, indem sie die Differenz dieser Außeninstanz zum eigenen Leben negiert. Die entsprechende Formel könnte darin bestehen, dass man hier von einer tatsächlichen Differenz als der eigenen Identität, von einer *Differenz als Identität* spricht.

11 Kulturelle Dispositionen

Überblickt man die verschiedenen Formen der kollektiven Identität, wie sie sich über die verschiedenen Formen der Verbegrifflichung und die damit gesetzten Maßstäbe und Tendenzen herausgebildet haben, so zeigt sich ein uneinheitliches Bild. Es zeigt sich darin vor allem, dass die kollektive Identitäten nicht aus sich selbst heraus zu einem „Kampf der Kulturen" führen müssen. Vielmehr finden sich überall Möglichkeiten einer kulturellen Konfrontation auf der einen, aber auch der kulturellen Kooperation, des kulturellen Austauschs, der kulturellen Vermischung oder sogar der wechselseitigen Bestätigung kultureller Errungenschaften.

Im Grunde finden wir hier ähnliche Formen des Aufeinandertreffens vor, wie sie sich auch bei der Begegnung von Personen finden. Hier wie dort gibt es für dieses Aufeinandertreffen bestimmte Dispositionen, die stärkere oder schwächere Tendenzen zu einer eher gegnerschaftlichen oder partnerschaftlichen Haltung führen. Generell wird man jedenfalls sagen können, dass vor allem Gesellschaften, in denen das Prinzip der Wörtlichkeit herrscht und dieses auf eine Außenautorität bezogen ist, eine stärkere Anfälligkeit für eine Instrumentalisierung in politischen oder anderen Kämpfen aufweisen als etwa pluralistische Kulturen mit ihrem kritischen Potential.

Und es ist ebenfalls eine generelle Feststellung, dass eine begrifflich organisierte Interpretation und eine in konkreten Bildwelten sich dokumentierende Imagination sowohl die Anfälligkeit für eine Manipulation von welcher Seite auch immer verringern und die Bereitschaft zu einer pluralistischen Anerkennung und Auseinandersetzung mit anderen kulturellen Formwelten fördern.

12 Nachtrag: Die Bildwelten der Imagination

Diese besondere Rolle der Imagination habe ich bisher nur andeuten können. Ich möchte sie daher in einigen abschließenden Bemerkungen – als Nachtrag zum bisher Gesagten – wenigstens skizzieren. Dabei geht es mir vor allem um die bildliche Darstellung von Zusammenhängen, meist Erzählungen, an denen sich die kollektive Identität einer Gesellschaft ausrichtet und die in ihrer begrifflichen Fassung die Dogmatik dieser Identität ausmachen.

Bilder zu einem Text – nehmen wir als Beispiel den für die kollektive Identität Europas zentralen „heiligen Text" der Bibel – scheinen zunächst nichts weiter zu sein als Illustrationen dieses Textes: Sie zeigen das, was in dem Text steht. In diesem Verständnis wurden etwa die biblischen Fresken in den Kirchen als eine *biblia pauperum*, eine „Bibel der Armen" angesehen, mit der auch für die, die sich mit dem Lesen schwer taten, die Geschichten und Botschaften der Bibel dargestellt wurden. Tatsächlich wird mit den Bildern aber eine eigene und eigenständig organisierte Welt geschaffen, eine neue Dimension nicht nur der Vorstellungen, sondern auch der Gedanken.

Bilder schaffen eine Eigenwelt, die auch zu einem eigenen Blick einlädt. Dieser Blick ist zwar außerbildlich orientiert – er sieht das Bild als eine Repräsentation des verkündigten Geschehens –, aber gleichwohl wird mit dem Blick eine eigene Version in der Darstellung dieses Geschehens angeboten.

Die Eigenversionen der Bilder erschaffen eine Lesart des kodifizierten Geschehens, die sich meist in die lebensweltlichen Belange der jeweiligen Kultur hinein verweben, so dass sie keinen „Bewusstseinssprung" in das Andere, in das Bildlose der reinen Lehre erfordern. In einem gewissen Sinn kann man sagen, dass die Bilder als Illustrationen des heiligen Geschehens eine Bewusstseinsnivellierung zwischen Heiligem und Profanen herbeiführen oder zumindest nahe legen.

Ein Bild etwa von Maria und Jesus als kleinem Kind kann man auch – mit einem Blick, der darin etwas Alltägliches wahrnimmt – einfach als die Darstellung einer Mutter mit einem Kind sehen, ohne sich auf die christliche Religion zu beziehen. Eine solche – gewöhnlich idealisierte – Darstellung des Mutter-Kind-Verhältnisses passt in verschiedene kulturelle Umgebungen und rückt die religiöse Mutter-Kind-Beziehung, wenn sie denn überhaupt wahrgenommen wird, in einen lebensweltlichen und profanen Bedeutungs- und Erfahrungszusammenhang.

Bilder entwickeln auf diese Weise eine Sinnperspektivierung, die in gespannter und bestärkender Verknüpfung mit den alltäglichen Sinnerfahrungen eine eigene Autorität neben der Autorität der heiligen Botschaften gewinnt. Das, was als *biblia pauperum* den heiligen Sinn der Bibelbotschaften untermauern soll, assimiliert sich vielmehr diesen heiligen Sinn. Die Verkünder und Wächter des heiligen Sinns stehen damit einer – zumeist allerdings nur in der Alltagswelt der halbartikulierten Unterstellungen präsenten – Sinnfundierung im jeweiligen „common sense" gegenüber. Diese Sinnfundierung kann zum Boden von Einwänden, von Ungehorsam, von Widerstand und sogar von einem Befreiungskampf werden.

Interessant ist auch, dass Bilder zum Ausgangspunkt für Verständigungen jenseits der Kulturgrenzen werden können. Gerade weil und insofern sie sich von der Eindeutigkeit der wörtlich sanktionierten Botschaften gelöst haben, gewinnen sie gleichsam eine freie Anknüpfungsstelle für andere Kontexte und vielfach sogar für andere Botschaftssysteme. Für die Methodologie des Verstehens sind solche Sinnverschiebungen in eine andere Kulturzone natürlich Missverständnisse und manchmal auch ein Irrglaube. In Wahrheit aber schaffen sie eine kulturelle Dynamik, die Möglichkeiten zur Entfaltung einer Mischkultur eröffnet:[13] einer Mischkultur, in der sich das Prinzip der Wörtlichkeit nur noch in kleinen und abgeschlossenen Verhältniszonen – dort allerdings oft schrecklich – erhalten kann.

---

13 Vgl. dazu Oswald Schwemmer, *Mischkultur und kulturelle Identität. Einige Thesen zur Dialektik des Fremden und Eigenen in der Einheit einer Kultur,* in: IABLIS. Jahrbuch für europäische Prozesse. *Migration. Die Erzeugung von Zwischenwelten.* 1. Jahrgang 2002. Heidelberg [Manutius Verlag] 2002, S. 81-93.

NACHWORT

Ausgehend vom Kulturbegriff sind wir über die Begriffskette *Artikulation – Medium – Symbol – Form – Sinn – Bild – Begriff* wieder zum Begriff der Kultur zurückgeführt worden. Der semantische Kreis, der sich damit schließt, steht symbolisch für den Denkweg, der in dieser Grundlegung zurückgelegt worden ist. Es war ein Weg der ständigen Vergewisserungen des bereits Gesagten, der perspektivischen Anreicherung von schon Gesichtetem, der weiterführenden Wiederholungen. Dies bedeutet, dass das Buch kein definitives Ende hat. Ein weiterer Gedankenkreis könnte die Bahn der eher methodologischen Überlegungen verlassen und sich zu zentralen Fragen der menschlichen Existenz ausweiten: zu Fragen, in denen die Nöte und Träume, das Leiden und die Hoffnungen, die Arbeit und das Wissen der Menschen in eine Form gebracht und damit zu kulturellen Tatbeständen geworden sind. Auch dies erforderte wieder neue Kreise, Vergewisserungen und Wiederholungen und würde wiederum eine Anreicherung des bereits Gesagten bedeuten. Das Nachdenken über Kultur und Kulturen kann nicht abgeschlossen werden. Es ist kein befristetes Projekt, sondern ein ständiger Prozess. Jedes „Ergebnis", das sich in diesem Prozess einstellt, trägt mit seiner Formulierung schon den Stempel der Vorläufigkeit. Und dies gilt auch für die in diesem Buch versuchte Grundlegung.

AUSGEWÄHLTE LITERATUR ZUR KULTURPHILOSOPHIE

In diesem Verzeichnis sind nur Bücher ausgewählt, und zwar vornehmlich solche, die einen allgemeinen Überblick über die Kulturphilosophie oder die Theorie der Kulturwissenschaften geben wollen. Besonders erwähnt sind einige Bücher zu den Referenzautoren der Kulturphilosophie Georg Simmel und Ernst Cassirer.

Böhme, Hartmut/Matussek, Peter/Müller, Lothar, *Orientierung Kulturwissenschaft. Was sie kann, was sie will.* Reinbek b. Hamburg [Rowohlt] 2000, 271 S.

Bösch, Michael, *Das Netz der Kultur. Der Systembegriff in der Kulturphilosophie Ernst Cassirers.* Würzburg [Königshausen & Neumann] 2004, 311 S.

Brackert, Helmut/Wefelmeyer, Fritz (Hg.), *Naturplan und Verfallskritik. Zu Begriff und Geschichte der Kultur.* Frankfurt am Main [Suhrkamp Verlag] 1984, 417 S.

Burkard, Franz-Peter (Hg.), *Kulturphilosophie.* [Verlag Karl Alber] 2000, 236 S.

Eagleton, Terry, *Was ist Kultur? Eine Einführung.* München [C. H. Beck Verlag] 2001, 190 S.

Elias, Norbert, *Über den Prozeß der Zivilisation. Soziogenetische und psychogenetische Untersuchungen,* 2 Bände, Frankfurt am Main [Suhrkamp Verlag] 1997, 826 S.

Elias, Norbert, *Gesammelte Schriften.* Band 13: *Die Symboltheorie,* Frankfurt am Main [Suhrkamp Verlag] 2001, 240 S.

Fauser, Markus, *Einführung in die Kulturwissenschaft.* Darmstadt [Wissenschaftliche Buchgesellschaft] 2003, 172 S.

Geßner, Willfried, *Der Schatz im Acker. Georg Simmels Philosophie der Kultur.* Weilerswist [Velbrück Wissenschaft] 2003, 328 S.

Geyer, Carl-Friedrich, *Einführung in die Kulturphilosophie.* Darmstadt [Wissenschaftliche Buchgesellschaft] 1994, 177 S.

Graeser, Andreas, *Ernst Cassirer.* München [Verlag C. H.Beck] 1994, 235 S.

Hansen, Klaus P., *Kultur und Kulturwissenschaft.* Tübingen/Basel [A. Francke Verlag, UTB] 1995, ³2003, 405 S.

Hartung, Gerald, *Das Maß des Menschen. Aporien der philosophischen Anthropologie und ihre Auflösung in der Kulturphilosophie Ernst Cassirers.* Weilerswist [Velbrück Wissenschaft] 2003, 394 S.

Heise, Jens, *Präsenative Symbole. Elemente einer Philosophie der Kulturen – Europa und Japan.* Sankt Augustin [Academia Verlag] 2003, 249 S.

Hetzel, Andreas, *Zwischen Poiesis und Praxis. Elemente einer kritischen Theorie der Kultur,* Würzburg [Königshausen & Neumann] 2001, 296 S.

Jaeger, Friedrich/Liebsch, Burkhard (Hg.), *Handbuch der Kulturwissenschaften.* Band 1: *Grundlagen und Schlüsselbegriffe.* Stuttgart/Weimar [Verlag J. B. Metzler] 2004, 538 S.

Jaeger, Friedrich/Straub, Jürgen (Hg.), *Handbuch der Kulturwissenschaften.* Band 2: *Paradigmen und Disziplinen.* Stuttgart/Weimar [Verlag J. B. Metzler] 2004, 694 S..

Jaeger, Friedrich/Rüsen, Jörn (Hg.), *Handbuch der Kulturwissenschaften.* Band 3: *Themen und Tendenzen.* Stuttgart/Weimar [Verlag J. B. Metzler] 2004, 551 S..

Jung, Thomas, *Geschichte der modernen Kulturtheorie.* Darmstadt [Wissenschaftliche Buchgesellschaft] 1999, 179 S.

Kittler, Friedrich, *Eine Kulturgeschichte der Kulturwissenschaft*. München [Wilhelm Fink Verlag] 2000, 260 S.

Köhnke, Klaus Christian, *Der junge Simmel – in Theoriebeziehungen und sozialen Bewegungen*. Frankfurt am Main [Suhrkamp Verlag] 1996, 569 S.

Konersmann, Ralf (Hg.), *Kulturkritik. Reflexionen in der veränderten Welt*. Leipzig [Reclam Verlag] 2001, 213 S.

Konersmann, Ralf (Hg.), *Kulturphilosophie*. Leipzig [Reclam Verlag] 1996, 376 S.

Konersmann, Ralf, *Kulturphilosophie zur Einführung*. Hamburg [Junius Verlag] 2003, 189 S.

Korte, Eduard, *Kulturphilosophie und Anthropologie*. [Verlag Dr. Kovac] 1992, 191 S.

Kroeber, Alfred Louis/Kluckhohn, Clyde, *Culture. A Critical Review of Concepts and Definitions*. Cambridge/Mass. Cambridge, Mass./London, England [Harvard University Press] 1952, X, 435 S.

Krois, John Michael, *Cassirer. Symbolic Forms and History*. New Haven, Mass./London, England [Yale University Press] 1987, 262 S.

Leroi-Gourhan, André, *Hand und Wort. Die Evolution von Technik, Sprache und Kunst*. Frankfurt am Main [Suhrkamp Verlag] 1980, 531 S.

Lichtblau, Klaus, *Georg Simmel*. Frankfurt am Main/New York [Campus] 1997, 182 S.

List, Elisabeth/Fiala, Erwin (Hg.), *Grundlagen der Kulturwissenschaften. Interdisziplinäre Kulturstudien*. Tübingen/Basel [A. Francke Verlag] 2004, 544 S.

Möckel, Christian, *Urphänomen des Lebens. Ernst Cassirers Lebensbegriff*. Cassirer-Forschungen Band 12. Hamburg [Felix Meiner Verlag] 2005, 408 S.

Müller-Funk, Wolfgang, *Die Kultur und ihre Narrative: eine Einführung*. Wien [Springer Verlag] 2001, VIII, 291 S.

Niedermann, Joseph, Kultur. *Werden und Wandlungen eines Begriffs und seiner Ersatzbegriffe von Cicero und Herder*, Florenz [Bibliopolis] 1941, VII, 249 S.

Nünning, Ansgar/Nünning, Vera (Hg.), *Konzepte der Kulturwissenschaften*. Stuttgart/Weimar [Verlag J. B. Metzler] 2003, 398 S.

Orth, Ernst Wolfgang, *Was ist und was heißt „Kultur"? Dimensionen der Kultur und Medialität der menschlichen Orientierung*. Würzburg [Königshausen & Neumann] 2000, 268 S.

Pätzold, Heinz, *Ernst Cassirer zur Einführung*. Hamburg [Junius Verlag] 2. überarb. Aufl. 2003, 160 S.

Perpeet, Wilhelm, *Kulturphilosophie. Anfänge und Probleme*. Bonn [Bouvier] 1997, 127 S.

Recki, Birgit, *Kultur als Praxis. Eine Einführung in Ernst Cassirers Philosophie der symbolischen Formen*. Deutsche Zeitschrift für Philosophie. Sonderband 6. Berlin [Akademie Verlag] 2004, 223 S.

Reckwitz, Andreas, *Die Transformation der Kulturtheorien. Zur Entwicklung eines Theorieprogramms*. [Velbrück Wissenschaft] 2000, 704 S.

Renz, Ursula, *Die Rationalität der Kultur. Zur Kulturphilosophie und ihrer transzendentalen Begründung bei Cohen, Natorp und Cassirer*. Cassirer-Forschungen Band 8. Hamburg [Felix Meiner Verlag] 2002, 321 S.

Rudolph, Enno/Küppers, Bernd-Olaf (Hg.), *Kulturkritik nach Ernst Cassirer*. Cassirer-Forschungen Band 1. Hamburg [Felix Meiner Verlag] 1995, 408 S.

Sandkühler, Jörg/Pätzold, Detlev (Hg.), *Kultur und Symbol. Ein Handbuch zur Philosophie Ernst Cassirers*. Stuttgart/Weimar [Verlag J. B. Metzler] 2003, 336 S.

Schröder, Gerhart, *Kulturtheorien der Gegenwart. Ansätze und Positionen*. Frankfurt am Main [Campus Fachbuch] 2001, 218 S.

Schwemmer, Oswald, *Die kulturelle Existenz des Menschen*. Berlin [Akademie Verlag] 1997, 202 S.

Schwemmer, Oswald, *Ernst Cassirer. Ein Philosoph der europäischen Moderne*. Berlin [Akademie Verlag] 1997, 265 S.

Schwemmer, Oswald, *Handlung und Struktur. Zur Wissenschaftstheorie der Kulturwissenschaften*. Frankfurt am Main [Suhrkamp Verlag] 1987, 291 S.

Schwemmer, Oswald, *Theorie der rationalen Erklärung. Zu den methodischen Grundlagen der Kulturwissenschaften*. München [C. H. Beck Verlag] 1976, 275 S.

Steinbacher, Franz: *Kultur: Begriff, Theorie, Funktion*. Stuttgart [Kohlhammer Verlag] 1976, 160 S.

Villhauer, Bernd, *Aby Warburgs Theorie der Kultur. Detail und Sinnhorizont*. Berlin [Akademie Verlag] 2002, XI, 162 S.

PERSONENREGISTER

Das Personenregister nennt die im Text der Buchkapitel, einschließlich der Anmerkungen, nicht aber die in den Titeln erwähnten Personen, Autoren und Herausgeber. Auf ein Sachregister wurde verzichtet, da es im wesentlichen in einer alphabetisch umgeordneten Wiederholung des detaillierten Inhaltsverzeichnisses bestanden hätte.